KB194670

21세기 신학 시리즈 ③

21세기
종교학

최성훈

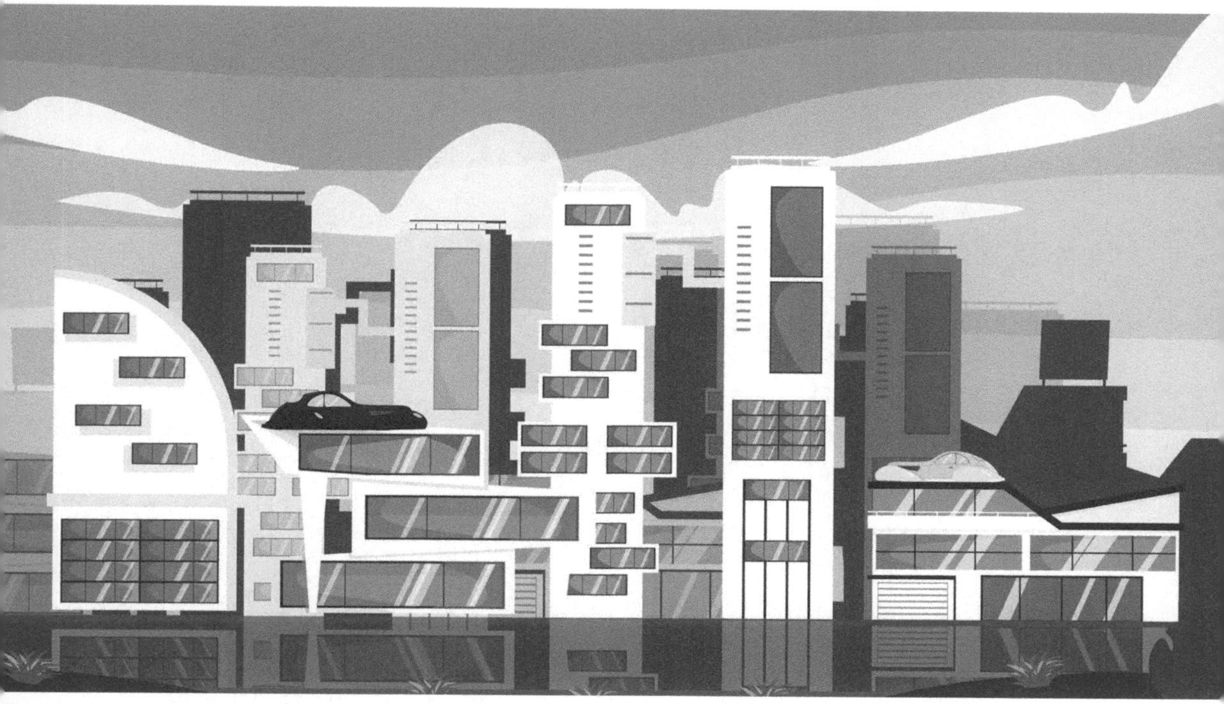

박영story

일러두기

– 국립국어원 표준국어대사전을 기본으로 하였으나, 인명과 지명 등 외래어는 현지 발음을 위주로 표기하였습니다.

추천사 1

이재훈 박사(온누리교회 위임목사)

『21세기 종교학』은 종교의 개념 및 관련 내용을 연구하는 종교학이 학문으로서 형성되고 발전하는 과정 및 현대사회와 종교의 관계에 대하여 일목요연하게 정리함으로써 21세기 다문화와 다종교 상황에서 종교와 종교학에 대한 기본적인 이해를 증진하는 길잡이가 되는 책입니다. 본서는 원시종교로부터 고대종교를 거쳐 조로아스터교, 유대교, 기독교, 이슬람교, 힌두교, 자이나교, 시크교, 불교, 도교, 불교 및 우리나라와 일본의 신흥종교를 소개하며 다양한 종교가 전 세계의 지역사회와 문화를 중심으로 발전하는 양상을 형성과 발전, 경전과 교리, 의례와 절기, 그리고 오늘날의 평가를 통하여 자세하게 소개하였습니다. 학문으로서의 종교학을 객관적으로 다루는 한편, 확고한 기독교 복음을 기반으로 다양한 종교를 분석함으로써 신학과 종교학적인 의미를 동시에 실현하는 본서는 한국교회의 선교적 가치를 추구하는 데에 중요한 혜안을 제공합니다. 따라서 신학도를 비롯하여 한국교회 교인들에게 꼭 필요한 지식을 제공하는 본서를 기쁜 마음으로 추천합니다.

추천사 2

정흥호 박사(한국복음주의 선교신학회 증경회장)
(전 아세아연합신학대학교 총장)

21세기 종교다원주의 사회에서 종교학의 이해는 어떤 영역의 학문 분야에서든지 필수적으로 섭렵해야 할 기초 상식이 되었다. 그만큼 종교가 오늘날 사회에서 발생하는 수많은 일들의 근간이 되는 사상적 기초로서 기능하며 발휘하는 영향력이 커졌기 때문이다. 그 같은 차원에서 이 책은 다양한 오늘날 현대사회를 조명하는 종교의 이해를 돕기 위해 방대한 자료 연구를 통해 깊은 통찰력을 제공해 주고 있다. 특히 5부로 나누어 제시하는 내용은 종교는 물론 종교와 상호작용하는 오늘날의 세계를 조명할 수 있는 혜안을 제시한다. 따라서 본서는 종교란 무엇인가에 대해 관심있는 사람들은 물론, 특정 종교의 신앙을 가진 이들의 필독서이며, 특히 기독교 신앙을 가진 모든 이들이 통합적 신앙을 갖고 시대를 바라보는 분별력을 갖추기 위하여 반드시 읽어보아야 할 저서이기에 적극 추천한다.

서 문

일반적인 의미의 종교학과 개신교의 신앙을 기반으로 하는 신학은 그 범위에 있어서는 전자가 후자보다 포괄적이지만 양자가 서로 상호작용하며 영향을 주고 받는 불가분의 관계를 맺고 있다는 사실은 부인할 수 없다. 다원화된 현대사회, 특히 다종교 사회인 우리나라의 상황에서 개신교 신학은 타종교들과의 접촉을 피할 수 없고, 기독교의 사회적 사명을 수행하기에 앞서 하나의 종교로서 보편적인 역할을 담당해야 하기 때문이다.

하지만 어떤 형태의 저술이라도 학자의 주관적 견해를 담는다는 사실은 부인할 수 없다. 본서 역시 종교학자는 다양한 종교에 대하여 객관성을 견지하려는 경향을 보이는 반면, 신학자는 자신이 믿는 종교의 견해를 바탕에 둔다는 일반적인 차이를 피할 수 없을 것이다. 필자도 기독교의 복음을 진리로 받아들이는 개신교 신학자의 입장을 탈피할 수는 없지만 종교와 종교학에 대하여 논하는 부분에서는 가능한 객관적인 자세를 유지하려 노력하였다. 그러나 종교에 대한 논의 자체가 우리나라의 신학과 한국교회의 발전을 위한 발판이 되기를 바라는 저자의 마음은 어쩔 수 없이 문맥의 흐름 기저에서 드러날 것이다.

우리나라의 개신교 신학교육은 주로 미국의 학제를 그대로 수용하여 오늘에 이르렀다. 과거에 미국에서 목사로 안수 받기 위해서 학부에서 4년간 신학 교육의 과정을 이수하여 "신학사 학위"(Bachelor of Divinity)를 획득할 것을 요구했지만, 고학력화의 진행과 더불어 다원화된 사회에서 목사의 사명을 원활히 수행하기 위해서는 학부에서 일반 전공으로 학업 과정을 마친 후에 석사 과정에서 3년간의 "교역학 석사"(Master of Divinity) 과정을 마치고 일정 기간 목회자로서 활동을 한 후에야 목사 안수를 받을 수 있게 되었다.[1] 따라서 자연스럽게 학부 과정의 신학 전공은 사라지거나 종교학 전공으로 대체되었다. 하지만 우리나라의 신학 교육은 여전히 학부의 신학 전공을 유지한 채, 학부 전공과 상관없이 신학대학원에서 교역학 석사 과정을 이수하고 소정의 전도사 사역과 교단별 필수요건을 충족시키면 목사 안수를 받을 수 있게 하고 있다. 4차 산업혁명으로 가속된 21세기의 융복합 상황이 대학교육에 있어서 학부와 학과를 통폐합하는 추세로 연결되고 있기 때문에 우리나라 신학 교육에서는 학부 수준의 교육과정은 사라지고 신학대학원 위주로 재편성될 가능성이 높다. 이는 학부와 신학대학원 모두를 갖춘 교단신학교의 학부와 대학원 교육과정 중복의 문제를 해소하고, 보다 대학원 수준의 교육에 초점을 맞추어 이를 강화하는 긍정적인 방향으로 연결되어야 할 것이며, 이를 위해서 신학 교육을 담당하는 교수진의 역량 제고 및 전공별 이기주의를 타파해야 한다는 과제를 안고 있다. 작금의 상황에서 종교의 태동 및 발전, 각 종교의 형성과 교리, 사회적 이슈 등을 조명하는 종교학은 신앙을 기반으로 시대와 소통하도록 하는 중요한 인문학적 수단이 될 것이며, 신학 교육의 깊이와 균형 감각에도 공헌하는 발판으로 기능할 것이다.

본서는 5개의 부(部)와 15개의 장(章)으로 구성되었다. 1부는 종교와 종교학에 대한 이해를 도모하기 위하여 1장 종교의 개념, 2장 종교학의 발전, 3장 현대사회와 종교 등 세 개의 장으로 구성하였고, 각 장은 네 개의 섹션으로 나누어 각 장이 다루는 소주제를 조명하였다. 구체적으로 1장은 종교의 개념, 기원, 본질, 분류를 다루는 네 개의 섹션을 통해 종교에 대한 거시적 이해를 도모하였고, 2장은 종교 연구의 역사적 배경, 종교학의 태동 및 발전, 종교학의 분야, 21세기 종교학 등의 네 개의 섹션을 통해 종교학의 형성과 발전에 대하여 조명하였다. 현대사회와 종교의 관계를 점검하는 3장은 경영전략 수립을 위하여 유용하게 사용되는 거시환경분석(PEST Analysis)을 적용하여 종교와 정치, 종교와 경제, 종교와 사회문화, 종교와 과학기술의 네 개 섹션으로 나누어 살펴보았다. 2부는 고대종교를 소개하는데 4장 원시종교, 5장 고대

1 한편 독일의 교역학 석사 과정은 성서 언어인 히브리어와 헬라어 훈련으로 인해 6년 반의 비교적 긴 과정으로 편성되어 있다.

종교, 6장 조로아스터교의 순으로 다루었다. 4장은 애니미즘, 토테미즘, 페티시즘, 샤머니즘, 5장은 메소포타미아 종교, 이집트 종교, 가나안 종교, 그리스-로마의 종교로 나누어 네 개의 섹션으로 조명하였고, 6장 조로아스터교는 형성과 발전, 경전과 교리, 의례와 절기 및 21세기의 이슈 등을 설명하는 네 개의 섹션을 소개하였다. 이후 유대교, 기독교, 이슬람교 등의 유일신 종교를 소개하는 3부, 인도를 중심으로 전개된 힌두교, 자이나교와 시크교, 불교를 소개하는 4부, 그리고 도교, 불교, 신흥종교 등 동아시아의 주요 종교를 다루는 5부가 이어진다. 이는 유일신 종교인 유대교, 기독교, 이슬람교가 중동과 인접 지역인 유럽을 기반으로 형성 및 발전했다는 사례를 포함하여 종교가 지역사회와 문화를 중심으로 발전하였다는 사실을 반영한다.[2]

3~5부는 각 장이 다루는 종교별로 형성과 발전, 경전과 교리, 의례와 절기 및 21세기의 해당 종교와 관련한 도전과 이슈를 소개하는 네 개의 섹션을 통해 해당 종교에 대한 내용을 다루었다. 구체적으로 첫째, 각 종교의 형성과 발전을 시대적 배경, 창시자, 조직의 구성 등을 통해 조명하였고, 둘째, 해당 종교에 경전이 있다면 경전을 중심으로 종교의 주요 교리를 점검하였고, 특별한 경전이 없다면 창시자의 사상을 중심으로 가르침을 살펴보았다. 셋째, 개인의 수행과 공동체적 의례 및 절기를 통해 종교적 실천의 양상을 다루었고, 넷째, 21세기의 상황에서 다양한 이슈를 중심으로 해당 종교에 대한 평가 및 나아갈 방향에 대하여 조명하였다. 11장 자이나교와 시크교는 해당 종교를 집중적으로 조명하기 위하여 각 종교별로 형성과 발전 및 경전과 교리로 나눈, 두 개의 파트, 네 개의 섹션으로 구성하였다. 신흥종교를 소개하는 15장 역시 각 섹션별로 개별적 종교를 다루어 네 개의 섹션이 각기 네 개의 종교에 대하여 소개하도록 배치하였다. 본서가 오늘날 21세기의 상황에서 종교의 본질과 성격을 이해하고 사회와 어떠한 관계를 가지고 기능하는지를 조명하는 가교가 되기를 기원하며, 기독교 신앙을 가진 모든 이들과 특별히 신학도들에게 유용한 인문학적 기반으로 기능하기를 바란다.

---

2 종교의 개념을 다루는 본서의 1장에서는 학자에 따라 종교를 분류하는 방법론을 소개하였다. 문명 발달의 수준 및 종교 자체의 발전 정도, 민족과 인종 등을 기준으로 종교를 분류하는 다양한 방법들이 있지만 본서에서는 종교와 사회 및 문화와의 상관관계에 중점을 두어 지역사회와 문화를 중심으로 종교를 분류하였다.

차 례

02 PART 고대의 종교

03 PART 유일신 종교

05 PART 동아시아의 종교

종교와 종교학의 이해

CHAPTER 01 종교의 개념
CHAPTER 02 종교학의 발전
CHAPTER 03 현대사회와 종교

1966년 브라이언 윌슨(Bryan R. Wilson)이 "세속사회의 종교"(Religion in Secular Society)를 출간한 이후 근대 사회에 들어서며 세속화로 인해 종교의 영향력이 쇠퇴할 것이라는 예상이 지배적이었다. 하지만 20세기 후반에 세기말의 불안감은 오히려 현대인의 종교성을 증진시켰고, 포스트모더니즘의 개인주의는 기존의 종교와 관련한 인식과 의례에 있어서 큰 변화를 유발하였다. 특히 1980년대에 들어서며 세속화 이론은 거센 비판에 직면하며 그 위상이 현저하게 저하되었는데, 그 배후에는 세기말의 시대적 배경하에 영성에 대한 대중적 관심이 높아지고 뉴에이지 문화가 확산되는 사회적 현상이 자리 잡고 있다. 21세기에 들어서는 4차 산업혁명 시대의 도래 및 코로나19의 전 지구적 확산을 겪으며 미디어와 종교의 밀접한 관계가 가속되었고, 종교는 인류의 문화와 문명 발전에 있어서 새로운 기능 수행이라는 도전에 직면하였다. 반대의 극단에서 무종교인이 급증하며 뉴에이지 또는 신영성 및 무종교를 연구하는 학자들은 기존의 세속화 이론이 조직화된 종교를 모델로 하여 종교의 개념과 종교적 실천 행위를 매우 편협하게 정의하고 있다고 비판하였다.[1] 따라서 미국의 종교사회학자들은 현대사회에는 제도화된 기존의 종교와 차별화된, 실생활 가운데 개인의 영성 체험을 강조하는 생활 종교(Lived Religion)가 개인의 정체성 확립과 종교적 헌신을 가속화할 것이라고 주장하고 있다.[2] 또한, 일본의 종교학자 시마조노 스스무 역시 현대사회의 개인이 기존의 종교 단체에 소속하지 않고 자유롭게 스스로 종교적 체험을 추구하는 신영성운동이 도래할 것을 예견하였다.[3]

종교의 연구를 전담하는 종교학 분야 역시 초창기에는 종교의 기원에 대한 논의와 새로이 대두한 진화론에 집중하는 모습을 보였지만, 종교의 본질과 구조에 대한 관심으로 중심이 이동하였고, 종교의 의미와 기능에 대한 학문적 점검으로 논의가 옮겨갔다. 2차 대전 이후에는 포스트모더니즘의 영향으로 종교현상의 다양한 측면이 중요한 주제로 부각하였고, 학제적 접근법을 활용하여 종교의 다채로운 양상

1 Dominik Balazka, Dick Houtman, and Bruno Lepri, "How Can Big Data Shape the Field of Non-Religion Studies? And Why Does It Matter?" *Patterns 2* (2021), 1-2.

2 Meredith B McGuire, *Lived Religion: Faith and Practice in Everyday Life* (New York, NY: Oxford University Press, 2008), 179.

3 시마조노 스스무/이향란 역, 『포스트모던의 신종교』(서울: 한국가족복지연구소, 2010), 186-193.

을 이해하려는 시도가 증가하였다. 특히 유럽의 세속적 흐름과 달리 미국에서는 주요 대학을 중심으로 종교현상의 자율성과 종교학의 독자성을 강조하는 연구가 이어졌는데, 대표적으로 미르체아 엘리아데(Mircea Eliade)를 중심으로 하는 시카고 대학(University of Chicago)의 종교현상학과 하버드 대학(Harvard University) 교수진의 문헌학적 접근이 종교학 분야의 양대 산맥으로 자리 잡았다. 근대사회에서 종교의 쇠퇴를 예측했던 세속화 이론이 사라진 자리를 현대사회의 문화적, 물질적 조건의 기반이 되는 종교 문화를 고찰하는 학문적 비평이 차지하며, 비판종교, 비종교, 물질종교, 공공종교, 응용종교 등의 다양한 학문적 전망들이 제기되고 있다. 또한, 종교학은 20세기 말부터 21세기에 이르며 종교적 소속이나 세속에 대한 긴장에 의존하는 종교보다는, 교리로부터 자유로운 영성적 체험과 일상 속에서의 종교적 실천을 중시하는 탈종교적 현상을 조명하며 소속 없는 신앙, 생활종교, 영적혁명, 문화종교, 종교적 혼종성 등의 개념을 통해 지구적 차원에서 광범위하게 관찰되는 종교 문화적 현상에 대하여 분석하는 추세이다.[4]

4 조규훈, “지구종교학: 지구적 맥락의 종교연구를 향하여,” 「종교연구」 82 (2022), 160.

01 종교의 개념

종교에 관한 수많은 개념 정의와 설명들 중에서 보편적으로 사용되는 것은 드문데, 이는 종교에 관한 논의가 그러한 논의를 전개하는 개인의 각기 다른 주관을 반영하기 때문이다. 과장하여 언급하자면 종교에 대한 정의는 지구상의 인구수만큼이나 많고 다양할 것이다. 일찍이 미르체아 엘리아데(Mircea Eliade)는 인간의 본질이 너나 할 것 없이 종교에 대한 정의를 부가하며 종교를 추구하는 "종교적 인간"이라는 의미에서 인간을 "호모 렐리기오수스"(homo religiosus)라고 불렀다.[1] 종교에 대한 정의는 종교를 어떤 각도에서 바라보느냐에 따라 차이가 있으며, 따라서 종교의 정의 자체에 대한 분류 방법도 다양하게 분포한다.[2] 그럼에도 불구하고 일반적

---

1 Mircea Eliade, *The Sacred and the Profane: The Nature of Religion*, trans. Wilard Trask (New York, NY: Harvard University Press, 1957), 15.

2 최정만은 종교의 정의에 대한 분류를 어원적 정의, 성스러움, 신에 대한 믿음 등 종교가 지닌 기본요소의 유무를 중심으로 하는 존재론적 정의, 종교가 개인과 사회를 위해 수행하는 기능을 중심으로 하는 기능적 정의, 인간의 의식이 작용하는 세 가지 통로인 지(知), 정(情), 의(意)를 중심으로 분류한 서술적 정의, 종교에 대하여 종합적이고 포괄적으로 설명한 총체적 정의로 나누었다. 최정만, 『비교종교학 개론』 개정증보판 (서울: 이레서원, 2004), 37-56; 김은수도 종교의 정의에 있어서 인간의 지, 정, 의를 기반으로 하는 심리학적 정의, 종교적 체험과 같은 실체를 기준으로 한 실체론적 정의, 그리고 종교가 개인과 사회를 위해 수행하는 기능에 초점을 맞춘 기능적 정의로 구분하였다. 김은수, 『비교종교학 개론』 (서울: 대한기독교서회, 2006), 23-32.

으로 통용되는 종교의 정의에 대한 개념 가운데 중첩되는 내용을 중심으로 종교를 조명하는 것이 종교를 이해하는 데 도움이 되며, 그러한 측면에서 종교학의 관점은 종교 이해의 유용한 수단으로 기능한다.

1 종교의 개념

영어로 종교를 지칭하는 "religion"은 라틴어 "렐리기오"(religio)를 어원으로 하는데, 이는 "경의를 표하다"라는 의미의 동사 "렐레게레"(relegere)의 명사형이다.[3] 또한, 3세기의 기독교 철학자 락탄티우스(Lactantius)는 종교를 의미하는 "렐리기오"(religio: 종교)는 "다시 결합하다"라는 의미의 라틴어 "렐리가레"(religare)에서 파생된 것으로서 이는 창조주 하나님과 인간의 재결합을 지칭하는 것이라고 지적하였다.[4] 윌프레드 캔트웰 스미스(Wilfred Cantwell Smith)는 4세기까지 그러한 의미의 종교 개념이 사용되다가 기독교가 로마의 국교가 된 이후에는 타종교들과 차별화된 종교의 개념 정의가 불필요해지면서 종교 개념 자체가 희석되었다고 설명하며, 종교의 범주를 구분하여 종교에 대하여 정의하는 일이 매우 어렵다고 지적하였다.[5]

수많은 학자들이 종교의 정의에 대한 견해를 피력하였는데, 옥스퍼드 대학교(University of Oxford) 최초의 인류학자인 에드워드 타일러(Edward B. Tylor)는 1871년 출간한 그의 저서 "원시사회"(Primitive Culture)에서 종교란 영적 존재에 대한 믿음이라고 주장하였고, 신정통주의 신학자 폴 틸리히(Paul Tillich)는 궁극적 관심(ultimate concern)을 종교의 본질로 제시하였으며[6], 클리포드 기어츠(Clifford Geertz)는 종교는

---

3 이는 로마의 철학자 키케로에 의한 설명인데, "다시"(re)와 "읽는다"(legere)의 합성어인 "렐레게레"(relegere)가 반복되어 낭송되는 종교의식에서 초월자에 대하여 경외감을 나타내는 의미를 지칭한다고 해석한 것이다.

4 최정만, 『비교종교학 개론』, 38.

5 Cf. Wilfred Cantwell Smith, *The Meaning and End of Religion: A New Approach to the Religious Traditions of Mankind* (Minneapolis, MN: Fortress Press, 1991).

6 Paul Tillich, *Systematic Theology, Vol. 1.* (Chicago, IL: University of Chicago Press. 1951, 110, 117.

존재의 일반적인 질서 개념을 형성하고 그것에 사실성을 부여함으로써 인간에게 강력하고 지속적인 기분과 동기를 부여하는 상징체계라고 정의하였다.[7] 니니안 스마트(Ninian Smart)는 종교를 명확하게 정의하는 것은 불가능하다며 종교의 특징적 요소들을 중심사상과 가르침을 정교화한 교리적 및 철학적 요소, 신화적이며 서사적 요소, 윤리적이고 율법적 요소, 의례적이고 실천적 요소, 경험적이며 감정적 요소, 그리고 사회적이고 조직적 요소의 여섯 가지로 분류했으며[8], 막스 베버(Max Weber)는 아예 종교를 정의하는 것은 불가능하다고 지적하며 연구의 마지막 단계에서야 종교에 대하여 논할 수 있다고 주장하였다.[9] 한편 21세기에 들어서 조나단 스미스(Jonathan Z. Smith)는 종교란 인간이 문화적으로 유형화된 수단을 통해 문화적으로 상정된 성스러운 힘에 접근하거나 이를 회피하는 데 이용하는 개인과 공동의 다양한 기술로 정의하며 문화적 측면을 강조하였다.[10]

한자어로 종교(宗敎)란 영어 단어인 "religion"을 번역한 것인데, 이는 집(宀)과 신(示=神)을 뜻하는 단어가 합쳐져서 한 집안의 조상을 받드는 족장(族長) 또는 으뜸을 뜻하는 "종"(宗)과 가르침이라는 의미의 "교"(敎)의 합성어로서, 가르침 중에서 으뜸이 되는 최고의 가르침을 지칭한다. 서구적 배경을 가진 종교라는 단어를 번역하는 과정에서의 오류와 미묘한 의미의 변화를 고려하면 더욱 종교에 대한 절대적인 정의를 내리는 것이 어렵고, 또한 무의미하다는 사실을 발견하게 된다. 그러므로 종교를 다루는 학문적 관점에서 무리없이 받아들일 만한 설득력을 견지하는 비교적 타당한 정의를 기반으로 논의를 전개하는 것이 바람직할 것이다. 그러한 차원에서 본서는 종교를 신(神)과 인간(人間)의 관계를 중심으로 인간 삶의 의미를 설명하는 수단으로 간단히 정의한다.

---

7 Clifford Geertz, *The Interpretation of Cultures* (New York, NY: Basic Books, 1973), 90.

8 Ninian Smart, *Worldviews: Crosscultural Explorations of Human Beliefs*, 3rd ed. (New York, NY: Pearson, 1999), 3–10.

9 Max Weber, *The Sociology of Religion* (Boston, MA: Beacon Press, 1922), 1–2.

10 Jonathan Z. Smith, *Relating Religion: Essays in the Study of Religion* (Chicago, IL: University of Chicago Press. 2004), 323.

2 종교의 기원

종교는 인류의 역사와 함께 시작된 것으로 추정되는데, 거대한 자연과 이를 지배하는 힘과 원리에 대한 경외감이 인간보다 큰 힘을 가진 존재로 인식된 맹수나 큰 산, 강, 해와 달과 별 등에 대한 숭배로 이어진 것이 최초의 종교의식을 양산한 것으로 추측한다. 특히 신석기 시대에 이르러 인류가 농경 사회로 이행함에 따라 풍요로운 생산력을 가진 대지(大地)에 대한 경외감으로 모신(母神) 숭배가 본격화되었고, 해와 달과 별 등 천체와 돌이나 기둥 등에 대한 자연 숭배가 보편적으로 나타나기 시작했다.[11] 농경 문화가 확산된 신석기 이후에는 종교적 의식에서 사용한 신상(神像), 제구(祭具), 호신부(護身符) 등이 빈번히 발견되었다.[12] 하지만 모든 종교가 창시자에 의한 절대적인 기원을 가진 것도 아니고, 창시자가 있는 경우에도 이는 과거로부터 존재했던 종교를 정교화한 형태를 보이므로 종교의 원시 형태를 파악하기는 어렵다.

프리드리히 막스 뮐러(Friedrich Max Müller)는 1879년에서 1910년 사이에 50권의 시리즈로 출간된 "동방의 성전들"(The Sacred Books of the East)에서 힌두교를 다루는 1권, 15권, 30권, 32권, 불교에 대하여 설명한 10권을 집필하였는데, 그는 인도와 유럽의 종교들이 신봉하는 신에 대하여 유사한 명칭을 사용한다는 점에 착안하여 모든 종교가 언어학적인 진화를 통해 정교화되었다고 주장하였다.[13] 그러나 뮐러는 언어학적 연구에만 너무 치중했고, 종교적 기원의 다양성을 무시했다는 점에서 비판을 받는다.[14] 특정 종교들 사이에 유사성이 존재한다고 해서 두 종교가 동일한 과정을 통해 발전했다고 단정하기는 어려우며, 단지 종교의 기원에 대한 가설들을 통해 종교 태동의 배경을 추정할 수 있을 뿐이다. 일찍이 토마스 홉스(Thomas Hobbes)

---

11 류상태, 『교양으로 읽는 세계종교』 개정판 (서울: 인물과 사상사, 2017), 45－48.

12 김은수, 『비교종교학 개론』, 36.

13 뮐러는 하늘, 땅, 달, 불, 천둥과 같은 자연을 가리키는 말들의 언어학적 어근이 모든 종교에서 유사성을 가지고 있다는 점을 지적하며 종교의 신 관념에 있어서 자연 세력으로부터 추상적인 신으로 변천하였다는 종교적 진화를 주장하였다.

14 김하태, 『종교학의 길잡이』, 이정순 편저, 31－149 (파주: 한국학술정보(주), 2022), 50.

는 "리바이어던"(Leviathan, 1651)이라는 저서를 통해 종교는 군주가 국가 질서를 유지하기 위한 수단으로서 활용하는 것이며, 권력욕에 사로잡힌 사제들에 의해 조작되고 있다고 일갈한 바가 있다. 그러나 종교는 성직자 계급에만 국한된 것이 아니며, 따라서 홉스가 일반인의 독립적 활동과 종교 생활을 도외시했다는 비판을 받았다.[15] 한편 프리드리히 슐라이어마허(Friedrich Daniel Ernst Schleiermacher)는 종교란 유한한 인간이 무한한 존재인 신에 대하여 보유한 절대 의존의 감정이라고 주장하였는데, 그는 종교의 본질이란 인간의 이성적 지식이나 의지적 윤리가 아닌, 직관과 감정일 뿐이라고 덧붙였다.[16]

데이비드 흄(David Hume)은 그의 저서 "자연종교와의 대화"(Dialogues Concerning Natural Religion, 1778)를 통해 원시인들은 천둥과 번개와 같은 자연현상이 하늘의 노여움으로 인해 발생한 것으로 생각하여 그 대상에게 두려움을 느끼고 그 대상과 화목하기 위해 제사를 드렸던 것이 종교의 기원이라고 설명하며, 종교란 인간의 필요에 의해 생긴 것으로서 인간 무지의 소산이라고 지적하였다. 그러나 공포와 불안감, 또는 경외감을 종교의 기원을 설명하는 인간적 상황의 요소로 인정할 수는 있지만, 단순히 그러한 감정이 종교를 유발하였다고 단언하기에는 무리가 있다. 흄이 종교의 기원을 공포와 불안 심리에 둔 것과 달리 루드비히 포이어바흐(Ludwig Feuerbach)는 자신의 저서 "기독교의 본질"(The Essence of Christianity, 1841)을 통해 종교적 대상은 인간이 소원하는 바를 이루기 위해서 만들어 낸 이기적 산물에 불과하다고 주장하였고, 이에 대하여 칼 막스(Karl Marx)는 종교란 헐벗고 굶주리는 프롤레타리아 계급이 내세의 복을 기대하며 현실의 고통을 잊도록 하기 위해 사용되는 민중의 아편이라고까지 폄하하였다.

---

15 Ibid., 56.

16 Cf. Friedrich Daniel Ernst Schleiermacher, *On Religion: Speeches to its Cultured Despisers*, ed. Richard Crouter (New York, NY: Cambridge University Press, 1996).

3 종교의 본질

종교에 대한 정의와 마찬가지로 종교의 본질 역시 다양한 관점에 따라 달리 제기된다. 오늘날 대부분의 학자들은 종교의 몇 가지 요소들을 종교의 본질로서 규정하는 것을 주저하는데, 이는 다양한 요소들이 서로 유기적으로 연결되어 종교를 구성한다는 점을 인정하기 때문이다.[17] 그럼에도 불구하고 종교라는 개념의 토대를 이루는 핵심적인 본질을 제시하면 종교에 대한 전반적인 이해를 증진할 수 있기 때문에, 그 같은 차원에서 종교학자들의 대표적인 의견을 조명하는 것은 유용하다.

1) 종교의 구성 요소

종교는 특정 종교를 신봉하는 신앙인인 주체, 그 종교의 신앙에 있어서 대상이 되는 객체, 그리고 예배나 제사와 같은 의례와 관련한 종교 행위의 세 가지로 구성된다. 주체와 객체는 신자와 신의 존재로서 각 종교별로 다르며, 종교 행위 역시 다른 양상을 보이지만 그럼에도 불구하고 모든 종교에는 종교 의식을 집행하는 사제가 있으며, 신자들이 신앙심을 표현하는 방식에 있어서도 기도, 찬양, 희생, 주문 등 의례의 면에서 유사한 모습을 보인다. 일례로 제임스 프레이저(James G. Frazer)는 동아프리카의 마사이(Masai)족의 젊은 전사가 며칠은 고기만 먹고, 며칠은 우유만 먹는 것과 기독교인들이 성만찬에 참여하기 전에 금식 기도하는 것은 정결의식이라는 점에서 유사하다고 지적하였다.[18] 각 종교들은 삶의 태도와 윤리에 있어서 사랑과 의와 같은 긍정적 측면을 강조하고, 살인 또는 도둑질과 같은 불의를 부정하는 유사한 교훈을 교리로서 갖추고 있기도 하다.

종교의 구성에 있어서 주체와 객체는 동일하지만 세 번째 구성요소로서 종교

---

17 유요한, 『종교학의 이해: 현대사회의 종교학』 (서울: 세창출판사, 2020), 27.

18 James G. Frazer, *The Golden Bough: A Study in Magic and Religion, Vol. 1.* (Mineola, NY: Dover Publications, 2002), 487.

행위 대신에 종단 또는 종파라는 조직을 제시하기도 한다.[19] 이는 인간 중심의 구분으로서 일반적으로 신앙의 주체가 인간이고, 신앙의 대상인 신이 객체가 됨을 전제로 하여, 종교적 신념이나 신앙 체계를 믿고 따르는 공동체가 개인의 경우보다 객관적인 신앙 행위의 근간이 된다는 사실을 강조하는 것이다. 한편 한스-유르겐 그레샤트(Hans-Jürgen Greschat)는 종교가 공동체, 행위, 교리, 경험으로 이루어졌다고 지적하였는데, 그에 의하면 종교는 신앙을 가진 개인들을 하나의 공동체로 결합시키고, 의례라는 행위를 통해 결속을 강화하며, 교리적 가르침을 통해 신앙적 기반을 확고히 하는 동시에 신앙적 경험을 통해 생명력을 유지한다.[20]

2) 성스러움

독일의 종교학자 루돌프 오토(Rudolf Otto)는 "성스러움의 의미"(Das Heilige, 1917)라는 저서를 통해 기독교에 국한되지 않고도 모든 종교들을 이해하는 데에 적용할 수 있는 종교적 이론을 확립하기 위하여 기존의 "신성한"이라는 의미의 단어 "heilige" 대신 "신성" 또는 "신적인 힘"을 지칭하는 라틴어 "누멘"(numen)에 반응하는 감정 또는 체험인 "누미노제"(numinose)를 제시하였다. 이는 신적인 성스러움을 경험한 인간의 반응에 초점을 맞춘 것으로서 기독교적 신성의 개념을 일반적인 종교적 신비의 경험으로 확장한 것이다. 프랑스의 기능주의 사회학자 에밀 뒤르켐(Émile Durkeim)은 "종교적 생활의 기본 형태들"(Les Formes Élémentaires de la vie religieuse, 1912)이라는 저서를 통해 성스러움이란 사회 전체의 유지를 위해 구성된 것인데 그 부산물이 신(神)의 개념이며, 사회는 신과 같은 초자연적 존재를 통해 효율적으로 구성원들을 통제할 수 있다고 주장하였다. 한편 엘리아데는 불확실하고 불안정한 속세의 삶 속에서만 인간은 종교 경험을 통해 속세와 구별되는 성스러움을 경험한다고 주장하였는데, 그는 이를 성속(聖俗)의 변증법 또는 성현(聖顯)의 변증법이라고 칭하였다. 그는 뒤르켐의 성속 이분법을 받아들였으나 성스러움을 사회의

19 김은수, 『비교종교학 개론』, 32-36.
20 한스-유르겐 그레샤트, 『종교학이란 무엇인가』 안병로 역 (경기: 북코리아, 2011), 26-33.

산물로만 간주하는 것에는 동의하지 않고, 오히려 성스러움을 인간 활동의 산물로 봄으로써 인간 중심의 견해를 피력하였다.

4 종교의 분류

1) 철학과 종교

철학과 구별되는 점을 중심으로 종교를 소개하는 서구의 이원론적 전통은 그리스를 기반으로 하는 철학이 헬레니즘(Hellenism)에 기반하여 인간의 이성을 중시하는 데 비하여 종교는 이스라엘 중심의 헤브라이즘(Hebraism)에 근원을 두고 초월적 하나님의 계시에 중점을 두는 것으로 구분한다. 따라서 전자는 인간 중심의 범신론적 성격을 보이는 반면 후자는 신(神) 중심의 유일신론적 성향을 보인다. 하지만 동양에서는 철학과 종교를 엄격히 구분하지 않았기 때문에 인간의 이성과 신적 계시가 충돌하는 문제도 발생하지 않았다. 오히려 종교와 철학은 융합된 모습을 보여서 종교는 철학적 종교요, 철학은 종교적 철학에 가깝다. 예를 들어 그러한 차원에서 유교는 철학이면서 동시에 종교로 간주될 수 있는 것이다.

2) 종교의 분류

종교에 대한 최초의 과학적 분류를 시도한 인물로 평가받는 뮐러는 "동방의 성전들"(The Sacred Books of the East) 시리즈 저작을 통해 종교를 민족 또는 인종별로 구분하는 계통적 분류의 방법론을 도입하였다. 그는 종교를 인도, 게르만계를 포함하는 아리안계, 셈계, 중국을 중심으로 하는 튜라니안계, 아프리카계, 아메리카계, 그리고 대양주계의 여섯으로 분류하였다. 아리안계는 베다교, 브라만교, 불교, 자이나교의 인도계, 조로아스터교와 마니교의 페르시아계, 프르기아교 등의 동방 아리안계와 고대 그리스와 로마, 게르만, 스칸디나비아, 켈트인, 슬라브인들의 고대 종교를 포함하는 서방 아리안계로 나뉜다. 셈계 역시 아라비아의 고대 종교와 이슬람교를 포함하는 남방 셈계와 소아시아, 블레셋, 페니키아, 가나안, 히브리의 종교들을 포함하는 북방 셈계로 분류하였다. 튜라니안계는 도교와 유교 등이 포함되고, 아프리카계에는 이집트 및 아프리카의 고대 종교들이 포함되며, 아메리카계에는 에스키모, 멕시코의 마야, 페루의 잉카 종교들이 포함된다. 마지막으로 대양주계에는 말레이, 멜라네시아, 오스트레일리아, 미크로네시아, 폴리네시아의 종교들을 나열하였다.

종교는 문명 발달의 수준에 따라 원시종교(Primitive Religions)와 문명종교(Civilized Religions) 또는 하등종교(Lower Religions)와 고등종교(Higher Religions)로 나눌 수 있다. 고대인의 정령숭배(Animism) 또는 샤머니즘(Shamanism) 등은 전자에 포함되고, 성문화된 경전과 교리 체계를 구비하여 윤리적 가르침을 설파하는 종교는 후자에 포함될 것이다. 이 같은 분류를 발달사적 분류라 하는데 일례로 코넬리우스 틸레(Cornelius P. Tiele)는 모든 종교를 발전 정도에 따라 자연종교와 윤리종교로 이분하였다. 그는 아프리카와 아메리카 토착민의 종교들을 정령숭배(Animism), 정령주의(Spiritism), 주물숭배(Fetishism), 토템숭배(Totemism) 등의 하등단계의 자연종교(The Lowest Nature-Religions)로 분류하고, 다신교가 중심이 되는 로마종교, 초기 힌두교, 이집트 종교, 바빌로니아종교 등을 고등 단계의 자연종교(The Highest Nature-Religions)로 구분하는 한편, 가장 발전한 윤리적 종교(The Ethical Religions)로서 유대교, 힌두교, 유교, 불교, 기독교를 포함시켰다.[21] 타일러 역시 발달사적 관점에서 종교를 미개인의 종교, 반개민족의 종교, 그리고 문화인의 종교로 나누었는데, 미개인의 종교에는 애니미즘, 조상숭배 등이 포함되고, 반개민족의 종교에는 다신교, 이원신교, 교체신교, 유일신교 등이 포함되며, 문화인의 종교에는 율법과 도덕을 강조하는 브라만교, 원시 유대교, 조로아스터교, 이슬람교 등의 윤리적 종교와 불교와 기독교 등의 보편적 종교가 속한다.[22]

마지막으로 각 종교를 형태적으로 분류하는 대표적인 인물로서 게오르그 헤겔

21 Cf. Cornelius P. Tiele, *Elements of the Science of Religion V1: Morphological, Gifford Lectures Edinburgh 1896* (Whitefish, MT: Literary Licensing LLC, 2014).

22 Cf. Edward B. Tylor, *Primitive Culture: Researches Into the Development of Mythology, Philosophy, Religion, Art, and Custom* (London. UK: John Murray, 1871).

(Georg Wilhelm Friedrich Hegel)은 역사의 발전을 정(正), 반(反), 합(合)의 변증법을 통해 파악했는데, 종교에 대하여도 이를 기초로 분류하였다. 헤겔은 그의 저서 "정신현상학"(The Phenomenology of Spirit, 1807)에서 종교는 정신에 대하는 관계이며, 직접성, 자연성에 의하지 않고 진리성에 의해 체득된 정신에 대한 앎이기 때문에 종교의 규정작용은 자연성에서 개념으로의 전진이라고 주장하였다. 헤겔에 의하면 인류의 유년기에는 마법, 주술, 서물숭배(Fetishism)과 같은 직접적 종교, 도량의 종교인 공자교, 공상의 종교인 브라만교, 자신의 종교인 불교와 같은 범신교, 빛의 종교인 조로아스터교, 고통의 종교인 시리아교, 수수께끼의 종교인 이집트교와 같은 자유의 종교 등 자연종교를 거쳐 히브리인의 주권적 종교, 그리스인의 예술적 종교, 로마인의 오성적 종교 등 인류의 청년기를 통과한 후 인류의 성년기에 이르면 비로소 기독교와 같은 절대종교로 이행한다고 보았다. 이 역시 형태학적 분류이지만 발달사적 분류와 유사하다.

참고문헌

시마조노 스스무. 『포스트모던의 신종교』. 이향란 역. 서울: 한국가족복지연구소, 2010.

조규훈. “지구종교학: 지구적 맥락의 종교연구를 향하여.” 「종교연구」 82 (2022), 141－175.

Balazka, Dominik, Houtman, Dick, and Lepri, Bruno. “How Can Big Data Shape the Field of Non－Religion Studies? And Why Does It Matter?” *Patterns 2* (2021), 1－12.

McGuire, Meredith B. *Lived Religion: Faith and Practice in Everyday Life*. New York, NY: Oxford University Press, 2008

김은수. 『비교종교학 개론』. 서울: 대한기독교서회, 2006.

김하태. 『종교학의 길잡이』. 이정순 편저, 31－149. 파주: 한국학술정보(주), 2022.

류상태. 『교양으로 읽는 세계종교』. 개정판. 서울: 인물과 사상사, 2017.

유요한. 『종교학의 이해: 현대사회의 종교학』. 서울: 세창출판사, 2020.

최정만. 『비교종교학 개론』. 개정증보판. 서울: 이레서원, 2004.

한스－유르겐 그레샤트. 『종교학이란 무엇인가』. 안병로 역. 경기: 북코리아, 2011. (Original Work Published in 1988).

Eliade, Mircea. *The Sacred and the Profane: The Nature of Religion*. trans. Wilard Trask. New York, NY: Harvard University Press, 1957.

Frazer, James G. *The Golden Bough: A Study in Magic and Religion, Vol. 1*. Mineola, NY: Dover Publications, 2002. (Original Work Published in 1890).

Geertz, Clifford. *The Interpretation of Cultures*. New York, NY: Basic Books, 1973.

Schleiermacher, Friedrich Daniel Ernst. *On Religion: Speeches to its Cultured Despisers*, ed. Richard Crouter. New York, NY: Cambridge University Press, 1996. (Original Work Published in 1799).

Smart, Ninian. *Worldviews: Crosscultural Explorations of Human Beliefs*. 3rd ed.

New York, NY: Pearson, 1999.

Smith, Jonathan Z. *Relating Religion: Essays in the Study of Religion*. Chicago, IL: University of Chicago Press. 2004.

Smith, Wilfred Cantwell. *The Meaning and End of Religion: A New Approach to the Religious Traditions of Mankind*. Minneapolis, MN: Fortress Press, 1991.

Tiele, Cornelius P. Elements of the Science of Religion V1: *Morphological, Gifford Lectures Edinburgh 1896*. Whitefish, MT: Literary Licensing LLC, 2014. (Original Work Published in 1898).

Tillich, Paul. *Systematic Theology, Vol. 1*. Chicago, IL: University of Chicago Press. 1951.

Tylor, Edward B. *Primitive Culture: Researches Into the Development of Mythology, Philosophy, Religion, Art, and Custom*. London. UK: John Murray, 1871.

Weber, Max. *The Sociology of Religion*. Boston, MA: Beacon Press, 1922.

02

종교학의 발전

신이나 종교와 같은 것이 필요하지 않을 수도 있지만 설명을 필요로 하는 종교적 개념들이 인간 삶에 항상 존재한다는 사실이 종교 연구의 출발점이다.[1] 종교를 연구하는 종교학이 다른 학문 분야에 비하여 정립 및 발전이 늦어지게 된 원인은 오랫동안 종교가 신앙의 대상으로만 간주되었고, 연구의 대상으로는 받아들여지지 않았기 때문이다. 그러나 찰스 다윈(Charles Darwin)이 1859년 “종의 기원”(The Origin of Species)을 출간하며 진화론이 학계 전반에 영향을 미침에 따라 종교학 역시 이의 영향을 받아 과학적인 학문의 연구 대상으로서 받아들여지기 시작하였다. 이후 종교학은 인간과 사회를 다루는 인류학, 사회학, 심리학, 철학 등의 발전과 더불어 방법론을 체계화하며 독립적인 학문 분야로 자리잡았다.

종교학의 기원은 기독교를 중심으로 타 종교를 비교하고 판단하는, 신학적 관점의 비교종교학이었다. 하지만 19세기 이후 종교를 신학적 관점이 아니라 가치 중립적인 인간적 관점에서 이성과 합리성을 통해 조명하자는 견해가 대두하였고, 특정 종교의 역사적 사실들을 분석하여 객관적인 자료를 바탕으로 종교를 분석하는

1 에릭 샤프, 『종교학의 전개』, 유요한, 윤원철 역, 2판 (서울: 시그마프레스, 2017), 34.

종교사의 방법론이 종교학 연구의 저변을 확대하는 한편, 종교를 심리적 환상이나 민중의 아편 등의 이념으로 환원시키는 경향이 나타남에 따라 그 같은 환원주의가 각 종교의 독특성을 배제한다는 비판이 일어났다. 따라서 종교를 특정 개념이나 요소로 환원시키지 말고 그 자체로 보자는 종교현상학이 제기되었는데, 현상학적 방법은 특정 종교를 그 종교의 관점에서 사고나 행위 형태를 조명함으로써 해당 종교를 깊이 있게 이해하는 데에 초점을 맞춘다. 20세기 후반에서 21세기에 접어들며 다양한 방법론을 통전적으로 도입하는 융·복합의 방법론이 종교학에도 영향을 미치며 새로운 도전으로 작용하고 있다.

1 종교 연구의 역사적 배경

종교학은 19세기 후반 유럽에서 학문의 한 분야로서 정립되기 시작했지만, 이미 고대 그리스 시대에 활동했던 철학자들이 종교에 대하여 설명하고자 했었다. B.C. 6세기 자연 현상의 원인을 초자연적 존재에게서 찾지 않고 최초로 자연적인 것 내부에서 찾았던 이오니아 학파(Ionian School)에 속한 철학자들은 하나의 불변하는 원리가 현현한 것이 바로 세상이라고 주장하며 당시 그리스의 대중적인 신앙의식에 대하여 비판하였다. 이오니아 학파의 대표적인 철학자인 탈레스(Thales)는 천문학적 계산을 통해 신화가 주입한 신들의 권위를 박탈하였으며, 그의 제자 아낙시만드로스(Anaximandros)는 해와 달은 신이 아니라 지구보다 큰 불덩어리에 불과하다고 선언함으로써 대중적인 신의 존재를 무시하였다.[2] 크세노파네스(Xenophanes)는 아무도 신의 본질을 알 수 없다고 주장하며, 이는 개인의 사견에 달린 문제라는 지적을 통해 종교에 대한 비판의식의 지평을 열었다. 그리스의 역사가 헤로도토스(Herodotus)는 이집트, 바벨론, 페르시아 등지를 여행하며 각 지역의 종교적 관습들에 대하여 기술하였고, 스토아 학파(Stoicism)는 각종 컬트들을 발생 지역에 따라 분류한 후, 공통적인 신념들을 추출하여 그것을 자연종교(Natural Religion)라고 칭하기에 이르렀다.

2 Ibid., 3.

그러나 기독교가 313년 로마에서 공인되고, 또한 380년에 국교가 된 이후에는 중세까지 교회의 가르침에 부가하여 종교에 대하여 논하려는 시도가 거의 나타나지 않았다. 그리스의 헬레니즘적 관점은 타종교에 대하여 개방적인 견해로 이어졌지만, 기독교의 헤브라이즘적 관점은 타종교에 대하여 적대시하는 폐쇄적인 견해로 점철되었기 때문이다. 이후 종교개혁을 기점으로 기독교의 교리에 대한 내부적 비판 및 조명과 더불어 르네상스(Renaissance)를 거치며 이슬람권에서 유입된 그리스 철학에 대한 관심이 유럽 각국의 탐험을 위한 대규모 항해와 맞물리며 가속화되었다. 아메리카, 아프리카, 아시아 등 신대륙과 접촉하며 새로운 인종과 문화를 접한 유럽에서는 한편으로는 인간 이성에 의해 입증될 수 있는 것에만 집중하는 인문주의가 전개되며 종교에 대한 비판적 성찰이 시작되었고, 다른 한편에서는 선교적 열정으로 인해 각 지역의 종교들을 연구하는 비교연구에 대한 요청이 거세졌다. 그러한 상황에서 유럽과 미국의 계몽주의 사상가들이 종교와 인간의 관계를 본격적으로 다루기 시작하며 종교학이 태동할 수 있는 분위기가 무르익었다.

2 종교학의 태동 및 발전

에릭 샤프(Eric J. Sharpe)는 종교학이 성립하기 위해서 필요한 필수적인 요건으로서 연구에 대한 동기, 종교적 신앙과 행위에 대한 직간접적 정보인 자료, 그리고 자료들을 논리적으로 조직화하는 방법론이 있어야 한다고 주장하였다.[3] 그는 종교학이 독립적인 학문 분야로서 태동할 수 있도록 한 배경으로 계몽주의의 합리성에 대한 반발이 종교에 담겨 있는 감정이나 경험과 관련한 부분을 조명하였고, 15세기 이후 시작된 고전 연구가 17~18세기에 중국과 중국 종교의 자료들이 유입되고 19세기에는 고대 근동과 인도-유러피언 자료가 축적되며 경험적 관찰과 이론적 설명이라는 학문으로서 종교학의 실증적인 부분이 강화되었으며, 찰스 다윈(Charles Darwin)의 진화론이 유럽 지성계에 큰 파장을 일으킴에 따라 종교 연구의 초점 역시

3 Ibid., 2.

진보적 발전에 초점을 맞추며 종교의 기원과 인간 정신이 발현되는 현상들에 대한 깊이 있는 연구가 강조되었다고 지적하였다.[4] 그러한 분위기 속에서 존 러벅 경(Sir John Lubbock)은 "문명의 기원과 인간의 원시상태: 야만인들의 심리 및 사회적 조건"(The Origin of Civilisation and the Primitive Condition of Man: Mental and Social Condition of Savages, 1870)이라는 저술을 통해 종교 발전의 여섯 단계 진화 과정을 무신론(Atheism), 주물숭배(Fetishism), 토테미즘(Totemism), 샤머니즘(Shamanism), 신인동형론(神人同形論, Anthropomorphism), 도덕적 일신론(Ethical Monotheism)으로 제시하였다.

독일 출신의 영국 언어학자이자 종교학자인 프리드리히 막스 뮐러(Friedrich Max Müller)는 종교를 연구하는 학문의 분야가 독립적으로 정립될 필요가 있다고 주장하였는데, 그는 영미 문화권에서 종교학의 토대가 되는 저작으로 손꼽히는 그의 저서 "종교학 입문"(Introduction to Science of Religion, 1873)에서 종교학을 "종교를 연구하는 과학"(Science of Religion)으로 명명하며 종교를 객관적인 방법론을 활용하는 과학적 연구의 대상으로 간주하였다. 뮐러는 종교학을 지칭하는 개념으로서 "비교종교"(comparative religion)라는 표현을 병행하여 사용하였고, 코넬리우스 틸레(Cornelius P. Tiele) 역시 "Science of Religion"이라는 용어를 사용하는 동시에 "종교사"(geschiedenis van de godsdiensten = history of religion)라는 용어로서 종교학을 지칭하였다.[5] 뮐러는 종교에 대한 연구는 역사적, 심리적, 사회적 인간현상으로서 다루어져야 하며, 종교학의 임무는 진화적 관점에서 종교의 발전 과정을 밝히는 것이어야 한다고 주장하였다. 에드워드 타일러(Edward B. Tylor)는 각 종족 집단에 대한 민속학적 연구가 인류 전체의 동일성을 입증하는 귀납적 자료가 된다는 확신을 바탕으로 종교인류학의 초석을 놓았고, 제임스 프레이저(James G. Frazer)는 인류 초기에 인간들은 주술을 이용하여 자연환경을 통제하려 했지만 그것이 불가능함을 깨닫고 우월한 존재를 향해 소원을 비는 종교로 전환했다고 지적하였다.

종교학의 초기 연구자들이 종교를 인간의 이성이나 감정에서 비롯된 것으로

---

4 Ibid., 23-30.

5 Cf. Cornelius P. Tiele, *Elements of the Science of Religion V1: Morphological, Gifford Lectures Edinburgh 1896* (Whitefish, MT: Literary Licensing LLC, 2014).

보았던 것에 비하여, 에밀 뒤르켐(Émile Durkeim)은 종교가 사회적으로 구성되었음을 강조하였다. 뒤르켐은 종교가 사회를 결속시키는 기능을 담당한다는 면을 강조하며 종교가 사회의 구성물이라는 점을 지적하였다. 막스 베버(Max Weber) 역시 "프로테스탄트 윤리와 자본주의 정신"(The Protestant Ethic and the Spirit of Capitalism, 1904)이라는 저서를 통해 서구 개신교의 윤리가 자본주의 발전에 공헌하였음을 지적하며 종교가 사회 구조에 미치는 영향을 강조하였다. 한편 종교심리학자들은 종교를 인간의 심리 현상으로 설명하였는데, 일례로 윌리엄 제임스(William James)는 그의 저서 "다양한 종교적 경험"(The Varieties of Religious Experience, 1902)에서 인간이 종교적 경험을 통해 무너진 자아를 회복하는 등 유익을 얻는다는 점을 주목하여 설명하였다. 지그문트 프로이드(Sigmund Freud)는 "토템과 터부"(Totem and Taboo, 1913)라는 저술에서 종교적 충동이 무의식에 자리 잡은 성적 욕구와 관련이 있다고 주장하며 종교를 폄하하였으나, 칼 융(Carl Gustav Jung)은 "심리학과 종교"(Pshychology and Religion, 1938)를 통해 종교적 경험이 신자들의 삶에 새로운 힘을 부여한다는 측면에서 종교를 긍정하였다.

3 종교학의 분야

한스-유르겐 그레샤트(Hans-Jürgen Greschat)는 종교학의 연구 단계를 문제점 알아내기, 문제선택, 자료수집, 연결자료 찾기, 해결책 발견, 해결책 검토, 그리고 해결방법의 통보 등 일곱 단계로 요약하였다.[6] 종교학적으로 유용한 질문을 통해 신앙의 사유를 파악하고, 이에 답하는 과정을 통해 관련 자료들을 체계적으로 정리하고 그 질문에 대한 납득할 만한 답변을 제시하는 것이 종교학의 사명이라는 것이다. 한편 요아킴 바흐(Joachim Wach)는 종교학의 연구방법론을 특정 종교 내에서 발전 과정을 수직적으로 연구하는 종교사와 여러 종교들을 대상으로 각 종교에서 특정 대상 하나만을 연구하는 조직종교학으로 이분하였다.[7] 바흐가 언급한 조직종교

---

6 한스-유르겐 그레샤트, 『종교학이란 무엇인가』 안병로 역 (경기: 북코리아, 2011), 37-58.

학은 종교에 대한 지식을 체계화하고 보편타당한 판단으로 이끄는 수단으로서 종교이론, 비교종교학, 그리고 종교현상학 모두를 포괄하는 개념이다. 일반적으로 통용되는 종교학의 연구 분야는 종교현상학 및 종교해석학, 종교사, 비교종교학이 대표적이다.

1) 종교현상학과 종교해석학

네덜란드와 스칸디나비아의 학자들은 종교의 본질을 개인의 심리나 사회적인 것으로 환원시킬 경우 신자들이 경험하는 종교적 관점과 현상을 배제할 것이라고 비판하며, 종교를 그 자체로 다루며 종교현상을 기술하는 방법론을 도입하였다. "종교현상학"(Phenomenology of Religion)이라는 용어를 처음으로 사용한 인물은 네덜란드 암스테르담 대학의 종교학 교수 드 라 소세이(Pierre Daniël Chantepie de la Saussaye)였는데, 그는 1887년 출간된 "종교사 강좌"(Lehrbuch der Religionsgeschichte)에서 이 명칭을 최초로 사용하였다. 그는 종교연구를 종교철학과 종교사로 구분하는 한편, 종교현상학이 종교사가 제공하는 자료들을 분류하여 인간의 내적 의식인 종교현상을 이해하도록 하는 종교철학을 활용하는 중간단계 또는 경계적 학문으로서 의의를 지닌다고 지적하였고, 따라서 종교학의 과제는 종교의 본질을 다루는 종교철학의 분야와 종교의 경험적이고 가시적인 현현을 조명하는 종교현상학의 분야 모두를 연구하는 것이라는 일반적인 의견을 제시하였다.[8] 신학자 출신인 그는 신학과 종교학의 독립적 위치를 존중하면서도 양자가 상보적 관계에 있다고 주장하며, 종교학적 소양을 신학 연구를 위한 필수적인 요소로 간주하였다. 프리드리히 하일러(Friedrich Heiler)는 현상학적 방법은 현상에서 본질로의 길이라고 주장하며, 현상은 내면에 깔려 있는 본질을 중심으로 분석되어야 한다고 강조하였다.[9] 에드문트 후설(Edmund

---

7 Cf. Joachim Wach, *Religionswissenschaft: Prolegomena zu Ihrer Wissenschaftstheoretischen Grundlegung* (Leipzig, Germany: Universität Leipzig, 1924).

8 Pierre Daniel Chantepie de la Saussaye, *Lehrbuch der Religionsgeschichte* (Leipzig, Germany: Verlag, 1887), 6.

9 Friedrich Heiler, *Erscheinungsformen und Wesen der Religion* (Stuttfart, Germany: W. Kohlhammer, 1961), 16. 한편 하일러는 단행본 "기도"(Das Gebet)를 통해서 기도란 신앙인과 개

Husserl)은 "순수현상학의 이념들"(Ideen zu Einer Reinen Phänomenologie, 1913)을 통해 철학은 실제로 직면하는 것을 탐구해야 하며, 본질이나 일반적 구조들의 직접적 분석이라는 목표 달성을 방해하는 어떠한 요소들로 허용해서는 안 된다고 주장하며 현상학이라는 용어의 의미를 강화하였는데, 이는 철학이 모든 형이상학적 전제를 벗어나야 함을 의미한다. 그는 종교현상학자들에게 "에포케"(epoché)라는 판단 중지의 원칙과 "직관적 통찰력"(eidetic vision)이라는 두 가지 중요한 이해의 원칙을 제공하였다.[10]

윌리엄 브레데 크리스텐센(William Brede Kristensen)은 "종교의 의미"(The Meaning of Religion, 1960)라는 저술을 통해 비교종교의 방법은 종교 형태들의 가치적 우열을 가려서 진화적 유형에 몰아넣는 경향을 가졌기 때문에 타당하지 않다고 지적하며, 종교연구의 두 가지 방법은 다양한 종교에 상대적 가치를 부여하는 진화론적 비교연구와 평가가 포함되지 않는 사실 자체를 조명하는 현상학적 연구의 두 가지가 있는데 후자가 더 바람직한 것이라고 주장하였다. 크리스텐센에 의하면 종교현상학의 목적은 여러 종교들에서 발견되는 비슷한 현상들을 분석하여 종교적 내용과 가치를 종합적으로 조명하는 것이다. 크리스텐센과 함께 종교 자체에 대한 긍정적이고 인

인적으로 체험한 신(神) 사이의 활발한 교통이자 인간적 공동체 관계의 형태를 반영하는 교통이라고 정의하고, 종교현상학은 개인이 본 것을 그대로 묘사하는 것이라고 설명하였다. 그는 기도 중에 손의 자세는 상징적 의미를 가지고 있고, 기도의 자세, 몸짓과 손짓, 기도의 도구 역시 상징적 의미가 있으며, 소리의 유무 역시 그러한 의미를 담고 있다고 주장하였다. 하일러에 의하면 종교현상학은 종교의 본질을 논하는 것인데 기도의 본질은 기도 중에 보이지 않는 세계로 연결되어 변화를 통해 새로워지는 것이다. 그는 저승과의 대화를 의례화하는 아프리카의 제주(祭酒) 헌작, 매일 아침 몸을 씻은 후 아침 식사 전에 복장을 갖추고 경전에 나오는 순서대로 하는 유대인의 기도, 아침 해가 돋으면 집단 전체가 노래를 부르며 일출을 환영하는 노래로 기도를 대신하는 남미 열대우림의 인디언, 무슬림, 힌두교도, 불교도, 러시아 정교신자, 일본의 아미다 불교신도 등의 기도를 그러한 종교적 본질의 사례로 나열하였다. Cf. Friedrich Heiler, *Das Gebet: Eine Religionsgeschichtliche und Religionspsychologische Untersuchung* (München, Germany: Reinhardt, 1921).

10 에포케는 "나는 망설인다"라는 의미의 헬라어 동사 "에페코"(ἐπέχω)에서 유래한 것인데, 이는 중단, 판단의 중지, 정신으로부터 모든 가능한 전제의 배제를 의미한다. 직관적(直觀的)이라는 의미의 "아이데틱"을 붙인 아이데틱 비전은 헬라어 명사 "토 아이도스"(το εἶδος)를 어원으로 하는 용어로서 보이는 것, 형상, 모습, 본질 등의 의미를 지니며, 현상학적 용어로서는 어떤 상황의 본질적 요소를 간파하는 관찰자의 능력을 뜻한다. 예를 들어 왜곡되지 않은 객관적 자료를 획득한 관찰자는 그 자료로부터 특정 상황의 본질적 요소들을 전체적인 맥락에서 직관적으로 파악하는 것을 지칭하는 것이다.

문주의적 성격을 견지한 네덜란드 학파를 형성했던 헤라르듀스 반데르 레이우(Gerardus van der Leeuw)는 "종교현상학"(Phänomenologie der Religion, 1933) 저술을 통해 다른 종교 전통들을 그 자체로 이해할 수 있는 방법론으로서 종교현상을 체계적으로 기술하고, 분류 및 유형화하는 종교현상학을 제시하였다. 그는 현상학적 연구의 방법은 종교적 현상에 제사, 기도, 신화 등의 이름을 지어주는 작업, 개인의 내면 속에서 특정 종교현상을 다시 체험하도록 감정의 이입을 시도하는 작업, 편견 배제를 위해 판단을 중지 또는 보류하는 작업, 그리고 종교적 현상의 구조를 파악하여 명료화하여 첫 번째 작업을 재확인하고 심화하는 작업으로 구성되며, 이상의 네 가지 작업을 완료했을 때에 비로소 현상에 대한 진정한 이해에 도달할 수 있다고 설명하였다. 한편 오늘날 종교현상학의 방법은 기존의 이론과 가설, 종교 및 사회, 윤리적 전통에서 얻은 선입견을 배제하는 역사적 배제와 모든 실제적 판단을 배제하는 실존적 배제를 기반으로 첫째, 종교의 전통, 문화, 체험, 제의, 의례, 축제, 경전, 상징, 예술품 등 관련 자료를 수집하고, 둘째, 다양한 자료의 공통된 유형을 탐구하며, 셋째, 그 유형의 구조를 분석하고, 넷째, 수집하고 분석한 자료들에 대한 결론, 즉 보편적 설명을 제시하는 네 단계로 이루어진다.[11]

종교현상학자들이 연구자의 선입견과 주관을 배제해야 종교현상을 제대로, 즉 객관적으로 조명할 수 있다고 생각했던 것과 달리 종교해석학자들은 종교를 다룸에 있어서 연구자의 주관을 완전히 배제하는 것은 불가능하기 때문에 서로 다른 지평의 해석을 인정하고 융합할 것을 제안하였다. 일례로 바흐는 "이해하기와 믿기"(Understanding and Believing, 1968)를 통해 연구자 자신의 주관적 입장을 인정할 뿐만 아니라 이를 적극적으로 적용해야 한다고 주장하였다. 바흐에 의하면 종교체험은 궁극적 실재로 체험된 것에 대한 인간의 초기 반응, 궁극적 실재에 대한 인간의 전(全) 존재적 응답, 인간의 체험 중 가장 강렬한 경험, 실천을 유발하는 규범성의 특성을 지닌다. 바흐 이후 해석학의 전통은 미국 시카고 대학(University of Chicago)에서 미르체아 엘리아데(Mircea Eliade)에 의해 계승되었다. 인간이 세속의 삶을 통해

---

11 이정순, 『종교학의 길잡이』 (파주: 한국학술정보(주), 2022), 24－27.

성스러움을 경험하는 종교적 지향성이 있다고 주장한 것으로 유명한 엘리아데는 전형적인 인간 상황의 의미를 파악하기 위한 적절한 마음가짐은 자연과학자의 객관성이 아니라 주석자 및 해석자로서의 지적인 공감이라는 새로운 휴머니즘을 주장하며 가장 높은 수준의 해석에 의해 인간의 조건을 풍부하게 한다는 해석학의 가치를 강조하였다.[12] 반면, 프랑스의 구조주의 인류학자 클로드 레비스트로스(Claude Lévi-Strauss)는 각기 다른 사회에서 인간의 불안을 상상적 이야기를 통해 해소하는 도구로서 신화를 제시하며, 겉으로 드러나는 역사와 문화, 지리적 차이를 넘어 나타나는 인간의 공통적 특징을 지적하였다. 하지만 1980년대 이후 포스트모더니즘 사조 및 구조주의의 환원론적 사고를 비판하며 대두한 후기구조주의로 인해 종교학에 있어서도 보편성에 대한 탐구 자체가 동력을 잃게 되었다.

2) 종교사

종교철학자들이 종교의 본질을 묻는데 비하여 종교사학자들은 주로 종교적 발달이 어떻게 진행되었는지를 규명하는 데에 초점을 맞춘다.[13] 라파엘로 페타조니(Raffaelo Pettazzoni)는 종교사가들은 특정 종교의 역사적 사실들을 분석하는 일에만 전념하기 때문에 객관적이고 과학적인 사료를 확정할 수는 있지만 종교현상에 대하여 제대로 이해할 수 없고, 종교현상학자들은 종교현상의 구조에만 관심을 가지고 시간과 공간 및 문화적 환경을 고려하지 않고 보편성을 추구하기 때문에 부족함이 있다고 지적하며 양자의 통합을 요구하였다. 그의 주장을 이어 윌프레드 캔트웰 스미스(Wilfred Cantwell Smith)는 "종교의 의미와 목적"(The Meaning and End of Religion, 1991)에서 종교를 앞선 세대에서 다음 세대로 전승되는 의례, 신조, 경전, 신학, 제도, 관습 등을 포함하는 축적된 전통과 종교생활의 내면에 있는 초월자에 대한 개인의 느낌, 사랑과 경외, 헌신과 가치관 등의 신앙으로 구분하였고, 신앙을 인간의 보편적 자질이라고 정의하며 이는 개별적 종교체계와 상징제도를 초월한다고 주장

12 Mircea Eliade, *The Two and the One* (New York, NY: Harvill Press, 1965), 12-13.
13 한스-유르겐 그레샤트, 『종교학이란 무엇인가』, 160.

하였다.[14] 스미스는 체계적인 종교의 연구과정을 첫째, 특정 종교가 자리 잡은 지역의 언어를 습득하고, 자료들을 수집하고 분석하는 역사적 연구를 하는 과정, 둘째, 역사적 연구의 사실들이 신자들에게 가지는 의미를 해석하는 과정, 셋째, 인간의 종교성이 지니는 보편적 자질을 추구하는 일반화의 과정으로 나누어 제시하였다.[15]

그레샤트는 종교사학자들이 사용하는 네 종류의 문서를 경전, 전언(서신), 개인의 고백, 종교사학적 기록들로 요약하였는데, 이의 번역을 위해 언어적 기반이 필요함을 역설하였다.[16] 이에 더하여 그는 박물관, 전시회, 사찰과 수도원 등에 대한 탐방 및 종교적 미술품과 조형물, 종교적 집기 등도 중요한 자료로 활용된다고 지적하며, 여론조사와 대화, 종교적 행위가 이루어지는 현장의 체험 역시 중요한 종교사적 도구라고 주장하였다. 진화론적 방법에 충실하던 종교학은 통일된 연구 형태를 갖추지 못했고, 신학자들과의 논쟁 속에서 뿌리를 내리는 데에 어려움이 있었다. 전통적으로 신학적 성향이 강한 유럽에서는 종교학의 상대적 견해가 신앙의 절대성을 약화하여 신앙을 희석시키고 신자들을 타락시킬 것이라는 우려가 반대로 이어졌고, 미국에서는 종교학의 신학으로부터의 독립에 초점을 맞추었기 때문이다. 유럽에서 처음으로 개설된 종교학 강의는 1834년 스위스 바젤 대학(Universität Basel)에서 요한 뮐러(Johann Georg Müller)가 강의한 "다신교의 역사"(The History of Polytheistic Religions)였다. 종교학 분야의 전임교수직은 1868년 일반종교사 강의를 개설한 스위스 제네바 대학(Université de Genève)이 1873년에 확보하였고, 이후 영국과 프랑스, 스웨덴, 독일 대학들이 종교사 과목을 필두로 종교학 과목들을 설치하였다. 미국에서는 1867년 하버드 대학(Harvard University)에서 종교학 관련 과목이 개설되었고, 1873년에는 보스턴 대학(Boston University), 1881년 프린스턴 대학(Princeton University), 1891년 코넬 대학(Cornell University)에서 종교학 교수 임용이 이루어졌으며, 1892년에는 시카고 대학(University of Chicago)이 종교학과를 설치하며 종교학 연구의 저변이 확

14 Wilfred Cantwell Smith, *The Meaning and End of Religion: A New Approach to the Religious Traditions of Mankind* (Minneapolis, MN: Fortress Press, 1991), 161.

15 Wilfred Cantwell Smith, *Religious Diversity: Essays*, ed. Willard G. Oxtoby (New York, NY: Harper and Row, 1976), 102–114.

16 한스-유르겐 그레샤트, 『종교학이란 무엇인가』, 67–78.

대되었다. 한편 19세기 이후 일반적으로 종교학을 가리키는 명칭은 미국에서는 "History of Religions"이 통용된 반면에, 유럽에서는 "Comparative Religion"이 주로 사용되었다.

3) 비교종교학

뮐러의 저작 이후 19세기 말까지의 시기에 종교를 이해하기 위해서는 개인이 가진 신앙과 구분하여 각 종교들에 대한 비교의 작업을 반드시 거쳐야 한다는 의식이 확산되었고, 이후 비교종교 또는 비교종교학이라는 용어가 종교학을 지칭하는 포괄적 의미로 사용되었다.[17] 유럽에서 시작된 종교에 대한 연구는 기독교 내부의 관점에서 벗어나 종교를 일반적인 관점에서 객관적으로 연구하기를 도모했기 때문에 다양한 종교들의 자료들을 비교함으로써 특정 종교에 국한되지 않는 보편적인 설명을 도출하려 하였다. 그와 같은 맥락에서 샤프는 종교학을 세계의 여러 종교들을 비판적인 관점에서 역사학적 방법에 근거하여 비교 연구하는 학문으로 정의하였는데, 이는 비교종교학의 입장을 대변한 것이다.[18] 이처럼 비교종교학은 20세기 초, 중반에 활동한 종교현상학자들과 종교해석학자들 조차도 자신들의 연구가 비교종교학 분야에 속한 것임을 인식할 정도로 폭넓은 지지를 얻었고, 20세기 중·후반까지도 종교를 연구하는 학문 분야로서 종교학과 동의어로 사용될 정도로 종교와 관련한 연구를 대표하는 명칭이었다.

하지만 20세기 후반 이후 다양한 관점을 중시하는 포스트모더니즘의 물결 앞에서 여러 종교들을 비교하며 종교 전체에 적용되는 보편적 요소를 찾으려 했던 비교종교학은 영향력을 잃기 시작했다. 21세기에 들어서 비교종교학은 종교학을 대표하며 종교와 관련된 연구를 포괄하는 대표성을 잃고 종교학의 한 분야를 가리키는 명칭으로 축소되었다. 오늘날 학문성을 강조하는 한국과 미국의 대부분의 대학들은

17 에릭 샤프, 『종교학의 전개』, xii.
18 1975년 초판 이후 1986년 개정된 샤프의 저서는 "종교학의 전개"라는 이름으로 번역되었지만, 원제가 "비교종교학: 역사서"(Comparative Religion: A History)로서 이는 그의 비교종교학적 관점을 반영한다. Ibid., 1.

종교학부를 지칭할 때에 "Department of Religious Studies"를 사용하며, 종교학 역시 비교종교학과 관련된 명칭이 아니라 단순히 "Religious Studies" 또는 "The Study of Religion"이라는 용어를 사용한다. 이 같은 변화는 초기 종교학자들이 여러 종교들의 자료들을 취합한 후 그 자료들을 비교, 분석함으로써 종교와 관련한 일반적인 개념을 정리하고 이론을 도출하려 한 데 비하여, 개인의 주관과 다양성을 강조하는 포스트모더니즘의 사조로 인해 오늘날 종교학의 추세는 개별 종교들을 깊이 있게 분석하는 연구가 대세를 이룬다는 사실을 반영한다.

1990년대에 들어서 윌리엄 페이든(William E. Paden)은 전통적인 비교종교학이 서구의 시각을 중심으로 하는 우월주의의 산물이라는 비판과 성스러움과 같은 신학적 범주에 초점을 맞추었던 점을 인정하면서도 비교의 범주, 분석, 관점이 없이는 종교의 연구가 불가능하다고 지적하였다.[19] 조나단 스미스(Jonathan Z. Smith)는 기존의 비교종교학의 방법론을 민족지적 비교, 백과사전적 비교, 형태론적 비교, 진화론적 비교의 네 유형으로 요약하여 문제점을 제시하는 한편, 네 유형을 발전적으로 변형시켜서 통계적 비교, 구조주의적 비교, 체계적 서술과 비교라는 세 개의 유형으로 다듬었다.[20] 그는 지역적 특수성을 강조하는 포스트모더니즘의 관점이 지역주의에 치우쳐 일반화를 위한 모든 시도들을 방지했다고 지적하며, 종교학 연구는 특수성과 보편성을 추구하는 양극단을 거부하고 일반적인 것을 추구해야 한다고 주장하였다.[21] 비교종교학이 활용하는 비교의 방법은 각 종교 안에 있는 고유한 개념들을 중심으로 두 종교 또는 여러 종교들을 검토하는 것이다.[22] 그러므로 각 종교들을 비교하여 연구하는 방법론은 기독교 신학 및 종교학으로부터 학문적 자율성과 독자성

19 Willam E. Paden, "Elements of a New Comparativism," *Method and Theory in the Study of Religion* 8(1996), 11－13.

20 Jonathan Z. Smith, *Map is Not Territory: Studies in the History of Religions* (Chicago, IL: University of Chicago Press, 1993), 264.

21 스미스에 의하면 일반적인 것은 예외를 인정한다는 점에서 보편성과 다르며, 선별의 과정을 거쳐서 확정된다는 측면에서 특수성과도 다르다. 따라서 비교종교학의 목적은 비교 자체가 아니라 비교를 통해 자료에 대한 새로운 설명을 도출하는 것이며, 이는 비교에 근거한 일반론을 제시하는 것을 통해 완성된다. Jonathan Z. Smith, *Relating Religions: Essays in the Study of Religion* (Chicago, IL: University of Chicago Press, 2004), 31, 134.

22 한스－유르겐 그레샤트, 『종교학이란 무엇인가』, 167－185.

을 확보해야 하는 이중적 과제를 안고 있는데, 우선 신학으로부터는 객관적인 입장에서 모든 종교를 비교함으로써 기독교 신앙의 절대성을 상실할 수 있다는 혼합주의의 위험이 지적되고, 종교학 분야에서는 종교현상학과 종교사 사이에서 자리매김하며 학문적 객관성을 유지해야 하는 부담이 있기 때문이다.[23]

4 21세기 종교학

21세기 들어서 4차 산업혁명 시대의 방대한 정보의 유입 및 학제간 교류 활성화와 더불어 종교학 분야 역시 다학제적 특성이 강화되었다. 따라서 종교학 분야의 연구는 종교학이라는 포괄적인 제목 아래에서 축적된 자료들을 종교사, 종교심리학, 종교철학, 종교사회학, 종교현상학 등의 분과들을 통해 분석하는 추세를 보인다. 대니얼 펠즈(Daniel Pals)는 "열 개의 종교학 이론들"(Ten Theories of Religion, 2021)을 통해 정령숭배와 마술(Animism and Magic)을 분석한 에드워드 타일러(Edward B. Tylor)와 제임스 프레이저(James G. Frazer)로부터 섹시즘과 성스러움(Sexism and the Sacred)을 논한 메리 달리(Mary Daly)에 이르는 열 가지 종교학 이론들 및 열 한 명의 학자들에 대하여 소개하였다. 이는 1996년 일곱 가지 이론들을 소개한 이후 2006년 여덟 개 이론, 2014년 아홉 개 이론을 거쳐 정리된 4판이며, 향후 현대 종교학의 흐름을 반영하여 계속해서 개정판들을 출간하리라 기대된다. 그는 종교학의 연구를 인문학적(humanistic), 심리학적(psychological), 사회과학적(sociological), 정치경제학적(political-economical), 그리고 인류학적(anthropological)인 다섯 가지의 주요 분야로 나누어 제시하였는데, 이는 오늘날에도 여전히 유효한 분류로 간주된다. 인문학적 관점에서 연구를 수행하는 학자들은 종교적 활동을 생각과 의도, 감정에 의해 좌우되는 인간의 활동으로 간주하고, 심리학적 관점을 견지하는 학자들은 자료수집과 자료 간 관련성의 분석에 초점을 맞추며, 사회과학적 종교학자들은 과거와 달리 현대 사회에서 종교의 기능이 축소되어 사회 구성의 여러 요소들 중 하나에 불과하게 된

23 김은수, 『비교종교학 개론』 (서울: 대한기독교서회, 2006), 104-106.

사실을 조명하며, 정치경제학적 연구자들은 기존의 서구문화에 대한 비판적 시각을 유지하며, 인류학적 관점의 학자들은 현지조사의 방법론을 활용한다.

오늘날 현대종교학은 대학의 종교학부 또는 종교학과에 소속된 종교학자들 외의 학자들과 주로 무신론의 입장에 선 저술가들이 대중을 대상으로 하는 종교에 대한 지적 논의를 활발히 전개하는 분위기와 현대문화 속에서 기존의 종교적 전통들로 설명되지 않는 대중종교의 중요성 부각으로 인해 종교학 외부의 영역과의 소통이 더욱 절실히 요청된다.[24] 어떠한 종교의 신(神) 개념도 옳지 않다며 종교의 고백적 교리를 거부하는 무신론자인 알랭 드 보통(Alain de Botton)은 현대사회가 세속적 휴머니즘과 유물론적 세계관으로 인해 종교를 상실함에 따라 빈곤해졌다고 지적하며, 삶의 고통과 죽음에 직면할 수 있는 종교의 효율적 기능을 인정해야 한다고 주장하였다.[25] 반면 슬라보예 지젝(Slavoj Žižek)은 현대사회에서 종교가 필요한 이유는 단순히 사회적 기능 때문이 아니라 지성과 신앙의 통합을 통해 상호 발전을 이루어야 하기 때문이라고 단언하였다. 그는 궁극적 타자인 그리스도가 인간과 동일한 존재가 된 것이 기독교의 전복적 핵심이자 철학적 업적이라고 간주하였는데, 그러한 핵심을 회복하기 위해서 제도의 껍데기를 버려야 한다고 주장하며 기독교를 유물론적으로, 즉 신이 죽어버린 종교로 재해석할 것을 촉구하였다.[26]

한편 유발 하라리(Yuval N. Harari)는 인간만이 전혀 존재하지 않는 것에 대한 정보를 전달하는 능력을 가지고 있다며, 종교는 초인적 질서에 대한 믿음을 기반으로 하여 인간의 규범과 가치를 정당화한다고 설명하였다.[27] 그는 인본주의 종교의 쇠퇴와 함께 호모 사피엔스(Homo Sapiens)의 시대가 끝나고, 과학기술의 발전을 활용하여 전대미문의 능력과 창의성을 지닌 호모 데우스(Homo Deus)의 시대가 열릴 것이라고 예견하였다.[28] 현재의 인간 조건은 불완전하여 근본적인 개선이 필요한데 이

24 유요한, 『종교학의 이해: 현대사회의 종교학』 (서울: 세창출판사, 2020), 207-209.

25 Alain de Botton, *Religion for Atheists: A Non-Believer's Guide to the Uses of Religion* (New York, NY: Vintage Books, 2012), 11-20.

26 Slavoj Žižek, *The Puppet and the Dwarf: The Perverse Core of Christianity* (Cambridge, MA: MIT Press, 2003), 12-33.

27 Yuval N. Harari, *Sapiens: A Brief History of Humankind* (New York, NY: Harper, 2015), 216-218.

는 인간과 기계의 결합으로만 가능하며, 그러한 결합을 통해 인간 삶에 위해를 가하는 질병의 고통과 노화의 위협을 해결해야 한다고 믿는 트랜스휴머니즘(Transhumanism)은 과학기술을 통하여 인간의 정신과 육체의 한계를 극복함으로써 스스로 신과 같이 될 수 있다는 호모 데우스의 인간론을 바탕으로 하고 있다.[29]

하지만 과학기술의 발전으로 인해 인간의 가치가 하락하게 될 것이라는 가설에 근거한 하라리의 미래 예측은 지나치게 단순하며, 특히 인간이 과학의 연구 대상인 동시에 연구의 주체인 자신의 지위를 쉽게 포기할 것이라는 예측 역시 설득력이 떨어진다. 인간 존재의 진보를 강조하는 트랜스휴머니즘이 인공지능, 유전공학, 나노기술, 신경과학, 정보기술 등 기술적인 측면에 지나친 초점을 맞추기 때문에 창조주이자 피조세계를 주관하시는 하나님을 중심으로 세계를 조명하는 기독교 신앙의 신본주의적 전제를 부정한다는 기독교 신학의 측면에서의 비판을 잠시 제쳐두더라도, 폭발적으로 발전을 거듭함에도 불구하고 인공지능이 인간과 같은 의식과 의지를 보유하는 것은 불가능하다는 점을 간과했다는 사실은 자명하다. 그로 인해 트랜스휴머니즘은 인간 존재의 특수성을 배제하여 인간성으로부터 탈피하려는 소위 "인간학적 엑소더스"(anthropologischer Exodus)라는 비판을 받는다.[30] 하지만 유발 하라리의 미래 예측이 21세기 종교학이 과학기술의 발전과 급변하는 사회상을 반영하며 발전을 지속해 나가야 한다는 사실을 새삼 일깨우는 공헌을 하고 있음은 분명하다.

28 Yuval N. Harari, *Homo Deus: A Brief History of Tomorrow* (New York, NY: Harper, 2017), 221–223.

29 최성훈, "호모 데우스(Homo Deus)와 이마고 데이(Imago Dei): 트랜스 휴머니즘의 인간론에 대한 신학적 비판," 「영산신학저널」 63 (2023), 88.

30 Rosi Braidotti, *Posthumanismus: Leben Jenseits des Menschen* (Frankfurt am Main, Germany: Campus Verlag, 2014), 71.

참고문헌

김은수. 『비교종교학 개론』. 서울: 대한기독교서회, 2006.

에릭 샤프. 『종교학의 전개』. 유요한, 윤원철 역. 2판. 서울: 시그마프레스, 2017. (Original Work Published in 1986).

유요한. 『종교학의 이해: 현대사회의 종교학』. 서울: 세창출판사, 2020.

이정순. 『종교학의 길잡이』. 파주: 한국학술정보(주), 2022.

최성훈. "호모 데우스(Homo Deus)와 이마고 데이(Imago Dei): 트랜스 휴머니즘의 인간론에 대한 신학적 비판." 「영산신학저널」 63 (2023), 79－101.

한스－유르겐 그레샤트. 『종교학이란 무엇인가』. 안병로 역. 경기: 북코리아, 2011. (Original Work Published in 1988).

Braidotti, Rosi. *Posthumanismus: Leben Jenseits des Menschen.* Frankfurt am Main, Germany: Campus Verlag, 2014.

De Botton, Alain. *Religion for Atheists: A Non－Believer's Guide to the Uses of Religion.* New York, NY: Vintage Books, 2012.

De la Saussaye, Pierre Daniel Chantepie. *Lehrbuch der Religionsgeschichte.* Leipzig, Germany: Verlag, 1887.

Eliade, Mircea. *The Two and the One.* New York, NY: Harvill Press, 1965.

Heiler, Friedrich. *Erscheinungsformen und Wesen der Religion.* Stuttfart, Germany: W. Kohlhammer, 1961.

Smith, Wilfred Cantwell. *The Meaning and End of Religion: A New Approach to the Religious Traditions of Mankind.* Minneapolis, MN: Fortress Press, 1991.

_____. *Religious Diversity: Essays*, ed. Willard G. Oxtoby. New York, NY: Harper and Row, 1976.

Tiele, Cornelius P. *Elements of the Science of Religion V1: Morphological, Gifford Lectures Edinburgh 1896.* Whitefish, MT: Literary Licensing LLC, 2014.

(Original Work Published in 1898).

Paden, Willam E. "Elements of a New Comparativism." *Method and Theory in the Study of Religion* 8(1996), 1–14.

Harari, Yuval N. *Homo Deus: A Brief History of Tomorrow.* New York, NY: Harper, 2017.

_____. *Sapiens: A Brief History of Humankind.* New York, NY: Harper, 2015.

Wach, Joachim. *Religionswissenschaft: Prolegomena zu Ihrer Wissenschaftstheor–etischen Grundlegung*. Leipzig, Germany: Universität Leipzig, 1924.

Žižek, Slavoj. *The Puppet and the Dwarf: The Perverse Core of Christianity.* Cambridge, MA: MIT Press, 2003.

03 현대사회와 종교

20세기 말부터 탈냉전과 더불어 정치와 경제와 같은 직접적인 세속적 관심사보다 문화가 종교를 가늠하는 더 중요한 기준으로 기능하기 시작하였다. 한편, 21세기 문화의 활발한 전개는 철저한 비세속화의 종교적 성향을 기반으로 한다. 하지만 현대사회의 종교는 여전히 인간 삶에 있어서 중요한 분야인 정치, 경제, 사회 및 기술과학과 소통함을 요청받고 있으며, 문화는 그러한 분야들의 기저에서 영향력을 발휘하고 있다. 그러한 차원에서 경영전략 수립에 있어서 정치, 경제, 사회, 기술 분야의 거시적 환경 요소를 분석하는 방법인 거시환경분석(PEST: Political, Economic, Social and Technological Analysis)은 오늘날 종교를 통전적으로 조명할 수 있는 유용한 도구가 된다. 이는 기업이 통제할 수 없는 외부의 경영 환경을 분석하는 데 사용하는 분석 도구이지만 현대사회와 밀접한 관계를 맺고 있는 종교 역시 그러한 환경을 통해 조명하는 것이 유용할 것이다. 따라서 본 장에서는 PEST 분석을 적용한 종교와 권력, 경제, 사회문화, 4차 산업혁명 시대와의 관계를 주요 이슈를 통해 살펴봄으로써 오늘날 현대사회와 소통하는 종교의 다양한 측면들의 가능성과 의의를 점검하였다.

1 종교와 정치

1) 정교분리의 원칙

종교와 대표적인 정치 권력의 실재인 국가의 관계는 종교의 특성에 따라 달리 나타나는데, 기독교와 같이 초월적 신을 믿는 타력성이 강한 종교는 적극적으로 세속적인 국가 권력과 관계를 긴밀히 맺으려는 경향이 있고, 인간의 완성이나 내면적 깨달음을 추구하는 불교처럼 자력성이 강한 종교는 국가 권력과 관계 맺는 것에 대하여 소극적이다.[1] 또한, 종교와 국가의 관계는 종교의 사회적 위상에 따라 달라질 수 있다. 고대 유대교나 중세 가톨릭, 그리고 오늘날 일부 이슬람 국가와 같이 종교가 국가보다 우위에 있는 경우 종교가 국가의 통치 원리를 제시하는 신정국가(神政國家)의 모습을 보이고, 로마 시대의 제국교회나 유럽 절대왕정 시대의 국가교회, 또는 사회주의 국가였던 과거 소련의 정교회는 국가가 종교보다 우위를 점하며, 만약 종교가 국가와 경쟁하는 위협적인 세력으로 부상하면 종교를 억압한다. 세 번째 유형은 국가와 종교가 분리된 형태로서 대부분의 근대 국가에서는 종교가 비가시적인 영혼을 다루는 사적인 영역에 국한되며, 국가는 가시적인 육체를 담당하는 세속적인 성격을 보인다. 하지만 종교와 정치는 속성상 긴밀히 연결되어 있는데, 종교의 교의, 창시자와 지도자, 일상의 규범에 해당하는 계율은 정치적인 측면에서도 정치철학, 지도자, 당규와 같은 규율 등과 유사하고, 종교의 정신적 통합의 기능과 정치의 사회적 통합 기능이 비슷한 모습을 지니며, 오늘날 종교와 정치 모두 세속성을 지닌 사회적 실체라는 점에서 동질적이다.

근대 세속 국가의 체제가 수립되며 종교와 정치의 모순과 긴장을 해결하기 위한 방법으로 등장한 것이 오늘날 대부분의 국가들이 운영하고 있는 정교분리의 원칙인데, 이는 성속(聖俗)의 분리를 통해 종교에 속한 권력과 기능들을 세속 정치가 확보하려는 시도이다. 하지만 종교와 세속 권력을 분리하는 국민국가의 형성과정이

---

1 윤승용, "한국의 정교분리와 종교정책," 「종교 문화비평」 25 (2014), 200.

각 나라마다 상이하므로, 국가의 종교적 상황이 단일 전통의 종교인지 이질적 전통의 종교들이 존재하는지, 또는 국가가 종교에 우호적인지 비우호적인지 여부에 따라 정교분리의 형태는 다른 양상으로 나타난다. 단일 종교의 전통이 우세하고, 국가가 종교에 대하여 우호적인 종교적 상황이라면 우호적 관계형인데, 오늘날 대표적인 우호적 관계형 국가는 기독교 전통의 독일로서 그 같은 국가에서는 종교와 정치의 우호적 관계가 형성된다. 따라서 독일 헌법에는 신앙의 자유와 종교 및 세계관의 고백의 자유는 인정하지만 정교분리에 대한 조항은 없다.[2] 가톨릭이라는 단일종교의 전통하에서 국가가 종교에 대하여 비우호적인 엄격한 분리형의 대표적인 국가는 프랑스인데, 프랑스는 1905년 정교분리법을 통해 국가가 교회의 관리와 통제를 전담한다.[3] 이질적인 다양한 종교 전통이 존재하지만 국가가 종교에 우호적인 친화적 분리형의 나라의 예로는 미국이 있는데, 미국은 신앙의 자유를 기초로 1791년에 개정된 수정헌법 제1조에 의해 정교분리가 제도적으로 확립되었지만 국가와 종교 간의 협력 관계가 원활히 이루어진다. 국가가 중립적인 입장에서 다양한 종교들과 관계를 맺는 것이지, 국가가 종교와의 정치적 분리를 강제하지 않기 때문이다. 다양한 이질적 종교들이 존재하지만 국가가 종교에 대하여 우호적이지 않은 유사분리형의 대표적인 경우는 신도(神道)를 국가종교로 규정한 일본이다. 일본은 1889년 근대 서구 헌법을 모방한 명치 헌법 제28조에서 종교의 자유를 규정하였지만, 당시 일본의 실제적인 종교정책의 입장은 국가 신도와 일왕(日王)의 지배 원리에 위배되지 않는 경우에만 종교를 인정하는 것일 뿐이며, 조금이라도 위반이 되는 경우에는 가차없이 박해하였다.

2) 우리나라의 정교분리

우리나라도 형식상으로는 종교와 정치를 분리하는 엄격한 분리형에 속하지만, 실제로는 1886년 한불수호조약에 의해 불안정하게 종교의 자유가 보장된 후 1948

2 Ibid., 215.
3 최성훈, 『21세기 공공신학』 (서울: 박영사, 2023), 173.

년 제12조를 통해 명문화된 정교분리의 헌법이 국가와 종교가 뚜렷하게 성속(聖俗)의 영역을 구별하지 않는 포괄적 규정에 그치기 때문에 정교의 분리에 대한 자의적인 해석의 여지를 남긴다. 일제 강점기를 겪고 해방 이후 남북의 분단과 한국전쟁을 겪은 국가적 위기 상황에서 우리 사회는 정교분리의 공정한 시행에 대한 인식을 정리할 여유가 없었다. 특히 선교사들의 영향을 받아 미국이 지향하는 정교분리 원칙을 수용한 우리나라에서 정치와 종교의 분리는 시대와 상황에 따라 각기 다른 의미를 드러냈는데, 특히 대통령과 종교의 관계가 가장 중요한 상황적 요인으로 작용하였다. 한국전쟁을 전후하여 북한의 개신교인들이 대거 월남하며 개신교의 중심축이 남한으로 이동함에 따라 이후 남한의 개신교는 반공이라는 분명한 정체성을 보유하였는데, 이는 남한 정부와의 끈끈한 연결 고리의 기능을 담당하였다. 미군정과 제1공화국, 제2공화국은 해방 이후 분단의 상황에서 반공이라는 이념을 기치로 내건 개신교와 우호적 협력관계를 구축하였고, 제3공화국의 박정희 정권기에는 외세와의 연계가 적었기 때문에 초반에는 개신교와의 불균형을 시정한다는 취지에서 1969년 군승제도 도입, 1975년 석탄일(釋誕日) 지정 등 불교 우대의 정책을 펼쳤지만, 정권의 기반이 취약한 군사정권이 체제를 유지하기 위하여 미국의 지원이 절실했기 때문에 당시 미국과의 관계 개선을 지원할 수 있는 유일한 세력이었던 개신교와 손을 잡을 수밖에 없었다. 유신정권인 제4공화국에 이어 쿠데타로 정권을 잡은 제5공화국에 들어서는 민주화 운동으로 인해 각 종교 내에서 보수와 진보가 분열되는 사태가 발생했고, 문민 정부인 제6공화국 이후에도 종교계는 정부의 대북 및 통일정책을 두고 보수와 진보 진영 간의 갈등이 지속되는 양상을 보였다.

우리나라의 종교와 정치의 관계는 남북분단과 냉전의 구조에 따라 다른 모습을 보였는데, 전인적 구원을 지향하며 교육, 의료, 복지 등 세속적인 영역에 관여하는 현대 종교의 특성상 국가의 영역과 겹치는 일이 빈번하다. 따라서 종교와 정치가 정교분리라는 이념의 캐치프레이즈에 그치는 것이 아니라 실제적인 생활의 차원에서 사회의 요구를 수용하며 상보적인 관계를 이루는 것이 필요하다. 또한, 2001년 9월 11일 발생한 9·11 테러 이후 미국의 종교적 보수주의가 백인 우월주의와 결합된 파시즘 형태로 나타나며 현대판 십자군의 에토스를 드러낸 사례를 고려할 때에[4], 평화를 기치로 내거는 종교가 그러한 평화의 이면에서 폭력을 조장할 위험성에 대하여 경계해야 한다.[5] 그러한 차원에서 유대교의 샬롬(Shalom), 무슬림의 살람(Salam), 기독교의 평화의 인사 등 평화를 지칭하는 인사말과 힌두교, 불교, 자이나교가 공통으로 중시하는 폭력에 대한 거부인 아힘사(Ahimsa)라는 종교적 공동선이 지향하는 평화의 기반을 사수하는 한편[6], 종교가 자행하는 성스러움으로 포장된 폭력을 방지해야 한다.[7] 특히 교세의 쇠퇴와 사회적 영향력의 감소에 대한 위기감을 느끼고 집단의 연대와 정체성 유지를 위해 진화론, 북한, 이슬람, 동성애 등의 화두를 통해 자신의 교리적 견해에 동감하지 않는 이들을 혐오의 대상으로 몰아붙이는 행태를 보이는 개신교 근본주의[8] 및 감정적 헌신에 기반한 한쪽으로 치우친 견해를 피력하며 종교적 폭력을 행하는 근본주의 종교집단은 현대사회의 골칫거리가 되고 있다.[9] 따라서 오늘날 종교계는 감정적 정치 성향과 혐오에 기반한 종교적 폭력을 경계하며 평화와 관용이라는 기본원리의 의미를 되새길 필요가 있다.[10]

---

4 김의훈, "미국 시민종교와 개신교 근본주의의 정치신학적 연관성," 「대학과 복음」 14 (2009), 128-130.

5 요한 갈퉁(Johan Galtung)은 참된 평화를 모든 종류의 폭력이 없는 상태로 정의하면서 폭력의 유형을 전쟁, 테러, 폭행과 같은 직접적 폭력, 제도, 관습, 법률, 정치, 경제 등에 내포된 구조적 폭력, 그리고 종교, 사상, 언어, 예술, 과학, 대중매체, 교육 등에 내재하는 문화적 폭력으로 나누어 설명하였다. 직접적 폭력과 구조적 폭력을 정당화하는 기제가 바로 문화적 폭력이며, 종교가 그러한 문화적 폭력의 대표적 사례라는 점은 시사하는 바가 크다. Johan Galtung, "Cultural Violence," *Journal of Peace Research* 27 (1990), 295.

6 아힘사(Ahimsa)는 생명의 파괴를 의미하는 힘사(Himsa)의 부정(A)을 뜻하므로, 어떠한 생명도 파괴하지 않는 것을 뜻한다. 류성민, "전쟁과 평화의 쌍곡선, 그리고 종교," 「종교연구」 82 (2022), 12-13.

7 르네 지라르(Renè Girard)는 폭력의 원천으로서 타자의 욕망을 모방하는 인간의 모방욕망을 제시하며, 모방적 경쟁관계에 있어서 양자의 거리가 가까울수록 상호 폭력의 가능성이 크다고 지적하였다. 그는 모방욕망이 폭력을 낳고, 폭력은 희생공희를 낳았는데, 희생양의 살해라는 폭력을 수반하는 희생공희야말로 모든 종교의 원형이라고 지적하며 성스러움으로 포장된 폭력을 종교의 기원으로 설명하였다. Renè Girard, *Things Hidden Since the Foundation of the World* (Stanford, CA: Stanford University Press, 1987), 24.

8 윤신일, 오세일, "한국 근본주의 개신교인의 '4대 혐오'에 관한 연구," 「한국사회학」 55 (2021), 55.

9 개신교의 위기의식은 1990년대 이후 교세의 감소뿐만 아니라 교계 지도자들의 세습, 성과 금전의 스캔들로 인한 사회적 비판 증가에 기인한 것이며, 이는 근본주의 개신교의 타종교의 성상 파괴 및 특정 집단에 대한 혐오 조장으로 이어졌다. 하홍규, "종교 갈등과 감정 정치," 「사회사상과 문화」 24 (2021), 11-16.

10 유경동, "종교와 폭력: 종교적 개념과 폭력에 대한 소고," 「현상과 인식」 44 (2020), 144-146.

2 종교와 경제

1) 세속화 이론과 종교시장론

1960년대에 들어서 근대화가 이루어질수록 종교는 세속화된다는 소위 세속화 이론이 종교의 소멸 내지는 위축을 예견하였다. 19세기 이후 유럽을 중심으로 진행된 과학기술의 발전과 근대 자본주의의 확산으로 인하여 현대인이 자연을 통제할 수 있는 능력을 확보하는 동시에 정교의 분리, 세속적 관료체제와 대의 정치의 확립으로 인해 종교 지도자의 전통적 권위가 위축되어 국가별 종교 인구가 감소할 것으로 예상한 것이다. 하지만 20세기 후반에 이르러 오히려 전 지구적 수준에서 발생한 종교의 부흥 현상이 세속화 이론에 대한 강력한 반론을 제기하였고, 그로 인하여 정치, 경제, 사회적 수준에서 종교가 차지하는 역할과 기능에 대한 새로운 관심이 유발되었다.[11] 그 같은 분위기에서 후기 산업사회에서 종교가 존속하거나 오히려 번영하는 현상에 대한 해석을 위해서 합리적 선택이론에 근거한 종교 경제학적 접근이 부상하였다.[12] 따라서 종교 경제학 관점의 접근 방식은 20세기 후반부터 가장 큰 영향력을 발휘해 온 대표적인 관점인 세속화론을 수요 측면에서 조명하고, 합리적 선택이론을 활용한 종교시장론을 통해 종교의 부흥 현상에 대한 해석을 제공하였다.[13] 양자는 상반된 입장을 보이는데 유럽에서 대두한 세속화론은 종교로부

---

11 지구상에서 1970년에 기독교, 이슬람교, 힌두교, 불교 등 세계 4대 종교를 포함한 종교인구의 비율은 81.1%였지만, 2025년에는 그 비율이 87.9%로 오를 것으로 전망되며, 특히 이슬람교의 경우 전 세계 인구에서 차지하는 비율이 1970년 15.0%에서 2025년에는 23.5%로 급증할 것으로 예상되는 등 종교의 부흥 현상은 종교의 세속화 가설을 거스른다는 차원에서 "탈세속화"라고도 불린다. Lamin Sanneh, "The Last Great Frontier: Currents in Resurgence, Convergence, and Divergence of Religion," *International Bulletin of Missionary Research* 37 (2013), 69.

12 경제학에서 합리적 선택이론은 개인이 자신의 선호에 따라 합리적으로 행동한다고 전제하여 자신의 효용을 극대화하는 합리적 선택을 한다고 설명한다. 종교 경제학이 제시하는 합리적 선택이론이란 사람들의 종교적 행위 역시 합리적이므로 종교 조직이나 개별 신자가 자신의 영적, 물질적 보상을 최대화하기 위하여 합리적으로 행동한다고 전제한다. R. Andrew Chestnut, *Competitive Spirits: Latin America's New Religious Economy* (Oxford, UK: Oxford University Press, 2003), 149.

터 근대사회의 분화가 탈주술화를 통해 종교의 쇠퇴를 조장한다고 주장한 반면, 종교시장론은 자본주의 시장 논리가 만연한 미국의 교단화된 종교들이 서로 경쟁을 통해 발전하는 종교시장에 대한 관찰로부터 근대사회의 분화는 종교의 성장을 초래한다고 지적하였다.[14]

종교시장론은 구체적으로 인간의 종교적 수요는 시간과 공간의 차이를 불문하고 상존한다는 전제하에서 특정 종교의 존폐 유무는 개개의 종교가 다원적 경쟁을 통해 어떠한 신앙 상품을 공급하느냐에 달려 있다고 설명한다.[15] 그러므로 질 좋은 상품으로 다듬은 신앙의 교리, 지도자의 인품과 지도력, 조직의 정비와 프로그램의 구비라는 공급요인이 종교에 대한 수요를 촉진하여 종교 인구가 증가한다는 것이다. 로드니 스타크(Rodney Stark)는 종교적 메시지나 활동은 종교 시장에서 종교적 재화나 용역으로 유통되고, 종교 시장의 소비자인 신자는 종교 상품을 자신의 취향과 선호에 따라 합리적으로 선택하여 구매하는데, 수요 자체는 시대 및 사회와 관계없이 안정적이므로 종교적 공급의 다양성이 특정 사회의 종교적 활력을 견인한다고 지적하였다.[16] 하지만 시장 독점적 지위를 누리는 국가종교가 존재하는 경우 종교 수요자들의 선호를 충족시킬 수 있는 공급이 부족하므로 종교는 쇠퇴하는데, 일례로 교회가 전적으로 국가의 보조금으로 운영되는 북유럽의 경우 성직자들에게 경쟁으로 인한 혁신적 동기가 결여되어 그러한 일이 발생한다는 것이다. 그러한 상황, 즉 종교적 독점의 상황은 소비자인 신자의 종교적 취향과 선호를 충분히 고려하지 않기 때문에 종교적 불만, 냉담, 반목을 초래하는 한편, 지배 종교에 속해 있지만 정기적으로 공식적인 종교행사나 활동에는 참여하지 않는 명목상의 신자들을 양산

---

13 Pippa Norris and Roland Inglehart, *Sacred and Secular: Religion and Politics Worldwide* (New York, NY: Cambridge University Press, 2004), 7–13.

14 조규훈, "지구종교학: 지구적 맥락의 종교연구를 향하여," 「종교연구」 82 (2022), 153.

15 Roland Inglehart and Pippa Norris, "Why Didn't Religion Disappear?: Re–examining the Secularization Thesis," in *Cultures and Globalizations: Conflicts and Tensions*, Eds. Helmut K. Anheier and Yudhishthir Isar (Thousand Oaks, CA: Sage, 2007), 254–255.

16 따라서 국가 교회는 항상 느슨하고 게으르기 때문에 종교의 갈등을 해결하기 위해서도 더 많은 수의 종교 집단이 있어야 하는 것이다. Rodney Stark, "Economics of Religion," in *The Blackwell Companion to the Study of Religion*, Ed. Robert A. Segal (Oxford, UK: Blackwell Publishing Ltd, 2006), 47–49.

한다.[17] 반대로 엄격한 교회는 헌신이 부족한 구성원들의 무임승차를 방지하고, 공동체 내의 구성원들의 참여를 자극하여 더 많은 재정과 시간의 헌신을 유발하는 한편, 사회의 세속 조직에는 덜 관여한다.[18]

하지만 그러한 설명을 거스르는 종교적 현상의 예도 만만치 않은데, 이슬람권에서 독점적 지위를 누리는 이슬람교의 강력한 존속과 가톨릭이 강력한 독과점적 영향력을 발휘하는 유럽의 이탈리아, 아일랜드, 폴란드 및 남미의 브라질 콜롬비아, 베네수엘라 등에서도 가톨릭은 여전한 교세를 유지하기 때문이다. 그와 같은 반례에 대한 역반론은 세속화를 가늠하는 요인은 바로 경제적 요인이며, 따라서 종교적 신앙의 역동성이 높은 나라들은 대부분 저소득 국가이고, 고소득 국가에서는 초월적 종교가 지난 50년간 지속적으로 쇠퇴하였다고 주장한다.[19] 이에 더하여 로널드 잉글하트(Ronald Inglehart)와 피파 노리스(Pippa Norris)는 단순히 기계적인 경제적 발전이 아니라 그 경제 발전의 과정에서 획득한 안전조건, 즉 실존적 안전 수준의 증대가 개인과 사회의 스트레스 요인을 감소시켜서 신(神)과 같은 초월적 존재나 종교에 대한 의존을 감소시킨다고 설명하였다.[20] 이는 결국 21세기의 세계적 종교 현상이 선진국은 분명히 세속화되고 있는 반면, 저개발 국가들은 아직도 상당한 수준의 종교적 상태를 유지한다는 것이다. 하지만 그 같은 논리는 첫째, 종교의 세속화 이론이 모든 사회의 근대화 과정이 유럽식 근대화의 궤적을 따라 진행한다는 단선적 근대화적 시각에 기초하고 있다는 점에서 한계가 있고, 둘째, 오늘날 선진국에서 증가하고 있는 영성적 관심 현상에 대한 해석을 제시하지 못한다는 점에서 타당하지 않으며, 셋째, 실존적 안전이라는 개념이 너무 주관적이므로 이를 뒷받침할 질적 연구의 보완이 필요하다는 비판을 받는다.[21] 결과적으로 계몽주의의 전통에 기반을

---

17 Rodney Stark and James C. McCann, "Market Forces and Catholic Commitment: Exploring the New Paradigm," *Journal for The Scientific Study of Religion* 32 (1993), 113.

18 Laurence R. Iannaccone, "Why Strict Churches Are Strong," *American Journal of Sociology* 99 (1994), 1204–1205.

19 송재룡, "종교와 사회 발전: 잉글하트의 수정 세속화론과 관련하여," 「현상과 인식」 121 (2013), 121.

20 Pippa Norris and Roland Inglehart, *Sacred and Secular: Religion and Politics Worldwide,* 13–17.

21 송재룡, "종교와 사회 발전: 잉글하트의 수정 세속화론과 관련하여," 125–128.

둔 세속화 이론이 종교의 비합리적인 측면에 초점을 맞추었다가 합리적 측면을 놓친 것처럼, 종교 경제학 역시 인간의 합리적 차원을 강조하다가 비합리적 측면을 배제하였는데, 이는 종교적 현상이 어느 한 가지 차원으로 환원할 수 없는 복잡한 현상임을 간과했기 때문이다.[22]

2) 종교와 환경

우리나라에서 환경에 대한 관심은 1960년대에 제기되었지만, 1980년대 후반부터 민주화 항쟁을 벌이던 노동운동과 학생운동의 비중이 약화되고, 문민정부 들어서 사회의 다양한 영역을 조명하는 새로운 사회운동이 부각되며 환경문제가 중요한 현안으로 떠오르게 되었다. 개신교 진영에서는 1982년 한국공해문제연구소가 설립되었는데 이는 1997년 기독교환경운동연대로 조직을 확대, 개편하여 21세기에도 적극적인 행보를 보이며, 1990년대 이후 YMCA와 경제정의실천연합 등 사회운동단체를 중심으로 다각도로 환경운동을 전개하였다. 불교계도 1988년 한국불교환경교육원이 설립되어 1990년대부터 환경운동을 벌였고, 2005년부터는 (사)에코붓다라는 새 이름으로 활동하고 있다. 가톨릭 역시 1990년 요한 바오로 2세 교황이 평화의 날 담화문 "창조주 하느님과 함께하는 평화, 모든 피조물과 함께하는 평화"를 발표한 후 환경운동이 신앙인들의 실천 과제임을 인식하고 1991년부터 본격적으로 환경운동에 나서기 시작하였고, 1993년 7월 29일 출범한 가톨릭환경연구소가 1999년 가톨릭환경연대로 명칭을 바꾼 이후 지속적으로 환경운동을 전개하고 있다. 하지만 종교계의 환경 담론과 실천은 이론적 전망이 부족하고, 대체로 환경문제의 원인을 생명과 자연을 이해하는 세계관의 문제로 돌리는 근본 생태론(Deep Ecology)의 입장에 서 있기 때문에 환경문제의 기저에 깔린 심층적 원인을 간과하였다는 비판을 받는다.[23] 따라서 환경문제가 정치, 경제, 사회적인 힘과 관계 속에서 형성된 복합적이고 중층적인 의제라는 이해를 바탕으로 충분한 논의와 통찰을 통해 접근해야

22 김항섭, "'종교경제학'에 대한 비판적 이해," 「종교 문화연구」 11 (2008), 15.
23 김윤성, "만일 지구가 죽는다면: 환경과 종교," 『종교읽기의 자유』 (파주: 청년사, 1999), 372-376.

한다. 생태계와 환경의 문제는 순수한 자연의 문제가 아니라 인간사회와 정치, 경제, 과학, 기술, 윤리 등의 문제와 복합적으로 연결된 것이므로 종교가 과학기술의 지위와 생태에 관하여 비판할 때에 그 비판보다 중요한 것은 그러한 과학기술과 생태에 자신의 욕망을 투사하는 인간의 욕망에 대하여 먼저 비판의식을 가지고 조명하는 것이다.[24]

3 종교와 사회문화

1) 뉴에이지 사상 대두의 배경

서구 사회는 종교개혁과 계몽주의 시대의 도래 이후 과학의 발달과 이성에 대한 신뢰를 기반으로 신앙의 자유와 더불어 개인의 자유를 강조하기 시작하였다. 그러다가 두 차례의 세계대전을 겪으며, 인간의 이성과 본성 자체에 대한 회의로 인해 근대의 합리주의적 세계관에 지루함을 느낀 서구의 젊은 세대는 지난 1960년대 이후 꾸준히 동양의 신비주의적 세계관에 매료되어 왔다. 그래서 동양의 여유로움과 부드러움을 동경하기 시작했고, 인도의 요가, 힌두사상, 뉴에이지 사상, 불교의 초월적 명상과 중국의 음양사상에 대한 관심이 증가되었다.[25] 특히 뉴에이지 사상은 20세기의 물질 문명에 예속된 현대인들이 정신적 안정을 추구하며, 동양의 신비종교에서 대안을 찾으려는 과정에서 부각되었다. 물질 문명에 대한 반작용으로서 심령술, 원시종교, 오컬트(Occult), 엑소시즘(Exorcism) 등이 관심의 대상이 되었고, 명상과 수행을 통해 우주와 하나가 된다고 주장하는 동양종교 중에서도 인도에서 행해지는 요가와 초월적 명상 등의 밀교(密教)적 수행이 그 사상적 기반을 형성하였다. 20세기 말에 이르러 세기말의 대중적 불안감을 타고 현실 세계로부터의 도피욕구

---

24 전철, "종교와 과학의 거울로서의 생태문명: 생태문명의 전환을 향한 종교과 과학의 대화," 「신학연구」 73 (2018), 20－21.

25 최성훈, 『리더＋십』 (서울: CLC, 2016), 170.

가 발현되어서 현실을 초월하는 어떤 신념이나 명상에 관한 관심이 증대되며 뉴에이지 사상이 확산되기 시작하였다.

뉴에이지 사상의 역사적 기원은 1875년 러시아 출신 헬레나 페트로브나 블래바트스키(Helena Petrovna Blavatsky)가 미국 뉴욕에서 창설한 신지학회(Theosophical Society)이다. 그녀가 출간한 "비밀교리"(The Secret Doctrine, 1888)와 "신지학의 열쇠"(The Key to Theosophy, 1889) 등의 저서를 통해 뉴에이지 사상의 기반인 신지학에 대한 관심이 증대되었다. 이후 신지학회의 3대 회장인 영국 출신의 엘리스 베일리(Alice A. Bailey)에 의해 뉴에이지 사상의 실질적 기초가 확립되었고, 스리랑카 출신의 4대 회장 즈나라 자사(Jnara Jasa)가 저술들과 각종 강연들을 통해 뉴에이지 사상을 전파하였다. 1965년 차별적 이민법이 폐지됨에 따라 유입된 인도의 영적 교사와 동양사상이 1960년대 미국에서 일어난 반문화운동과 더불어 상승작용을 일으켰고, 이는 뉴에이지 사상이 미국의 문화와 사상적 조류를 변혁시키는 운동의 성격을 띠는 데에 일조하였다.[26] 1973년에는 마릴린 퍼거슨(Marilyn Ferguson)이 "두뇌와 정신"(Brain and Mind)이라는 잡지를 편집하고, "두뇌혁명"(The Brain Revolution)이라는 저서 출간을 통해 좌뇌는 과거를 기억하고 현재와 비교하는데 비하여 우뇌는 미지의 것과 새로운 것에 반응하며 꿈, 환상, 직관을 관장하는데 현대인들은 좌뇌에만 의존하여 우뇌의 기능을 상실하였기 때문에 우뇌의 기능을 회복하는 두뇌혁명을 일으켜야 한다고 주장하였다. 이후 퍼거슨은 1980년에 출간한 "물병자리 공모: 1980년대 개인과 사회의 변혁"(The Aquarian Conspiracy: Personal and Social Transformation in the 1980s)에서 자아는 우주의식의 일부이므로 우주와 일체감을 얻는 신비적 인식이 요청된다고 주장하였고, 인간이 스스로 자신의 주인이 되는 새로운 시대(New Age)를 만들어야 한다며 뉴에이지 사상을 공식적으로 선언하였다.[27] 1980년대 이후 뉴

26 당시 뉴에이지 사상은 반문화운동에서 부각된 포스트모더니즘의 해체주의 및 서구의 형이상학 전통과 동양사상 등 복합적 기반 위에서 발전하였다. 이준수, "대중문화에 나타난 뉴에이지 사상의 특징: 아바타를 중심으로,"「만화애니메이션연구」 41 (2015), 5.

27 하지만 처음으로 "뉴에이지"의 명칭을 정식으로 사용한 것은 데이빗 스팽글러(David Spangler)의 1976년 저술 "계시: 뉴에이지의 탄생"(Revelation: The Birth of a New Age)이다. 퍼거슨에 의하면 뉴에이지란 천체가 2,160년 마다 12궁도의 별자리를 지나는 태양의 춘분점의 변화를 가져오며, 그 변화가 지구의 운명과 지구에 사는 인류의 각 개인 운명에 영향을 끼친다. 그러므로 서구의 초대교

에이지 사상은 하나의 명확한 종교 및 사회적 운동으로 자리를 잡고 있다.[28]

2) 뉴에이지 사상의 주장과 진단

뉴에이지 사상은 인간 속에 내재된 초월적인 능력을 개발 및 고양하여 우주 및 신과 합일하고자 하는 비의적(秘儀的) 인본주의 사상으로서, 우주에는 수많은 영적 존재가 있는데 인간은 악한 영들과 화해하는 한편 예물, 숭배, 의식, 주문 등을 통해 선한 영들의 마음을 얻어야 한다는 물활론적 세계관을 반영하고 있다.[29] 뉴에이지 사상은 우주와 인간은 하나라는 인식을 기반으로 힌두교의 요가와 명상, 바이오피드백(Bio-Feedback) 등 비의적 방법을 활용하여 인간에 내재한 우주의 에너지를 일깨워 우주적 의식과 합일된 해탈의 인신(人神) 경지를 추구한다.[30] 그 같은 목적을 이루기 위하여 뉴에이지는 명상의 초월 상태에서 땅, 물, 불, 바람을 통제할 수 있는 초인적 능력인 투모(Tumo)술, 축지법, 텔레파시의 획득을 추구하며, 자의식 변화와 새로운 자아를 방출하기 위하여 LSD(Lysergic Acid Diethylamide) 등 환각제를 사용하기도 한다. 또한, 인간 내면의 정신세계와 우주적 의식을 경험하기 위하여 심령술을 통해 영들과의 접촉을 시도한다. 이는 만물이 신이요, 인간이 바로 신이라는 힌두교의 범신론적 사상 및 영혼과 물질을 분리하는 신플라톤주의의 이원론에 기반하고 있는 것이다.

회에서부터 현재까지는 물고기 자리 시대가 계속되어 흑과 백으로 나뉘는 권위의 시대로서 유대교와 기독교가 유력했지만, 이제 새로이 도래하는 물병 자리 시대에는 모든 것을 흑백으로 분리하는 절름발이 체계를 벗어 버리고 모든 것을 하나로 통일시킬 것이라고 주장하였다.

28 뉴에이지 사상이 운동으로 확장한 원인에 대하여 소외와 상실의 시대를 살아가는 현대인들의 세기말적 불안을 해소하고, 급속도로 앞서가는 첨단 정보사회에 대한 반동으로서 신비한 영적 현상을 추구하는 대중적 경향 및 그러한 대중의 정서에 편승한 상업주의 등이 지적된다. 문화론적 관점에서는 지배문화가 지닌 사회적 통합 기능이 약화되며 소수의 주변문화로서 뉴에이지 운동이 등장한 것으로 해석하는데, 우리나라로 범위를 좁혀 살펴보면 이는 조선조 말기의 사회적 모순, 일제 강점기의 식민통치, 한국전쟁 이후 급속한 산업화와 도시화 과정을 거치며 전통적인 문화의 권위가 손상을 입은 와중에서 뉴에이지 사상이라는 초현실적 현상에 대한 대중적 관심이 뉴에이지 운동으로 확장되어 나타났다는 것이다. 박규태, "사람들은 왜 영적현상에 관심을 갖나," 『종교읽기의 자유』 (파주: 청년사, 1999), 210-211.

29 김영한, "뉴에이지 사상에 대한 비판적 성찰," 「조직신학연구」 11 (2008), 137-138.

30 Shirley MacLain, *Dancing in the Light* (New York, NY: Bantam, 1985), 135.

대부분의 종교와 달리 뉴에이지 사상은 제도적 종교의 사제, 교리, 조직이나 의례를 가지지 않으며, 추종자들도 종교와 영성을 구분하여 종교적이라기보다는 영적인 운동 또는 사회문화의 운동으로 지칭되는 것을 바라기도 한다.[31] 반대로 뉴에이지가 인간의 기본적인 영적인 문제에 대한 진단과 해결을 제공하며, 채널링, 환상, 점성술, 명상 등을 통해 믿음의 수행을 요구하기 때문에 종교로 간주되어야 한다고 주장하는 이들도 있다.[32] 특히 뉴에이지라는 개념의 근간을 이루는 새로운 시대란 물고기 자리 시대에서 물병 자리 시대로 옮겨온다는 논리는 점성술에서 온 것인데, 뉴에이지 사상에 의하면 그러한 변화는 모든 인간이 신으로 진화하는 영적인 변화를 동반하며, 인간이 스스로 자신을 구원할 수 있다는 절대적 확신을 드러내는 것이다.[33] 최근 뉴에이지는 대중문화에 편승하는 모습을 보이는데, 이는 이미 미래학자 앨빈 토플러(Alvin Toffler)가 뉴에이지 관련 서적, 분향, 점성술 관련 물건 등의 판매에 대하여 예견한 것이다.[34] 그밖에도 뇌의 활성화에 도움을 주는 향초, 소울식품(Soul Foods) 및 환생, 환상, 전생 등의 신비주의적 뉴에이지 사상의 주제를 다루는 영화, 드라마, 음악, 미술 등의 대중문화를 통해 뉴에이지 사상이 확산되고 있다. 이처럼 기성종교가 교리나 제도를 통해 본질적 성격을 드러내는 반면, 뉴에이지는 대중문화를 통해 자신을 표현하면서 그 문화를 접하는 모든 이들과 직접 대면한다는 면에서 강력한 잠재력을 지니고 있다.[35]

우리나라에서 뉴에이지 사상은 1980년대부터 경제 성장의 뒤안길에서 심신의 조화로운 건강을 추구하며 확산되던 기(氣) 수련 또는 기 문화와 융합하는 모습을 보인다. 인간 삶의 커다란 제약이던 빈곤의 문제가 어느 정도 해결된 이후 개인의

31 J. Gordon Melton, *New Age Encyclopedia: A Guide to the Beliefs, Concepts, Terms, People, and Organizations that Make Up the New Global Movement Toward Spiritual Development, Health and Healing, Higher Consciousness, and Related Subjects* (New York, NY: Gale Research, Inc., 1990), xiii.

32 Sarah M. Pike, *New Age and Neopagan Religions in America* (New York, NY: Columbia University Press, 2004), 22－23.

33 전명수, “뉴에이지 운동의 한국 수용 배경과 그 특성,” 「원불교사상과 종교 문화」 35 (2007), 243.

34 Alvin Toffler and Heidi Toffler, *Revolutionary Wealth: How It Will Be Created and How It Will Change Our Lives* (New York, NY: Alfred A. Knopf, 2006), 134~135.

35 전명수, “뉴에이지 운동과 종교사회학의 지평,” 「한국학연구」 32 (2010), 354.

건강과 평안, 사회적 안정을 추구하는 분위기에 더하여 경제 발전의 이면에 자리잡은 물질만능주의, 업적주의, 과도한 경쟁 등에 대한 회의와 반발이 초월적인 영적 세계에 대한 관심을 증폭시켰기 때문에, 물질적 여유를 기반으로 건강의 유지와 증진에 초점을 맞추는 기 수련이 물질적 풍요로 인한 정신적 공허감을 채우는 뉴에이지 사상과 조화를 이루며 결합하게 된 것이다. 또한, 미국에서 뉴에이지 사상이 반문화운동과 결부되어 전개된 데 비하여, 한국에서는 1970~1980년대의 군사정권 독재에 대한 저항의식이라는 시대정신에 부합되며 사회의 정서적 결핍을 보완하는 기제로 작용하며 더욱 폭넓게 확산되었다.[36] 한편 뉴에이지는 선과 악이란 존재론적 순환사상의 서술에 불과하다고 보기 때문에 윤리적 기반을 결여하고 있으며, 인간의 영적 빈곤을 개인의 자기 만족적 방식으로 채우려는 인본적 신령주의요, 인간이 곧 신이라는 인간신(人間神) 사상이다. 악이 존재하지 않기 때문에 악에 대한 저항도 필요 없으며, 따라서 보편적 종교의 윤리가 아니라 개인 영력의 제고에만 초점을 맞추는 이기주의적 성향에 머무르고 있다. 이는 오늘날 인공지능, 생명공학, 인간복제, 나노기술 등 과학기술의 진보로 인하여 인간 신체의 기능 증대 및 수명 연장과 더불어 정신적 잠재력의 극대화에만 초점을 맞추는 트랜스휴머니즘의 인간관과도 유사한 모습이다.[37] 그러한 뉴에이지 사상의 확산은 성장주의, 물질주의, 과학적 합리주의에 염증을 느낀 현대인들에게 제대로 된 영적 해결책을 제시하지 못하는 기성종교와 문화가 각성하여 새로운 책임을 수행해야 함을 요구한다.[38]

---

36 전명수, "뉴에이지 운동의 한국 수용 배경과 그 특성," 260~261.

37 이는 하나님의 형상으로 창조된 인간의 잠재력과 죄성이라는 양면을 동시에 조명하는 기독교의 관점과 대조된다. 최성훈, "호모 데우스(Homo Deus)와 이마고 데이(Imago Dei): 트랜스 휴머니즘의 인간론에 대한 신학적 비판,"「영산신학저널」 63 (2023), 82, 90~96.

38 이준수, "대중문화에 나타난 뉴에이지 사상의 특징: 아바타를 중심으로," 23.

4 종교와 과학기술

1) 창조론과 진화론 논쟁

이언 바버(Ian Barbour)는 종교와 과학의 관계를 갈등, 독립, 대화, 통합의 네 유형으로 분류하였다.[39] 첫째, 종교와 과학의 관계를 갈등의 관점에서 보는 관점은 미국의 역사가 앤드류 화이트(Andrew D. White)가 1875년 출간한 "과학과 종교의 투쟁"(The Warfare of Science)에서 시작하였고, 20세기의 성서문자주의에 기반한 창조론과 과학적 유물론에 기반한 진화론 논쟁을 통해 가장 잘 드러난다.

둘째, 종교와 과학은 인간 삶의 각기 다른 영역을 다루기 때문에 독립적인 분야라고 보는 입장은 종교적 믿음이 과학과 같은 인간의 발견에 달려 있지 않고 전적으로 하나님의 계시에 의존한다고 보아서, 신앙과 과학을 분리하는 신정통주의 신학 및 과학은 우주의 구성과 작동방식 등 경험의 영역을 다루는 반면에 종교는 궁극적 의미와 윤리적 가치를 다룬다고 주장한 진화생물학자 스테판 굴드(Stephen J. Gould)의 견해를 통해 잘 드러난다.[40] 셋째, 종교와 과학 간의 대화가 가능하다고 보는 입장은 종교, 예컨대 신학이 성경이라는 특별계시에 대한 해석 행위라고 한다면 과학은 자연에 대한 해석이라고 보는 방법론적 유사성 또는 우주의 존재나 빅뱅의 발생 원인 등 근본적 전제에 대한 공통된 관심을 매개로 건설적 대화를 나눌 수 있다고 믿는다. 넷째, 바버는 신의 존재를 지지하는 근거를 자연 속에서 찾으려는 자연신학, 과학이론에 기초하여 자연과 관련한 신학적 내용을 재해석하거나 변혁하는 자연의 신학, 종교와 과학을 포괄하는 일관성 있는 세계관의 수립을 지향하는 체계적 융합은 종교와 과학의 통합을 이루려는 시도라고 설명한다.[41]

---

39 Ian G. Barbour, *When Science Meets Religion: Enemies, Strangers, or Partners?* (New York, NY: HarperCollins Publishers, Inc., 2000), 7－38.

40 Stephen J. Gould, "Nonoverlapping Magisteria," *Natural History* 106 (1997), 16－22.

41 통합이 하나의 원리나 특성에 근거한 학문 분야의 통일을 뜻하는 반면에, 융합은 다양한 학문 분야에 바탕을 두는 동시에 그것을 뛰어넘은 새로운 학문 분야를 창조하는 것을 의미한다. 이중원, "학문 융합: 철학에선 어떻게 볼 것인가,"「철학과 현실」84 (2010), 53.

종교와 과학의 관계에 있어서 갈등의 관점은 양자의 부정적 관계를 지향하고, 독립의 관점은 양자의 연결 자체를 부정한다. 갈등과 독립의 양상이 종교와 과학의 관계에서 나타나는 이유는 양자가 자연에 대한 해석과 교육의 지배적 권위를 놓고 헤게모니 쟁탈전을 벌이는 라이벌이기 때문이다.[42] 특히 종교와 과학의 갈등이 가장 두드러지게 나타난 대표적인 사례인 창조론과 진화론의 논쟁은 오랜 역사를 가지고 있으며, 다소 형태가 바뀌기는 했지만 오늘날도 여전히 진행되고 있다. 찰스 다윈(Charles R. Darwin)이 1859년 종의 기원(On the Origin of Species)을 발표한 이후 보수적인 개신교의 근본주의 진영에서는 창조주가 계획한 인간의 독특한 위상에 대한 신념을 바탕으로 거세게 이에 반발하였다. 개신교의 창조론 범주에 속하는 이론들 중에서 가장 보수적인 젊은 지구 창조론(Young Earth Creationism)은 성경을 문자적으로 해석하여 지구의 역사가 약 6천 년에서 1만 년이라고 주장하며 진화론에 맞섰고, 오랜 지구 창조론(Old Earth Creationism)은 과학적으로 밝혀진 지구와 우주의 나이를 인정하지만, 긴 시간에 걸쳐서 개개의 생명체들이 창조되었다는 유사과학적 주장을 펼친다. 오랜 지구 창조론에서는 창세기에 쓰인 우주와 생물의 창조가 문자 그대로 6일 만에 이루어져 있다고 해석하지 않고, 날-시대 이론(Day-Age Theory)처럼 창세기의 "날"이라는 용어가 지질학적 시대를 상징적으로 표현한다고 간주하거나, 간격 창조론(Gap Crationism)으로 제시된 것과 같이 창세기 1장 1절에 나타난 태초의 혼돈 상태와 창세기 1장 2절의 6일간의 창조 사이에 긴 시간이 존재했던 것으로 상정하며, 점진적 창조론(Progressive Creationism)은 단순히 창세기의 날과 날 사이에 오랜 지질학적 시간이 존재한다고 간주한다. 하지만 창조와 진화 사이의 스펙트럼 상에 다양한 조합으로 형성된 견해가 가능함에도 불구하고, 양자택일 식의 구도가 적절한 것인지에 대한 지적도 종종 제기된다.[43]

---

42 Frank M. Turner, "The Victorian Conflict between Science and Religion: A Professional Dimension." *Isis* 69 (1978), 360.

43 과학도 하나의 전체로서 보기는 어려운데, 과학 분야에는 물리학과 생물학처럼 전혀 다른 분과도 존재하기 때문이다. 더욱이 물리학 내에서도 수십 개의 분과가 있는데, 고체물리학과 입자물리학 사이에는 교류의 여지가 적으며, 생물학 내에서도 생화학과 생태학은 매우 다르다. 홍성욱, 전철, "과학기술학(STS)의 관점에서 본 종교와 과학," 「신학연구」 73 (2018), 36-37.

기존의 젊은 지구 창조론과 오랜 지구 창조론이 지나치게 소모적인 논쟁을 벌였다는 반성을 토대로 나타난 지적설계론(Intelligent Design Theory) 역시 창조와 창조론자라는 단어를 지적 설계와 지적 설계자로 바꾸어 이를 하나의 과학으로 주장하였는데, 자연주의에 근거한 다윈의 진화론은 과학적으로 오류이고 자연 세계는 고도의 지성을 가진 지적 존재에 의하여 설계되었으며, 그러한 설계의 증거는 경험적 모델에 의해 과학적으로 증명된다고 주장하였다. 이에서 한 걸음 더 나아간 진화론적 창조론(Evolutionary Creationism)과 유신론적 진화론(Theistic Evolutionism)은 진화론 자체는 과학적으로 탄탄한 이론이라는 점을 인정하지만, 그 진화의 과정이 무의식적이고 맹목적인 자연의 결과가 아니라 신이 진화의 전 과정을 주관한 것이라고 설명하며 신앙과 진화, 또는 종교와 과학이 배타적이거나 모순되지 않는다고 주장한다. 하지만 논쟁에 적극적으로 참여하는 창조론 진영의 인물들은 신학자나 과학자가 아닌, 보수적 신앙을 지닌 평범한 그리스도인들이 대부분인 반면, 진화론 진영에서는 전문 과학자들이라는 점이 그러한 주장들의 약점으로 지적된다.[44] 기독교의 창조론은 태초의 창조, 피조된 세계가 신의 인도와 보호 아래에서 지속적으로 새로워지는 계속적 창조, 그리고 예수 그리스도의 재림에 이루어질 새 하늘과 새 땅이라는 궁극적 창조로 이어지는데, 창조론과 진화론 논쟁이 태초의 창조에만 국한되어 있는 것도 바람직하지 않다. 반대로 간과하지 말아야 할 것은 과학이 관찰의 대상으로 삼는 것이 자연 세계의 객관적 실재이기는 하지만 그러한 관찰 자체가 관찰자, 즉 과학자의 가정과 전제, 암시적 인식, 직관, 상상과 통찰에 의존하며, 따라서 과학은 인간적 노력의 결과이므로 과학은 객관적이고 종교는 주관적이라는 단순한 구분은 오늘날 유효하지 않다는 점이다.[45]

---

44 진화론 진영의 과학자들은 창조론과 진화론 논쟁에 끼어드는 것 자체를 꺼려하지만 창조론자들의 주장이 교육 현장에서 과학 교육을 왜곡시킨다고 믿고 과학자의 책임감을 가지고 참여하는 것이다. 신재식, "왜 창조－진화 논쟁은 계속되는가?" 『우리에게 종교란 무엇인가』 (파주: 도서출판 들녘, 2016), 139.

45 이용범, "종교와 과학은 적대적인가," 『종교다시읽기』 (파주: 청년사, 1999), 199－209.

2) 트랜스휴머니즘과 현대과학의 활용

21세기 현대과학은 물리과학, 생명과학 등을 통해 다루는 생명의 영역을 넘어서 신경과학과 인지과학을 통해 마음으로 진입하였다. 신경과학자들은 인간의 지능과 인공지능 사이에 본질적 차이는 없고, 단지 양적인 차이와 정보를 처리하는 매체의 차이만 있을 뿐이라고 믿으며, 인공지능이 인간의 지능 수준에 이르는 "기술적 특이점"(Technological Singularity)이 도래하면 인간의 신경회로망을 그대로 온라인에 업로드하여 인간의 마음을 재탄생시키는 날이 올 것으로 기대한다.[46] 그 같은 생각을 정리한 트랜스휴머니즘은 과학기술의 활용을 통해 인간의 인지적, 신체적, 심리적 한계를 극복함으로써 인간 진보를 실현하고자 하는데, 최종적인 목적은 최첨단 인공지능 기술을 통해 인간 정신을 네트워크상에 업로드하여 육체를 버리고 정신으로 영원히 존재하는 것이다.[47] 이는 노화와 죽음을 자연의 섭리로 받아 들이기보다는, 인간 발달의 프로그램이 일으킨 착오의 결과적 현상으로 간주하며 죽음을 악(惡)으로 보고 생명을 선(善)으로 보는 이원론적 관점에 근거하여 죽음을 극복할 것을 주장하는 한편, 더 나아가 지구의 변형은 물론 태양계를 시작으로 하는 우주 점령의 가능성까지도 제시한다.[48] 트랜스휴머니즘의 시도는 이미 근대과학이 물질의 변화에 대한 법칙을 발견하기 이전까지 인공적 조작에 의하여 물질의 변환을 이룰 수 있다고 믿는 연금술사들에 의하여 행해졌던 것과 유사한데, 연금술 작업에 진지하게 매달리던 연금술사들 중에는 고귀한 종교적 태도를 지닌 인물들이 적지 않았다.[49]

---

46 박희주, "융복합 시대의 과학과 종교," 「신앙과 학문」 21 (2016), 22-23.

47 트랜스휴머니즘이라는 용어는 1957년 영국의 생물학자 줄리언 헉슬리(Julian Huxley)가 처음으로 사용한 이후 "FM(Future Man)-2030"이라는 필명으로 알려진 페레이둔 에스판디아리(Fereidoun M. Esfandiary)의 강의와 저술 등을 통해 전파되었다. 자신이 100세가 되는 2030년에 이르면 인간이 과학기술을 활용하여 더 이상 늙지 않고 영원히 살 수 있으리라고 전망하며 그 같은 필명을 사용한 에스판디아리는 트랜스휴먼의 개념을 포스트휴먼으로 진화하는 가교로 제시하였고, 이후 1985년 도나 해러웨이(Donna Haraway)의 『사이보그 선언』(A Cyborg Manifesto)을 통해 트랜스휴머니즘에 대한 주의가 환기되기 시작하였다. Donna J. Haraway, *Simians, Cyborgs, and Women: The Reinvention of Nature* (New York, NY: Routledge, 1991), 149-81.

48 최성훈, "호모 데우스(Homo Deus)와 이마고 데이(Imago Dei): 트랜스 휴머니즘의 인간론에 대한 신학적 비판," 87.

하지만 트랜스휴머니즘과 같은 급진적 견해로 인해 위협을 느끼며 종교가 시대와의 소통을 포기하거나 축소하는 것은 바람직하지 않다. 시대에 가장 적합한 소통 방식을 선택하여 종교의 가르침을 전달하지 못하면 그 종교는 사멸과 도태의 위험에 빠지게 마련이기 때문이다.[50] 그러한 차원에서 인터넷이라는 미디어를 활용하는 사이버 의례는 디지털 시대에 맞추어 현대인의 종교적 감각과 경험을 새롭게 일깨우고, 확장하는 적절한 방식이다.[51] 미국의 가톨릭 교회가 2011년 2월 아이폰 사용자를 대상으로 출시한 "고해성사: 로마 가톨릭 앱"(Confession: A Roman Catholic App)은 아이튠스(iTunes)에서 2.19 달러에 구입할 수 있고, 고해성사를 할 때마다 매번 요금이 부과되는 애플리케이션으로서 종교 문화의 상품화를 보여주는 대표적 사례가 되었다.[52] 일찍이 기독교 이단으로 간주되는 몰몬교도 고등학교를 졸업하면 남성은 2년, 여성은 18개월 동안 해외 선교사로 헌신할 것을 의무로서 강조하며 가가호호 방문 선교를 활용하였으나. 2013년 6월부로 디지털 시대에 부합되는 소셜미디어, 이메일, 블로그를 통한 인터넷 전도로 선교방식을 변경하였다.[53] 코로나19를 겪으며 전 세계적으로 각 종교들은 온라인을 활용한 예배와 의례를 집행하였고, 이는 포스트 코로나19 시대에도 온라인(Online)과 오프라인(Offline)을 병행하는 올라인(All−line)의 모습으로 융합되었다.[54] 결국 종교와 과학이 만나서 소통해야 하는 이유는 사실과 가치가 결합해야 하는 21세기의 시대적 상황 때문이며, 종교와 과학이 독자적으로 현대사회가 제시하는 다양한 문제들에 대처하기는 어렵기 때문이다.[55]

---

49 일례로 연금술사들은 죽음을 여러 가지 방식으로 표현하는데, 특히 연금술에서 물질의 중요한 전환과정에 속하는 연소(불), 용해(물), 응고(흙), 승화(공기)의 네 단계는 물질을 구성하는 네 개의 원소인 불, 물, 흙, 공기에 대응하며, 가장 기초적인 조작인 태우는 연소와 녹이는 용해에 있어서 죽음의 상징성이 뚜렷하다. 이용주, "죽어야 산다: 연금술과 유기체의 상상력I," 『종교읽기의 자유』 (파주: 청년사, 1999), 53−56.

50 이창익, "미디어 테크놀로지는 종교를 어떻게 변화시킬까?" 『우리에게 종교란 무엇인가』 (파주: 도서출판 들녘, 2016), 169.

51 우혜란, "사이버 의례, 새로운 종교적 실험인가?" 『우리에게 종교란 무엇인가』 (파주: 도서출판 들녘, 2016), 187−188.

52 우혜란, "종교 문화의 상품화, 어디까지 왔나?" 『우리에게 종교란 무엇인가』 (파주: 도서출판 들녘, 2016), 192.

53 최성훈, 『성경으로 본 이단이야기』 개정 2쇄 (서울: CLC, 2022), 232.

54 최성훈, "소그룹 운영의 리더십: 수퍼리더십과 셀프리더십을 중심으로," 「ACTS 신학저널」 56 (2023), 181−182.

따라서 이제는 종교와 과학이 어떻게 상호작용하며 현대사회의 문제들을 풀어나가야 할지를 함께 고민하는 동시에, 우리 사회가 나아가야 할 바람직한 방향을 제시해야 할 것이다.

---

55 홍성욱, 전철, "과학기술학(STS)의 관점에서 본 종교와 과학," 45–46.

참고문헌

김영한. "뉴에이지 사상에 대한 비판적 성찰." 「조직신학연구」 11 (2008), 135－161.

김윤성. "만일 지구가 죽는다면: 환경과 종교." 『종교읽기의 자유』. 368－381. 파주: 청년사, 1999.

김의훈. "미국 시민종교와 개신교 근본주의의 정치신학적 연관성." 「대학과 복음」 14 (2009), 123－154.

김항섭. "'종교경제학'에 대한 비판적 이해." 「종교 문화연구」 11 (2008), 1－26.

류성민. "전쟁과 평화의 쌍곡선, 그리고 종교." 「종교연구」 82 (2022), 9－31.

박규태. "사람들은 왜 영적현상에 관심을 갖나." 『종교읽기의 자유』. 205－214. 파주: 청년사, 1999.

박희주. "융복합 시대의 과학과 종교." 「신앙과 학문」 21 (2016), 7－28.

송재룡. "종교와 사회 발전: 잉글하트의 수정 세속화론과 관련하여." 「현상과 인식」 121 (2013), 109－134.

신재식. "왜 창조－진화 논쟁은 계속되는가?" 『우리에게 종교란 무엇인가』. 129－150. 파주: 도서출판 들녘, 2016.

우혜란. "사이버 의례, 새로운 종교적 실험인가?" 173－189. 『우리에게 종교란 무엇인가』. 파주: 도서출판 들녘, 2016.

_____. "종교 문화의 상품화, 어디까지 왔나?" 191－206. 『우리에게 종교란 무엇인가』. 파주: 도서출판 들녘, 2016.

유경동. "종교와 폭력: 종교적 개념과 폭력에 대한 소고." 「현상과 인식」 44 (2020), 129－150.

윤승용. "한국의 정교분리와 종교정책." 「종교 문화비평」 25 (2014), 195－241.

윤신일, 오세일. "한국 근본주의 개신교인의 '4대 혐오'에 관한 연구." 「한국사회학」 55 (2021), 39－88.

이용범. "종교와 과학은 적대적인가." 『종교다시읽기』. 198－211. 파주: 청년사, 1999.

이용주. “죽어야 산다: 연금술과 유기체의 상상력I.” 『종교읽기의 자유』. 52－64. 파주: 청년사, 1999.

이준수. “대중문화에 나타난 뉴에이지 사상의 특징: 아바타를 중심으로.” 「만화애니메이션연구」 41 (2015), 1－29.

이중원. “학문 융합: 철학에선 어떻게 볼 것인가.” 「철학과 현실」 84 (2010), 44－55.

이창익. “미디어 테크놀로지는 종교를 어떻게 변화시킬까?” 151－172. 『우리에게 종교란 무엇인가』. 파주: 도서출판 들녘, 2016.

전명수. “뉴에이지 운동과 종교사회학의 지평.” 「한국학연구」 32 (2010), 339－369.

_____. “뉴에이지 운동의 한국 수용 배경과 그 특성.” 「원불교사상과 종교 문화」 35 (2007), 235－269.

전철. “종교와 과학의 거울로서의 생태문명: 생태문명의 전환을 향한 종교과 과학의 대화.” 「신학연구」 73 (2018), 7－28.

조규훈. “지구종교학: 지구적 맥락의 종교연구를 향하여.” 「종교연구」 82 (2022), 141－175.

최성훈. “소그룹 운영의 리더십: 수퍼리더십과 셀프리더십을 중심으로.” 「ACTS 신학저널」 56 (2023), 159－188.

_____. “호모 데우스(Homo Deus)와 이마고 데이(Imago Dei): 트랜스 휴머니즘의 인간론에 대한 신학적 비판.” 「영산신학저널」 63 (2023), 79－101.

_____. 『21세기 공공신학』. 서울: 박영사, 2023.

_____. 『성경으로 본 이단이야기』. 개정 2쇄. 서울: CLC, 2022.

_____. 『리더＋십』. 서울: CLC, 2016.

하홍규. “종교 갈등과 감정 정치.” 「사회사상과 문화」 24 (2021), 1－36.

홍성욱, 전철. “과학기술학(STS)의 관점에서 본 종교와 과학.” 「신학연구」 73 (2018), 29－53.

Barbour, Ian G. *When Science Meets Religion: Enemies, Strangers, or Partners?* New York, NY: HarperCollins Publishers, Inc., 2000.

Chestnut, R. Andrew. *Competitive Spirits: Latin America's New Religious Economy*. Oxford, UK: Oxford University Press, 2003.

Galtung, Johan. “Cultural Violence.” *Journal of Peace Research* 27 (1990), 291-305.

Girard, Renè. *Things Hidden Since the Foundation of the World*. Stanford, CA: Stanford University Press, 1987.

Gould, Stephen J. “Nonoverlapping Magisteria.” *Natural History* 106 (1997), 16－22.

Donna J. Haraway, *Simians, Cyborgs, and Women: The Reinvention of Nature*. New York, NY: Routledge, 1991.

Iannaccone, Laurence R. "Why Strict Churches Are Strong." *American Journal of Sociology* 99 (1994), 1180–1211.

Inglehart, Roland, and Norris, Pippa. "Why Didn't Religion Disappear?: Re–examining the Secularization Thesis," in *Cultures and Globalizations: Conflicts and Tensions*, 253–257, Eds. Helmut K. Anheier and Yudhishthir Isar. Thousand Oaks, CA: Sage, 2007.

Melton, J. Gordon. *New Age Encyclopedia: A Guide to the Beliefs, Concepts, Terms, People, and Organizations that Make Up the New Global Movement Toward Spiritual Development, Health and Healing, Higher Consciousness, and Related Subjects*. New York, NY: Gale Research, Inc., 1990.

Norris, Pippa, and Inglehart, Roland. *Sacred and Secular: Religion and Politics Worldwide*. New York, NY: Cambridge University Press, 2004.

Sanneh, Lamin. "The Last Great Frontier: Currents in Resurgence, Convergence, and Divergence of Religion." *International Bulletin of Missionary Research* 37 (2013), 67–72.

Sarah M. Pike, *New Age and Neopagan Religions in America*. New York, NY: Columbia University Press, 2004.

Shirley MacLain, *Dancing in the Light*. New York, NY: Bantam, 1985.

Stark, Rodney. "Economics of Religion." in *The Blackwell Companion to the Study of Religion*, 47–67. Ed. Robert A. Segal. Oxford, UK: Blackwell Publishing Ltd, 2006.

Stark, Rodney, and McCann, James C. "Market Forces and Catholic Commitment: Exploring the New Paradigm." *Journal for The Scientific Study of Religion* 32 (1993), 111–124.

Toffler, Alvin and Toffler, Heidi. *Revolutionary Wealth: How It Will Be Created and How It Will Change Our Lives*. New York, NY: Alfred A. Knopf, 2006.

Turner, Frank M. "The Victorian Conflict between Science and Religion: A Professional Dimension." *Isis* 69 (1978), 356–376.

고대의 종교

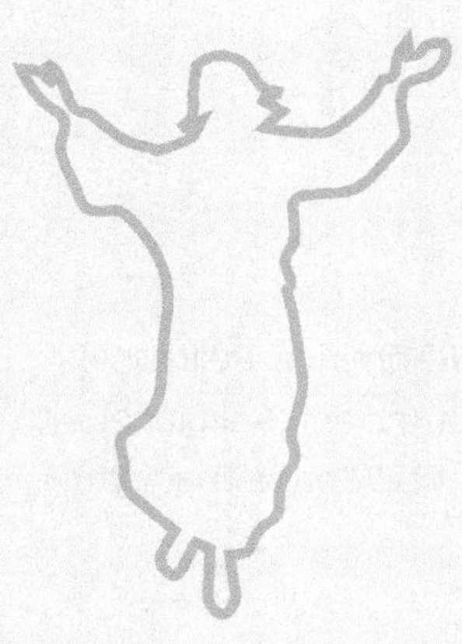

CHAPTER 04 원시종교(Primitive Religions)
CHAPTER 05 고대종교(Ancient Religions)
CHAPTER 06 조로아스터교(Zoroastrianism)

본서가 담은 대표적인 고대의 종교에는 인류 초기의 원시종교 형태인 애니미즘(Animism), 토테미즘(Totemism), 페티시즘(Fetishism), 샤머니즘(Shamanism)을 비롯하여 메소포타미아 지역의 수메르와 바벨론 종교, 이집트와 가나안 종교, 그리스와 로마의 신화 및 종교, 그리고 페르시아의 조로아스터교가 있다.

특히 샤머니즘적 기복신앙은 다양한 종교가 융합되면서 형성되어 온 우리나라의 종교적 전통의 폐해 중 대표적인 것인데, 이는 일제 강점과 한국전쟁이라는 국가적 고난을 겪으며 극도로 개인주의화된 형태로 한국교회에 유입되었다. 이후 신적 존재와 인간 사이를 중재하는 샤먼의 역할을 목회자가 담당하는 한편 요행을 추구하는 이기적인 기복신앙으로 인해 신앙의 행태가 단순히 물질적 부(富)만을 추구하는 소극적인 모습으로 변질됨으로써 교회의 공동체성이 심각하게 훼손되었기 때문에 이에 대한 점검이 요청된다. 고대 근동의 종교들에 대한 이해는 구약 성경 및 신·구약 중간기에 대한 이해를 제고한다. 특히 북왕국 이스라엘과 남왕국 유다의 멸망 과정에서 주변국들이 신봉한 가나안 종교들의 특징을 살펴보는 것은 이스라엘의 야훼 하나님에 대한 신앙의 중요성을 부각시킨다.

04 원시종교(Primitive Religions)

원시종교(Primitive Religion)라는 용어는 "원시"(原始)라는 명칭이 역사가 기록되기 이전의 미개한 시기를 가리키므로 중립적인 용어를 사용해야 하는 학문의 영역에는 적합하지 않다. 하지만 초기 종교학자들 대부분이 가장 진화가 덜 이루어진 개인, 집단, 문화를 가리킬 때에 이 용어를 사용했고, 이후로도 종교학 분야에서 보편적으로 사용되어 왔기 때문에 갑자기 다른 용어로 대체하는 것도 바람직하지는 않다. 더욱이 오늘날 종교학을 연구하는 학자들은 과거 서구 지식인들의 시각에서 타인종과 문화를 폄하하는 의미로 그 같은 명칭을 사용하는 것이 아니라, 인간 사고의 가장 기본적인 형태를 이루고 있다는 중립적인 의미에서 원시종교라는 용어를 사용하므로 굳이 이를 다른 용어로 대체할 필요는 없다.

원시종교는 일상적인 사건과 사물 뒤에서 작용하는 영적인 힘이 있다고 믿는 신념을 바탕으로 형성되었는데, 그러한 영적인 힘을 "마나"(mana)라고 한다.[1] 이는 인간에게 실재적으로 또는 잠재적으로 해롭거나 이롭다고 인지되는 신비로운 힘으로서, 마나가 항상 해롭다고 인지되면 부정적 마나인 "터부"(taboo)가 되고, 항상 이

1 Harold W. Turner, "World of Spirit," in *Eerdmans' Handbook to the World's Religions,* ed. R. Pierce Beaver et al, 128–169 (Grand Rapids, MI: W. B. Eerdmans Publishing, 1982), 128.

롭다고 인지되면 단순히 마나 또는 긍정적 마나로 지칭된다.[2] 원시종교를 신봉하는 태고의 인간은 주문이나 주력에 의존하는 주술행위를 통해 마나가 자신에게 이롭도록 유도하며, 그러한 원시인의 마음은 자신이 언급하는 사물에 정령을 부여하는 애니미즘 성향을 발달시켰다. 숭배하는 대상이 개인의 사유재산이면 그것은 물신(物神)으로서 페티시즘이며, 그것이 공동체 구성원 전체가 숭배하는 대상이면 이는 공동체의 신(神)이다.[3] 대표적인 원시종교의 형태로 거론되는 것에는 애니미즘(Animism), 토테미즘(Totemism), 페티시즘(Fetishism), 그리고 샤머니즘(Shamanism)이 있다. 하지만 원시종교에는 이외에도 다양한 종교적 사고와 행위의 방식들이 혼재하기 때문에 원시종교를 이같은 네 가지 형태로 단순히 요약하는 것은 옳지 않다. 그럼에도 불구하고 세계 여러 지역의 원시종교에서 애니미즘, 토테미즘, 페티시즘, 샤머니즘의 특징들이 공통적으로 나타나기 때문에 이들은 원시종교에 대한 개괄적 이해를 돕는 데에 유용하다. 따라서 본장은 이와 같은 네 가지 원시종교의 기본적인 형태를 중심으로 인류 최초의 종교적 특징들을 살펴볼 것이다.

1 애니미즘(Animism)

애니미즘은 죽은 사람의 영뿐만 아니라 인간적 기원이 아닌 영들을 신앙의 대상으로 삼는 것을 의미하며[4], 해, 달, 별, 강과 같은 자연계의 모든 사물과 물과 불, 벼락, 폭풍과 같은 무생물적 자연현상은 물론 동물과 식물 등 생물 모두에 영혼이 있다고 보는 견해이다. 이는 에드워드 타일러(Edward B. Tylor)가 1871년 출간한 그의 저서 "원시문화"(Primitive Culture)에서 처음 사용한 용어로서 정령숭배(精靈崇拜), 물신숭배(物神崇拜), 영혼신앙(靈魂信仰) 등으로 불리기도 한다. 애니미즘은 주물숭배, 조상

2 엘리 에드워드 베리스, 『터부, 주술, 정령들: 모든 종교에서 발견되는 원시적인 요소들』, 김성균 역 (서울: 우물이 있는 집, 2022), 34-35.

3 Frank B. Jevons, *The Idea of God in Early Religions* (Cambridge, UK: Cambridge University Press, 1910), 5.

4 Eugene A. Nida and William A. Smalley, *Introducing Animism* (New York, NY: Friendship Press, 1959), 5.

숭배, 샤머니즘의 무당 신앙을 포괄하는 개념으로서, 다신론(polytheism) 또는 범신론(pantheism)의 범주에 속한다. 타일러는 원시인들도 죽은 육체와 살아 있는 육체를 구별했고, 꿈 속에서 개인의 육체는 잠들어 누워있음에도 먼 여행을 떠날 수 있다는 사실에 근거하여 영혼 혹은 정신이라는 실체가 있어서 죽을 때 육체를 떠나며, 잠자는 동안에는 꿈 속의 영혼의 형태로 육체와 독립된 위치를 차지한다고 생각했지만 이는 오늘날 현대인들의 사고로서는 받아들이기 어려운 견해이다.[5] 타일러는 종교를 영혼의 현상적 지각 없이 생겨날 수 없는 자의적 사변으로 보았다는 점에서 비판받았는데, 이는 그가 애니미즘에서 종교를 발견한 것이 아니라 하나의 원시철학 또는 원시심리학을 발견한 것에 불과하다는 지적이다. 타일러의 그 같은 관점은 원시인을 일종의 철학자로 본 오류에 기인하는 것인데, 원시인들은 이론적인 관심을 가지는 철학자라기보다는 그들이 처한 일상생활의 위기를 타개하기 위한 설명을 찾았을 뿐이다.

애니미즘은 일종의 힘의 숭배로서 모든 죽은 자의 영혼을 숭배하는 것이 아니라 생전에 비상한 능력을 보였던 인물들의 경우에만 숭배한다. 그러므로 일상생활에서 일어나는 감정의 충동, 의식주의 필요성, 기아의 위기와 자연재해의 압박 속에서 주변의 사물 가운데 힘으로 가득 차 있는 것을 인격적 의지를 지닌 존재로 보는 것이 애니미즘인 것이다.[6] 따라서 애니미즘에는 사색하는 숙고의 과정이 개입하지 않으며, 삶의 상황에서 맞부딪치는 위기와 희열만이 반영될 뿐이다. 애니미즘 성향이 강한 사회는 구성원들의 문맹 비중이 높아서 경전이나 문자에 의존하는 신앙보다는 의식, 설화, 연극, 노래와 춤 등의 행동으로 표현되는 신앙의 모습을 보이고, 세상의 초자연적 힘이 초자연적인 영적 존재 안에 있다고 믿기 때문에 지적인 이성보다는 단순히 힘을 추구한다.[7] 원시종교의 형태에서 사람들이 자신의 능력을 초월한 힘을 애니미즘과 같이 사물이나 자연 현상에서 찾는 것은 물론, 토테미즘의 경우처럼 동, 식물에서 찾는 모습은 인간의 생존 본능 및 자신에 대한 자각에서 시작

5 게라르두스 반 델 레에우, 『종교현상학 입문』, 손봉호, 길희성 역 (경북: 분도출판사, 1995), 78.
6 Ibid., 85–86.
7 Lausanne Occasional Papers, *Christian Witness to Traditional Religionists of Asia and Oceania* (Wheaton, IL: Lausanne Committee for World Evangelization, 1980), 4.

된다는 점에서 종교는 인간의 자기인식과 필요에서 출발한다는 보편성을 띤다.[8] 한편 그레이엄 하비(Graham Harvey)는 애니미즘을 주위의 존재들을 존중하며 살아가려고 노력하는 인간들의 문화로 정의하였다.[9] 따라서 그는 인간의 의식이나 영(靈) 안에서가 아니라 특정 종족의 사람들이 다른 종족의 사람들과의 연결하는 매개로서 애니미즘을 설명하며, 그러한 애니미즘의 성격으로 인하여 수많은 원주민의 문화들 속에 존재하는 관계성이 이론적인 것이 아니라 지역적이고 실제적인 것이라고 설명하였다.[10]

2 토테미즘(Totemism)

토테미즘은 가족 혹은 부족 등 인간 집단의 공동체적 생명력이 동물이나 식물 등 공동체 외부의 어떤 존재에 응집되어 있다는 생각에 기인한다. 토템이란 특정 집단이나 부족과 관계가 있다고 여겨져서 존중되는 집단의 상징인 동물 또는 식물을 뜻하는 개념이며, 따라서 토테미즘은 토템과 인간관계가 제도화된 원시신앙으로서 특정 동물 또는 식물을 신성시하는 원시적 신앙을 지칭한다.[11] 토템은 보통 한 국가의 형성 과정에서 신화나 설화로 존재하며, 사회 규범과도 밀접한 연관이 있는데, 일례로 곰을 토템으로 여기는 고마족 여성을 대표하는 웅녀와 환웅이 결혼하여 단군을 낳음으로써 고조선이 건국되었다는 고조선의 건국 신화가 대표적이다. 토테미즘이라는 용어는 영국의 통역사 존 롱(John Long)의 1791년 저작인 "어느 인디언 통역사이자 무역업자의 항해와 여행"(Voyages and Travels of an Indian Interpreter and

---

8 김하태, 『종교학의 길잡이』, 이정순 편저, 31–149 (파주: 한국학술정보, 2022), 61–62.

9 Graham Harvey, "Animals, Animinists, and Academics," *Zygon: Journal of Religion and Science* 41 (2006), 12.

10 Graham Harvey, *The Handbook of Contemporary Animism* (New York, NY: Routledge, 2014), 3.

11 특정 토템에 대하여 집단적 의식을 행하는 집단의 이름은 그 집단의 토템의 이름으로 불리고, 집단과 토템과의 관계는 신화와 전설에 의하여 뒷받침된다. 또한, 토템인 동, 식물을 죽이거나 잡아먹는 일은 금기(禁忌)시되며, 동일 토템 집단 내에서의 결혼도 금지된다.

Trader)에서 처음 사용되었다. 그는 토테미즘이란 인간의 혈통을 거슬러 오르면 동물이 자리잡고 있다고 생각한 것으로 묘사하였는데, 예를 들어 이집트의 왕들은 자신들이 돼지 부족에 속하였다고 생각했고, 스위스 베른 지역 사람들은 자신들이 곰의 후손이라고 생각하며, 로마는 늑대의 후손, 아프리카의 아만데벨레(Amandebele) 부족은 자신들이 소의 자손이라고 믿었다는 것이다.

하지만 토테미즘이라는 개념은 이후 여러 가지 용도를 위해 다양한 의미로 사용되었다. 모피 무역업자였던 알렉산더 헨리(Alexander Henry)는 1809년 "캐나다 및 인디언 특별 보호구역에서의 여행과 모험: 1760년부터 1876년까지"(Travels and Adventures in Canada and the Indian Territories: Between The Years 1760 and 1776)라는 저술을 통해 토템을 일종의 휘장 또는 문장으로 기술하였을 뿐, 그 의미에 대하여는 소개하지 않았다. 한편 르우벤 트웨이츠(Reuben G. Thwaits)는 북미 인디언 부족들 사이에 나타나는 수호신 현상을 자신이 좋아하는 정령인 "토탐"(Totam)이 자신을 지켜보고 있다고 믿는 종교적 미신으로 설명하였다.[12] 토템이라는 용어는 알곤퀸(Algonquin) 인디언에 속한 오지브와(Ojibwe) 족이 "그는 나의 친척"을 의미하는 "오토테만"(ototeman)이라는 단어를 활용한 "곰은 내 부족이다"라는 의미의 "마크와 닌토템"(makwa nintotem) 또는 "들어오게 내 부족의 형제여"를 의미하는 "핀디켄 닌토템"(pindiken nintotem)과 같은 문장처럼 단순히 어떤 부족에 속함을 지칭하는 용어였지만, 이를 부족의 수호 정령의 존재로 인식한 서양 선교사들의 오해로 인하여 특정한 동, 식물을 신성시하여 자신의 부족과 특수한 관계가 있다고 믿고, 그 동물 또는 식물을 "그의 가족"을 지칭하는 "오토탐"(ototam)이라 하여 집단의 표상으로 삼았다고 믿는 종교적 색채가 더해졌다.[13] 윌리엄 스미스(William R. Smith)는 셈족의 종교적 제도들을 조사하면서 성스러운 동물에 대한 숭배의 형태인 토테미즘에 관심을

---

12 Reuben G. Thwaites, *Early Western Travels, 1748–1846: A Series of Annotated Reprints of Some of the Best and Rarest Contemporary Volumes of Travel, Descriptive of the Aborigines and Social and Economic Conditions in the Middle and Far West, During the Period of Early American Settlement, Vol. II* (Norman, OK: A. H. Clark Company, 1904), 123.

13 Claude Lévi–Strauss, *Le Totémisme Aujourd'hui*, 8th ed. (Paris, France: Presses Universitaire de France, 1996), 30–31.

집중하였고, 이와 관련한 의례와 관습은 사회 구성원 모두가 당연히 받아들이고 따라야 하는 것이라고 주장하였다.[14] 토템 신앙을 종교의 원시적 형태로 보는 견해는 종교의 사회성을 강조하는 측면에서는 의미가 있지만, 이는 종교의 개인적 요소를 등한시한다는 비판을 받는다.[15] 또한, 토테미즘이라는 개념은 유럽인들이 자신들의 문명과 원시인들의 제도 사이의 긴장을 강화하여 구별하려는 목적에서 활용되었다는 면도 지적되었다.[16]

존 노스(John B. Noss)는 주술은 일정한 언어 또는 행동을 통하여 자신에게 유리한 방향으로 자연의 세력을 변화시키거나 지배하려는 노력이며, 그러한 염원을 실현하기 위하여 사용하는 세 가지의 주된 방법으로서 페티시즘, 샤머니즘, 통속마술을 제시하였다.[17] 이와 관련하여 제임스 프레이저(James G. Frazer)는 종교란 사람들이 자연과 인간 삶의 과정을 지배하고 통제한다고 믿는, 인간보다 우월한 어떤 힘을 달래고 회유하는 것으로 정의하는 한편, 인간이 처음에는 주술적인 방법으로 자신의 환경을 조정하려다가 그것이 불가능한 것을 깨닫고 이내 종교로 전향하게 되었다고 설명하였다.[18] 주술의 원리는 "유사는 유사를 낳는다"는 것으로서 일단 한 번 접촉을 했던 것은 접촉 이후 멀리 떨어지게 된다 하더라도 계속해서 서로 영향을 미친다는 것인데, 이는 어떤 행위를 흉내내면 그 일이 실제로 발생한다고 믿으며 행하는 모방주술과 특정 인물을 인형 등의 모형으로 만들어 그 사람의 손톱, 머리카락, 옷의 자투리 등을 매달아 영향을 끼치려는 감염주술로 나뉜다.[19]

14 William R. Smith, *Lectures on the Religion of the Semites: The Fundamental Institutions, 3rd ed.* (Edinburgh, UK: A & C Black, 1927), 20.
15 김하태, 『종교학의 길잡이』, 60.
16 노민정, "레비-스트로스의 지성(l'intellect) 중심적 경향과 종교학 방법론," 「종교학연구」 31 (2013), 72.
17 John B. Noss, *Man's Religions* (New York, NY: Mamillan, 1949), 13.
18 James G. Frazer, *The Magic Art and the Evolution of Kings, Vol. I* (New York, NY: 1913), 222.
19 Ibid., 52.

3 페티시즘(Fetishism)

페티시즘은 1760년에 샤를 드 브로스(Charles de Brosses)가 익명의 저작 "페티시 신들의 숭배"(Du Culte Des Dieux Fetiches, 1760)를 통해 제안한, 가장 오래된 종교학 이론 중 하나로서 브로스는 페티시즘이야말로 종교의 기원이라고 주장하였다. 그는 페티시즘을 신봉하는 이는 자기 자신의 신, 즉 페티시를 자연물 중에서 가시적인 존재로서 선택 또는 만들어내는데, 이는 자신이 스스로 만든 신 그 자체를 숭배하는 것으로서, 그 배후에 특별한 힘을 가진 영적 존재가 별개로 존재한다고 생각하지 않으며, 페티시가 자신의 뜻을 이루어주지 않을 경우 종종 이를 깨부수거나 버린다고 설명하였다. 그러므로 영적 존재와의 연결을 의미하는 토템과 달리 페티시는 그저 힘을 주는 물체로 여겨질 뿐이다. 페티시즘은 서물숭배(庶物崇拜) 또는 주물숭배(呪物崇拜)로 번역되며, 경제학에서는 물신숭배(物神崇拜)로 번역하기도 한다. 주술용품이나 부적을 가리키는 영어 단어 "페티시"(fetish)는 "만들어진 인공적 물건"을 뜻하는 라틴어 "팍티키우스"(facticius)에서 포루투갈어 "페티소"(feitiço)와 프랑스어 "페티시"(fétiche)로 이어지며 영어에서도 새로운 개념으로 생성되었다. 브로스는 페티시란 마술적 물건, 주술에 걸린 물건, 또는 신탁을 주는 물건이라고 설명하였으며, 이후 페티시즘은 동물숭배 또는 귀신숭배 모두를 지칭하는 개념으로 확대되어 사용되었으나, 힘으로 가득 찬 대상을 숭배하는 것으로 국한하는 것이 옳다.

페티시즘의 기원은 아프리카 서부 원시인들이 초자연적인 힘이 깃들어 있다고 믿는 작은 상(像)이나 물건을 몸에 지닌 데에서 유래한다. 예를 들어 바닷가에서 주운 조개껍데기를 가지고 다니다가 행운을 경험하면, 그 조개껍데기에 초자연적 능력이 있다고 믿고 이후 그것을 몸에 지니고 다니는 것이다. 따라서 페티시즘은 인류 역사를 통틀어 많은 민족들 사이에서 존재해 온 부적(amulet)을 통해서 종종 나타나는데, 현대인들도 위기 상황에서 호신용 부적을 종종 몸에 지니곤 한다. 유골(relic)의 숭배는 페티시즘의 또 다른 형태인데, 영웅 또는 성인(聖人)의 유골은 초자연적 힘인 마나(mana)를 많이 소유했다고 간주되어 숭배받았다. 고대 그리스인들은 영웅의 힘이 집중된 유골을 자신의 도시에 소유하여 강성하고자 했고, 중세 가톨릭 교회는 성인의 유골을 신성시하였다.

4 샤머니즘(Shamanism)

귀신론을 활용하는 베뢰아 계열의 이단들은 공적인 장소에서 행하는 축귀 사역을 통해 교주의 권위를 높이고자 하며[20], 귀신을 불신자의 사후 존재로 보는 등 우리나라의 무속신앙과 연계한 왜곡된 해석을 기초로 하고 있다.[21] 그러나 성경의 기록에 의하면 사탄(Satan)은 하나님께 반역한 천사의 수장이며, 그와 함께 타락한 천사들이 귀신들(demons)이므로 베뢰아 계통 이단들의 주장은 비성경적이다.[22] 기독교 정통 교단에 속한 일부 교회에서도 목회자의 심방을 받은 가정에서 탁자 위에 헌금을 올려두는 일과 기도원에서 예배 시작 시점에 설교단 위에 헌금 봉투를 올려놓는 행위도 복채를 무당 앞에 올려놓았던 행태에서 비롯된 것이다.

1) 샤머니즘의 종교적 의미

샤머니즘은 종교라기보다는 종교적 사상에 동반하여 신유나 주술의 기능을 수행하는 관습으로서 종단이나 세계관을 체계화시킨 경전이 따로 없고, 신화와 전설 등에 의존해서 전승되어 왔다. 고대 부족 사회는 제정일치(祭政一致) 사회로서 초자연적 능력을 가진 초월적 존재들과 소통하며 그들의 도움을 이끌어내는 인물로 간주된 제사장이 통치자의 역할을 겸하여 수행하였다. 미르체아 엘리아데(Mircea Eliade)는 샤머니즘이라는 용어가 "주술사"를 가리키는 투르크계 몽골어 "캄"(kam/qam)이

20 최성훈, "베뢰아 귀신론에 대한 복음주의 신학의 조명과 대응방안," 「신학과 실천」 74 (2021), 830－831.

21 최성훈, 『성경으로 본 이단이야기』 개정 2쇄 (서울: CLC, 2022), 194.

22 최성훈, "복음주의 관점으로 조명한 천사론과 귀신론: 사탄의 목적과 영적 전쟁의 승리," 「영산신학저널」 52 (2020), 180－181.

"샴"(sam)이라는 퉁구스어로 변형되었고, 이는 러시아를 경유하며 변천되어 영어로는 "샤먼"(shaman) 또는 "샤머니즘"(shamanism)이 되었다고 설명하였다.[23] 그는 중앙아시아와 북아시아에서 주술적, 종교적 생활은 샤먼을 중심으로 이루어졌고, 부족장은 의례를 주관하는 사제이자 동시에 샤먼이었지만 고대국가 성립과 더불어 샤먼은 건국 영웅이나 군주를 보필하는 정도로 기능이 점차 축소되었다고 주장하였다. 한편 존 맥쿨로크(John A. MacCulloch)는 샤머니즘이란 베링 해협에 거주하는 우랄-알타이인들의 토속종교를 가리키는 용어로서 "샤먼"이란 단어의 어원은 "사제" 또는 "병을 고치는 자"를 뜻하는 퉁구스어 "사만"(saman)이라고 지적하였다.[24] 샤머니즘 역시 애니미즘과 토테미즘, 페티시즘과 마찬가지로 윤리적 측면은 없으며, 오직 개인의 행복 추구, 풍요와 다산, 질병 퇴치 등 기복적인 요소에만 초점을 맞추고 있다.

샤머니즘은 동북아시아 일대에서 공통적으로 나타난 종교적 현상이었는데, 우리나라의 무(巫)의 역사는 선사시대까지 거슬러 올라간다.[25] 고조선 단군신화의 "단군왕검"이라는 이름에서 "단군"은 하늘을 뜻하는 알타이어 "텡그리"(Tengri)의 음을 딴 것이고, "왕검"의 "검"은 신령을 뜻하는 알타이어 "캄"(Kam)의 음역을 한자로 표기한 것이므로 단군왕검은 천신 하늘님을 뜻하는 "텡그리-캄"(Tengri-Kam)에서 유래된 명칭으로 추정된다.[26] 오늘날에도 호남 지역의 세습무를 "단골"이라고 부르는 것 역시 동일한 어원에 뿌리를 두고 있는 것이다. 우리나라의 샤머니즘은 삼국사기와 삼국유사에서 전하는 바와 같이 신라의 2대 왕인 박혁거세의 아들 남해차웅의

---

23 Mircea Eliade, *Shamanism: Archaic Techniques of Ecstasy* (Princeton, NJ: Princeton University Press, 1974), 495.

24 John A. MacCulloch, "shamanism," in *Encyclopaedia of Religion and Ethics, Vol. 11: Sacrifice-Sudra*, ed. James Hastings, Louis Herbert Gray, John Alexander Selbie, 441-446 (Edinburgh, UK: T & T Clark, 1981), 441.

25 샤머니즘을 우리나라에서는 "무교"(巫敎)라 하는데, 한자 "무"(巫)의 의미는 "하늘"(一)과 "땅"(一)을 연결하며(丨) 춤추는 "사람"(人)을 의미한다. 샤머니즘은 영적 존재를 최고신, 범신들, 영들, 죽은 조상의 영 등으로 계층적으로 인식하는데, 한국의 무속신 개념은 지고신인 하늘님, 지고신 아래에서 그를 보좌하며 다섯 방위를 담당하는 대기의 신, 토지의 신, 물을 관장하는 수신(水神), 이름 없는 신, 그리고 단군신화에서 숭배되는 조상과 같은 조상신으로 나뉜다. 김은수, 『비교종교학 개론』 (서울: 대한기독교서회, 2006), 338-339.

26 이훈구, 『비교종교학』 (서울: 은혜출판사, 2000), 39-40.

시기인 주후 1세기 경에 이미 등장한다.[27] 삼국 시대 말기에 도교가 전래되었는데, 이는 샤머니즘과 결합하여 도교의 신(神)인 옥황상제(玉皇上帝) 개념이 무속에 도입되었다. 고려 시대에 국가적 종교행사로 자리 잡은 팔관회와 연등회 역시 샤머니즘과 결합하여 표면적으로는 불교의 이름을 취했지만 내용은 모두 호국적 시조제와 기복제의 성격을 보였다. 유교를 통치이념으로 삼은 조선 시대는 초기부터 굿을 단속하고 무당을 한양에서 쫓아내어 노비, 백정 등과 함께 사회 최하층인 팔천(八賤)의 하나로 규정하였고, 일제 시대에는 한국인의 정신적 유대감 형성에 원동력이 된다는 이유로 무속이 압제되었고, 기독교의 도입과 더불어 미신으로 폄하되었다. 하지만 전두환 군사정권 아래에서 무속신앙은 민족문화로 인식되는 한편, 문화보존이라는 명목으로 정부의 지원을 받기 시작하였는데, 그러한 흐름 속에서 1985년 한국민족종교협의회가 설립되어 과거에 미신으로 폄하되던 무속종교들이 민족종교의 이름으로 연합회를 만들었고, 1991년 사단법인으로 등록된 이후 한국의 공인종교로 자리매김하였다.[28]

2) 우리나라의 무당과 굿

우리나라 무속은 신의 종류를 천신(天神), 지신(地神), 인신(人神), 잡귀(雜鬼)의 네 가지로 분류하는데, 천신과 지신은 원래 존재하는 신이지만 인신과 잡귀는 후천적으로 만들어진 신령에 해당한다.[29] 샤머니즘의 신관(神觀)에 의하면 모든 사람이 죽으면 그 영혼이 신이나 악귀가 될 수 있으며, 가장 무서운 신령은 원통하게 죽은 사람들의 사령(死靈)인 원귀(冤鬼)이다. 초월적인 존재와 직접 교류하며 그 존재와 인간 사이를 중재한다고 여겨지는 샤먼의 활동은 지구상의 수많은 지역에서 공통적으로 나타나는데, 지역차도 무시할 수 없이 뚜렷하다. 예를 들어 우리나라만 해도 무

27 남해차웅의 왕호인 차차웅은 무(巫)를 뜻하는 신라의 방언인데, 고대의 왕은 샤먼의 직무를 겸하였기 때문이다. 김태곤, 『한국종교』 (서울: 원광대학교출판국, 1973), 13.

28 최성훈, 『21세기 공공신학』 (서울: 박영사, 2023), 182.

29 김태곤에 의하면 우리나라의 무속신은 굿거리 제신 73종, 무신도의 신령 115종, 신당의 상제신 138종, 무속의 가신 11종 등 272종에 달한다. 김태곤, “한국 무신의 종류,” 「국제대학 논문집」 17 (1969), 71.

당이 되는 과정이 북부지방 특히 경기 이북에서는 신의 선택을 받은 사람이 신내림을 경험하여 무당이 되는 "강신무"(降神巫)의 형태가 지배적이지만, 남부지방 특히 충청 이남에서는 마을의 종교적인 의례를 담당하는 무당들이 그 같은 직무를 대대로 물려받는 세습무(世襲巫)가 일반적으로 나타난다.[30] 호남에서는 세습무를 단골(丹骨)이라고 부르고, 영남에서는 세습무를 무당(巫堂)이라 한다.[31] 내륙과 떨어진 제주도의 무당인 심방(神房)은 "신의 성방"(刑房)의 준말로서 신방(神房)의 자음동화에 의한 표기이다. 신의 영력으로 무당 노릇을 하는 강신무와 달리 세습무는 영력이 없이 세습에 의하여 사제권을 부여받는 형태인데, 제주도의 심방은 세습무이면서 영력을 중요시하고 있기 때문에 강신무의 중간형이라는 인상을 주며, 따라서 학계에서는 심방을 북부의 강신무와 남부의 세습무가 혼합된 형태로 받아들인다.

무당은 신의 의사를 탐지하여 이를 인간에게 전달하는 사제적 기능, 병자에게서 악령을 추방하는 치병적 기능, 길흉을 점치는 예언적 기능, 그리고 춤을 추고 노래하며 신령과 사람의 마음을 즐겁게 하는 오락적 기능을 담당한다.[32] 그러한 기능을 수행하기 위하여 행하는 굿은 보통 굿당에서 벌어지는데 굿당은 하늘과 땅을 연결하는 성스러운 나무인 신목(神木)과 무신(巫神)들을 그림의 형태로 모시고 그 위에 신령의 마음을 상징하는 놋쇠로 만든 명도(明圖) 거울이 걸린 굿을 하는 방을 포함

---

30 내림굿을 통해 정식 무당이 되기 위해서는 부정한 잡신들을 물리쳐 몸과 마음을 정화하는 허주굿을 한 후 3~4개월 후에 내림굿을 통해 큰 신이요 정한 신을 몸에 받아들인다. 내림굿을 한 어린 무당은 신어머니의 굿판에 따라다니며 굿을 익히다가 5~6년 후 제대로 된 만신의 면모를 갖추면 신명의 위엄을 사방에 알리기 위해 솟을굿을 했다. 이처럼 세 차례의 굿을 거쳐야 신어머니와 신딸의 관계가 인정되며, 비로소 새로운 무당으로 탄생하는 것이다. 김금화, 『김금화의 무가집 : 거므나따에 만신 희나백성의 노래』 (서울: 문음사, 1995), 315－316.

31 샤먼의 개념과 관련하여 무당이란 여성 무속인을 뜻하며, 남성을 지칭하는 용어는 박수이지만, 오늘날 샤먼의 명칭은 무당으로 통칭하여 불리므로 본서에서도 무당을 샤먼과 관련한 모든 호칭들을 포괄하는 개념으로 사용한다.

32 그러한 네 가지 무당의 주요 기능은 기복, 점복, 양재, 가락의 행위를 통해 수행되는데, 기복에는 농사가 잘되도록 비가 내리기를 기원하는 기우제, 국가의 안녕과 평안을 기원하는 기은제, 마을의 토지신에게 제사하여 평안을 비는 성황제 등이 있고, 질병과 재앙을 불러오는 악령과 악귀를 제거하기 위한 굿인 양재에는 병을 고치기 위한 치병기도, 액운을 기도로 방지하는 액제기도 등이 있으며, 신령의 뜻을 계시받아 장래 일을 예언하거나 기물을 이용해 신의 뜻을 간접적으로 파악하는 점이 점복의 대표적 행위이고, 신령을 즐겁게 하여 화를 면하고 복이 오게 하려는 가락이 오락적 기능을 수행한다. 양창삼, "샤머니즘과 한국교회,"「현상과 인식」 36 (1986), 61－63.

한다. 굿은 주무(主巫) 한 사람과 두 사람의 보조 무당 등 총 세 명의 무당이 하는데, 굿에서 사용하는 무구(巫具)에는 앞서 언급한 명도(또는 명두)와 청동으로 만든 방울, 잡귀를 위협하여 내쫓을 때에 사용하는 삼지창이나 월도(月刀)와 같은 무기, 몇 시간을 갈아서 날을 세운 작두, 점을 칠 때에 사용하는 검정, 파랑, 노랑, 흰색, 빨강의 다섯 가지 색으로 된 깃발인 오방신장기 등이 있다. 굿은 부정을 물리치고 굿판을 벌이는 장소를 정화하여 신령을 청하는 청신(請神), 인간의 소원을 아뢰고 신령의 말씀(공수)을 듣고, 즐겁게 대접하는 본 과정인 오신(娛神), 그리고 신령을 돌려보내는 송신(送神)의 과정으로 이루어진다. 우리나라의 샤머니즘은 질병의 원인을 병이 걸린 사람의 영혼이 길을 잃거나 도둑맞은 것 또는 귀신의 직접적 관여나 장난으로 보기 때문에 잃어버린 영혼을 되찾거나 귀신을 쫓아내기 위해 굿을 한다. 소원을 빌거나 재앙을 막고, 일반적인 질병을 치료하기 위한 굿은 재수굿인데, 인간의 재수란 인간과 자연, 인간과 인간, 인간과 신령 사이의 조화에서 오는 것으로 보기 때문에 재수굿은 그 같은 관계의 조화로운 회복을 추구한다. 중병에 걸렸을 경우 이를 치유하기 위해 벌이는 치병만을 위한 굿은 우환굿이라 한다. 이처럼 인간의 생사화복이 모두 신의 의사에 달려 있다고 보는 샤머니즘에 있어서 신의 존재는 인간의 소원을 성취해주는 도구적 수단에 불과하다.

참고문헌

게라르두스 반 델 레에우. 『종교현상학 입문』. 손봉호, 길희성 역. 경북: 분도출판사, 1995. (Original Work Published in 1948).

김금화. 『김금화의 무가집 : 거므나따에 만신 희나백성의 노래』. 서울: 문음사, 1995.

김은수. 『비교종교학 개론』. 서울: 대한기독교서회, 2006.

김태곤, 『한국종교』 (서울: 원광대학교출판국, 1973.

_____. "한국 무신의 종류." 「국제대학 논문집」 17 (1969), 71－84.

김하태. 『종교학의 길잡이』. 이정순 편저, 31－149. 파주: 한국학술정보, 2022.

노민정. "레비－스트로스의 지성(l'intellect) 중심적 경향과 종교학 방법론." 「종교학연구」 31 (2013), 51－97.

양창삼. "샤머니즘과 한국교회." 「현상과 인식」 36 (1986), 53－84.

엘리 에드워드 베리스. 『터부, 주술, 정령들: 모든 종교에서 발견되는 원시적인 요소들』. 김성균 역. 서울: 우물이 있는 집, 2022. (Original Work Published in 1931).

이훈구. 『비교종교학』. 서울: 은혜출판사, 2000.

최성훈. 『21세기 공공신학』. 서울: 박영사, 2023.

_____. 『성경으로 본 이단이야기』. 개정 2쇄. 서울: CLC, 2022.

_____. "베뢰아 귀신론에 대한 복음주의 신학의 조명과 대응방안." 「신학과 실천」 74 (2021), 821－843.

_____. "복음주의 관점으로 조명한 천사론과 귀신론: 사탄의 목적과 영적 전쟁의 승리." 「영산신학저널」 52 (2020), 171－201.

Eliade, Mircea. *Shamanism: Archaic Techniques of Ecstasy*. Princeton, NJ: Princeton University Press, 1974.

Frazer, James G. *The Magic Art and the Evolution of Kings, Vol. I*. New York, NY: 1913.

Harvey, Graham. *The Handbook of Contemporary Animism*. New York, NY: Routledge, 2014.

_____. "Animals, Animinists, and Academics," *Zygon: Journal of Religion and Science* 41 (2006), 9–20.

Jevons, Frank B. *The Idea of God in Early Religions*. Cambridge, UK: Cambridge University Press, 1910.

Lausanne Occasional Papers. *Christian Witness to Traditional Religionists of Asia and Oceania*. Wheaton, IL: Lausanne Committee for World Evangelization, 1980.

Lévi–Strauss, Claude. *Le Totémisme Aujourd'hui*, 8th ed. Paris, France: Presses Universitaire de France, 1996.

MacCulloch, John A. "shamanism." in *Encyclopaedia of Religion and Ethics, Vol. 11: Sacrifice–Sudra*, ed. James Hastings, Louis Herbert Gray, John Alexander Selbie, 441–446. Edinburgh, UK: T & T Clark, 1981.

Nida, Eugene A., and Smalley, William A. *Introducing Animism*. New York, NY: Friendship Press, 1959.

Noss, John B. *Man's Religions*. New York, NY: Mamillan, 1949.

Smith, William R. *Lectures on the Religion of the Semites: The Fundamental Institutions*, 3rd ed. Edinburgh, UK: A & C Black, 1927.

Turner, Harold W. "World of Spirit." in *Eerdmans' Handbook to the World's Religions*, ed. R. Pierce Beaver et al, 128–169. Grand Rapids, MI: W. B. Eerdmans Publishing Co., 1982.

Thwaites, Reuben G. *Early Western Travels, 1748–1846: A Series of Annotated Reprints of Some of the Best and Rarest Contemporary Volumes of Travel, Descriptive of the Aborigines and Social and Economic Conditions in the Middle and Far West, During the Period of Early American Settlement, Vol. II*. Norman, OK: A. H. Clark Company, 1904.

05 고대종교(Ancient Religions)

고대 근동(Ancient Near East)으로 알려져 있는 지역은 메소포타미아부터 팔레스타인 지역을 거쳐 이집트에 이르는 광범위한 땅을 포괄한다. 헬라어로 “중간” 또는 “사이”를 의미하는 “메소스”(μέσος)와 “강”을 뜻하는 “포타모스”(ποταμός)의 합성어로서 “강들의 중간”이라는 문자적 의미를 가진 메소포타미아는 티그리스강과 유프라테스강 사이에 위치한 비옥한 곳으로서 그 모양이 초승달같이 생겼다고 해서 한때 “비옥한 초승달 지대”(the Fertile Crescent)로 불린 문명의 발상지 중 하나이다.[1] 유럽에서 그리스와 로마의 종교가 고대의 종교로서 받아들여지는데, 1798년 프랑스 나폴레옹 황제의 이집트 원정을 통해 유럽의 고대 그리스-로마에 필적할 만한 문명이 고대 근동 지역에 존재했다는 사실이 드러나며 이 지역이 주목을 받기 시작하였다. 또한, 메소포타미아, 이집트, 가나안 지역 및 그리스-로마의 종교는 문자를 통해 기록이 남아있다는 점에서 원시종교와 구별된다. 문자를 통해 종교의 경전과

1 인류 문명의 4대 발상지는 온대기후 지역에 분포하며 큰 강을 끼고 있다는 공통점을 가지는데, 황하문명은 중국의 황하강, 이집트 문명은 나일강, 메소포타미아 문명은 티그리스강과 유프라테스강, 그리고 인더스 문명은 인도의 인더스강과 갠지스강을 끼고 있다. 온대 지역이라 날씨가 온화하며, 강을 끼고 있어서 토양이 비옥하므로 의식주의 문제를 해결하기에 유리하고, 따라서 사람들이 모여들기 때문에 문명이 발상할 수 있는 기반이 형성되는 것이다.

의례 등에 대하여 이전과는 비교할 수 없을 정도로 방대한 자료를 기록할 수 있기 때문에 고대종교는 고대인들의 삶과 사상, 종교의 기록을 상세히 남길 수 있었다.

1 메소포타미아 종교

메소포타미아 문명의 발원지로서 B.C. 3천 년경에 이미 우르(Ur, 창 11:28, 31), 우룩(Uruk) 또는 에렉(Erech, 창 10:10), 이신(Isin), 라르사(Larsa), 라가쉬(Lagash), 시파르(Sippas), 니푸르(Nippur), 에리두(Eridu), 키쉬(Kish) 등의 도시 국가를 건설한 수메르(Sumer)는 메소포타미아의 하부 지역을 일컫는 명칭으로서 바그다드 북쪽에서 페르시아만에 이르는 오늘날 이라크 지역에 해당한다.[2] 메소포타미아가 비옥한 지역이긴 하지만 강한 비바람을 동반한 홍수가 발생하거나 들짐승들이 가축과 농산물에 해를 입히는 일들이 자주 있었기 때문에 수메르인들은 자연계에 위대한 힘이 있다고 믿으며 그 힘과 좋은 관계를 유지해야 한다고 믿었다. 따라서 수메르인들의 종교는 자연계의 존재를 의인화한 신들을 섬기되, 신들 사이에도 위계가 구분되는 일종의 자연종교(natural religion) 및 다신교(polytheism)의 성격을 띠고 있었다.

수메르인들이 숭배하던 신들 중에서 최상위에는 하늘의 신 아누(Anu), 또는 안(An), 대기와 바람의 신 엔릴(Enril), 물의 신 엔키(Enki), 지모신(地母神)인 닌후르삭(Ninhursag)의 네 창조신들이 있는데, 그중에 최고신은 아누이다. 수메르인들은 도시마다 수호신을 두었는데, 최고의 권위를 가진 아누는 우룩의 수호신이었지만, 아누의 권위를 대변하여 그의 명령을 집행하는 실제적인 영향력은 니푸르의 수호신인 엔릴이 발휘하였다. 엔키는 지하에 있는 담수를 지배하는 지혜의 신이자 주술의 신으로서 에리두의 수호신이며, 닌후르삭은 풍성한 수확을 담보하는 신이다. 네 창조신들 외에 시파르의 수호신으로서 세계의 질서를 관장하는 달신 난나의 아들 태양신 우투(Utu), 우르의 수호신인 달신 난나(Nanna), 금성(Venus)으로 묘사되는 별신이면서 전쟁과 풍요의 여신인 이난나(Inanna) 등 세 천체신들이 다음의 위치를 차지한

2 강성열, 『고대 근동의 신화와 종교』 (파주: 살림출판사, 2006), 10.

다. 수메르 만신전에는 이상의 일곱 신들 외에 상위 계층에 속하는 50종류의 신들의 모임인 아눈나키(Anunnaki)가 있는데, 그중에 대표적인 신은 우룩의 왕이었다가 신의 지위를 부여받아 가축을 돌보는 목동신으로 추앙받으며, 이난나 여신의 배우자로서 죽었다가 살아난 죽음과 부활의 의식을 대표하는 두무지(Dumuzi)이다.[3]

수메르인들은 만신전의 주요 신들이 그들의 삶에 있어서 안전과 풍요를 보장해주는 신들이라고 믿고, 그 신들에게 경배하였다. 또한, 수메르의 왕은 나라 전체를 대표하는 동시에 신을 대리하는 두 가지 제의를 통해 그러한 기원을 적극적으로 표현했는데, 그것은 첫째, 풍요를 주관하는 남신과 여신의 결혼을 재현하는 의식이고, 둘째, 신의 죽음과 부활을 재현하는 의식이다. 남신을 대리하는 수메르의 왕은 제사장 자격으로 신전 옆의 거대한 신전탑인 지구라트(ziggurat) 꼭대기에서 풍요의 여신을 상징하는 여사제 또는 신전 창기와 성관계를 맺는 적극적 제의 행위를 통해 지상 세계의 풍요와 안전을 기원하였다. 이는 봄철의 생명력을 상징하는 두무지와 자연계의 풍요를 의미하는 이난나의 결합을 통해 자연의 소생을 염원한 것이며, 죽었다가 살아난 두무지의 죽음 및 그의 부활을 재현하는 의식을 통해 뜨겁고 건조한 여름이 지나가고 풍요의 계절이 다시 오기를 기원하였다.

수메르인들에게 있어서 일종의 황홀경(ecstasy)이나 꿈을 통해 직접 임하는 신탁(oracle)은 주로 국내외의 중요한 문제들에 대하여 왕 또는 제사장에게 주어지는 것이 원칙이었지만, 가끔 일반 평민들을 통해서도 전달되었다. 신들의 뜻은 점술이나 주술을 통해 간접적으로 전달되는 경우도 있었는데, 동물의 간을 살펴서 점을 치는 간신점, 물에 기름을 띄워 그 모양이나 흐름을 통해 점을 치는 수유점, 나무 막대기의 움직임을 보며 치는 막대기점, 화살을 던지거나 화살 머리에 글을 새겨

3 이난나의 오빠이면서 보호자인 태양신 우투가 이난나에게 우룩의 왕 두무지와 결혼할 것을 권하자 처음에 이를 거절했던 이난나는 각종 선물들을 가지고 그녀를 찾아간 두무지의 청혼 끝에 그와 결혼한다. 이난나가 지하 세계로 내려갔다가 지하 세계의 여왕 에레시키갈(Ereshkigal)에게 붙들려 그녀를 대신하여 죽을 사람을 바쳐야 살아올 수 있다는 조건이 내걸렸는데, 그 사이 아내가 어디갔는지도 모르고 아내를 걱정하지도 않는 두무지의 모습을 본 이난나가 자신을 대신해서 두무지를 바치겠다고 하는 바람에 지하 세계의 악마인 갈라들이 그를 끌고간다. 나중에 이난나는 이를 후회하고 두무지를 다시 지상 세계로 데려와서 반년을 살게 하고, 나머지 반년은 포도주의 여신인 두무지의 누이 게쉬티난나(Geshtinanna)가 대신 지하 세계에 살도록 한다. 이를 통해 두무지는 죽음과 부활(재생)을 반복하는 신으로 간주되었다.

그 가운데 하나를 선택하는 화살점, 꿈의 해석을 통해 신들의 뜻을 알아보는 몽점, 죽은 자의 영혼을 불러들여 신들의 뜻을 묻는 초혼점, 천체의 움직임을 관찰하여 치는 별점(점성술), 돌, 나무, 주사위 등으로 만들어진 제비를 던지거나 뽑아서 치는 제비점 등 다양한 방법들이 사용되었다.

수메르는 B.C. 2400년경부터 악카드(Akkad, 창 10:10)의 지배를 받다가 그 후에는 악카드를 정복한 구트족(Gutians)의 지배를 받았고, B.C. 2100년에서 2000년 사이에 잠시 독립했지만 B.C. 1970년경 셈족 계열 아모리 족속에게 멸망하였으며, 아모리 족속의 도시 국가 중 하나인 바벨론의 함무라비(Hammurabi) 왕이 메소포타미아 전역을 평정하며 고(古) 바벨론 왕국을 수립함에 따라 역사 속에서 사라졌다. 농경을 주로 하는 수메르인들이 오늘날 이라크 남쪽 지역에 정착한 반면, 유목 민족인 악카드인들은 B.C. 2600년경부터 이라크 북쪽 지역에 정착하여 최초의 셈족 문화를 일구었다. 악카드는 수메르의 종교적 유산을 그대로 수용하였고, 신화 역시 그러했는데, 창조 신화인 "에누마 엘리쉬"(Enuma Elish)와 홍수 신화 "길가메쉬 서사시"(Epic of Gilgamesh)가 대표적이다.[4] 셈족은 신년 축제인 아키투(Akitu) 축제에 에누

4 에누마 엘리쉬는 앗수르바니팔 왕의 궁중 도서관에서 발견된 일곱 개의 토판 문서에 기록된 것이다. 창조 이전의 원시 대양인 압수(Apsu)는 자녀 신들이 많아지자 그들로 인한 소음이 싫어서 그들을 멸하기로 결심한다. 이를 알게 된 지혜의 신 에아(Ea)는 주문을 외워 압수를 깊은 잠에 빠지게 한 후 그를 죽이고, 아내 사르파니투(Sarpanitu)를 통해 폭풍우의 신 마르둑을 낳는다. 남편 압수를 잃은 티아맛(Tiamat)은 킹구(Kingu)와 결합하여 신들의 세력을 규합하여 에아를 공격하는데, 전세가 불리하던 에아 진영은 마르둑이 참전하며 승리를 거둔다. 마르둑은 티아맛을 죽인 후 몸을 양분하여 상반신으로 하늘을 만들고, 하반신으로는 땅을 만드는 한편, 티아맛의 편을 들었던 신들에게 중노동을 시킨다. 중노동에 시달린 신들이 하소연을 하자, 그들의 노역을 대신하도록 킹구를 죽여 그 몸에서 흘러나온 피를 흙과 결합하여 인간을 창조하여 노역을 담당하게 한다. 이는 일개 지방신에 불과한 마르둑이 바벨론 최고의 신으로 승격되었다는 내용을 통해 함무라비 왕의 정치적 부상으로 인한 새로운 세계 질서를 해설하려는 시도로 활용되었다. 길가메시 서사시 역시 앗수르바니팔 왕의 궁중 도서관에서 발견된 열두 개의 토판 문서에 기록된 것으로서 그중에서 열한 번째 토판에 홍수 이야기가 담겨 있다. 홍수 이후 수메르 만신전의 최고신 아누와 그의 딸 이슈타르에게 신전을 지어 봉헌한 우륵의 왕 길가메시는 자신의 권력을 이용하여 결혼식 첫날 신랑에 앞서 신부를 취하는 등 모든 여성들을 범하여 사람들이 신들에게 탄원하자 신들은 길가메시에 대항할 엔키두(Enkidu)를 창조하였다. 오히려 엔키두와 친구가 된 길가메시는 이슈타르 여신의 구혼을 거절하여 그녀가 보낸 하늘 황소를 엔키두와 함께 격퇴하지만 엔키두가 신들의 결정에 의해 생명을 잃은 후 죽음의 공포에 사로잡힌 길가메시는 영생을 얻기 위해 홍수의 주인공 우트나피슈팀(Utnapishitim)을 만나 홍수와 영생을 얻은 비결에 대하여 묻는다. 우트나피슈팀으로부터 생명의 풀을 얻는 방법을 듣고 그 풀을 얻은 길가메시는 생명의 풀을 연못가에 둔 채 목욕을 하다가 뱀에게 그것을 빼앗

마 엘리쉬를 낭독하고 극화했는데, 마르둑의 역할을 대행하는 왕이 여신을 상징하는 왕후, 여사제, 또는 신전 창기와 성관계를 맺는 의식을 수행하였다. 이는 수메르 왕이 행한 두무지와 이난나의 결혼 의식을 계승한 것인데, 이처럼 탐무즈와 이슈타르의 성관계를 재현하는 의식이 왕실에서 행해진 이후, 일반 백성들 사이에서도 곧 널리 행해졌다. 왕과 제사장이 신들의 뜻을 직접 전달받는 신탁 선포와 더불어 점술 역시 수메르 시대에서 이어졌는데, 바벨론과 앗수르 시대에는 점술이 훨씬 체계화되었다.[5]

B.C. 14세기 중반 앗수르 우발릿 1세(Asshur–Uballit I)에 의해 시작된 셈족의 앗수르 왕국이 메소포타미아 지역을 장악한 후, B.C. 7세기에 같은 셈족에 속한 갈대아인들이 앗수르를 몰아내고 신(新) 바벨론 제국을 건설하였지만, 그들 역시 B.C. 539년 신흥제국인 페르시아의 고레스(Cyrus) 왕에 의해 멸망당하고 말았다. 악카드를 계승한 바벨론과 앗수르 두 왕국의 종교는 신들의 이름만 바꾸었을 뿐 수메르 시대의 종교를 거의 이어받았다. 따라서 악카드, 바벨론, 앗수르의 셈족 신들은 수메르의 경우와 같이 자연신의 성격을 띠고 있었고, 그들의 종교 역시 자연종교와

기고 눈물을 머금은 채로 고향 우륵으로 돌아간다. 이는 인간의 필멸성을 환기시키며, 생명의 풀과 영생 획득의 마지막 장애물인 뱀은 창세기 3장에 등장하는 에덴 동산의 생명나무와 뱀을 연상시키기도 한다.

5 바벨론, 앗수르 시대에 행해진 주술 중에서 제비뽑기는 작은 돌, 또는 일종의 조약돌을 사용했던 점치기의 일종으로서 요나서 1:7에서 풍랑을 만난 배에서 선원들도 제비를 뽑아 누구로 인해 재앙이 왔는지를 알려 하였다. 주로 화살을 막대기로 이용해서 신적인 징조를 살펴보는 도구로 사용했던 막대기점은 "바벨론 왕이 갈랫길 곧, 두 길 어귀에 서서 점을 치되 화살들을 흔들어 우상에게 묻고, 희생의 간을 살펴서 오른손에 예루살렘에 갈 점괘를 얻었다"(겔 21:21–22)는 본문에 등장하는데, 바벨론 왕은 예루살렘을 치기 위해 어느 길을 택해야 하는지를 화살점을 통해서, 그리고 희생 제물의 간을 통해서 알아보고자 했던 것이다. 고대인들은 기억과 지성이 뇌가 아니라 간에 속한다고 믿어서 간을 읽어 분별하는 과정을 만들어 냈는데, 간은 가장 무거운 장기 중의 하나이다. 만일 신께서 당신의 생각을 인간에게 계시하신다면 가장 무거운, 따라서 가장 중요한 장기를 통해서 할 것이라고 믿었기 때문이다. 그래서 앗수르의 왕 앗수르바니팔은 평생을 희생 제물의 간을 살펴보는 데 허비하였다. B.C. 6세기경에는 점성술이 등장했는데, 별은 신이 거주하는 천상의 거처이므로 그 모습 가운데 신의 생각을 드러내시리라고 믿었기 때문이다. 따라서 점성술사들은 하늘의 현상들이 지상의 현상들과 동시에 발생한다고 주장하며 하늘을 12구역으로 나누어, 각각을 "궁"(宮)이라 부르고, 행성이 각 구역을 통과할 때 이루는 기하학적 형태를 "상"(像)이라고 불러서, 천궁도를 만들고 점을 쳤다. 이후 율리우스역법의 도입으로 점성술 계산이 쉬워지자, 모든 계층의 사람들이 점성술을 신봉하기 시작하였다. 하지만 이사야 선지자는 점성술을 의지하는 바벨론을 조롱하였다(사 47:13–14). 최성훈, 『성경가이드』 (서울: CLC, 2016), 45–49.

다신교적 성격을 그대로 보유했다. 예를 들어 수메르 만신전의 최고신 아누와 엔릴은 바벨론과 앗수르에서는 마르둑(Marduk)과 아슈르(Ashur)로 이름만 바뀌어서 그대로 수용되었고, 엔키는 에아(Ea)로, 그리고 닌후르삭은 담키나(Damkina)로 이름이 바뀌었다. 수메르의 세 천체신들도 이름만 바뀌어서 그대로 남았는데, 태양신 우투는 샤마쉬(Shamash), 달신 난나는 신(Sin), 별신 이난나는 이슈타르(Ishtar)로 바뀌었다. 거룩한 결혼의 주인공인 두무지는 탐무즈(Tammuz)로 바뀌었는데, 이는 구약 성경에서 우상에 물든 예루살렘 성전 북문에서 담무스를 위해 애곡하는 여인들의 모습으로 등장한다(겔 8:14).[6]

2 이집트 종교

메소포타미아에 필적할 만한 찬란한 고대 문명의 주역인 이집트는 영토 대부분이 황량한 사막이고, 5% 미만의 지역만이 사람이 거주할 수 있고 농경이 가능한 비옥한 땅이다. 따라서 나일강 주변의 삼각주라는 좁은 지역에 대부분의 인구가 모여 살았는데, 이는 이집트인들의 내적 결속을 강화시키는 한편, 이집트의 도시화와 문명 발전을 촉진하였다. 또한, 나일강 주변의 계곡은 내륙 지역과의 연결을 막는 장벽이 되었고, 지중해는 북쪽의 경계를 이루어 이민족의 침입에 대하여 안전한 편이었기 때문에 이집트가 고유의 역사와 전통을 유지하는 기반이 되었다. 나일강의 풍요로운 곡식 소산은 이집트인들로 하여금 삶에 대한 낙관적 시각을 형성하게 하였고, 지리적 고립성은 이민족에 대한 배타적 우월성을 중심으로 하는 폐쇄적 태도의 기반이 되었다. 이집트의 역사는 제1대 파라오(Paraoh) 메네스(Menes)가 이집트를 통일한 B.C. 3천 년경에 시작되어 B.C. 2600년 경에 수립된 제4왕조 이후 피라미드

---

6 수메르의 두무지가 바벨론과 앗수르의 탐무즈로 바뀐 것을 이스라엘을 비롯한 수리아, 베니게, 지중해 연안의 국가들이 받아들인 것이다. 에스겔서에 등장하는 담무스는 이집트의 오시리스(Osiris), 그리스의 아도니스(Adonis)와 동일한 신으로서 인간을 제물로 바치는 인신제사, 거세, 성적 결합은 담무스 숭배 의식의 특징이었다. Stephen Langdon, *Mythology of All Races: Semitic* (Lanham, MD: Cooper Square Publishers, 1964), 336−351.

를 이용하는 독특한 장묘법이 발달하였다. 셈족 계통의 기마민족으로서 혼돈과 폭풍우의 신 세트(Seth)를 최고신으로 섬기던 힉소스족(Hyksos)의 침략으로 왕권을 빼앗겼다가, 제18왕조의 아흐모스 1세(Ahmose I)에 의해 다시 이집트인에 의한 왕조를 이었지만, 전성기를 구가한 B.C. 13~12세기인 제19왕조 이후에는 주변국에 대한 영향력을 상실하였다.[7]

이집트의 신들은 지역과 왕조에 따라 다소 차이가 있는데, 헬리오폴리스의 레(Re), 멤피스의 프타(Ptah), 테베의 아몬(Amon), 아마르나의 아톤(Aton)이 대표적인 최고신들이다.[8] 그중에서도 태양신 레는 가장 오랜 기간 동안 이집트인들의 폭넓은 사랑을 받은 신으로서 우주만물을 창조한 신이자 신들의 왕으로서 추앙받았고, 멤피스의 프타는 마음과 혀, 즉 생각과 말로써 우주를 창조했다고 여겨진다. 테베 왕조는 대기의 신 아몬을 "아몬-레"(Amon-Re)로 부르며 헬리오폴리스의 태양신 숭배를 아몬 숭배에 동화시켰고, 아멘호텝 4세(Akhenaten IV)에 의해 절대적인 유일신의 자리에 오른 아톤은 테베 왕조의 최고신 아몬과 사후 세계를 주관하는 오시리스(Osiris)를 배제하고 레의 기능을 아톤에게 결합시켰지만 그의 사후에 아톤 숭배가 단절되어 버렸다. 최고신의 범주에는 포함되지 않지만 중요한 신들에는 초목의 신 오시리스와 그의 아내 이시스(Isis), 그리고 그들 사이에서 태어난 독수리신 호루스(Horus)가 있다. 신화에 의하면 오시리스는 세트에게 죽임을 당하지만 이시스와 호루스의 도움으로 다시 살아나 사후 세계, 즉 지하 세계의 왕이자 죽은 자들을 심판

---

7 출애굽기 1장 본문의 배경인 애굽(이집트) 왕조로서 요셉이 애굽의 총리대신이 되어 아버지 야곱과 형제들의 가족들을 애굽으로 데려온 때는 애굽 북동쪽에서 내려와 애굽을 정복한, 이스라엘과 비슷한 셈족 계열인 힉소스 왕조가 애굽을 다스릴 때이다. 이방 민족인 힉소스 왕조는 애굽의 제2중간기 15왕조 시대, 즉 B.C. 1663년부터 1555년경까지 애굽을 통치했지만 16, 17왕조를 거쳐 신왕국 시대인 18왕조에 들어서는 애굽 족속이 왕위를 되찾았다. 따라서 힉소스 왕조에서는 야곱의 자손들을 우대했지만, 애굽 왕조가 들어선 이후에는 이방 민족에 대한 압제가 시작된 것이다. 18왕조를 일으킨 아흐모스 1세는 이민족을 축출하며 애굽의 최전성기를 이끌었는데, 18왕조의 세 번째 왕인 투트모스 1세는 요셉을 알지 못하는 새 왕(출 1:8)으로서, 이스라엘 자손의 수가 많음을 두려워해 자신을 위해 국고성 비돔과 라암셋을 건축하게 하며 그들을 압제하는 등(1:11), 극심한 강제노동을 통해 이스라엘의 인구를 줄이고 그 세력을 위축시키려 하였다. 최성훈, 『핵심본문으로 보는 성경 I: 모세오경편』 (서울: CLC, 2021), 170-171.

8 헬리오폴리스는 창세기 41장 45절에 등장하는 "온"(On)으로서 파라오의 꿈을 해석함으로써 "비밀을 열어 보이는 사람"이라는 의미의 사브낫바네아라는 이집트식 이름을 파라오로부터 하사받은 요셉은 헬리오폴리스의 태양신 제사장인 보디베라의 딸 아스낫과 결혼하였다.

하는 신이 되고, 호루스는 오시리스를 계승하여 지상의 세계를 관할하였다. 따라서 이집트인들은 사망한 파라오와 왕위를 계승한 파라오를 오시리스와 호루스로 동일시하였는데, 제5왕조 말기부터 피라미드에서 발견된 문서들에 의하면 죽은 파라오는 지하 세계를 주관하는 신인 오시리스로 간주하였고, 그를 이어 왕위에 오르는 파라오는 오시리스의 아들 호루스로 여겼다.[9]

셈족 문화권에서 일반적으로 왕은 절대 권력을 보유한 반신(半神)에 가까운 존재로 인식되었지만, 이집트의 왕인 파라오는 이집트를 수호하는 한편 나일강을 통제하며 이집트인들 모두에게 풍요를 가져다주는 신으로 추앙받는 존재로 자리매김하였다. 따라서 왕에 대한 반역은 곧 신에 대한 반역이었고, 이는 신들이 세운 질서를 파괴하는 것이므로 반란이나 혁명이 원천적으로 불가능하였다. 또한, 홍수의 심판과 관련된 신화가 이집트에서는 나타나지 않는데, 이는 메소포타미아 지역의 두 강들이 불규칙한 주기로 범람하여 엄청난 피해를 유발하였던 데 비하여 나일강은 주기적으로 범람함으로써 토양을 비옥하게 하여 이집트인들에게 큰 이익을 주었기 때문에 홍수 자체에 대한 두려움이 없었기 때문이다. 죽음을 당연한 것으로 받아들이는 메소포타미아인들과 달리 이집트인들은 죽음을 극복하고 영생을 누릴 수 있다는 낙관주의를 가지고 있었다. 특히 파라오의 경우 사후에 신들의 세계에 참여하여 우주적 질서를 보전하는 일을 담당한다고 여겨졌다. 이처럼 이집트인들은 인간의 삶이 무덤에서 끝나는 것이 아니라 계속된다고 믿었기 때문에 시신을 미라로 만들어 보존하는 방식을 발달시켰는데, 초기에는 왕족과 귀족 계층의 시신만 미라로 보존했지만 고왕국 이후로는 모든 이집트인들에게 그러한 방식이 보급되었다.

3 가나안 종교

오늘날 시리아, 레바논, 이스라엘, 요르단 등지를 포함하는 지역인 가나안(Canaan)은 메소포타미아 문명과 이집트 문명이 만나는 전략적 요충지에 자리잡고

9 고대 근동의 신화와 종교』, 53.

있기 때문에 역사적으로 주변 강대국들의 침입에 끊임없이 노출되어 있었다. 서부 셈족에 속하는 가나안인들은 메소포타미아인들과 마찬가지로 자연계의 여러 요소들을 신들로 숭배하였다. 특히 사막과 지중해 사이에 위치하여 강우량이 충분하지 않았고, 큰 강을 끼고 있지도 않아서 연중 내내 물이 부족했던 가나안인들은 비와 관련한 풍요와 다산에 대하여 깊은 관심을 가졌다. 바알(Baal)이라는 별칭으로 알려진 천둥과 번개의 신 하닷(Hadad)이 가장 대표적인데, 바알은 농사가 잘 되도록 비를 내리는 폭풍우의 신인 동시에 지상 세계에 풍요를 가져오는 풍요와 다산의 신으로 간주되었다. 바알은 메소포타미아의 두무지나 이집트의 오시리스처럼 죽었다가 살아나는 신이며, 가나안 만신전의 최고신인 엘(El)이 "아세라"(Asherah)로 불리기도 하는 아티랏(Athirat) 사이에서 낳은 70자녀 중 하나로서 혼돈의 세력들로서 바다를 의미하는 얌(Yam)과 죽음을 뜻하는 "모트"(Mot) 등을 이기고 신들의 왕으로 부상하였다. 바알과 얌의 투쟁은 지중해에서 풍랑이 일고 육지의 강물이 불어나는 늦가을의 우기를 배경으로 하여 승리한 바알이 비를 관장하는 것을 뜻하며, 바알과 모트와의 투쟁은 태양열로 인해 식물들이 마르는 여름을 배경으로 하는데, 모트에게 죽임을 당했다가 다시 살아난 바알이 모트를 이기는 것은 여름의 가뭄이 정복되고 풍요가 회복되었음을 뜻한다.

바알의 배우자는 그의 자매들인 아스타르테(Astarte)와 아낫(Anat)인데, 그들은 수메르의 이난나와 바벨론의 이슈타르에 해당하는 존재들이다. 구약 성경에서 "아스다롯"으로 자주 언급되는(삿 2:13, 10:6; 삼상 7:3–4; 12:10; 31:10; 왕상 11:5, 33; 왕하 23:13) 아스타르테는 전쟁과 풍요의 여신으로 숭배되었고, 아낫 역시 전쟁과 풍요, 그리고 사랑의 여신으로 여겨졌다. 이후 엘의 배우자이자 바알의 어머니였던 아세라는 최고의 신 지위에 오른 바알의 배우자가 되는데, 이스라엘이 가나안 땅에 정착할 당시에는 그러한 이양이 이미 완성된 후로서 이스라엘에게 아스다롯과 아세라 모두 바알의 짝으로 여겨졌다. 가나안인들의 삶은 주변 세계와 마찬가지로 신전을 중심으로 하는 제의를 통하여 구체화되었는데, 그들은 신들에게 희생 제사를 드림으로써 그들의 삶에 풍요와 안정, 번영이 보장될 것이라고 믿었다. 그들의 희생 제사에는 가끔 인신제사(人身祭祀)가 포함되었는데, 이는 가나안 땅에 들어간 이스라엘에게는 용납될 수 없는 가증한 일이었지만(레 18:21, 20:2–5), 그러한 풍습에 물든 사례가 많았다(왕하 16:3, 17:17, 21:6; 렘 7:31; 겔 16:20–21, 36, 20:26, 31, 23:37).

바알을 숭배하는 가나안인들은 우기가 시작되는 가을의 신년 축제 때에 신전에서 행해지는 왕과 왕후, 여사제, 또는 신전 창기의 성적 결합을 바알과 아세라의 성관계에 상응하는 것으로 보아 그러한 성적 결합이 지상에 풍요를 가져다주는 것으로 믿었다. 따라서 왕뿐만 아니라 일반인들 역시 바알 신전에서 남성들은 여성 신전 창기들과 성관계를 가지고, 여성들은 남성 신전 창기들과 성관계를 가지는 주술적 행동을 통해 자연계의 질서를 유지하는 동시에 풍요로운 현재와 미래를 담보하려 하였다. 여호수아의 인도 아래에서 가나안 땅에 들어간 이스라엘은 가나안 농경 문화와 종교를 접하며 풍요와 다산을 추구하는 바알 신앙에 빠져들기 시작하였다(삿 2:11–13; 호 4:13–14). 인간의 성적 본능에 기초한 바알 종교의 매력이 이스라엘 백성들에게 떨쳐낼 수 없는 큰 유혹으로 작용했기 때문이다. 사사 시대에서 왕정 시대로 바뀐 이후에는 솔로몬 왕의 정략결혼으로 인해 바알을 비롯한 이방신들을 숭배하는 일이 더욱 빈번해졌고, 북왕국 이스라엘이 멸망한 후 남왕국 유다에서 요시야 왕 초기에는 므낫세 왕 시대부터 유행하던 바벨론 점성술과 해와 달과 별을 숭배하는 사상이 널리 퍼져 있었다(왕하 21:4–6, 23:5–14). 앞서 언급한, 예루살렘 성전에서 담무스를 위하여 애곡하는 이스라엘 여인들의 모습(겔 8:14)은 남왕국 유다가 바벨론에 의해 멸망한 후에도 여전히 이방종교에 빠져있음을 고발한다.

4 그리스–로마의 종교

마케도니아의 왕 필립 2세의 아들로 B.C. 356년에 태어난 알렉산더는 그의 아버지가 암살당한 후 20세 약관의 나이로 왕위를 계승하였고, 불과 30세의 나이에 그리스를 포함하여 히말라야 산맥에 이르는 당시 최대의 제국을 건설하였다. 아테네의 철학자 아리스토텔레스를 가정교사로 삼아 교육을 받은 그는 헬라 문화가 가장 뛰어나다는 자부심을 바탕으로 정복한 도시에 극장, 목욕탕, 체육관(gymnasium),

신전 등을 건설하였고, 피정복지의 상류층을 중심으로 그리스의 문화, 언어, 종교를 확산시켰다. 그리스의 뒤를 이어 유럽과 지중해 연안의 패권을 차지한 로마 역시 공식 언어는 라틴어였지만, 정치, 문화, 철학, 교육의 언어는 헬라어였으며, 따라서 헬라어는 당시 국제 공용어로서의 지위를 계속해서 확고히 유지하였다. 그런 이유로 그리스와 로마는 흔히 "그리스-로마"로 묶어서 표기하는데, 이는 로마가 그리스의 언어와 문화를 적극적으로 받아들여 발전시켰음을 반영한다.

다신론(Polytheism)이 그리스 종교의 주요 특징인데, 특히 신화를 바탕으로 신들이 인간처럼 사랑도 하고, 질투도 하며, 다툼도 일으키는 것으로 묘사된다.[10] 그리스 신화에서 신들이 인간적인 모습으로 나타나는 것은 당시 평균수명이 짧았고, 일상적인 삶의 안정을 추구했던 그리스인들의 열망을 반영한 그리스의 종교가 현세에 대하여 갖고 있는 깊은 관심을 드러낸다.[11] 또한, 다신론적 차원에서 신들이 인간적 면모를 지닌 채로 등장하므로 윤리적으로도 덜 발달된 모습을 보인다. 고대 그리스 종교는 B.C. 8세기에서 4세기 사이에 형성되었는데, 그리스 종교에는 전문화된 성직자 계급이 없었고, 경전이나 종교 조직이 없는 대신, 헬라 문명의 요소들이 상당 부분 반영되었다.[12] 그리스 종교에는 신에 대항하는 속성으로서의 죄의식이 부재하고, 아테네를 중심으로 종교를 인간의 합리성을 근거해서 조명하는 철학자들의 종

---

10 헤시오도스의 "신들의 계보"에 의하면 카오스(혼돈)는 최초의 세 가지 힘인 카오스, 가이아, 에로스 중에서 가장 먼저 생긴 것으로서 이후 대지를 의미하는 가이아, 우주의 원초적 생식력인 에로스가 생겼다. 가이아가 낳은 우라노스(하늘), 우레아(산), 폰토스(바다) 중에서 우라노스는 가이아와의 근친 관계를 통해 열 두 명의 티탄들을 낳았는데, 우라노스는 그들을 지하 세계의 타르타로스에 가두었다. 자식들의 탄원에 괴로워하던 가이아는 큰 낫을 만들어 주며 아버지에게 대항하라고 권유했고, 막내 크로노스가 아버지의 남근을 잘라 제거함으로써 세상의 지배자가 되었다. 그 후 티탄들은 서로 결합하여 여러 신들을 낳았는데, 크로노스 역시 자신의 누이 레아와 결혼하여 자식들을 낳았는데, 자식들이 태어날 때마다 집어 삼켰고, 레아도 그 때문에 괴로워했다. 그래서 막내 제우스를 낳았을 때에 그를 크레타 섬에 숨기고 대신 돌덩이를 천에 싸서 크로노스에게 주었다. 장성한 제우스는 크로노스를 속여 구토제를 먹게 하여 삼켰던 자녀들을 모두 토하게 했는데, 화가 난 크로노스가 티탄들과 연합하여 제우스를 공격했지만 결국 제우스가 승리하여 이 세상은 제우스를 중심으로 하는 올림포스 신들의 차지가 되었다. 헤시오도스, 『신들의 계보』, 천병희 역 (고양: 도서출판 숲, 2012), 46-86.

11 조재형, 『그리스-로마 종교와 신약성서』 (서울: 감은사, 2021), 48.

12 Lindsay Jones, ed. "Greek Religion," in *Encyclopedia of Religion*, 2nd ed. (Detroit, MI: Macmillan Reference, 2004), 3659.

교는 단일신론(Monotheism)의 경향이 강하지만 일반 대중들의 종교성은 다신론적 성격을 띤다.[13]

로마의 종교는 그리스 종교와 비교하여 신화가 빈약했고, 주로 농경 문화와 밀접한 관련을 맺고 농사의 절기와 관련하여 가족종교로서 준수되었고, 황제는 최고 제사장 역할을 수행하였다. 그리스를 정복한 로마는 그리스의 신화를 자국의 신화로 받아들이는 한편, 그리스의 신들을 이름만 라틴어로 바꿔서 그대로 수용하였는데, 예를 들어 제우스(Ζεύς)는 유피테르(Iuppiter)로, 아테나(Ἀθηνᾶ)는 미네르바(Minerva)로, 아프로디테(Ἀφροδίτη)는 베누스(Venus)로 이름을 바꾸었지만 그 역할과 특성은 동일하였다.[14] B.C. 1세기를 전후하여 그리스에 기원을 두는 밀의 종교들이 융성하기 시작했는데, 이는 황제가 신의 아들로서 정치와 경제를 주관한다고 인정하는 황제 숭배의 제의로 발전하여 로마 종교의 가장 독특한 특징이 되었다.[15] 대표적인 밀의 종교인 디오니소스 제의는 그리스 시대부터 포도주의 신으로 알려진 디오니소스를 숭배하는데, 그는 테베의 여성들을 미치게 하여 집을 떠나 산과 들로 다니며 포도주를 마시고 춤을 추며 자신을 예배하게 했다고 전해진다. 디오니소스 제의는 예배자들이 함께 모여 술을 마시는 술잔치(revels)와 비밀 주신제(orgies)로 구성되는데, 술잔치의 절정에서 광란에 빠진 예배자들은 제물로 바쳐진 황소의 생살을 날것으로 찢어 먹었다.

디오니소스 제의가 주로 여성 신도들을 중심으로 이루어진 데 비하여 미트라 제의는 남성들만 참여할 수 있었다. 페르시아 종교인 미트라교는 태양과 빛, 약속의 신인 "미트라"(Mithras)를 섬기는 종교로서 이를 받아들인 시실리(Sicily) 인근의 해적들을 소탕한 로마 군인들에게 전파되었다. 미트라교가 강조하는 충성심과 상호 의

---

13 그리스 철학자들은 거대한 우주에 대한 관측을 통해 그렇게 큰 우주를 관장하는 신은 더 이상 인간의 모습으로 나타날 수 없다고 생각하였고, 과학적 관찰과 사고를 통해 신을 우주의 궁극적 원리 또는 운동자로 간주하였다. 특히 플라톤(Plato)은 신을 궁극적인 선(善)으로 규정하며 이는 단일자(單一者)라는 의미의 "모나드"(monad)와 동일한 존재로서 정의하였다. Walter Burkert, *Greek Religion* (Cambridge, MA: Harvard University Press, 1985), 308.

14 이는 오늘날 영어로 주피터(Jupiter), 미네르바(Minerva), 비너스(Venus)로 표기한다.

15 Samuel G. F. Brandon, ed., "Roman Religion," in *A Dictionary of Comparative Religion* (New York, NY: Scribner, 1970), 326.

무, 용맹이라는 요소들은 로마군의 연대의식을 강화했으며, 3세기경에는 로마의 관리들과 선원들, 상인들에게 전파되며 로마의 공식 종교로 발전하였다.[16] 312년 미트라를 신봉하는 막센티우스(Maxentius)와의 전쟁에서 승리한 후 로마의 패권을 잡은 콘스탄틴 황제(Constantinus)는 이듬해인 313년 밀라노 칙령을 통해 기독교를 로마에서 공적으로 인정하였고, 이후 콘스탄틴의 조카 율리아누스(Iulianus)가 집권한 후 다시 미트라 의식을 거행하며 모든 종교에 대하여 관용을 선포하였다.[17] 이후 380년 기독교를 로마의 국교로 공인한 테오도시우스(Theodosius) 황제가 391년 미트라교 신전과 순례 장소로의 접근을 금지하는 칙령을 공표하며 미트라교는 쇠퇴의 길을 걷게 되었다.[18] 하지만 로마에서 융성했던 미트라교는 예수 그리스도의 탄생과 성탄절, 안식일로 새롭게 지키는 일요일, 그리고 세례와 성찬 의식 등의 면에서 기독교에 큰 영향을 끼쳤다.[19]

---

16 Walter Burkert, *Ancient Mystery Cults* (Cambridge, MA: Harvard University Press, 1987), 7.

17 유흥태, 『페르시아의 종교』 (파주: 살림출판사, 2010), 63.

18 최성훈, 『21세기 기독교교육』 (서울: 박영사, 2023), 117.

19 동방박사들과 목자들이 예수 그리스도의 탄생을 경배한 내용은 미트라의 탄생일에 목동이 황금 예물을 바친 것과 유사하며, 미트라의 생일인 12월 22일 동지(冬至)는 로마 교회에서 예수 그리스도가 탄생한 날로 대체하여 12월 25일로 지키기 시작했으며, 기독교에서 그리스도가 부활하신 빛의 날, 새로운 날로 지키는 일요일 역시 태양신 미트라의 날이었다. 또한, 미트라에 입교한 신도가 입교의식을 치르고, 마지막 7단계에서 행하는 세례와 빵과 포도주를 나누는 미트라 의식 역시 기독교의 세례와 성찬과 유사하다. 유흥태, 『페르시아의 종교』, 71－72.

참고문헌

강성열. 『고대 근동의 신화와 종교』. 파주: 살림출판사, 2006.

유흥태. 『페르시아의 종교』. 파주: 살림출판사, 2010.

조재형. 『그리스-로마 종교와 신약성서』. 서울: 감은사, 2021.

최성훈. 『21세기 기독교교육』. 서울: 박영사, 2023.

_____. 『핵심본문으로 보는 성경 I: 모세오경편』. 서울: CLC, 2021.

헤시오도스. 『신들의 계보』. 천병희 역. 고양: 도서출판 숲, 2012.

Brandon, Samuel G. F. ed. "Roman Religion." in *A Dictionary of Comparative Religion*. New York, NY: Scribner, 1970.

Burkert, Walter. *Ancient Mystery Cults*. Cambridge, MA: Harvard University Press, 1987.

_____. *Greek Religion*. Cambridge, MA: Harvard University Press, 1985.

Jones, Lindsay. ed. "Greek Religion." in *Encyclopedia of Religion*, 2nd ed. Detroit, MI: Macmillan Reference, 2004.

Langdon, Stephen. *Mythology of All Races: Semitic*. Lanham, MD: Cooper Square Publishers, 1964.

06 조로아스터교(Zoroastrianism)

고대 근동 문화의 중요한 축을 담당했던 페르시아에는 이슬람교의 유입 이전에 조로아스터교, 마니교, 마즈닥교 등 다양한 종교들이 존재했으며, 그 종교들의 교리는 이원론이라는 공통점을 보인다. 특히 조로아스터교는 불을 숭배하는 배화교(拜火教)로 오인되어 원시종교로 폄하되기도 하지만, 실제로는 교리적 기반이 탄탄한 고등종교로서 유대교와 기독교의 유일신 사상, 이슬람교의 구원론, 메시아론, 부활론 등의 교리는 조로아스터교의 교리와 매우 비슷한 면모를 보인다. 조로아스터교가 싹튼 페르시아는 1935년 팔레비 왕조에 의해 "아리안족의 후예" 또는 "고귀하다"라는 의미의 이란으로 바뀌었다. 유목민으로서 말을 능숙하게 다루어 이동에 큰 어려움이 없었던 아리안족은 B.C. 4천 년에서 3천 년 사이에 중앙아시아 스텝 지역에서 서남쪽으로 이동했는데, 서쪽으로 이동한 사람들은 유럽 켈트족의 선조가 되고, 동쪽으로 이동한 이들은 인도인의 선조가 되었으며, 남쪽으로 이동한 사람들은 이란 고원에 정착하여 이란인의 선조가 되었다.[1]

1 유흥태, 『페르시아의 종교』 (파주: 살림출판사, 2010), 7.

1 형성과 발전

1) 페르시아의 역사

B.C. 4천 년경 페르시아 지역에 수립된 엘람(Elam)이라는 고대 왕국은 메소포타미아 문명과 비슷한 모습을 보였는데, 메소포타미아가 농업을 중심으로 문명을 발전시킨 데 비하여 엘람은 광물 등 지하자원을 수출하는 무역을 근간으로 삼았다. 엘람 왕국은 고대 엘람(B.C. 3000~1500년), 중세 엘람(B.C. 1350~1100년), 그리고 신(新) 엘람(B.C. 900~639년)을 거친 후 앗수르의 앗수르바니팔(Ashurbanipal) 왕의 공격으로 인해 멸망하였다. 엘람인들은 당시 주변국들처럼 해, 달, 별의 신들을 숭배하는 자연숭배 사상을 가지고 있었고, 수메르 문자를 사용하였으며, 사후에도 현재와 같은 삶을 살 것이라는 내세관을 바탕으로 생명의 근원인 물동이를 시체와 함께 매장하고, 이를 지속적으로 공급하기 위해 터널을 만들기도 했다.[2]

B.C. 4천 년에서 3천 년 사이에 인도-유럽족에 속하는 아리안족은 중앙아시아 스텝 지역의 기온 변화로 인한 추위와 늘어난 인구, 주변의 적들로 인해 남쪽과 서쪽으로 이동하였는데, 서쪽으로 이동한 사람들은 유럽 아리안족의 조상이 되었고, 남쪽으로 이주한 이들은 이란과 인도 아리안족의 선조가 되었다. 유목민 출신인 아리안족은 말안장을 활용하는 승마 기술로 강력한 군대를 양성했고, 원주민들로부터 땅속에서 물을 끌어서 사용하고 수로를 활용하는 관개기술을 도입하여 목축과 농업을 근간으로 발전하였다. 점성술에 능하여 종교의식을 주관하는 마기(Magi)라 불리는 제사장들이 있었는데, 조로아스터가 등장한 이후 대부분의 마기들은 조로아스터교의 의례를 담당하는 모베드(Mobed)로 전환하여 조로아스터교의 제사장 역할을 수행하였다.[3]

2 유흥태, 『고대 페르시아의 역사』 (파주: 살림출판사, 2008), 11-12.
3 아기 예수의 탄생을 경배하기 위해 온 동방박사들이 마기인데(마 2:1-12), 그들은 점성술에 능하여 신비한 별을 보고 예수께로 온 것이다. 그들의 신비한 능력으로 인해 마기라는 호칭은 영어 단어 마술(magic)의 어원이 되었다.

페르시아로 유입된 아리안족 중에 가장 큰 종족은 구약 성경에 종종 등장하는 메대족(the Medes)과 바사족(the Persians)인데, 앗수르의 지배를 받던 메대인들은 B.C. 8세기에 앗수르를 물리치고 메디아 왕조를 세웠고, 고레스(Cyrus) 왕은 B.C. 550년에 메디아 왕국을 무너뜨리고 아케메니드 페르시아 제국(The Achaemenids)을 건설하였다.[4] 고레스의 아들 캄비세스 2세(Cambyses II)는 B.C. 525년 이집트 원정을 떠나 이집트를 정복하였고, 이후 다리우스(Darius) 왕은 그리스를 침공하였지만 실패하였다. 하지만 다리우스는 농업을 위해 관개시설을 개선하고, 금화와 은화를 주조하여 결제통화로 일원화함으로써 무역을 강화하는 한편, 종족별로 제국을 나누어 통치하였는데, 치안 담당자, 행정관, 군대의 총 사령관이 서로 견제와 균형을 통해 권력을 분산하며 왕에게 충성을 다하도록 하는 등 제국의 기반을 강화하였다. 다리우스의 뒤를 이은 크세르세스 1세(Xerxes I)는 2차 그리스 원정을 떠나 아테네를 점령하는 등 승승장구하다가 살라미스(Salamis) 해전과 플라타이아(Plataea) 전투에서 패배하며 다시 그리스 정복에 실패하였다.[5] 이후 마케도니아의 알렉산더(Alexander)가 페르시

4 고레스왕은 페르시아(바사) 제국의 초대 왕으로서, 왕이 되자 바벨론으로 사로잡혀갔던 유대인 포로들을 귀환시키라는 칙령을 내렸다(스 1:1−3). 그는 종교의 자유를 인정하였고, 페르시아군에게 점령지 주민들에 대한 약탈이나 위협의 행동을 금지시켰다.

5 바사 제국의 왕 다리우스 1세는 B.C. 490년에 군대를 그리스에 보냄으로써 제1차 그리스−페르시아전쟁(B.C. 492~490)이 벌어졌지만 다리우스의 군대는 결정적인 마라톤 전투에서 패배하여 유럽 정복의 뜻을 이루지 못했다. B.C. 486년에 즉위한 그의 아들 크세르세스 1세(Xerxes I)는 선왕의 뜻을 이루기 위해 B.C. 484년부터 481년까지 3년 동안 그리스의 침공을 준비하였다. 크세르세스란 이름은 에스더서에 나오는 페르시아 왕 아하수에로의 그리스식 이름이다. 크세르세스는 "왕위에 있은 지 제삼년"(에 1:3), 즉 B.C. 486년에 즉위한 이후 3년째 되는 B.C. 484년부터 그리스 원정 준비를 시작하였다. B.C. 480년에 드디어 만반의 준비를 마치고 그리스를 침공한 크세르세스로 인하여 제2차 그리스−페르시아 전쟁(B.C. 480~479)이 벌어졌다. 페르시아군은 터모폴리의 협곡에서 스파르타의 300명 용사를 맞아 고전 끝에 승리를 거두었는데, 이 전투는 영화 "300"을 통해서도 잘 알려져 있다. 스파르타를 무너뜨린 페르시아군은 승승장구했지만 1,200척의 전함으로 공격했던 "살라미스 해전"에서 패하고, 다음 해인 B.C. 479년에 플라타이아 전투에서 결정적으로 패배함으로써 그리스 정복의 꿈은 사라지고 말았다. 그리스 원정을 실패한 페르시아는 승리하여 다양한 전리품을 얻으려던 목적을 이루지 못했고, 전쟁을 준비하느라 국고마저도 바닥을 드러냈다. 왕후 와스디를 폐위한 후 전쟁을 치렀던 왕은 이제 제국의 흩어진 민심을 수습하기 위해 왕비를 구했다. 그동안은 왕비가 없어도 후궁들을 통해서 얼마든지 외로움을 극복할 수 있었지만, 이제 전투에 패배한 제국의 기강을 새로이 하기 위해서는 왕후의 자리가 필요했던 것이다. 따라서 일곱 명의 어전 내시에게 명령하여 나라 전체에서 가장 아리따운 처녀를 구하며 새로운 왕비를 뽑으려 했고, 그러한 과정을 통해 간택된 새로운 왕비가 바로 에스더이다. 최성훈, 『성경으로 본 철학이야기』 (서울: CLC, 2017), 42−46.

아의 전역을 정복하며 아케메니드 페르시아 제국은 최후를 맞이하게 되었다.

알렉산더 사후에 셀루커스(Seleucus) 장군이 페르시아 지역을 평정하고 B.C. 312년에 셀류시드(Selucid) 왕조를 세웠는데, 아리안족의 부류로서 페르시아 북동쪽의 유목민이었던 파르티아족(the Parthians)이 셀류시드 왕조에 대항하여 영토를 회복하고, 파르티아 제국을 수립하였다. 파르티아 제국은 특정 종교를 지지하지 않았고, 특정 종교에 대하여 간섭하거나 탄압하지도 않았다. 물과 생명을 관장하는 조로아스터교 아나히타(Anahita) 여신의 신당 사제이자 지방의 영주였던 사산(Sasan)의 손자인 아르다쉬르(Ardashir)는 파르티아의 마지막 왕 아르타바누스 5세(Artabanus V)를 제압하고 사산조 페르시아(Sassanid Persia) 제국을 세웠다. 그는 사산조 페르시아가 아케메니드 페르시아를 계승한다고 주장하며 아케메니드의 전통과 가치를 복원시키는 데에 심혈을 기울였다. 아르다쉬르는 강력한 중앙집권적 정치 시스템과 조로아스터교를 국교로 하는 단일 종교정책을 통해 나라를 이끌었다. 그의 아들 샤푸르 1세(Shapur I) 통치기에 마니교라는 새로운 종교가 등장하여 샤푸르 1세도 관심을 가졌지만 그는 국가와 종교는 하나라는 신념하에 조로아스터교만을 지지하였다. 아케메니드 페르시아 제국이 종교 관용 정책을 펼치고, 파르티아 제국은 종교에 대하여 무관심했던 반면에 사산조 페르시아 제국의 시기에는 조로아스터교가 국교로서의 위치를 확고히 한 것이다. 226년에서 651년까지 존속하였던 사산조 페르시아 제국은 비잔틴 로마와의 소모적인 전쟁, 경기 침체, 종교의 타락, 잦은 정권 교체로 인해 힘을 잃었고, 결국 이슬람교를 믿는 아랍인들에게 점령당하고 말았다.

2) 조로아스터교의 형성

남쪽으로 이동한 아리안족은 당시 이란 고원을 지배하던 셈족 계열의 국가인 엘람 왕국을 무너뜨리고 아리안족 최초의 국가인 메디아 왕국을 수립하였다. 당시 페르시아에는 다양한 세계관에 기반한 수많은 종교들이 있었는데, 주로 자연 현상을 인격화시켜서 신으로 섬긴 것으로서 신들에게 희생제사를 드려서 신들의 축복과 보호를 받기를 기대하였다. 사막과 초원 지역에 자리한 페르시아는 북쪽에서 불어

오는 찬바람으로 인해 목축과 농업 모두에 불리한 환경이었고, 북부에서 튀르키예 민족이 자주 침입했기 때문에, 페르시아인들은 이 세상이 선과 악이 다투는 전장(戰場)이라고 생각하였다. 따라서 선과 광명이 악과 흑암을 이기는 것을 염원하는 이원론적 세계관을 견지하는 조로아스터교와 같은 종교가 적절히 어필할 수 있었다. 당시 아리안족은 계급 사회를 구성하였는데, 각 계급마다 숭배하는 신들이 달라서 최상위 지배 계급인 사제들은 미트라(Mithra)와 바루나(Varuna)를 섬겼고, 중간 계급에 속한 군인들은 인드라(Indra)를 섬겼으며, 일반 농민들은 풍요를 가져다준다고 믿는 다양한 종류의 신들을 숭배하였다. 사제 계급 역시 3단계로 구분되었는데, 이는 "신성한 술을 붓는 자들"이라는 의미의 자오타르스(Zaotars)라는 최상위 계급, 다음은 "신성한 불을 지키는 자들"이라는 뜻을 가진 아트하르반(Artarvan), 그리고 "마술과 불멸에 대한 지식이 있는 자들"이라는 의미의 카비스(Kavis)로 구성되었다.

조로아스터는 아베스타어 이름을 그리스식으로 "조로아스트레스"(Ζωροάστρης)로 옮겨 적으며 알려진 이름이고, 고대 페르시아어인 아베스타어로는 "자라투스트라"(Zarathustra)로 불리는데, 이는 "낙타를 잘 다루는 사람"이라는 의미로서 당시의 사회가 낙타를 잘 다루는 사람이 존경받았던 유목 사회였음을 드러낸다. 그는 B.C. 1천 5백 년에서 1천 3백 년 사이의 인물로서, 오늘날 이란 동부 또는 중앙아시아 출신으로 추정된다.[6] 기존 자연종교의 틀을 벗어나 유일한 창조신을 숭배하는 종교 운동이 비슷한 시기에 동과 서에서 생겼는데, 동쪽의 조로아스터교와 서쪽의 유대교가 그것이다. 하지만 같은 유일신 사상을 가졌지만 조로아스터교는 선신(善神)과 악신(惡神)을 상정하는 이원론적 일신론의 특징을 보이는 반면에 유대교의 야훼(Yahweh) 신앙은 유일신적인 성격이 뚜렷하다. 조로아스터는 사제 계급 중에서 최상위 자오타르스 계급에 속한 집안 출신으로서 7세부터 사제가 되기 위한 교육을 받았는데, 그는 다신 사회의 종교적 문제점들을 발견하고 그러한 문제들을 해결하기 위해 수많은 선생들을 찾아 다니며 토론을 벌였다.

고대 페르시아 사회에서 성인으로 인정받는 일반적인 나이는 15세인데, 조로

6 조로아스터는 오늘날 아제르바이잔 출신으로 추정되며, 전설에 의하면 태어나자마자 쾌활하게 웃어서 그의 부모가 자신들이 대선지자를 팔에 안는다고 환호했다고 전해진다.

아스터는 성인이 된 후에도 종교적 묵상과 수행에 5년을 사용한 끝에 욕구를 통제하는 능력을 갖게 되었다고 전해진다.[7] 그는 30세 되던 해에 "선한 생각"이라고 불리는 보후마나(Vohumana)라는 신성한 영에 의해 최고신인 아후라 마즈다(Ahura Mazda)의 보좌 앞에 인도되어 비로소 그가 가르쳐야 할 진리를 받았다.[8] 이후 조로아스터는 40세가 될 때까지 여러 지역을 돌아 다니며 설교했지만 당시 페르시아 사회는 부패하였고, 사람들은 자신에게 유익이 되는 여러 신들을 숭배하고 있었기 때문에 그가 설파하는 유일신의 개념이나 정의와 진리에 대하여 관심을 가진 이들이 거의 없었다. 따라서 10년간 그를 믿고 따른 사람은 그의 사촌인 마이드하이 마온하(Maidhyai Maonha) 한 사람에 불과하였지만, 이후 페르시아 동부 박트리아 왕국(Bactrian)의 비스타스파(Vistaspa) 왕이 개종하며 조로아스터교가 널리 퍼지게 되었다. 조로아스터가 50세가 될 무렵에는 우상 종교를 격파하기 위하여 범신주의를 이용하여 사리사욕을 채우는 사제들로 가득한 부정부패의 개혁을 기치로 내건 조로아스터교가 페르시아 전역으로 확산되었고, 조로아스터는 유일신 아후라 마즈다로부터 직접 계시를 받은 하늘의 계시자라는 칭송을 받았다.[9] 그는 농업을 중시하는 교리를 통해 유목 생활을 하는 페르시아인들의 삶의 방식을 바꾸려 하였고, 다신교 사회에 만연한 미신, 마법, 악마에게 하는 기도 등의 관습들을 배격하는 데에 총력을 기울였다.

3) 마니교와 마즈닥교

아르다쉬르가 사산조 페르시아 제국을 건설하며 가장 먼저 내건 기치는 조로아스터교의 국교화였다. 아케메니드의 후예임을 자처한 그는 아케메니드 왕실의 지지를 받았던 조로아스터교를 국교로 선언하였지만 파르티아 왕조가 지배하던 5백년 동안 유입된 기독교, 불교 등의 각 종교들이 이미 곳곳에 뿌리를 내린 상태였기

7 유흥태, 『페르시아의 종교』, 14.

8 아후라는 빛 또는 주(主)를 의미하며, 마즈다는 지혜를 뜻하므로 아후라 마즈다는 빛과 지혜의 최고신이다. 보후마나는 아후라 마즈다를 보좌하는 천사로서 대천사 중 하나이다.

9 최정만, 『비교종교학 개론』, 개정증보판 (서울: 이레서원, 2004), 225.

때문에 그러한 의도가 관철되기는 어려웠다. 그러한 상황에서 이원론을 기반으로 기독교의 교리와 불교의 내세관을 혼합한 마니교가 등장하였다. 마니(Mani)는 파르티아 제국의 시대인 216년 바벨론 북부에서 태어났는데 12세가 되어 쌍둥이라고 불리는 거룩한 영에게 진리를 계시받았고, 12년 후에 다시 그 영을 통해 계시받은 진리를 전파할 것을 명령받았다. 사산조 페르시아 제국의 샤푸르 1세의 동생으로서 메세네(Mesene) 지역을 통치하던 그는 메흐르샤(Mihrshah)를 개종시키는 등 전도 여행을 통해 페르시아 제국 내에서 안정적인 기반을 형성하였다. 하지만 샤푸르 1세의 뒤를 이어 왕위를 계승한 그의 아들 호르모즈 1세(Hormoz I)가 1년 만에 사망하자, 왕위에 오른 호르모즈의 동생 바흐람 1세(Bahram I)는 성장하는 마니교(Manichaeism)에 위협을 느끼고 조로아스터교 사제들과 모의하여 마니를 궁정으로 불러 옥에 가두어 죽게 하였다.

마니교는 철저한 이원론을 기반으로 물질적인 것을 배격하고 영적인 것만을 추구하는데, 이는 빛으로 대표되는 선한 영적 세력과 어두움으로 상징되는 악한 물질세계와의 끊임없는 싸움을 전제로 한다. 마니는 시대를 세 단계로 구분하였는데, 첫 번째 시대는 이 세상이 창조되기 이전의 시대로 선과 악이 철저히 나뉘어 있던 시대이고, 두 번째 시대는 현 시대로서 어두움이 빛을 침범하여 빛의 세계가 어두움에 의해 오염된 시대이며, 세 번째 시대는 빛과 진리가 최종 승리를 거두고 오염된 빛의 세계가 회복되는 시대이다. 마지막 때의 징조로는 큰 전쟁과 환란이 있을 것이며, 사회가 혼란과 갈등으로 믿음이 희석되는 중에 세상의 유일한 빛인 예수 그리스도가 재림하여 죄인들로부터 의인들을 구별해낼 것이라고 주장한다. 이는 기독교 교리를 활용한 것이지만 행위를 통한 율법적 구원의 틀을 벗어나지 못한 것으로 평가되며, 불교의 윤회사상을 반영하여 인간은 완벽한 선을 통해 구원을 받기 전까지는 몇 번이고 다시 태어난다고 주장한다.[10] 따라서 물질세계에서 육체를 입고 환생하는 것은 형벌이며, 최고의 덕은 세상과 단절된 삶을 사는 것이다. 마니교 신도들은 선택된 자들(the Elect)과 듣는 자들(the Hearer)로 구분되는데, 선택된 자들

10 유흥태, 『페르시아의 종교』, 77－78.

만이 죽음 이후 천국에 갈 것을 기대할 수 있고, 듣는 자들은 죽음 뒤에 선택된 자들로 다시 태어나기를 기도하는 것이 최선이다.

선택된 자들은 네 등급으로 구분되는데, 정점에는 마니의 후계자로 불리는 최고 종교 지도자가 있고, 다음으로 12명의 사도, 그 아래로 72명의 주교, 그리고 가장 아래에는 360명의 장로가 있다. 선택된 자들은 가장 순결하고 고귀한 일을 하도록 입, 손, 가슴이 봉인된 자들로서 입의 봉인은 고기와 술을 삼가고 진리만을 말해야 함을 뜻하고, 손의 봉인은 상해, 살인, 전쟁 및 물질세계에서 재산의 축적을 위한 노동도 금지해야 함을 의미하며, 가슴의 봉인은 정결을 위한 성관계의 금지를 요구한다. 선택된 자들은 가끔 전도 여행을 떠나기도 했지만 일반적으로 수도원에 기거하며 해진 후에 하루 한 끼 식사를 채소류로 하였고, 겉옷은 1년에 한 벌로 만족했으며, 하루에 일곱 번 기도를 했는데 낮에는 해를 보고 기도하고 밤에는 달을 보며 기도하였다. 듣는 자들은 하루 네 번의 정기적 기도, 찬양, 금식, 죄의 고백과 회개를 하였는데, 그들은 육체의 삶을 위해 경작과 추수, 육체를 위한 음식의 준비, 결혼과 육식 등 물질적인 것을 추구하는 죄를 범하는 이들이다.

5세기 말경 일어난 마즈닥교(Mazdakism)는 이를 주창한 마즈닥(Mazdak)이 종교를 만들려 했다기보다는 개혁을 요구했다는 점에서 개혁 운동의 성격을 띤다. 당시 페르시아는 신분제의 고착으로 인해 귀족과 사제가 사회의 부를 독점한 반면 하층민들은 매일 생계를 위한 고된 노동과 국가사업에 필요한 부역에 동원되고, 전시에 전장으로 징병되어 전쟁에 패할 경우 배상금까지 지불해야 했다. 더욱이 부와 권력이 세습되고 계층 간 이동이 불가능하여 희망이 없었기 때문에 민심은 더욱 흉흉했다. 새로이 등극한 고바드 1세(Govad I)는 당시 실질적 권력을 행사하였던 귀족 세력과 조로아스터교 사제들을 견제하고 사회 개혁을 이루기 위해 전략적으로 마즈닥교를 활용하였다. 선왕(先王) 피루즈(Piruz)가 헤프탈족(Hephthalites)과의 전쟁에서 전사한 후 볼모로 끌려갔던 아들인 고바드 1세는 계급 제도를 개선하고 부(富)를 포함하여 육체적 만족을 배격하자는 마즈닥의 주장을 받아들여 그러한 견제를 도모하였던 것이다.

하지만 조로아스터교의 사제였던 마즈닥이 세상을 선과 악의 대결장으로 보는 한편, 선입견, 복수, 분노, 욕망, 필요를 세상을 어지럽게 하는 5대 요소로 지적하며 악에 대한 공격으로서 금욕주의를 제시하며 세속화되고 권력화되어 버린 조로아스터교의 본질을 회복하는 것을 목적으로 삼았기 때문에 마즈닥교는 새로운 종교로 보기는 어려우며, 마즈닥이라는 개혁가를 추종한 사회운동으로 보는 것이 타당하다. 고바드 1세의 뒤를 이어 왕위에 오른 아들 아누쉬르반 1세(Anushirvan Ⅰ)는 마즈닥교의 교세가 커지자 이를 왕권에 위협이 되는 존재로 간주하고 역시 마즈닥교의 확장을 경계하던 조로아스터교 사제들과 연합하여, 마즈닥교 사제들과 신도들을 왕이 주최하는 만찬으로 초대하여 12,000여 명을 처형하였다. 이후 마즈닥교는 이슬람의 침략 이후 자취를 감추었다.

2 경전과 교리

조로아스터교의 경전인 아베스타(Avesta)는 힌두교의 경전 베다(Veda)와 같이 "지식"을 의미하는데, 이는 수세기 동안 구전되다가 3세기경 사산조 페르시아 시대에 이르러서야 수집되어 21권으로 편찬되었는데, 이후 알렉산더 대왕과 이슬람의 침입을 받아 대부분의 경전들이 소실되고 한 권만이 남았다. 사산 페르시아 왕조에 들어서 경전의 편수 작업이 실행되었고, 따라서 오늘날의 아베스타는 그때에 결집된 것이다. 아베스타 중에서 야스나(Yasna)는 성스러운 예배 의식에 관한 규정을 설명하며, 가타어(Gathic)라는 고대 언어로 기록된 조로아스터교의 송가인 가타스(Gathas)는 야스나의 가장 오래된 부분으로서 조로아스터의 생애에 관한 내용을 담고 있다. 또한, 아베스타는 찬송가인 야쉬트(Yasht), 기원과 제사 규정을 담은 비스페라트(Visperat), 악마에 대한 주문과 정화에 관한 규정을 나열한 비데브다트(Videvdat), 죽은 후 영혼에 관한 이야기인 벤디다드(Vendidad), 작은 아베스타라는 뜻을 가진 평신도들을 위한 기도서인 쿠르다흐 아베스타(Khordah Avesta)로 구성되어 있다. 사산 왕조 중기에 완성된 팔레비 경전은 중세 페르시아의 공용어인 팔레비어로 기록된 것으로서 세계의 창조와 구조에 대하여 설명하는 분다히신(Bundahishn), 조로아스터교의 설화를 모은 덴카르트(Denkhart)로 구성되어 있다.

조로아스터교의 핵심 교리는 선악의 투쟁을 다루는 이원론인데, 이는 인도와 페르시아의 고대 신관이 견지하는 아후라(Ahuras)와 데바(Daevas)의 두 세계로 나뉜 이원론적 세계관에 뿌리를 두고 있다.[11] 아후라와 데바는 사회적 문제와 자연적 힘을 통제하는 두 신이었지만 점차 선신(善神)과 악신(惡神)의 구도로 변형되었는데, 이란에서는 아후라가 선신이고 데바가 악신이지만 인도에서는 데바가 선신이고 아후라는 악신인 아수라(Asura)로 변화되어 받아들여지는 차이가 있다. 아후라 마즈다는 우주와 우주의 법칙을 창조한 신으로서 전지전능한 선신(善神)이며, 지혜의 최고신으로서 추앙받는다. 악의 신인 앙그라 마이뉴(Angra Mainyu)가 온갖 악한 것과 부정한 것들을 만들어 아후라 마즈다를 대적하지만 결국 패배하고 만다.[12] 조로아스터교에는 아후라 마즈다 외에도 경배의 대상이 되는 여섯 존재들이 있는데, 이들을 "죽지 않는 신성한 존재"라는 의미의 아메샤 스펜타(Amesha Spentas)라고 한다. 그들은 아후라 마즈다의 정의, 질서, 공의의 속성을 대변하는 아샤(Asha), 선한 마음과 사상을 담당하는 보후마나(Vohumana), 능력과 통치를 뜻하는 크샤트라(Kshatra), 경건, 긍휼 사랑이라는 이름의 아르마이티(Armaiti), 완전, 안녕, 건강을 뜻하는 하우르바타트(Haurvatat), 불멸과 영생을 담당하는 아메레타트(Ameretat)로서 이들은 모든 천사들의 우두머리격인 존재들이다. 아후라 마즈다는 일곱 단계에 걸쳐 하늘, 물, 땅, 식물, 동물, 인간, 불을 차례로 창조하였는데, 모든 동물은 최초로 피조된 동물인 황소에서 나왔으며, 일곱 번째 단계에서 창조된 불은 아후라 마즈다가 거하는 곳의 영원한 불에서 유래되었다.

조로아스터교는 자유의지를 보유한 인간은 끊임없는 선과 악의 싸움에서 한쪽

---

11 데바는 힌두교의 리그베다(Rig Veda)에 나오는 데바(deva)와 같은 존재로서 빛나는 신적 존재라는 뜻이다. 이는 자연의 힘을 인격화시킨 것으로서 고대 페르시아와 인도 종교의 보편적인 신적 존재를 의미한다. 이길용, 『이야기 세계종교』 (서울: 한국방송통신대학교출판문화원, 2015), 95.

12 앙그라 마이뉴는 후대에 아흐리만(Ahriman)으로 불리는데, 전쟁이 길어지자 아후라 마즈다가 휴전을 제의하지만 아흐리만은 이를 거절하였다. 아후라 마즈다는 그러면 전쟁을 9천 년의 기간으로 한정하자고 제안하니 이번에는 아흐리만이 동의하였다. 아후라 마즈다는 가장 신성한 조로아스터교의 기도인 아후나 바이르야(Ahuna Vairya)를 암송하여 아흐리만을 3천 년간 혼미한 상태로 만들었지만, 이후 제흐(Zeh)라는 악마가 아후라 마즈다와 같은 기도문을 암송하여 아흐리만을 깨웠다.

의 편에 설 수 있는 능동적 존재라고 보며, 따라서 이 세상을 어느 누구에게도 속하지 않은 중립적 세계로 파악한다. 그러므로 조로아스터교는 인간의 의지로 세상이 바뀔 수 있기 때문에 선한 편에 서서 악에 대항하라고 가르친다. 조로아스터교에는 메시아 사상도 있어서, "인간에게 유익을 가져다 줄 자"라는 의미의 사오쉬안트(Saoshyant)가 3천 년마다 한 번씩 나타나는데, 그는 자라투스트라의 계보에서 나올 것이라고 믿었다.[13] 자라투스트라의 씨는 카사오야(Kasaoya)라는 깊은 호수에 비밀리에 보존되어 있다가 동정녀가 그 호수에서 목욕할 때에 결합하여 수태가 되며, 그렇게 등장한 사오쉬안트는 마지막 전투에서 아흐리만을 물리치고 악으로부터 세상을 구할 것이다. 이처럼 우주의 종말이 임하면 아후라 마즈다가 결국 승리하며, 그때에 모든 이들이 부활하여 낙원이 보이는 한자리에 모인다. 낙원에 이르기 위해서는 반드시 친바트(Chinvat) 다리를 지나야 하는데, 사망한 지 3일째 되는 날 다리 가운데에서 타오르는 불과 뜨거운 쇳물을 통과해야 한다. 이때에 선한 사람은 낙원으로 갈 수 있지만 악인은 불에 타거나 쇳물에 녹아 버린다. 조로아스터교의 유일신 사상과 영혼의 부활, 최후 심판과 천국과 지옥, 천사의 존재 등의 개념은 기독교와 유사하지만 태초부터 선신과 악신이 동등한 수준으로 존재하고, 유일신 숭배와 함께 다신 숭배가 공존하며, 대속의 개념이 없고 부활과 심판, 천국과 지옥에 대하여도 구체적이지 않은 점은 기독교와 차이로 지적된다.[14]

3 의례와 절기

조로아스터교의 가장 중요한 의식은 매일 드리는 다섯 번의 기도이다. 고대 아리안인들이 보통 일출, 정오, 일몰에 세 차례 기도를 드렸지만 조로아스터교는 새벽

13 조로아스터는 세계 역사는 1만 2천 년간 지속된다고 주장하며, 그것을 3천 년씩 네 시기로 나누었다. 아후라 마즈다가 정신적 창조를 행한 제1기, 물질의 창조시기인 제2기, 아흐리만이 나타나 아후라 마즈다가 창조한 질서를 혼란케 하는 제3기, 그리고 조로아스터가 가르친 종교가 세상을 구원하는 시기인 제4기가 그것이다.

14 최정만, 『비교종교학 개론』, 254.

과 자정을 추가하여 다섯 번의 기도를 드리는 것을 규칙으로 삼았고, 태양 또는 신성한 화로의 불 앞에서 서서 기도하였다. 조로아스터는 기도의 의식을 위하여 야스나 하프탄하이티(Yasna Haptanhaiti)라는 기도문을 만들었는데, 이는 선한 생각, 선한 말, 선한 행동이라는 세 가지 조로아스터교 윤리를 외우는 것으로 시작된다. 조로아스터교는 불을 중시하여 항상 가족 중 한 사람은 가정에 남아 집안의 불이 꺼지지 않게 하였는데, 이는 불을 숭상하는 것이 아니라 순결, 순수, 영원한 생명, 개인의 마음에서 타오르는 빛을 상징하는 동시에 아후라 마즈다의 속성을 대변하는 불 앞에서 기도하는 것이 자신의 죄를 용서한다고 생각한 것이다. 따라서 불은 조로아스터교의 중요한 상징으로서 신성시되었지만 그것 자체가 숭배나 신앙의 대상인 것은 아니다. 모든 창조물에 영이 깃들어 있다고 생각한 조로아스터교 신도들은 창조물에 대하여 감사와 경외의 마음을 품고 항상 자연 그대로의 순수함을 유지하려 하였다. 따라서 사람이 죽었을 때에 땅이 오염되지 않도록 매장(埋葬)을 하지 않고, 불을 신성시하여 화장(火葬)도 꺼려했기 때문에 조장(鳥葬)으로 장례를 치루었다. 조장에서 시신을 처리하는 방식을 다흐마-네쉬니(Dakhma-Neshini)라고 하는데, 사람이 죽고 나면 세 시간 안에 부패의 악마가 시체에 달려든다고 생각하여 침묵의 탑이라 불리는 다흐메(Dakhmeh)라는 조장터에 시체를 옮겨서 독수리들이 시체의 살을 뜯어 먹어 정결케 하고 뼈는 태양빛으로 정화하였다.

조로아스터교에서 가장 큰 절기는 오늘날에도 이란 국민들이 절기로 지키는 것으로서 춘분에 이르러 봄을 맞이하는 노우루즈(Nowruz)인데, 이는 이란어로 새로운(now) 날(ruz), 즉 "새해"라는 뜻이다. 봄을 새해로 삼는 이유는 새로운 생명의 소생을 기념하는 동시에 악마의 어두움을 걷어내고 새로운 미래를 축복하려는 것이다. 고대 아케메니드 페르시아의 수도 중 하나인 페르세폴리스(Persepolis) 왕궁의 벽면에는 사자가 황소를 잡아먹는 장면을 묘사한 벽화가 남아 있는데, 이는 사자자리가 황소자리를 침범하는 시기가 노우루즈가 시작되는 춘분임을 표현하는 것이다. 노우루즈에는 신성한 여섯 영 아메샤 스펜타와 아후라 마즈다를 합친 신성한 숫자 "7"을 기념하여 페르시아어 "S"로 이름이 시작되는 일곱 가지의 제물을 차리는 하프트 신(Haft Sin)을 준비한다. 하프트 신의 상에 올라가는 제물은 녹색으로 싹을 틔운 보리로서 푸르름을 상징하는 사브제(Sabzeh), 건강과 행복을 상징하는 사과 십(Sib), 동음이의어 단어가 "배부름"의 뜻을 가진 마늘 시르(Sir), 식초의 시큼한 맛으로 찌푸리지 말고 웃으며 살라는 의미인 식초 세르케(Serke), 생기발랄을 뜻하는 엿기름과 밀가루로 끓인 액체인 사마누(Samanu), 동음이의어가 "심사숙고"와 "신중함"을 뜻하는 로터스 열매를 말린 센제드(Senjed), 그리고 삶의 평안을 기원하는 옻나무잎을 말린 소마그(Somaq)이다. 이외에도 작은 아베스타에는 여섯 개의 농경 절기가 언급되어 있는데, 이는 노우루즈를 포함하면 일곱 개의 절기가 되며 이를 통칭하여 가함바르스(Gahambars)로 부른다.

조로아스터교 사제인 모베드(Mobed)는 일반 신도들을 위한 예배를 인도하며, 모베드의 생활비는 신도들이 바치는 예배의 사례비와 헌신적인 신도들의 헌금으로 채워진다. 조로아스터교는 예배를 위한 특별한 신전이나 제단을 필요로 하지 않는데, 대부분의 의식이 주로 집 안에서 이루어졌고, 가함바르스와 같은 절기 축제 역시 넓게 트인 야외에서 행해졌기 때문이다. B.C. 550년에서 330년 사이에 등장했던 아케메니드 페르시아(The Achaemenids) 시대에 거대한 신전들이 등장했는데, 각 신전마다 불을 지키거나 신전을 돌보는 사제의 필요성이 대두하며 신학교가 설립되고, 사제들의 계급화와 권력화가 가속되었다. 당시 페르시아 제국은 28개의 민족, 23개의 지방 소국을 거느린 대제국이었는데, 중앙 정부가 제국 통치를 위해 각 지역에 사트라피(Satrapy)라는 총독을 보내거나 그 지역의 왕을 총독으로 임명하였다. 페르시아 제국은 각 지방에서 고유한 언어를 사용하도록 허락했지만, 공적인 문서는 당시 공용어인 아람어와 고대 페르시아어를 사용하도록 하였는데, 당시 가장 고등교육을 받았던 사제들이 지방 정부의 서기 역할을 겸하며 점차 권력을 확대하였다. 한편, 국가의 풍요와 왕권의 덕성을 동일시한 조로아스터교는 나라가 어지럽고 사회에 불의가 가득하여 국운이 기운다고 생각하면 언제라도 혁명을 일으킬 잠재력을 가졌다.

4 21세기의 조로아스터교

조로아스터교는 651년 사산 왕조가 이슬람 세력에 의해 멸망한 이후에는 국교의 자리를 잃어버렸는데, 초기에는 무슬림이 이슬람교를 강요하지는 않은 채 무거운 세금만을 부과하였다. 하지만 아랍의 페르시아 지배가 길어지면서 아랍 제국의 공직으로 진출하려는 페르시아인들이 이슬람으로 개종하기 시작하여, 11세기에 이르면 도시 거주민의 80% 이상이 이슬람으로 개종하였고, 13세기에는 거의 모든 페르시아인들이 무슬림이 되었다. 그 과정에서 무슬림들은 조로아스터교 신도들을 불의 숭배자 또는 이교도로 부르며 차별하였고, 부유한 조로아스터교 지주들로부터 재물을 빼앗고, 성지를 파괴하고 조로아스터교가 신성시하는 개를 학대하기도 했다. 그러한 박해를 참지 못한 조로아스터교 신도들은 10세기에 인도로 이주해갔는데, 인도에서는 이들을 페르시아인이라는 의미의 파르시(Farsi)라고 불렀다. 근면을 강조하는 조로아스터교의 특징으로 인해 상당수의 조로아스터교 신도들은 인도에서 부유함을 누리며 영향력 있는 지위에 올랐다. 이란 내에서도 19세기 후반에 들어서며 지방보다 편협한 무슬림들의 차별과 학대가 적은 이란의 수도 테헤란으로 몰려든 조로아스터교 신도들이 점차 세력을 확대했으며, 1925년 집권한 리자 샤 팔레비(Reze Shah Pahlavi) 왕조가 과거의 이슬람 이전의 페르시아 문화를 존중함에 따라 20세기 후반에 들어서는 조로아스터교는 급성장하는 모습을 보이고 있다. 따라서 1960년에 테헤란에서 세계 조로아스터교 대회를 개최하고, 인도를 비롯하여 파키스탄, 스리랑카, 홍콩과 싱가폴 등지에서 조로아스터교 공동체인 파르시가 생성되었고, 영국 런던과 미국의 로스앤젤리스, 캐나다 토론토 등지에 지부를 설립하였다.

참고문헌

유흥태. 『페르시아의 종교』. 파주: 살림출판사, 2010.

______. 『고대 페르시아의 역사』. 파주: 살림출판사, 2008.

이길용. 『이야기 세계종교』. 서울: 한국방송통신대학교출판문화원, 2015.

최성훈. 『성경으로 본 철학이야기』. 서울: CLC, 2017.

최정만. 『비교종교학 개론』. 개정증보판. 서울: 이레서원, 2004.

[21세기 종교학]

유일신 종교

CHAPTER 07　유대교(Judaism)
CHAPTER 08　기독교(Christianity)
CHAPTER 09　이슬람교(Islam)

유대교, 기독교, 이슬람교 모두는 유일신을 신봉하는 종교로서, 각기 자신들만이 하나님의 백성이라고 믿으며 아브라함을 그러한 믿음의 그 근원이 되는 중요한 인물로 본다. 하지만 유대교가 이삭을 통해 아브라함을 바라보는 것과 달리 기독교는 아브라함의 자손 예수님을 통해, 그리고 이슬람교는 이스마엘을 통해 아브라함을 조명한다. 유대교는 하나님이 유대인들에게만 복을 주신다고 믿고, 이슬람교는 알라가 무슬림들만을 축복한다고 믿는 반면 기독교는 예수 그리스도를 통해 구원을 베푸시는 하나님의 은혜가 예수님을 그리스도(주님)로 믿는 모든 인류를 대상으로 임한다는 복음을 선포한다.

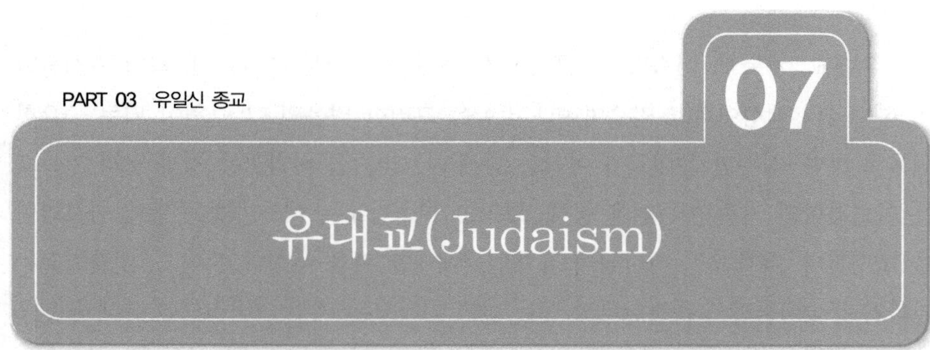

07 유대교(Judaism)

오늘날 전 세계 유대인들은 약 1,400만 명에 달하는 것으로 추정되며, 이스라엘에 약 680만 명, 미국에 약 580만 명, 그리고 나머지는 유럽을 중심으로 전 세계 각지에 흩어져 있다. 흔히 유대인을 히브리 민족에 속한 사람으로 간주하지만, 유대인이라는 명칭은 유대 족속이라는 의미이다.[1] 그들의 삶의 방식이나 예배 행위 등에 있어서는 지역에 따라 다양한 차이를 드러내지만 그들이 아브라함의 자손으로서 한 핏줄이라는 동질감에는 차이가 없다. B.C. 722년 앗수르에 의해 멸망당한 북왕국 이스라엘의 열 지파는 앗수르의 혼혈 정책에 의해 이방인과 통혼하여 피가 섞인 사마리아인이 되었고, 남왕국 유다에서도 베냐민 지파가 유다 지파에 흡수되어 사

1 이스라엘 사람을 지칭하는 "히브리"(Hebrew)라는 표현은 에벨의 자손(창 10:24–25)을 가리킨다는 전통적 해석이 있지만, 이는 원래 "아피루"(Apiru)라는 애굽의 노예 등 하층민을 가리키는 계층적 용어에서 유래해 "하비루"(Habiru)를 거쳐 "히브리"로 굳어졌다는 설명이 더 설득력이 있다. 애굽의 바로는 이스라엘 백성들을 향해 그 표현을 사용함으로써 그들을 폄하한 것이다. 특히 이스라엘이 출애굽할 때 수많은 잡족이 히브리인들과 함께 떠난(출 12:38) 사실을 고려하면, 히브리가 계층적 용어라는 정당성이 지지를 받으며, 또한 애굽에서 압제받던 모든 사회적 약자가 아브라함, 이삭, 야곱과 맺으신 하나님의 언약 덕분에 함께 구원을 받았음을 알 수 있다. Cf. Edward M. Blaiklock and Roland K. Harrison, *New International Dictionary of Biblical Archaeology* (Grand Rapids, MI: Zondervan Publishing House, 1983).

라졌기 때문에 사실상 야곱의 열두 아들들의 이름을 딴 이스라엘 열두 지파 중에서 유다 지파만 명맥을 유지하게 되었다. 유대교라는 명칭이 최초로 나타난 것은 B.C. 100년경 기록된 제2 마카비서에서 유대인의 종교로서 언급된 것이다.[2] B.C. 586년 남왕국 유다가 멸망하며 예루살렘 성전이 무너진 이후, B.C. 332년 알렉산더 대왕이 이끄는 그리스군이 팔레스타인 지역을 점령했을 때 그 지역에 거주하던 유대인들의 독특한 삶의 자세와 방식을 통칭하여 "유대적인 것"이라고 부른 이후 유대교는 유대인의 종교를 총칭하는 표현으로 굳어졌다.[3]

B.C. 538년 고레스 왕의 칙령으로 시작된 포로 귀환 이후 유대인들은 팔레스타인을 중심으로 디아스포라 공동체를 형성하였지만, 그리스와 로마 통치를 겪으며 제2 성전이 무너지는 고통을 겪었다. 7세기에 이슬람의 예루살렘 점령 이후 16세기부터는 오스만 투르크의 지배를 받았고, 1920~1948년에는 영국의 지배를 받았다. 19세기 후반 유럽을 휩쓴 반유대주의(Anti-Semitism)를 계기로 옛 시온 땅에 유대인의 나라를 세우자는 시온주의(Zionism)[4] 운동이 일어났다. 가톨릭과 개신교를 포괄하여 기독교도들은 유대인이 하나님의 아들 메시아를 죽였다는 논리로 유대인들을 멸시하는 태도를 보여왔는데, 이는 명절에 죄수를 풀어주는 풍습에 따라 그리스도와 바라바 중에서 누구를 놓아주겠냐고 묻는 로마 총독 빌라도 앞에서 바라바를 풀어주고 죄가 없는 그리스도를 십자가에 못 박으라고 종용하며 그 피를 자신들과 그 자손에게 돌리라고 외쳤던 그들의 모습(마 27:25) 때문이다. 유럽의 반유대주의와 2차 대전 당시 독일의 히틀러가 유대인 6백만 명을 학살하며 내세운 논리도 그러한 태도의 연장선상에 있다.[5] 1881년 유대인의 첫 번째 귀향을 시작으로 모여든 유대

2 송홍국, 『세계종교와 기독교』 (서울: 한국문서선교회, 1991), 110.

3 이길용, 『이야기 세계종교: 당신은 그들의 종교를 얼마나 이해하는가?』 (서울: (사)한국방송통신대학교출판문화원, 2015), 103.

4 시온주의는 전 세계에 흩어져 살던 유대인들이 조상의 땅이었던 팔레스타인 지역에 유대인의 국가를 건설하는 것을 목표로 삼은 민족주의 운동이다. 시온은 예루살렘에 있는 언덕의 이름인데, 이를 통해 예루살렘과 이스라엘 영토를 통칭한다.

5 유대인의 지식과 학문적 이상 윤리적 행위를 존경하던 종교개혁자 마르틴 루터(Martin Luther)는 종교개혁으로 인해 유대교와 기독교 사이의 장벽이 사라졌다고 믿고 유대인들의 대대적 개종을 기대했으나 유대인들은 이를 거절하였다. 이후 루터는 반유대적인 독설을 쏟아냈고, 이는 히틀러에게도 영향을 미쳐서 히틀러는 집권 후 루터가 1543년 쓴 "유대인과 그들의 거짓말에 대하여"(Die Juden und ihre Lügen)라는 제목의 논문을 가지고 유대인 처단을 위한 대중적 선동을 하였다. 류

인들은 1948년 1차 중동전쟁을 통해 이스라엘 국가를 건설하였다. 1956년 이집트를 침공한 2차 중동전쟁 이후 1967년 3차 중동전쟁을 통해 이집트, 시리아, 요르단을 침공한 이스라엘은 시나이 반도와 서안 지역, 가자 지구와 골란 고원을 점령하고 국가의 기반을 다졌다.

1 형성과 발전

유대인의 조상인 아브라함은 고대 악카드인들의 시대가 막을 내리고 수메르인들이 권력을 얻기 시작하던 B.C. 2166년경 갈대아 우르에서 태어났다(창 11:28, 31). 오늘날 이라크 남부의 유프라테스 강변에 있는 장소로 추정되는 우르는 우상 숭배가 성행했던 곳이었다. 구약 성경 여호수아 24장 2절은 이스라엘의 조상 아브라함의 아버지 데라가 유프라테스 강변에서 다른 신들을 섬겼다는 사실을 지적하며, 유대인들의 주석인 미드라쉬 역시 데라는 우상을 만들어 팔았던 사람이라고 명시한다.[6] 그러므로 데라의 자손들, 즉 아브람과 그의 가족들도 우르 지역의 신들을 섬기는 관습에 동참했을 가능성이 높으며, 갈대아 우르는 바벨탑을 쌓은 곳으로 여전히 인간 중심의 이데올로기를 반영하며 큰 도시를 이루었던 곳이다.[7]

천지를 창조하신 하나님은 당신의 형상을 따라 인류를 창조하셨지만, 첫 사람 아담과 하와는 불순종으로 인해 에덴 동산에서 쫓겨나고 말았고, 이후 인류는 노아 시대에 홍수 심판을 받아야 할 정도로 악했다. 인류는 홍수 심판을 겪고 약 100년이 지난 후에 이번에는 바벨탑을 쌓았다가 하나님의 심판으로 언어가 혼잡해져 흩어짐을 당했다. 따라서 하나님은 한 사람을 일으키셔서 하나님의 구별된 민족을 만들기로 작정하셨고, 우상을 만드는 데라의 아들 아브람을 부르셔서 고향과 친척과

모세, 『유대인 바로보기』 (서울: 두란노, 2010), 113－116.

6 미드라쉬(מִדְרָשׁ)는 "찾다" 또는 "조사하다"라는 의미를 가진 히브리어 "다라쉬"(דָּרַשׁ)의 명사형으로서 성경 주석 방법론을 의미한다. 미드라쉬는 성경의 율법에 대한 주석인 "할라카"(Halakhah)와 비율법적 부분을 다룬 "학가다"(Haggadah)로 나뉜다. 최성훈, 『성경가이드』 (서울: CLC, 2016), 89－90.

7 최성훈, 『핵심본문으로 보는 성경 I: 모세오경편』 (서울: CLC, 2021), 62－63.

아버지의 집을 떠나 하나님께서 그에게 보여주실 땅으로 가라고 명령하셨다(창 12:1). 하지만 그 명령은 아브라함의 자손이 큰 민족을 이루고, 그의 이름을 창대케 하시며 땅의 모든 족속이 그로 인해 복을 받을 것이라는 은혜와 함께 주어졌다(창 12:2-3). 결국 아브라함은 인간적인 모든 기반이 있었던 고향을 떠나는 발걸음을 떼었고, 하나님은 그의 믿음과 순종의 행위를 보시고 은혜를 베푸셔서 그의 이름이 "아브람"(아브+람: 아버지는 높으시다)에서 "열국, 많은 무리의 아버지"라는 뜻을 가진 "아브라함"으로 바뀌었고(창 17:5), 그의 아내의 이름은 "나의 왕녀"라는 의미의 "사래"에서 "여주인, 열국의 어머니"라는 의미의 "사라"로 바뀌었다(창 17:16).

훗날 유대교의 실질적 창시자로 추앙 받는 모세의 인도를 따라 출애굽한 그의 자손들은 그들이 하나님의 말씀을 듣고 언약을 지키면 제사장 나라가 되고 거룩한 백성이 되리라는 약속을 받았고(출 19:5-6), 그 약속을 통해 자신들이 하나님과 특별한 관계 속에 있는 선택받은 민족이라는 사상을 확립하였다. 전통적인 유대교는 모세가 십계명을 받은 이후로 하나님의 율법을 중심으로 구축된 성서 유대교(Biblical Judaism)이지만 왕국의 분열 이후 북왕국 이스라엘이 B.C. 722년에 앗수르 제국에 멸망 당하고, 남왕국 유다마저 B.C. 586년에 오늘날의 이라크인 바벨론 제국에 의하여 멸망하고 예루살렘 성전이 무너진 이후로 포로로 잡혀간 디아스포라 유대인들이 회당을 세우고 랍비들이 주도하는 공회당 중심의 랍비 유대교(Rabbinic Judaism)가 대두하였다.

1) 그리스도 당시의 유대 분파

(1) 바리새파(Pharisees)

바리새란 "분리된 자"라는 의미인데, 이스라엘과 유대가 멸망한 후에 백성들이 포로로 끌려가고, 인종과 종교가 혼합되자, 바리새인들은 그러한 모습을 비판하고 자신들은 그로부터 분리되고자 종교적으로 진보적이지만 정치적으로는 보수적인 노선을 추구하였다. 바리새파는 B.C. 135년 마카비(Maccabee)의 다섯 형제 중 막내인 시몬(Simon)의 아들 요한 힐카누스 1세(John Hyrcanus I) 때에 생긴 유대 종파로서 당시 셀루커스 제국의 왕 안티오코스 4세 에피파네스(Antiochus IV Epiphanes)가 유대인들을 박해할 때에 끝까지 신앙의 정절을 지킨 자들을 "하시딤"(Hasidism) 또는 "하시데안"(Hasideans)이라고 불렀는데, 거기에서 바리새라는 이름이 유래되었다. 그들은 율법과 선조들의 믿음의 전통을 지키기 위해 노력했던 사람들이었으므로 사람들로부터 존경을 받았고, 따라서 굳건한 종교적인 영향력을 행사하였다.

그들은 모세오경과 더불어 선지서, 구전 율법과 그 해석을 모두 받아들였고, 예언서에 의거하여 메시아를 기다렸다. 그들의 시작은 하나님의 뜻을 온전히 받들기 위한 것이었지만 하나님께서 율법을 주신 목적을 바라보지 않고, 차츰 율법의 행위에 초점을 맞추게 되었다. 따라서 가말리엘, 바울, 아리마대 요셉과 같은 경건한 인물들도 있었지만 자신들의 경건을 칭찬하는 사람들의 소리에 귀를 기울이다가, 형식주의적 독선에 빠지게 되며, 오히려 하나님과 멀어지게 되어 버렸다. 바리새파의 대표적인 두 지도자로서 샴마이(Shammai)와 힐렐(Hillel)이 있는데, 샴마이는 율법과 유전을 그대로 준수해야 한다는 엄격주의를 대변하며 힐렐은 신앙에 있어서 시대적 상황도 고려해야 한다는 온건파의 대표이다.[8]

(2) 사두개파(Sadducees)

사두개파의 기원은 솔로몬 시대에 등극한 신진 세력에 속한 제사장 사독(Zadok)인데, "사독"의 의미는 "의롭다"는 뜻이다. 그러므로 바리새인들이 중류 계층인 반면, 사두개인들은 부유한 귀족층과 예루살렘에서 막강한 권력을 가진 제사장

---

8 샴마이 학파를 설립한 샴마이(B.C.50~A.D.30)는 팔레스타인 출신으로 무역을 하여 많은 돈을 번 제사장 출신 사업가였다. 그는 율법을 지키는 것을 유대인의 책무라 생각하고 철저한 율법주의자가 되어 율법 해석에도 매우 엄격한 잣대를 들이댔고, 열심당원들의 파괴적인 활동에도 동조하는 태도를 보였다. 그가 힐렐의 뒤를 이어 산헤드린의 대표가 되자, 샴마이는 힐렐 학파를 누르고 주도적으로 산헤드린을 장악하였다. 샴마이 학파의 산헤드린 장악은 앞서 언급한 바와 같이 A.D. 70년까지 지속되었다. 힐렐 학파를 설립한 힐렐은 바빌론 디아스포라 출신으로, 가나안에서 날품을 팔면서 율법 공부를 하였고, 그러한 고생의 경험을 통해 시대적 상황을 반영할 것을 강조하며 율법 해석에 있어서도 매우 너그러운 자세를 취했다. 힐렐의 손자인 가말리엘은 제자인 바울(행 22:3)이 산헤드린에 잡혀왔을 때에 산헤드린의 처벌 대신 하나님의 심판에 맡길 것을 제안하며 힐렐의 온건한 관점을 그대로 잇는 모습을 보였다(행 5:34－39).

계급을 망라하였다. 이들은 로마와 타협해서라도 유다에 남아있던 정치적 자유를 지키려고 노력하였으므로 성전 관리를 전담하며 정치적, 종교적 영향력을 모두 발휘했는데, 종교적으로는 성전에서 드리는 희생제사를 통해서만 하나님께 나아갈 수 있다고 믿는 보수적인 모습을 견지했지만, 정치적으로는 로마 제국과 타협하는 진보적인 입장을 보였다. 오늘날 국회에 해당하는 당시 유대인의 공회인 산헤드린(Sanhedrin)의 구성에 있어서 절반 이상을 차지하며 정치적 실권을 누렸고, 세속주의적이고 자유주의적 태도를 보였다. 따라서 율법 해석과 종교적 권위에 있어서는 바리새파에게 주도권을 내주었다. 사두개인들은 모세오경에 문자적으로 기록된 것 이외에는 모두 거부했으며, 그래서 천사나 부활을 인정하지 않았다. 그들은 타협을 통한 이스라엘의 존속을 추구했지만, 하나님의 음성이 아니라 자신들의 정치적 이익을 추구하다가 70년에 예루살렘 멸망 이후 사라져버리고 말았다.

(3) 열심당(Zealots)

열심당은 A.D. 6년 로마의 총독 구레뇨(Quirinius)가 국세조사를 실시했을 때 이에 반대하여 갈릴리의 유다가 조직한 국수주의적 독립운동가들이었는데, 예수님의 제자 중 한 사람인 시몬도 열심당원이었다. 그들은 바리새파와 노선이 비슷했지만 이스라엘을 통치하는 어떠한 외국의 권력도 철저히 부정하고 배척한다는 논리로 무력항쟁을 선동하였고, 무력을 통해 메시아 시대를 앞당길 수 있다고 믿었다. 66년에 그들은 자신들 내부에서 터져 나오는 독립을 향한 열망에 귀를 기울이며 로마에 대항하여 전쟁을 일으켰다가 로마에 패배하여 70년에 예루살렘과 함께 멸망하고 말았다.

(4) 에세네파(Essenes)

경건주의자들인 에세네파는 경건주의를 뜻하는 "하시딤"(Hasidism)에서 기원한다는 점에서 바리새파와 그 기원이 비슷하다. 그들은 헬레니즘에 의해 속화되는 것을 반대하며 유대 정통주의를 표방하였고, 율법에 대하여는 바리새파와 비슷한 입장을 보였지만, 앞으로 도래할 종말에 대한 기대를 가지고 사해의 서쪽 연안 사막 지역인 쿰란의 동굴에 모여 공동생활을 하는 현실도피적이고 은둔적인 입장을 보였다. 그들은 생활의 모든 영역에서 사유 재산을 인정하지 않고 모든 것을 공유하였고, 노예 제도와 전쟁을 거부하는 평화주의적 모습을 보이는 한편, 지도자에게는 절대적으로 복종하였다. 대부분의 신학자들은 세례 요한이 에세네파 초기 공동체의 지도자라고 추측한다. 하지만 에세네파 경건주의자들은 삶의 자리를 지키며, 압제받는 불쌍한 사람들을 도우라는 하나님의 말씀에 귀 기울이지 않고, 자신들끼리 은둔생활을 하다가 사회에서 영향력을 발휘하는 데에 철저히 실패하고 말았다.

2) 로마 제국과 유대 공동체

유대교 내에 다양한 분파들이 생겨난 것은 팔레스타인 지역을 다스리던 그리스의 알렉산더 대왕과 로마 제국의 세계화 정책을 배경으로 한다. 그리스와 로마 제국에 편입된 이후 유대인들은 종교적 혼합 정책을 내세운 헬레니즘이라는 거대한 세계화의 물결 속에서 각기 다른 모습으로 반응했기 때문이다. B.C. 168년 안티오코스 4세 에피파네스가 토라의 암송과 성전 제사를 금지하고, 예루살렘 성전에 제우스 신상을 세우고 유대인들이 극도로 혐오하는 돼지로 제사를 지내도록 함에 따라 B.C. 164년 마카비(Maccabee) 형제가 반란을 일으키고 하스모니안 왕조(Hasmonean Dynasty)를 세웠다. 하지만 이를 빌미로 군대를 파견한 로마에 의해 왕조가 무너지게 되었고, 유대인들이 거주하던 팔레스타인 지역을 다스리던 로마 총독들의 학정이 가중됨에 따라 바리새파, 사두개파, 열심당, 그리고 소위 나사렛파 유대인으로 불린 유대 기독교인들이 힘을 합쳐 다시 무력 봉기를 일으켰다. 특히 66년 유대 총독 게시우스 플로루스(Gessius Florus)가 대제사장의 예복을 입고 음담패설을 하며 유대교를 모독하자 제1차 유대－로마전쟁(First Jewish-Roman War, 66~73년)으로 불리는 대규모 봉기가 일어났다. 시리아의 총독 가이우스 케스티우스 갈루스(Gaius Cestius Gallus)가 3만의 군대를 이끌고 폭동 진압에 나섰다가 패배하자 로마 황제 네로(Nero)가 사태의 심각성을 인지하고 당대 최고의 명장인 베스파시아누스(Vespasianus)에게 로마의 최정예 부대를 맡겨 반란군의 토벌을 명했다. 1년간의 갈릴리 전투에서 베스파시아누스는 훗날 역사가로 명성을 얻은 갈릴리 총사령관에게 항복을 받아냈는데, 그의 유대식 이름은 요셉 벤 마타티아스이지만 로마식 이름인 플라비우스 요세푸스(Flavius Josephus)로 더 잘 알려졌다. 이후 요세푸스는 로마 장군의 참모진에 배속되어 유대 반군의 사기를 떨어뜨리는 역할을 수행하며 유대 민족의 반역자로 낙인 찍혔지만 그가 기록한 "유대전쟁사"와 "유대고대사"는 유대인들의 운명적 역사를 다룬 중요한 역사적 서술로 남았다.

반란 3년째에 접어든 68년에는 대부분의 유대 지역은 이미 로마군에게 점령당했고, 마지막 남은 예루살렘 성만이 로마 군의 포위 속에서 지리한 휴전이 지속되었다. 이후 예루살렘 성에서 두 차례의 탈출 행렬이 이어졌는데, 첫 번째는 나사렛파로 알려진 초기 유대 기독교인들의 탈출로서 그들은 로마군의 예루살렘 포위 앞에서 그리스도께서 "너희가 예루살렘이 군대들에게 에워싸이는 것을 보거든 그 멸망이 가까운 줄을 알라 그때에 유대에 있는 자들은 산으로 도망갈 것이며 성내에 있는 자들은 나갈 것이며 촌에 있는 자들은 그리로 들어가지 말지어다"(눅 21:20-21)라고 말씀하신 종말의 예언을 상기하며 임박한 종말을 확신하여 요단 동편 펠라 성으로 집단 탈출을 감행하였다. 하지만 유대인들에게 나사렛파 유대 기독교인들은 민족의 위기 상황에서 비겁하게 도망하여 목숨을 연명한 변절자로 낙인이 찍혔다. 두 번째 탈출은 바리새파 유대인들이 감행한 것인데, 당시 바리새파를 이끌던 지도자 랍비 요하난 벤 자카이(Yohanan Ben Zakkai)는 처음부터 승산 없는 무모한 봉기를 일으키다가 유대인의 대학살로 이어질 것을 우려했던 인물로서 평화파 지도자인 요세푸스의 배신으로 인해 예루살렘 성의 지도부를 호전적인 열심당이 장악한 이후 평화를 주장하는 이들을 산 채로 성 밖으로 내던지는 살벌한 분위기 속에서 탈출을 결정한 것이었다.

랍비 요하난이 이끄는 무리는 요하난이 흑사병에 걸려 사망했다며 열심당 지도부를 속이고 장례 행렬을 이끌고 예루살렘 성을 빠져나와 로마군 참모부로 향했다. 관에서 나온 요하난이 베스파시아누스에게 그가 곧 로마의 황제로 등극할 것이라는 예언을 남기며, 자신의 예언이 이루어지면 자신에게 시골에 작은 토라 학교를 세울 것을 허락해달라고 요청하였다. 같은 해인 68년 로마에서 반란이 일어나 네로 황제가 자살하고, 유력한 장군들이 암살되자, 이듬해인 69년에 로마 원로원은 유대 반란군 진압 장군으로 전장에 있던 베스파시아누스를 로마의 황제로 추대하였다. 베스파시아누스는 아들 티투스(Titus)에게 예루살렘 성 함락을 맡기고 로마로 돌아와 황제에 등극하였고, 요하난과의 약속을 지켜서 요하난이 야브네(Japneh)에 최초의 토라 학교를 설립하게 허락하였다. 결국 70년에 티투스가 이끄는 로마군에 의해 예루살렘 성이 함락되었고, 사해 서편에 위치한 천혜의 요새 마사다(Masada)로 피신한 960여 명의 열심당원들은 3년간 로마 군대에 맞서 싸우다가, 73년 안식일을 틈타 공격을 감행하려는 로마군의 계획에 대하여 듣고 전원 자결로 최후를 맞이하였다.

제2차 유대－로마전쟁(Second Jewish-Roman War, 132~135년)은 117년에 즉위한 그리스 문화에 심취한 하드리아누스(Hadrianus) 황제가 다양한 문화권으로 갈라진 로마 제국을 헬레니즘을 통해 사상적으로 통일하려는 과정에서 예루살렘의 이름을 "아엘리아 카피톨리나"(Aelia Capitolina)라는 이방도시로 바꾸고 예루살렘 성전이 있던 자리에 주피터 신전을 세우려 하면서 발발하였다.[9] 132년 랍비 아키바(Akiva)가 유대 장군 바르 코흐바(Bar Kochba)를 메시아로 지목하며 봉기를 감행했지만, 예수 그리스도를 유일한 메시아로 고백하던 유대 기독교인들은 그 때문에 불참을 선언함에 따라 유대인들 사이에서 유대교도와 기독교인의 감정의 골이 매우 깊어졌다. 로마는 영국의 켈트족 봉기를 진압 중이던 장군 세베루스(Severus)를 급파하여 유대 반란군을 상대하게 했지만 3만 5천 명의 로마군은 치욕스러운 패배를 거듭하였다. 이에 세베루스는 정면 대결을 피하고 유대군이 보급품으로 사용할 수 있는 모든 물자를 불태우는 전략으로 선회하여 드디어 135년 마지막 요새 베타르(Betar)를 함락하였다. 제1차 유대－로마전쟁의 진압 과정에서 유대 광야의 에세네파 공동체가 궤멸되었고, 티투스 장군에 의한 예루살렘 성과 성전의 파괴는 성전의 희생제사를 주관하던 특권층인 사두개파의 몰락과 봉기를 주도한 열심당의 세력 약화를 초래하였

9 아엘리아(Aelia)는 단순히 황제의 가족 이름에서 딴 것이지만 카피톨리나(Capitolina)는 로마의 3대 신으로서 그리스의 제우스격인 쥬피터(Jupiter), 그리스의 헤라인 주노(Juno), 그리고 그리스의 아테나를 가리키는 미네르바(Minerva) 신을 섬기는 신전을 지칭하는 용어이므로 유대인들의 반발을 샀다.

다. 하지만 예루살렘 성의 멸망 직전에 극적으로 탈출한 바리새파는 재기의 발판을 마련할 수 있었다. 이어진 제2차 유대-로마전쟁의 패배로 인해 열심당 세력은 완전히 힘을 잃었고, 유대 공동체는 랍비 요하난을 중심으로 랍비 유대교가 굳건히 기반을 다지게 되었으며, 나사렛파로 불리는 기독교도들은 완전히 분리된 집단이 되었다.

2 경전과 교리

히브리어 3대 고전은 히브리 성서(구약 성서), 바리새파 랍비들을 중심으로 성문 토라(Torah)인 히브리 성서를 구체화하고 명료화한 해석으로서 구전된 토라(율법)를 기록한 미쉬나(Mishnah), 그리고 미쉬나 해석에 대한 해석으로서 "반복"을 의미하는 미쉬나(Mishnah)와 "보충"을 뜻하는 게마라(Gemara)가 합쳐진 탈무드(Talmud)이다. 그러나 유대인의 가장 중요한 경전은 구약 성경이며, 70~200년 사이에 완성된 씨앗(농업), 절기, 여성(가족법), 손해배상(민, 형사법), 성물(제사), 정결의식을 다루는 여섯 권으로 구성된 미쉬나는 이를 보충한다. 탈무드는 유대교의 경전으로 보기는 어렵고 율법의 해석을 돕는 자료로서 간주된다.

1) 경전: 구약 성경의 율법

유대교에는 공식적 신조(creed)가 없지만 기독교(개신교와 가톨릭)의 경전인 신, 구약 성경 중에서 구약 성경과 미쉬나를 경전으로 삼으며, 특히 구약 성경의 첫 다섯 권인 모세오경(Pentateuch)을 가장 중요한 경전으로 삼는다. 유대교는 "들으라", 즉 "쉐마"(shema)로 시작하는 하나님의 율법을 강조하는데, 이는 신명기 6장 4-5절의 "이스라엘아 들으라 우리 하나님 여호와는 오직 유일한 여호와이시니 너는 마음을 다하고 뜻을 다하고 힘을 다하여 네 하나님 여호와를 사랑하라"는 명령을 기반으로 하는 가르침이다. 전통적인 유대교의 구약 성경 분류는 율법서인 토라(Torah),

예언서인 느비임(Neviim), 그리고 성문서인 케투빔(Ketuvim)인데, 그 앞 글자를 따서 "타낙"(TaNaK)이라고 부른다.[10] 세 가지의 명칭은 각 부분이 성경으로 채택된 역사적 순서를 가리키기도 하는데, 가장 처음에 모세오경인 토라가 정경에 포함되었고, 느비임과 케투빔이 그 뒤를 이었다. 유대인들은 구약 성경을 예루살렘 성전과 비교해서 율법서는 지성소, 예언서는 성소, 그리고 성문서는 성전의 바깥 뜰에 비유하며, 예언서와 성문서를 율법에 대한 설명에 불과한 것으로 보았다.

미쉬나는 랍비 아키바가 편찬을 시작하여 2세기말 랍비 예후다 하나시(Judah Ha-Nasi)에 의하여 완성된 것으로 모세 율법에서 인출된 구전 율법의 유전들을 모은 것이다. 미쉬나 및 미쉬나의 주석인 게마라로 구성되어 민간 전승을 포함한 탈무드도 중요한 참조의 수단이다. 랍비들은 선지자들의 후손이므로 과거 산헤드린의 역할을 수행하는 이스라엘 랍비들의 대법원(Great Bet Din)의 결정을 통해 성문 율법을 수정할 수 있다고 주장한다. 그 같은 주장은 하나님께서 유대인들에게 율법을 주신 것은 그 법을 통해 그들이 살게 하는 것이지, 그들을 압제하는 것이 아니기 때문이라는 논리에 근거한다. 탈무드는 300~500년경까지 미쉬나를 해석한 것들을 덧붙여서 60권이 넘는 방대한 분량을 이루는데, 탈무드의 본문은 미쉬나이고 주석 부분을 게마라라고 한다.[11] 탈무드는 예루살렘(팔레스타인) 탈무드와 바벨론 탈무드로 나뉘는데, 남유다 백성들이 포로기에 바벨론에 정착함에 따라 바벨론이 디아스포라 유대인의 구심 역할을 하였고, 율법의 연구 역시 바벨론을 중심으로 발전을

---

10 유대인들은 이스라엘 민족 가운데 위대한 인물들을 모두 예언자로 받아들였는데, 아브라함, 이삭, 야곱 등의 족장들은 물론 다윗, 욥, 에스라, 모르드개 등의 훌륭한 인물들을 모두 예언자로 여겨서 남성 예언자가 40명, 여성 예언자가 7명이라고 주장하였다. 그들은 성문서는 하나님의 말씀이라기보다는 종교 문학으로 생각하였으며, 율법서와 예언서에 대한 비공식적인 부록으로 간주했다. 따라서 회당에서 드리는 예배 때에 낭독하는 본문은 율법서와 예언서에 국한되었으며, 이 둘은 곧 구약 성경을 가리키는 말이었다. 신약 성경에서 예수께서 "이것이 율법이요 선지자니라"(마 7:12)고 말씀하실 때에 그 의미는 이것이 성경(토라와 느비임)의 가르침이라는 뜻이다. 최성훈, 『성경가이드』, 56-58.

11 미쉬나는 글로 기록된 율법이나 구전 율법에 근거하는 반면, 게마라는 여러 의견들의 분석을 통해 율례가 된 것이다. 구전 율법은 모세오경을 해설한 미드라쉬와 랍비 율법의 판례인 할라카(Halakah), 속담이나 비유 이야기들을 구약 성경의 내용에 비추어 해설한 학가다(Haggadah)로 구성된다. 미쉬나와 게마라로 구성된 탈무드 역시 미쉬나와 같이 여섯 부분으로 나뉘어져 있다. 공일주, 『아브라함의 종교: 유대교, 기독교, 이슬람교』 (파주: 살림, 2011), 25-26.

거듭하였기 때문에 바벨론 탈무드가 더 폭넓고 내용도 정확한 것으로 받아들여진다.

2) 주요 교리

(1) 하나님의 언약

유대교의 기초는 여호와 하나님께서 이스라엘에게 당신을 계시해주시고, 그들을 선민 삼아 그들과 언약을 맺어주신 사실이다. 따라서 유대교는 여호와, 선민 이스라엘, 그리고 하나님의 언약이라는 세 가지 요소가 핵심적 교리를 구성한다. 유대인이 되는 자격 조건은 기본적으로 출생에 의한 것이지만 오늘날 유대인이 되는 조건은 남성의 경우 받아야 하는 할례, 세례, 희생제사의 과정을 거치는 개종을 통해 유대교를 받아들이는 것인데, 이를 구심적 구원(Centripetal Redemption)이라 한다. 하나님께서 율법인 토라를 주신 이유도 유대인을 특별히 훈련시키기 위함이므로 이방인들은 유대교 율법을 지키지 않아도 된다.

(2) 낙원과 부활

유대교의 낙원 개념은 부활 개념과 함께 형성되었는데, 기본적으로 낙원이란 의인이 죽은 후에 거하는 곳이지만 사두개인들은 모세오경에서 언급되지 않은 부활을 거부하였다. 유대교의 부활 소망은 안티오코스 4세 에피파네스에게 박해를 받던 유대 경건주의자들이 영적 고통 속에서 구성한 것이다. 기독교 신학이 종말론적 부활을 기점으로 하는 현세와 내세는 죽음 이전의 이 땅에서의 삶과 죽음 이후의 또 다른 세상을 뜻한다. 하지만 유대교에서 현세를 가리키는 "올람 하제"(העולם הזה)가 현재의 모든 정치, 경제, 사회, 문화의 상태를 지칭하는 반면, 내세를 뜻하는 "올람 하바"(העולם הבא)는 현세와 동일하지만 정치, 경제, 사회, 문화의 전반적인 면에서 메시아가 오셔서 통치하시는 새로운 세상이라는 점에서만 차이가 있다. 정통파 유대인들은 지금도 메시아의 도래와 오실 메시아가 이루실 올람 하바를 고대하고 있으며, 개혁파 유대교는 개인적인 메시아의 개념을 거부하고 진리, 정의, 평화의 왕국 성립에 대한 믿음으로 그것을 대체하는 한편, 육체적 부활의 문자적 개념을 부정하는 급진적 해석을 하는 반면, 보수파 유대교는 그것을 영혼 불멸의 교리와 동일시하는 경향을 보이기 때문에 오늘날 유대교 사상에서 메시아 개념은 거의 없어진 것과 다름이 없다.[12]

(3) 죄의 문제

유대교는 아담과 하와가 하나님께 저지른 불순종의 죄는 인정하지만 그것을 원죄로 간주하지는 않는다. 유대교는 인간이 선천적으로 악한 성향인 "예체르 하라"(יֵצֶר הָרַע)와 선한 성향인 "예체르 하토브"(יֵצֶר הַטּוֹב) 모두를 가지고 태어난다고 믿으며, 악한 성향들은 토라의 학습에 의해 강화되면 선한 성향으로 바뀔 수 있다고 생각한다. 인간은 선과 악 중에서 어느 쪽이든 선택할 수 있는 자유의지가 있으며, 자신의 선택에 대한 책임은 개인이 감당할 몫이라고 보는 것이다.

(4) 음식법

유대교는 음식 자체의 제한과 음식을 취하는 때와 장소에 대한 엄격한 규정들을 준수한다. 따라서 유대인들은 이방인들과는 언제, 어디에서도 함께 음식을 먹지 못하며, 같은 유대인이라 할지라도 율법을 준수하지 않는 이들과는 식사하지 못한다. 특히 레위기의 음식 규정을 엄격히 적용하기 때문에 주부의 중요한 책임 중 하나는 유대 음식법인 "코쉐르"(כָּשֵׁר)에 따라 가족이 섭취하는 음식의 정결성 여부를 확인하는 것이다.[13] 또한, 엄격한 음식 규정으로 인해 설거지를 할 때에도 분리된 싱크대를 사용하고, 식기의 물기를 제거하는 타올도 두 종류를 사용하며, 호텔에서도 유대인 전용과 이방인 전용 레스토랑과 화장실이 구분되어 있다. 염소 새끼를 그 어미의 젖으로 삶지 말라는 율법(출 23:19)에 따라 고기와 젖을 함께 사용하지 못하기 때문에 식탁에 고기류가 있으면 버터를 사용해서는 안 되며, 커피에 우유를 넣어서도 안 된다.

---

12 이훈구, 『비교종교학』 (서울: 은혜출판사, 2000), 228-233.

13 음식 규정에 의해 적합하다고 판정된 음식을 "코셔"(Kosher)라고 한다(레 11:1-47; 신 14:3-31).

3 의례와 절기

1) 회당 예배

회당은 예배, 각종 집회 및 교육훈련 장소로 사용되며 대다수의 유대인들은 회당에 소속되어 있는데, 회당을 가리키는 “시나고그”(synagogue)는 헬라어 “쉬나고게”(συναγωγή)에서 온 것으로 “만남의 장소”라는 의미의 히브리어 “벳 하 케네셋”(בית התכנסות)을 번역한 것이다. 만 13세 이상의 성인 남성 10명과 토라로 구성되는 회당은 B.C. 586년에 남왕국 유다가 바벨론에 의해 멸망 당하고 예루살렘 성전이 무너져서 성전 중심의 공동체가 붕괴된 이후, B.C. 538년부터 포로지에서 귀환한 유대인들에 의해 형성되어 유대 공동체의 구심이 되었고, 70년 제2성전이 파괴된 후로 유대교의 보존과 발전에 있어서 중요한 역할을 담당해왔다. 과거에는 제사 행위가 종교의 중심이었으나 성전 파괴 이후로는 율법을 지키고, 율법에 순종하는 것이 유대교의 중심이 되었기 때문에 바리새파의 권위가 한층 높아졌다.

정통파 유대인들이 모이는 회당에는 남성과 여성의 좌석이 분리되어 있고, 이방인들을 위한 장소도 뒤쪽에 별도로 마련되어 있다. 회당 내 동쪽 벽 맞은 편에는 예루살렘을 향해서 벽장 또는 양피지에 히브리어로 쓴 오경의 두루마리를 넣은 법궤를 배치하며, 예배자는 하나님에 대한 경외의 표시로 회당 내에서는 동그란 베로 만든 모자인 “키파”(Kippah)를 써서 머리를 가린다. 구약 성경 신명기 6:4–9에 언급된 말씀을 마음에 새기고, 그것을 손목에 매어 기호를 삼으며 미간에 붙여 표로 삼으라는 말씀을 지키기 위해 바팀(Batim)이라는 성구함을 레추오트(Retsuout)라 불리는 가죽끈으로 연결한 테필린(Tefillin)을 이마와 손목에 메어 착용한다. 이 때에 테필린 하나는 머리에 붙이고, 하나는 팔에 붙이는데, 머리에 붙이는 상자 안에는 네 개의 분리된 공간에 두루마기에 기록된 네 개의 말씀 구절(출 13:1–10, 11–16; 13:11–16; 신 6:4–9, 11:13–21)이 각각 들어가고, 팔에 붙이는 것에는 네 부분의 구절이 한곳에 기록되어 담겨 있다. 탈릿(Tallit)은 하나님의 모든 계명을 지켜야 한다는 것을 잊지 않기 위하여 유대인들이 쓰는 기도보인데, 이스라엘 자손 대대로 그 옷단 귀에 술을 만들고, 이 술을 보고 여호와의 계명을 기억하여 준행하고, 자신의 마음과 눈의 욕심을 좇지 않게 하라는 민수기 15:37－41절의 하나님 명령을 따라 단 찌짓(Tzitzit)이라는 술이 달린 탈릿을 목에 두르고 기도한다.

2) 의례

(1) 약혼과 결혼

유대법에 의하면 결혼은 "성화"라는 의미의 약혼(Kiddushin)과 결혼(Nissuin)의 두 단계 절차로 구성된다. 보통 결혼 1년 전에 약혼증서인 "테나임"(Tenaim)을 주고받으며, 결혼식에서 신부에게 결혼증서인 "케투바"(Ketubah)를 준다. 탈무드는 세 가지 행위에 의해 결혼이 성립된다고 가르치는데, 이는 동거, 결혼 증서의 교환, 그리고 남녀 간에 증표가 되는 물건을 주고 받는 것이다. 결혼 예식 전에 신랑이 결혼의 약정 서류인 케투바에 서명을 하며, 결혼식은 신랑의 발 아래에 있는 유리컵을 밟아서 깨뜨리는 것으로 끝나는데 이는 첫째, 유대인의 성전이 파괴된 것을 애도하며 민족 정신을 고취하기 위함이고, 둘째, 산산조각이 난 유리컵은 원상 복구가 불가능하듯 그들의 결혼 역시 이제 무를 수 없는 영원한 것임을 상기시키는 행동이다. 하지만 결혼이 깨지는 사건에 대하여는 지역사회가 단합하여 이를 막고 신랑과 신부의 화해를 위해 노력한다.

(2) 출생과 장례

정통파 유대교의 법에 의하면 어머니가 유대인이어야 자녀가 유대인이 되며, 아버지가 유대인이고 어머니가 이방인이면 개종의 절차를 밟아야만 유대인이 될 수 있다. 사내아이가 태어나면 난 지 8일 만에 반드시 할례를 행해야 하는데 남자아이는 할례를 받을 때에 히브리 이름을 받는데, 그 이름은 만 13세가 되어 "율법의 아들"이라는 의미의 "바 미쯔바"(Bar Mitzvah)라는 성인식에서 불려질 이름이다.[14] 아이는 어머니로부터 종교적 교육을 받다가 말을 배우기 시작하면 "쉐마"(shema) 교육을 받고, 만 5세가 되면 회당의 종교 교육반에서 교육을 받는다. 남자아이는 만 13세 성인식을 치른 이후 유대인으로서의 모든 책무를 담당하기 때문에, 공중 기도를 할 수 있으며, 회당을 구성하는 성인 남성 10명의 정족수에 들어갈 자격을 얻는다. 여자 아이는 만 12세에 "율법의 딸"을 뜻하는 "뱃 미쯔바"(Bat Mitzvah)라는 성인식을 거친다.

장례는 사망 24시간 내에 치뤄야 하므로 상(喪)이 발생했을 때에 유대인들이 가장 먼저 하는 일은 "거룩한 친구들"(Holy Brotherhood)이라는 뜻을 가진 "헤브라 카디샤"(Chevra Kadisha)라는 장례위원회를 조직하는 것이다. 정통파 유대교는 매장만을 시행하지만 개혁파 유대교는 매장과 화장 모두를 용인한다. 사망자의 아들이나 가족의 일원 한 사람이 공석에서 카디쉬 기도(Kaddish Prayer)를 외워야 하며, 다른 어떤 종류의 기도도 금지된다. 유대인에게 있어서 부활은 육체적인 것이 아니라 경건한 소망일 뿐이며, 따라서 빈부의 수준과 관계 없이 장례식은 매우 단출하게 치른다. 장례 후에 가족과 친지들이 집에 모여 약 1주간 "쉬바"(Shivah)라는 애도 기간을 가지며, 부모의 장례는 1년간 애도해야 하는데 부모의 기일이 되면 자녀들이 촛불을 밝히고 카디쉬 기도문을 읽는다.

3) 절기

(1) 전통적 절기

유대인의 전통적인 3대 절기는 무교절, 맥추절, 수장절(출 23:14－17) 또는 유월절, 칠칠절, 초막절(신 16:1－17)이다. 하나의 절기가 두 가지 이름을 갖게 된 것은 절기 속에 농경적 요소와 역사적 의미가 결합되어 있기 때문이다. 겨울 보리를 거두

---

14 할례는 가정, 회당, 또는 병원에서 주로 행해지는데, 의학적으로 특별한 훈련을 받았을 뿐만 아니라 흠이 없어 공동체 내에서 존경받는 "모헬"(מוהל)에 의해 집도되어야 한다. 최명덕, 『최명덕 교수가 새롭게 들려주는 유대인 이야기』 (서울: 두란노, 1997), 26.

고 묵은 누룩을 제거하는 무교절(하그 함마초트, חג המצות), 여름 보리와 밀을 거두는 맥추절(하그 하카치르, חג הקציר), 올리브와 포도를 거두어 저장하는 시기인 수장절(하그 하아시프, חג האסף)은 1년에 세 번 추수하는 이스라엘의 농사를 기준으로 분류한 것이다. 유월절, 칠칠절, 초막절의 명칭은 유대 역사의 중요한 행적을 기념하기 위하여 제정되었다. 유월절(페샤흐, פסח)은 이스라엘 백성들이 하나님의 인도로 애굽을 탈출하기 전날 밤의 사건 및 홍해를 건너 완전한 구원을 이룬 해방을 회상하는 절기로서 이스라엘의 3대 절기 중 가장 깊은 의미를 부여하는 절기이다. 유월절 이후 한 주간은 누룩 없는 빵을 먹는 날로 설정하여 지키므로 앞서 언급한 것처럼 무교절이라고도 하며, 오늘날에는 하나님의 은혜를 기리는 감사와 축제의 절기로서 이스라엘의 건국일로 준수한다. 유월절과 초막절은 예수님 당시 가장 큰 명절로 준수되었다.

칠칠절은 유월절 이후 7일로 구성된 한 주간이 7주간 반복된 후의 날이므로 붙여진 명칭이며, 50일째 되는 시기에 지키는 절기이므로 "50"을 가리키는 "오순"(五旬)을 사용하여 오순절(하그 하쉬부오트, חג השבעות)이라고도 한다. 초기에는 여름 보리의 첫 곡식의 추수를 감사하는(민 28:26) 절기로 기리다가, 후기에는 시내산에서 십계명이 주어진 날로 재해석하여 견신일(Confirmation Date)로 부활시켜 모세에 의한 신앙 확립의 날로서 기념하였다. 이처럼 칠칠절은 유대 민족의 영혼과 정신을 새롭게 출발시키신 하나님께서 율법을 통해 주신 계약의 갱신을 강조하는 절기이다. 초막절(하그 하쑤코트, חג הסכות) 또는 장막절은 1년 중 마지막에 지키는 절기로서 오늘날 10월에 해당하는 타쉬레의 제15일부터 22일까지 7일간 준수하며, 이스라엘 백성들은 집 밖 초막(쑤코트)에 거주하며 율법이 낭독되는 것을 경청하며 조상들이 광야 40년 동안 장막에 거했음을 상기하고 그 경험을 재현한다. 이처럼 초막절은 여호와 하나님에 대한 신뢰와 하나님 말씀에 순종했을 때 받는 은총을 마음에 새기는 축제이다.

(2) 현대의 절기

유대교는 전통적인 3대 절기뿐만 아니라 다양한 각종 절기를 지킨다. 유대교의 신년 절기로서 유대력으로는 신년이지만 양력으로 9월 또는 10월에 맞이하는 "로

쉬 하샤나"(Rosh Hashanah)는 "그해의 머리"라는 뜻으로 하나님께서 천지를 창조하신 것과 모든 피조물이 심판대 앞에 선다는 사실을 기념하며 이틀 동안 지킨다. 양의 뿔 나팔을 부는 것으로 시작하므로 "나팔절"이라고도 하며, 열흘 후에 지키는 속죄일(Yom Kippur)에 앞서 마음을 살펴 회개하는 데에 초점을 맞춘다. 속죄일에는 기도와 금식, 죄를 공중 앞에서 고백하는 일을 행하는데, 경건한 예배자는 24시간 회당에서 금식을 한다. 부림절(Purim)은 구약 성경 에스더서의 내용을 배경으로 하는 것으로 페르시아 제국 내에서 유대인들을 멸절시키려 했던 아말렉 후손 하만의 궤계를 물리치고 유대인들이 구원을 얻은 것을 기념하는 절기이다.[15]

하누카(Hanukkah)는 "봉헌"을 뜻하는데, 따라서 이를 수전절(The Feast of Dedication)이라고도 한다. 이는 B.C. 167년 유대인들이 거주하던 작은 마을 모디인(Modiin)에서 제사장 마타티아스(Mattathias)와 그의 다섯 아들이 주도한 혁명이 일어났는데, 지도자인 셋째 아들 유다 마카비(Judah Maccabee)가 3년간의 전쟁 끝에 결국 B.C. 164년 안티오코스 4세에 의해 더럽혀진 성전을 재탈환하여 하나님께 바쳤던 봉헌을 기념하는 명절이다. 해마다 하누카가 되면 이스라엘 국회의사당을 포함하여 주요 공공기관의 건물 앞에는 명절 축하를 위한 거대한 촛불이 설치된다. 가운데 가지 외에 양쪽으로 네 개씩 여덟 개의 가지를 갖추어 아홉 개의 촛불을 켤 수 있는 촛대를 하누카 촛대(Hanukkah Menorah)라고 한다. 이 혁명에서 성전의 등잔에 불을 밝힐 올리브유가 하루치만 남았었는데 성전이 새로 봉헌될 때까지 8일 동안이나 기적적으로 불을 밝힐 수 있었다는 전설을 따라 하누카 절기는 8일간 지켜지며, 하누카 촛대의 양편에도 여덟 개의 가지를 갖추는 것이다.

유대인들이 일상 생활에서 기본적으로 지키는 중요한 절기는 안식일인데, 안식일의 시작은 금요일 저녁에 해가 지고 첫 별이 보이는 시각부터 토요일 해가 지

---

15 오축(The five scrolls)은 히브리어로 "하메쉬 메길롯"(חמש מגילות)인데, 이는 "다섯"을 뜻하는 "하메쉬"와 "두루마리"를 의미하는 "메길롯"의 합성어로서 유대 절기에서 낭송된 다섯 개의 책들을 지칭한다. 절기의 순서대로 본다면 아가서는 유월절(3~4월) 제8일, 룻기는 칠칠절 또는 오순절(5~6월) 둘째 날, 예레미야 애가는 예루살렘 성전의 함락일과 관련되는 아빕월(7~8월) 제9일, 전도서는 가을 추수 절기인 초막절 또는 수장절(9~10월) 셋째 날, 에스더서는 유대인의 학살 위기를 모면한 것을 기념하는 부림절(2~3월)에 예배에서 낭독되었다. 최성훈, 『성경가이드』, 59.

는 시각이며, 안식일을 위한 준비는 금요일 아침부터 시작한다. 금요일 밤에 안식일이 시작되면 아버지는 아들들을 데리고 회당 예배에 참석하고, 귀가 후 잠언 31장을 이용하여 가족들을 축복한다. 이후 온 가족이 식탁에 둘러앉아 안식의 식사를 하는데, 이때에 광야 생활에서 안식일 전에 이틀분의 만나를 거두어 들였던 것을 기념하는 의미에서 "찰라"(challah)라는 빵 두 덩이를 올린다. 율법이 안식일의 노동을 금하기 때문에 이를 철저히 준수하며, 이스라엘에서는 금요일 해질 무렵인 저녁 6시가 되면 사이렌을 울려 안식일의 시작을 알린다. 랍비들은 안식일에 금하는 노동의 39종을 규정하여 이를 강화하였는데, 예를 들어 바늘 뜸을 두 번 이상 꿰매는 것과 자모의 두 글자를 쓰는 것, 안식일 전에 뜨거운 모래에 달걀을 묻어 두어 안식일 날에 그 계란이 익도록 하는 것도 노동에 해당하므로 금기사항이다.[16]

4 21세기의 유대교

오늘날 독일계 유대교인 아쉬케나짐(Ashkenazim)과 스페인계 유대교인 세파르딤(Sephardim)에 속한 유대인들이 전 세계 유대인의 주류를 이루는데, 아쉬케나즈(Ashkenaz)란 원래 아르메니아(Armenia)를 칭하던 용어가 훗날에 독일(Germany)을 뜻하는 것으로 변형되어 독일을 포함한 프랑스, 폴란드 등 중서부 유럽에 거주하는 유대인들을 아쉬케나지 유대인(Ashkenaz Jews)이라 칭하고 그들의 언어를 이디쉬(Yiddish)라 하며, 스페인과 포르투갈에 거주하는 유대인들을 세파르딕 유대인(Sephardic Jews)이라 하고 그들이 쓰는 언어를 라디노(Ladino)라 한다. 현대 유대교는 기본적으로 랍비적 유대교(Talmudic Judaism)의 전통에 속하며, 이는 다시 정통파 유대교(Orthodox Judaism), 개혁파 유대교(Reform Judaism), 보수파 유대교(Conservative Judaism)로 나누어진다. 랍비적 유대교는 제2성전이 파괴된 후에 사두개파 등 제도권 정치세력의 몰락하자 랍비 요하난을 중심으로 랍비들의 세력을 강화하는 한편, 구전 율

---

16 Arlene R. Cardozo, *Jewish Family Celebrations: The Sabbath, Festivals, and Ceremonies* (New York, NY: St. Martin's Griffin, 1985), 6.

법의 전승을 기록한 미쉬나는 물론 6세기에 들어 바벨론 탈무드의 성문화를 완성하는 등 유대 전통 문헌을 편찬하며 그 영향력을 확대한 바리새파 유대교에 뿌리를 두고 있다.

정통파 유대교는 토라와 구전 율법을 유일한 규범으로 여기고 이에 엄격히 복종하며 자신들만이 진정한 유대교도라고 믿는 자들로서 한여름에도 검정색 양복과 두루마기를 입고 검정 모자를 쓴다. 19세기 동유럽에서 개혁파 유대교가 일어나자 정통파 유대교는 매일 토라를 읽고 공부하고, 안식일을 준수하며, 하루에 세 번 기도하는 등 철저히 계명에 복종하는 삶을 통해 개혁파의 기세에 맞섰다. 한편 독일에서 시작된 개혁파 유대교는 유럽을 휩쓴 계몽주의의 물결을 반영하여 인간 이성의 중요성을 수용하는 현대 자유주의적 견해를 받아들여서 유대교를 종교로서만 인정하고 일상 생활에서는 세속의 삶을 긍정하였다. 따라서 개혁파 유대교는 모세 율법의 도덕적 교훈만을 받아들이고, 육체의 부활 등의 교리는 영적으로만 해석하였으며, 음식에 관한 규정들을 버리는 등 유전적 율법들을 폐기하는 개혁적인 성향을 드러냈다. 또한, 모든 예배의식을 현대화하여 기도문을 히브리어에서 유럽 각국의 언어로 번역하여 사용하였고, 정통파 유대교에서 금지한 오르간 악기를 회당 예배에서 사용하였으며, 남녀가 함께 앉도록 하는 한편, 예배 시간도 단축되었다. 매일의 공동예배는 취소되었고, 기도할 때에도 탈릿을 두르지 않으며, 안식일의 노동을 허용하고 음식법도 낡은 것으로 선포하고 이를 준수하지 않는다. 19세기에 미국으로 이민 온 유대인들의 대부분은 독일에서 온 개혁파 유대인들이었는데, 그들을 이끌던 랍비 이삭 와이즈(Issac M. Wise)는 1875년에 히브리 연합대학(Hebrew Union College)을 설립하여 개혁파 유대교 랍비들을 양성하였고, 1899년에는 미국중앙랍비회의(The Central Conference of American Rabbis)를 조직하였다.

보수파 유대교는 개혁파 유대교에 반발하여 유대 전통에서 역사적으로 건전한 요소들을 수호하자는 기치를 내걸고 1880년대 이후에 등장하였다. 1880년부터 1920년 사이에 미국으로 이민 온 폴란드와 러시아 출신의 유대인들은 대부분 정통파 유대인들이었는데, 보수파 유대교는 그들을 자신의 편으로 끌어들이는 데에 성공함으로써 미국 내에서 가장 큰 세력을 형성하였다. 보수파 유대교는 시온주의를 중시하는데, 예배에서 오르간 사용 여부에 대하여 찬반의 입장이 나뉘며, 모세오경의 음식 정결법 준수에 대하여도 회중별로 의견이 일치하지 않는 등 신학적 성향이 중도적인 모습을 보이지만 중요한 문제에 대해서는 정통파 유대교의 의견을 따르는 입장이다. 보수파 유대교는 유대교의 본질적 내용을 보존하면서도 종교적 관습의 현대화를 어느 정도 허용한다. 따라서 안식일의 준수를 강조하지만 음식 정결법에 대하여는 기본적으로 준수하되 필요에 따라 수정도 가능하다고 본다.

참고문헌

공일주. 『아브라함의 종교: 유대교, 기독교, 이슬람교』. 파주: 살림, 2011.

류모세. 『유대인 바로보기』. 서울: 두란노, 2010.

송홍국. 『세계종교와 기독교』. 서울: 한국문서선교회, 1991.

이길용. 『이야기 세계종교: 당신은 그들의 종교를 얼마나 이해하는가?』. 서울: (사)한국방송통신대학교출판문화원, 2015.

이훈구. 『비교종교학』. 서울: 은혜출판사, 2000.

최명덕. 『최명덕 교수가 새롭게 들려주는 유대인 이야기』. 서울: 두란노, 1997.

최성훈. 『핵심본문으로 보는 성경 I: 모세오경편』. 서울: CLC, 2021.

______. 『성경가이드』. 서울: CLC, 2016.

Blaiklock, Edward M. and Harrison, Roland K. *New International Dictionary of Biblical Archaeology*. Grand Rapids, MI: Zondervan Publishing House, 1983.

Cardozo, Arlene R. *Jewish Family Celebrations: The Sabbath, Festivals, and Ceremonies*. New York, NY: St. Martin's Griffin, 1985.

08 기독교(Christianity)

기독교는 하나님의 아들 예수 그리스도를 통한 구원을 교리의 핵심으로 하는 종교로서 내세를 조명하는 천국(天國) 또는 하나님의 나라(The Kingdom of God)는 물론 현세의 구원과 축복 역시 구속적 관점에 속한다. 이는 예수를 그리스도, 즉 주님으로 받아들임으로써 중생(重生)하고 내세의 구원을 얻는 것은 물론, 이를 통하여 하나님이 처음으로 창조한 인간인 아담과 하와의 타락 이후에 인류에게 내재된 죄악된 본성을 물리치고 본래적인 삶을 사는 현세적 관점도 동시에 강조하는 것이다. 이 같은 통전적 구원의 교리는 현세에서 빛과 소금의 역할을 수행하라는 예수의 가르침(마 5:13-16)으로부터 막스 베버(Max Weber)가 주장한 자본주의 정신의 기저를 이루는 개신교의 윤리와도 연결된다.[1] 따라서 기독교는 삶의 윤리와 죽음 이후의 영원한 생명을 동시에 강조하는 통전적인 시각을 견지한다.

1 Cf. Max Weber, *The Protestant Ethic and the Spirit of Capitalism* (New York, NY: Penguin Books, 2002).

1 형성과 발전[2]

통계청(www.kostat.go.kr)의 인구주택총조사와 관련하여 매 10년마다 실시하는 종교인구조사에 의하면 2015년 현재 우리나라의 대표적인 종교는 개신교이며 967만 6천 명의 신도 수로 전체 인구의 19.7%를 차지한다. 761만 9천 명의 불교(15.5%), 389만 명의 천주교(7.9%)가 그 뒤를 잇는다. 개신교와 구교(舊敎)인 가톨릭을 합치면 기독교의 인구는 1,356만 6천여 명으로 우리나라 인구 전체의 27.6%를 차지하여 네 명당 한 명꼴로 기독교인인 셈으로 사회적 역할 수행의 가장 큰 종교적 책임을 지고 있다. 한국리서치(www.hrcopinion.co.kr)의 "2023 종교인식조사"에 의하면 우리나라의 종교인구 비율은 개신교(20%)와 가톨릭(11%)을 합친 기독교는 31%, 불교 17%, 기타 종교 2%의 순으로 나타나서 그러한 책임 의식을 뒷받침한다. 한편, 목회데이터연구소(http://www.mhdata.or.kr)의 2023년 10월 조사에 의하면 우리나라의 무종교 인구의 비율은 62.9%로 2004년 43.0%로서 저점을 기록한 이후 꾸준히 증가하고 있다. 따라서 사회와 소통하며 인식을 제고하는 한편, 공적 책임을 수행하는 종교적 역할의 수행이 요구된다.

1) 기독교의 태동

기독교란 2,000여 년 전 팔레스타인 지방에서 활동하던 "예수"라는 이름을 가진 이를 하나님의 아들, 즉 "구원자"(Messiah=Christ)로 믿고 그 가르침을 따라 살고자 하는 사람들(Christ Followers)인 그리스도인들(Christians=Christ Followers)이 믿는 종교이다. 이스라엘에서 "예수"라는 이름은 "호세아", "여호수아"와 같은 의미인데, "예수"라는 이름은 "여호수아"(יהושע)라는 이름에서 유래하였고, 여호수아는 "야훼"(하나님)와 "구원"이라는 의미의 "호세아"(הושע)라는 단어를 합쳐서 만든 이름으로서

2 본 섹션의 내용은 최성훈, 『고령사회의 삶과 죽음의 이해』 (서울: CLC, 2018), 69-74를 수정 및 보완한 것이다.

이는 "여호와는 구원이시다"라는 뜻이다. 구약 성경에서 히브리어로 "메시아"(משיח)는 "기름 부음을 받은 자"(애 4:20)란 뜻이고, 기름 부음을 받았다는 것은 이스라엘 백성을 구원하기 위해 기름 부음을 받았다는 의미로서 "구원자"를 의미한다. 구약을 헬라어로 번역한 70인역 성경에서는 메시아를 헬라어 "그리스도"(Χριστός)로 표현했다. 그러므로 그리스도란 이스라엘 백성을 구원하실 분이라는 뜻이며, 신약적인 의미로는 모든 인류를 죄에서 구원하실 분이라는 의미이다. 기독교의 "기독"이란 "그리스도"(Christ)를 한자어로 표기한 것인데, 이는 중국어 성경에서는 "기리사독"(基利斯督)으로 표기했지만, 중국어 성경을 음역하여 우리 말로 번역하는 과정에서 이를 "기독"(基督)으로 단순화하여 표기한 것이다.[3]

2) 한국의 전래

우리나라에 가톨릭이 언제 전래되었는지는 명확하지 않다. 다만 1592~1598년 벌어진 임진왜란 당시에 일본군을 따라 들어온 예수회 선교사 그레고리오 세스페데스(Gregorio Céspedes)에 의해 전파되었을 것이라는 주장과 1636~1637년의 병자호란 이후 청나라에 볼모로 잡혀갔던 소현 세자가 1645년에 귀국하며 독일의 예수회 선교사 아담 샬(Johann Adam Schall von Bell) 신부를 통해 가톨릭교회의 서적을 들여오며 전파되었다는 주장이 맞선다. 그러나 1631년 진주사(陳奏使)로 명나라에 갔던 사신 정두원이 귀국할 때에 서양 문물과 함께 천주교 서적을 가지고 들어왔다는 것만이 연대가 명확한 기록이다. 한편 1784년 북경에 갔던 이승훈은 장 그라몽(Jean de Grammont) 신부에게서 세례를 받음으로써 우리나라 최초의 영세 신자가 되었다.

우리나라가 개신교를 최초로 접한 해는 1832년으로 당시 중국에서 선교 활동을 수행하던 독일인 루터교 목사 칼 귀츨라프(Karl Friedrich August Gützlaff)가 충청도에 입국하며 서양 감자의 파종법과 포도 재배의 방법을 알려주었는데, 그는 우리나라를 방문한 최초의 개신교 인물이었다. 구한말(舊韓末) 조선은 유교국가의 취약점을 보완하는 한도에서 문호를 개방하는 한편, 새로운 문물을 받아들이기 위해 김옥

3 최성훈, 『21세기 기독교교육』 (서울: 박영사, 2023), 5-6.

균이 조직한 62명의 조사시찰단(朝士視察團)을 일본으로 파견하였다. 당시 일본에 있던 김옥균이 선교사 조지 낙스(George Knox)에게 도움을 요청하여 1884년 6월, 감리교의 로버트 맥클레이(Robert McLay) 선교사가 조선에 입국했다. 그러나 한국교회가 공식적으로 개신교의 전파가 시작된 시점으로 보는 시기는 복음을 직접 전할 목적을 가진 선교사들이 입국한 1885년이다. 미국 북장로회 선교사 호레이스 언더우드(Horace Grant Underwood) 부부와 북감리회 선교사 헨리 아펜젤러(Henry Gerhard Appenzeller) 부부가 1885년 4월 5일 인천 제물포항을 거쳐 조선땅에 첫발을 들여놓음으로써 한국 개신교 선교 역사가 시작되었다고 보는 것이다.

2 경전과 교리

1) 신구약 성경

기독교는 가톨릭과 개신교에 있어서 경전에 다소 차이가 있는데, 개신교가 정경으로 인정하는 구약 성경 39권과 신약 성경 27권, 총 66권의 성경은 동일하지만 가톨릭은 이에 더하여 구약 성경 일곱 권이 정경에 더 포함된다. 구약 성경은 90년 얌니아(Jamnia) 종교회의에서 39권이 정경으로 확정되었고, 신약 성경은 393년 히포의 레기우스(Hippo Regius) 종교회의에서 결의하였으며, 397년 카르타고(Carthage) 공의회를 통해 이를 재결하며 27권이 정경으로 포함되었다. 정경(canon)이란 "갈대"라는 뜻의 헬라어 "칸나"(κάννα)에서 유래한 것으로 갈대로 만든 "자," "재는 막대기," "기준"이라는 의미로 사용되었다. 그러므로 정경이란 성령의 영감을 받아 기록된 책으로서 기독교의 표준적인 권위를 지니며, 신앙과 생활에 대한 규범을 제공하는 책을 뜻한다. 한편 구약 성경의 정경 확정에 대하여 이집트의 알렉산드리아에 있는 유대인들은 이의를 제기하였는데, 그들은 39권 외에 정경에 들어가야 할 책들이 많이 있다고 주장하며, 알렉산드리아에서 번역된 70인역(LXX), 즉 헬라어로 번역된 구약 성경에 오늘날 외경에 포함된 책들을 합쳐서 정경을 이루어야 한다고 주장했다.[4] 가톨릭 교회는 그러한 의견을 반영하여 개신교에서 배제한 외경 15권 중에서 일곱 권은 정경으로, 다섯 권은 외경으로 받아들였다.[5]

2) 주요 교리

천지만물을 창조하신 하나님이 어떤 분이신가 하는 주제를 다루는 것은 신론(神論), 그 하나님께서 창조하신 인간의 모습을 다루는 것이 인간론(人間論)이다. 첫 사람이 죄를 지어서 자신의 힘으로는 하나님과의 관계를 돌이킬 수 없다는 실존을 다루는 죄론(罪論)은 필연적으로 회복의 구원을 갈망하는 구원론으로 이어지며, 하나님의 독생자 예수님을 그리스도, 주님으로 믿으면 구원을 얻기 때문에 이는 예수 그리스도에 대하여 설명하는 기독론(基督論)으로 귀결된다. 인간의 죄(罪)는 예수 그리스도를 통해 용서받지만 끊임없이 모습을 드러내는 죄성(罪性)을 극복하기 위해 성령의 도움을 필요로 하는 인간 존재의 실존이 성령론(聖靈論)으로 이어지며, 예수 그리스도를 머리로 하여 믿음으로 승리하는 공동체인 교회에 대한 교회론(敎會論)으로 연결된다. 또한, 유한한 이 세상에서만 구원의 은혜를 누리는 것이 아니라 "모든 눈물을 그 눈에서 닦아 주시니 다시는 사망이 없고 애통하는 것이나 곡하는 것이나

---

4 70인역은 라틴어로 "70"을 의미하는 "LXX"(Septuagint)에서 유래한 이름이다. 신구약 중간시대인 B.C. 3세기경에 헬라어(그리스어)를 공용어로 사용하였던 팔레스타인 지방의 유대인들이 히브리어로 기록된 구약 성경을 코이네 헬라어로 번역하였다. 알렉산드리아의 장로들이 12지파를 대표하여 지파별로 각 6명씩 선출되어 총 72명이 번역을 하였고, 그 때문에 70인역이라는 이름이 붙여지게 되었다.

5 외경은 "아포크뤼파"(Apocrypha)라고 하는데, 그 의미는 "감추어진 것," "숨겨진 것"이라는 뜻이다. 가톨릭교회는 외경을 "제2정경"이라고 부르며 정경에 준하는 권위를 부여하고 있지만, 개신교에서는 외경이 유대인들이 정한 39권의 구약 정경에 들어 있지 않고, 예수님과 사도들 또한 이를 인정하지 않았으며, 그 내용 역시 정경과 일치하지 않음을 지적하여 정경에서 배제하였다. 70인역이 번역될 당시에 알렉산드리아에서 특별히 사랑을 많이 받았던 외경 15권이 합쳐진 성경을 알렉산드리아 정경(Alexandria Canon)이라고 하며, 가톨릭은 이 가운데 에스드라 상, 하와 므낫세의 기도를 제외한 12권을 제2정경으로 받아들였다. 하지만 예레미야의 편지, 수산나, 세 청년의 노래, 벨과 용, 에스더 속편 등 5권은 기존에 정경으로 포함된 책들 내용의 일부로 삽입되었으므로 권수에서 제외하고 외경으로 포함하였는데, 이를 개신교에서는 위경(Pseudographia)이라 한다. 위경은 기독교 복음의 내용을 담고 있지만 전체적인 논지가 기독교 교리와 거리가 멀거나 이단적 요소를 담고 있어서 읽기에 좋지 않은 책이다. 따라서 가톨릭의 구약 정경은 개신교의 39권에서 일곱 권을 더한 46권이다.

아픈 것이 다시 있지 아니하리니"(계 21:4)라는 약속이 이루어져서 영원한 생명을 누리도록 하는 세상의 종말을 다루는 종말론(終末論)이 기독교 교리의 마지막을 장식한다.

(1) 계시론

유한한 인간은 무한한 우주의 창조주 하나님을 알 수 없으며, 첫 사람 아담과 하와의 타락 이후로 하나님과 인간의 간극은 심화되었기 때문에 인간은 스스로의 힘으로는 하나님을 알 수 없다. 따라서 하나님 자신이 당신을 밝혀주셔서 사람들이 하나님의 존재와 섭리에 대하여 알 수 있도록 하신 것을 계시라고 한다. 이는 모든 사람들에게 시간과 장소를 가리지 않고, 일반적인 시간과 장소를 통하여 자신을 알려주신 일반계시와 특별한 사람에게만 특별한 상황, 시간, 장소를 통해 하나님 자신을 알려주신 특별계시로 나뉜다.[6]

일반계시는 하나님께서 모든 사람에게 일반적인 방법을 통하여 이루시는 소통의 근원으로서 자연, 역사, 인간의 본질 등을 통해 자신을 계시하시는 방법이다. 예를 들어서 생물을 구성하는 최소의 단위를 밝히려고 미시적 세계를 다루는 생물학과 우주의 한계와 같은 거시적 세계를 다루는 지구과학 등을 통해 우리는 피조된 자연 세계를 다루며 하나님의 존재에 대하여 알 수 있게 된다. 시편 19편 1절의 "하늘이 하나님의 영광을 선포하고 궁창이 그의 손으로 하신 일을 나타내는도다"라는 구절은 자연을 통한 하나님의 계시를 뒷받침하고 있으며, 사도 바울은 로마서 1장 20절을 통해 "창세로부터 그의 보이지 아니하는 것들 곧 그의 영원하신 능력과 신성이 그가 만드신 만물에 분명히 보여 알려졌나니 그러므로 그들이 핑계하지 못할지니라"라고 주장하며 하나님께서 인류에게 자신을 밝혀주셨음을 강조하였다. 또한, 이스라엘의 불순종과 타락에도 불구하고 그들이 가나안에 입성케 하시고, 왕국을 이루었지만 또 다시 불순종으로 인해 북왕국과 남왕국이 멸망한 후에도 이스라엘 백성들을 보존하시는 역사와 제2차 세계대전 당시 덩케르크(Dunkirk) 철수 및 미국이 여건이 우월한 독일에 앞서 핵 개발을 마침으로써 연합국이 승리하는 사건 등

---

6 최성훈, 『성경가이드』 (서울: CLC, 2016), 28－31.

과 같이 인류를 보존하시고, 선이 악을 이기고 승리하게 하시는 역사도 하나님을 증거한다. 하나님의 가장 위대한 피조물로서 인간이 가지는 육체적 구조와 정신적 역량, 신을 추구하는 종교적 본질 역시 하나님에 대하여 알 수 있도록 하는 일반계시에 해당한다.

인간의 죄가 일반계시를 통해 하나님을 알 수 있는 능력을 손상시켰기 때문에 하나님은 새로운 방법을 통해 자신을 밝혀 주셨다. 그것은 하나님 자신이 특별한 시간과 장소를 통해 특별한 사람(아브라함, 이삭, 야곱, 모세 등)을 향해 주시는 특별한 대화 등의 나타내심(顯現)이며, 이스라엘이 출애굽할 때 애굽에게 임했던 열 가지 재앙과 홍해가 갈라지는 사건, 예수님의 성육신 사건을 비롯하여 예수 그리스도 및 그리스도인들이 그리스도의 이름으로 행하는 기적들, 그리고 성령의 영감 주심을 통한 성경의 기록 또한 특별계시에 속한다. 특별계시는 예수님을 주님으로 믿음으로써 구원을 얻도록 하는 인격적인 하나님의 섭리를 밝히는 과정에서 인간의 이해도를 고려하여 점진적으로 주어진다.

(2) 신론

하나님에 관한 내용은 신학 전반에 걸쳐서 가장 핵심적인 것이다. 왜냐하면 개인이 가지고 있는 하나님에 대한 이해는 그 사람의 신앙적 신념과 신앙생활의 양상을 결정하기 때문이다. 자칫하면 각 사람의 숫자대로 하나님에 대한 이해가 각기 다르게 될 수도 있고, 따라서 자의적인 하나님의 모습 때문에 신앙공동체가 무질서로 혼란해질 수 있으므로 이를 방지하기 위해서도 하나님의 본성에 대하여 성경에 근거하여 파악한 일치된 기본견해를 도출하는 것은 매우 중요하다. 하나님의 이름은 하나님의 본성 또는 속성을 이해하는 데 있어서 가장 유용한 기준이 된다. 구약성경의 하나님은 단수형인 "엘"(אל) 또는 복수형인 "엘로힘"(אלהים)으로 지칭되는데 이는 "강한," "힘 있는"이라는 의미이며, "경외의 하나님," "유일하신 하나님"을 나타내기도 한다. 이러한 복수 형태 사용에 대하여는 첫째, 신적인 위엄을 나타내기 위함이라는 견해, 둘째, 가나안 사람들이 신에 대한 개념을 복수형으로 가지고 있었기 때문에 이를 차용해서 사용한 것이라는 견해, 셋째, 성부, 성자, 성령의 삼위일체 하나님을 지칭한다고 해석하는 견해 등 세 가지 견해가 있다. 유대인들이 일상적으로 신을 지칭할 때에는 단수형을 사용하고, 거룩하심을 강조할 때에는 복수형을 사용하므로(시 96:5, 97:7) 첫째 해석이 가장 타당할 것이다.

하나님께서 모세에게 계시하신 하나님의 이름은 “나는 스스로 있는 자”(출 3:14)로서 감히 하나님의 이름을 부를 수 없었던 모세와 이스라엘 백성들로 인하여 정확한 이름이 알려져 있지 않다. 오늘날 그리스도인들이 사용하는 “여호와”라는 이름은 “야웨”(יהוה)라는 “YHWH” 영문 알파벳 음가를 나타내는 히브리어 자음 네 개에 히브리어의 “주님”을 의미하는 “아도나이”(אֲדֹנָי)의 모음 음가인 “아오아”(AOA)를 자음 사이에 삽입하여 만든 용어이며, 이는 “통치자,” “만유의 주,” “온 땅의 주”라는 뜻이다. 신약 성경에서 하나님의 명칭으로 사용된 “데오스”(θεός)는 구약의 “엘로힘”과 동의어로서 “하나님”을 지칭하며, “퀴리오스”(κύριος)는 구약의 “아도나이”와 동의어로서 “주님”이라는 의미이다. 헬라어 “파테르”(πατήρ)는 “아버지”라는 뜻으로서 삼위일체의 부격(父格)을 나타낸다.

하나님의 이름을 통해 드러난 하나님의 신성을 나타내는 특성들, 즉 속성들은 전지, 전능, 편재, 불변하심의 위대하심과 공의와 사랑, 선하심 등이다. 하나님은 창조주이시자, 피조된 전 우주의 통치자로서 절대적인 주권을 가지신 분이다. 피조 세계 안에서 피조물과 소통하시는 하나님의 모습을 통해 드러난 하나님의 속성은 내재성과 초월성이다. 하나님께서 창조 세계와 인간 세상 안에서 주권적으로 영향을 미치시는 것을 나타내는 속성이 하나님의 내재성이고, 피조된 자연세계를 초월하여 시간과 공간에 제약 받지 않으시고 활동하심은 하나님의 초월성에 속한다. 하나님은 무로부터*(ex nihilo)* 이 세상을 말씀으로 창조하셨고, 그것은 삼위일체적 사역으로서 그 통치는 선하시며, 보편적, 주권적인 성격을 띤다. 하나님의 섭리는 구원, 즉 하나님과 인격적 관계를 맺고 하나님께 영광을 돌리는 존재로서 인간의 회복을 목적으로 한다.

(3) 인간론

인간의 기원은 하나님의 창조인데, 인간은 하나님의 형상을 따라 창조된 유일하고, 따라서 가장 독특한 피조물이다. 인간의 구조적 본질에 대한 견해는 이분설(Dichotomism)과 삼분설(Trichotomism)로 나뉜다. 이분설은 인간이 몸(물질)과 영혼(비물질)으로 이루어졌다는 견해로서 381년 콘스탄티노플(Constantinople) 공회 결정을 통해 가장 폭넓은 기독교적 지지를 받으며 복음주의 개신교 진영의 대표적 견해로, 그리고 교회의 보편적 신앙의 기초로 자리잡았다. 또한 이분설은 영혼과 육체의 통일성을 강조하므로 영혼과 육체를 구분하는 이원론은 자유주의적 견해에 해당한다. 삼분설은 인간은 영(spirit), 혼(soul), 육(flesh/body)으로 구성되었다는 이해로서 보수적 개신교 진영에서 주로 받아들이는 견해이다. 이러한 삼분법적 인간관은 클레멘트(Clement)와 오리겐(Origen), 닛사의 그레고리(Gregory of Nyssa) 등 알렉산드리아 교부들의 주장을 통해 뒷받침되었다. 이분설과 삼분설은 개신교 전체에서 고루 받아들여지는 견해로서 양자를 구분하는 것에 큰 의미를 둘 필요는 없으며, 인간을 영혼과 육체 또는 영, 혼, 육의 통일체로서 전인적으로 받아들이는 것이 중요하다.

첫 사람 아담과 하와의 타락은 하나님과의 관계가 파괴됨을 시작으로, 자신과의 관계, 그리고 이웃과의 관계 역시 파괴되는 원인을 제공하였다. 하나님의 명령을 거역하고 선악과를 따 먹은 아담은 하나님께 "하나님이 주셔서 나와 함께 있게 하신 여자 그가 그 나무 열매를 내게 주므로 내가 먹었나이다"(창 3:12)라고 말하며 자신이 아니라 하와에게 죄를 전가하였고, 궁극적으로는 하와를 주신 하나님을 비난하였다. 하와 역시 "뱀이 나를 꾀므로 내가 먹었나이다"(창 3:13)라고 대답하며 선악과 열매를 먹은 이유는 자신이 아니라 뱀의 탓이라고 변명하였다. 그로 인하여 하와를 꾀어낸 뱀이 먼저 저주를 받고, 여자는 해산의 고통을, 그리고 남자는 땀을 흘려야 먹을 것을 얻는 저주를 받게 되었다.

이후로 인간의 삶은 하나님, 자신, 타인과의 관계 파괴로 인한 소외, 죄책감, 죄의 형벌, 육체적 죽음은 물론 영적인 죽음, 그리고 하나님을 떠나 영원한 죽음을 맞이해야 하는 등의 저주 아래에 놓이게 되었다(롬 5:12). 특히 그러한 저주를 유발한 죄는 하나님이 아니라 자기 자신의 뜻을 따르는 내적 성향, 불순종, 인본주의를 의미한다. 이는 실제적인 범죄 이전에 마음이 비뚤어진 것을 뜻하는데, 구약 성경에 나타난 죄는 "놓치다," "실패하다," "언약의 파기," "굽었다"는 의미이고, 신약 성경에 나타난 죄 역시 "과녁에서 벗어난 상태"를 지칭한다.

창조된 인간의 본래적 윤리의 순서는 하나님, 이웃, 그리고 마지막으로 나 자신을 바라보는 것인데(마 22:37–40), 죄는 이 순서를 반대로 바꾸어 놓아 자신을 주장하도록 만든다. 만약 자기주장이 자기희생으로 바뀐다면 갈등은 끝이 나게 되는데, 성경은 그러한 자기희생의 근원을 "사랑"으로 묘사한다. 따라서 죄의 특징이 소유하려는 욕구라면, 사랑의 특징은 나누어 주려는 욕구라고 할 수 있다. 그리스도인은 하나님께 가까이 갈수록 자신의 죄를 더욱 잘 알게 되고, 그리스도의 형상을 닮아 갈수록 자신이 그리스도로부터 너무나 멀리 떨어져 있음을 깨닫게 된다. 그러므로 인간에게 필요한 것은 자신의 존재를 하나님께로 돌이킬 수 있는 영적인 힘, 자기 자신을 극복하고 통제할 수 있는 힘, 타인과 온전한 관계를 맺고 청지기의식을 가지고 피조세계를 관리하는 도덕적 인격을 유지하는 힘이다.

어거스틴 이후 교회의 전통은 그러한 인간의 죄악된 타락 상태는 스스로의 힘으로 회복이 불가능한 것으로 여긴다. 그러나 예수 그리스도의 구원 사역으로 인해 인류의 회복과 이 땅에서 수행하는 다스림의 창조적 문화명령(창 1:27–28), 사랑을 수행하는 대명령(마 22:37–40), 복음을 전파하는 대위임령(마 28:18–20) 등의 소명 이행이 가능해졌는데, 칼 바르트(Karl Barth), 라인홀드 니버(Reinhold Niebuhr)와 같은 신정통주의 신학자들은 이를 인간의 힘으로 이루기는 불가능하지만 그리스도의 대속의 은혜를 입으면 가능하다는 의미에서 "불가능한 가능성"(impossible possibility)이라고 불렀다. 그러므로 인간론은 인간의 타락한 실존을 통해 죄론으로 연결되고, 이는 기독론과 구원론으로 이어진다.

(4) 기독론

기독론은 그리스도에 관한 이론으로서 하나님의 아들이 육신을 입어 세상에 내려오신 예수님의 그리스도 되심의 의미를 그리스도의 신성과 인성 등의 본성과 사역을 통해 설명한다. 그리스도의 신성은 성경의 직접적 묘사와 신적인 속성들의 증거를 통해 나타난다.[7] 우선 창조주로서 온 우주를 다스리시는 분께만 붙는 "하나님"이라는 명칭이 예수께 사용되고(요 1:1, 18, 20:28; 롬 9:5; 딛 2:13; 히 1:8; 벧후 1:1), 일반적인 의미에서 "주인"을 지칭하는 헬라어 단어 "퀴리오스"(κύριος)가 헬라어 성경 70인역에서 전능하신 하나님을 지칭하는 "주님"의 의미로 예수님을 지칭한다(마 3:3, 22:44; 눅 2:11, 18; 고전 8:6; 히 1:10−12). 또한 창조를 가능케 한 "말씀"(시 33:6)인 "로고스"(λόγος)가 예수님을 지칭하는 데 사용되었고, 예수님 자신과 성경 본문이 모세 이전의 선재성을 주장하였으며(요 3:17, 5:23, 8:58−59, 10:36), 자신이 처음과 나중임을 밝히셨다(계 22:13).

하나님의 아들로서의 신성 역시 성경 곳곳에서 증거하고 있다(요 1:14, 18, 34, 49). 그리스도의 신성은 그가 행하신 기적들을 통해 드러나는데, 폭풍이 부는 바다를 잔잔케 하신 사건(마 14:19), 오병이어의 기적을 행하신 일(마 14:19), 물이 포도주가 되게 하신 일(요 2:1−11) 등의 기적들이 신적 전능하심의 증거이다. 한편 하나님의 주권적 선포로서 "네 죄사함을 받았느니라"(막 2:5)고 말씀하시며 중풍병자를 고치신 후에 이를 신성모독이라고 생각하는 서기관들의 마음을 읽으신 일(막 2:8), 나다나엘의 마음을 꿰뚫어 보신 일(요 1:48), 가룟 유다의 배신을 미리 아신 일(요 6:54) 등은 예수님의 신적 전지하심을 드러낸다. 또한 자신의 육체의 부활을 암시하신 대목(요 2:19−21)과 생명의 능력(히 7:16) 등은 신적 불멸성을 나타낸다.

그리스도의 인성은 기본적으로 예수께서 동정녀 마리아를 통해 인간의 육체를 가지고 출생하고(마 2:1; 눅 2:7) 성장하셨다는(눅 2:52) 사실을 통해서 드러난다. 따라서 예수님은 허기(마 4:2)와 갈증(요 19:28)을 느끼셨고, 피곤함(요 4:6)과 십자가 사건의 고통을 모두 느끼셨다. 인간의 감정과 지적능력을 보유한 증거, 즉 괴로움의 감정(마 26:38; 요 12:27, 13:21)은 물론 굶주리고 병든 자들을 불쌍히 여기시며 민망히 여기신 대목(마 9:36, 14:14, 15:32, 20:34; 요 11:35) 역시 그의 인성을 나타낸다.

그리스도의 핵심적인 사역의 흐름을 정리하면, 성육신, 십자가 죽음과 대속, 부활 및 승천, 재림으로 이어진다. 특히 예언자, 제사장, 왕으로 요약되는 삼중직은 그리스도의 사역을 잘 나타낸다. 예언자란 헬라어로 "프로페테스"(προφήτης)인데, 이는 "앞서 이야기하는 자"라는 의미로서 하나님의 말씀을 대언하시고, 가르치시고, 병 고

7 Wayne Grudem, *Systematic Theology: An Introduction to Biblical Doctrine* (Grand Rapids, MI: Zondervan Publishing House, 1994), 543−549.

치시며 복음을 전파하는 자라는 그리스도의 사역적 직분을 지칭한다. 제사장은 하나님 앞에서 인간을 대표하고 인간 앞에서 하나님을 대표하는 직분인데, 제사장으로서의 예수님은 온 인류의 죄를 대속(고전 15:3; 벧전 2:24, 3:18; 요일 3:5; 갈 3:13)하기 위하여 아버지 하나님께 자기 자신을 제물로 드림으로써 구원을 이루셨다. 또한 예수 그리스도는 교회와 우주를 다스리시는 왕이신 분으로 모든 정사와 권세와 능력과 주관하는 자와 이 세상뿐 아니라 오는 세상에 일컫는 모든 이름 위에 뛰어난 분이다(빌 2:9).

(5) 성령론

성경은 성령에 대하여 다양한 명칭을 사용하며, 그 명칭들은 성령의 인격적 존재와 사역에 대하여 설명한다. 성령은 하나님의 성령(엡 4:30), 하나님의 영(롬 8:9; 벧전 4:14), 그리스도의 영(롬 8:9), 예수의 영(행 16:7), 여호와의 영(사 11:2; 슥 4:6), 보혜사(요 14:16, 15:26), 진리의 영(요 14:17), 진리의 성령(요 15:26, 16:13), 생명의 법(롬 8:2), 양자의 영(롬 8:15), 성결의 영(롬 1:4), 은혜의 성령(히 10:29), 영광의 영(벧전 4:14), 영원하신 성령(히 9:14), 지혜와 총명의 영, 모략과 재능의 신, 여호와를 경외하는 영(사 11:2) 등으로 소개된다.

성령의 상징 역시 성령의 인격과 사역을 나타내는데, 성령은 물(요 3:5; 고전 12:13), 생수(요 7:37−39), 불(마 3:11; 행 2:3), 바람(요 3:8), 기름(눅 4:18; 행 10:38), 비둘기(마 3:16; 막 1:10; 눅 3:22; 요 1:32), 인(印, 고후 1:22; 엡 1:13, 4:30), 보증(고후 1:22, 5:5; 엡 1:14) 등으로 묘사된다. 이는 물과 생수처럼 생명의 근원이 되시는 성령(요 7:37−39), 죄악을 소멸하고 어두움을 몰아내시는 불과 같은 성령(히 12:29), 바람같이 자유로이 임하셔서 자유케 하시는 성령(행 2:2), 기름과 같이 치유하고, 정결케하여 성별함으로써 빛을 발하게 하시는 성령(레 8:1−13, 14:17−18; 시 119:18; 행 10:38; 고후 1:21; 요일 2:27), 비둘기같이 순결하고 온유한 성령(마 3:16; 요 1:32), 구원의 약속으로 인치시고(엡 1:13−14, 4:30; 고후 1:22; 요일 3:24), 이를 보증하시는 성령(고후 5:5)의 사역을 드러낸다.

성령의 신성과 인성의 본질은 삼위일체의 제3의 위격으로서의 그의 사역을 통해 잘 나타난다. 우선 성령의 인성은 그의 지성, 감정, 의지 등의 인격성을 통해 나타나는데, 그는 "모든 것 곧 하나님의 깊은 것까지도 통달"(고전 2:10)할 정도로 지적이고(요 14:26), 인간의 죄로 인하여 근심하는 감정적인 존재이며(엡 4:30), 자신의 뜻대로 은사들을 각 사람에게 나누어 주시는 사려 깊은 의지(고전 12:11)의 소유자이다. 그의 신성은 천지 창조의 사역(창 1:2)과 전지전능함(눅 1:35; 고전 2:10-11), 그리고 영원성(히 1:10-12; 9:14) 등을 통해 드러난다. 또한 성령을 가리키는 말이 하나님에게도 동일하게 사용된 성경 본문들을 통해 드러난다. 일례로 아나니아가 자신의 소유를 판 돈의 얼마를 감추어 두고 일부만 사도들 앞에 가져와서 그것이 전부라고 거짓말을 했을 때에 베드로는 아나니아가 성령을 속였다고 지적하며(행 5:3), 그것이 사람에게 거짓말한 것이 아니라 하나님께 한 것이라고(행 5:4) 책망하였다. 사도 바울 역시 "너희는 너희가 하나님의 성전인 것과 하나님의 성령이 너희 안에 계시는 것을 알지 못하느냐"(고전 3:16), 그리고 "너희 몸은 너희가 하나님께로부터 받은 바 너희 가운데 계신 성령의 전인 줄을 알지 못하느냐"(고전 6:19)라고 말하며 하나님과 성령을 동일한 의미로서 교차하여 사용하였다.

성령의 신성은 그의 사역들의 근거가 되는데, 예언과 성경의 기록(겔 2:2; 벧후 1:21), 성막을 짓고, 필요한 기구를 만드는 등의 여러 가지 임무를 수행하기 위한 다양한 기술의 부여(출 31:3-5) 등은 성령의 신적 능력에 기인한 것이다. 성령은 "예수의 영"으로서 예수 그리스도의 성육신(눅 1:35), 성령충만(눅 4:1), 광야 인도(막 1:12) 등을 통해 성자 그리스도의 지상사역에도 관여하였다. 또한 성령은 복음을 받아들인 신자들이 죄성을 이기고 빛과 소금의 직분(마 5:13-16)을 담당하는 영향력있는 삶을 살 수 있도록 돕는 중요한 역할을 수행한다. 그는 사람들의 회심과 중생(요 3:5-6), 그리스도인으로서의 성화된 삶을 위한 내주(요 14:16-17)와 가르침(요 14:26)은 물론 인간의 연약함을 헤아리는 중보(롬 8:26-27)와 능력있는 삶을 위한 각종 은사의 부여(롬 12:6-9; 고전 12:4-11; 엡 4:11; 벧전 4:11) 등을 통해 사람을 세우는 사역을 담당한다.

(6) 교회론

구약에서 교회의 의미로 사용된 히브리어 단어는 "카할"(קָהָל)인데 이는 "회중"(느 5:13; 시 107:32; 렘 26:17, 44:15; 욜 2:16) 혹은 "총회"(신 9:10, 10:4, 18:16)라는 뜻으로서

"불러 모으다"라는 의미의 동사 "카할"(קָהָל)에서 유래하였다. 또한 "에다"(עֵדָה)라는 용어도 사용되었는데 이 역시 모임을 강조하는 표현으로서 동일하게 "회중"(출 12:3; 민 16:2; 왕상 8:5; 시 111:1; 호 7:12), "만민"(시 7:8), "모임"(시 1:5; 82:1), "무리"(민 26:10, 27:3; 욥 15:4; 잠 5:14) 등으로 번역된다.

신약에서 오늘날 교회를 지칭하는 의미의 단어는 "슈나고게"(συναγωγή)인데 이는 "함께"라는 뜻의 전치사 "슌"(σύν)과 "인도하다"라는 뜻의 동사 "아고"(ἄγω)가 합하여 "함께 인도하다," "함께 오다"라는 뜻을 갖게 된 동사 "슈나고"(συνάγω)에서 유래하였으며 "회당"으로 번역된다. 신약에서 교회를 지칭하는 또 다른 대표적인 단어로 "에클레시아"(ἐκκλησία)가 있다. 이는 "~로, ~로부터"라는 의미의 전치사 "에크"(ἐκκ)와 "불러내다"는 의미의 "칼레오"(καλέω)라는 동사가 합성된 단어로서 죄악된 세상에서 구별하여 "밖으로 불러낸 구별된 공동체"라는 의미에서 "부르심을 받은 회중"의 의미로 사용된다. 그러므로 교회란 그 규모나 형태가 아니라 예수님을 주님(그리스도)으로 고백하는 이들의 모임을 뜻하는 것이다.

구약 성경은 교회를 정의함에 있어서 모임의 행위에 강조점을 둔 반면, 신약 성경은 모임을 구성하는 구성원에게 초점을 맞추었다. 그러므로 신약 성경적 의미에서 교회의 머리는 그리스도이며, 그의 몸인 교회는 만물 안에서 만물을 충만하게 하시는 이의 충만(엡 1:22–23)이다. 교회는 모든 지역의 그리스도 안에 있는 모든 신자들을 뜻하며, 따라서 교회란 "하나님의 백성"(벧전 2:9), "그리스도의 몸"(엡 1:23), "성령의 전"(고전 3:16; 엡 2:21–22)이다. 또한 그리스도의 몸된 공동체의 충만이라는 기능적 의미에서 교회는 "하나님의 집," "하나님의 교회," "진리의 기둥과 터"(딤전 3:15)로서 예수 그리스도의 진리의 말씀에 기반한 공동체이다.

교회의 본질을 드러내는 대표적인 네 속성은 단일성, 거룩성, 보편성, 그리고 사도성이다. 첫째, 단일성은 교회의 내적, 영적 성격으로서 성령 안에서 그리스도를 통하여 활동하시는 하나님 자신의 단일성을 의미한다. 둘째, 거룩성이란 한편으로는 인간의 공동체로서 죄로 가득 차 있지만 다른 한편으로는 거룩한 그리스도의 몸이요, 거룩한 하나님의 백성이요, 거룩한 성령이 임재하시는 공동체라는 의미를 지칭한다. 셋째, 보편성은 교회가 어떤 경계 안에 속한 것이 아니라 예수를 그리스도로 믿는 모든 이에게 속하며, 또한 그러한 모든 그리스도인들을 통합하는 의미에서 의 보편성을 뜻한다. 넷째, 사도성이란 예수님 자신과 성령의 가르침대로, 교회는 복음의 계승, 즉 십자가에 달리시고 부활하신 예수가 인류의 구주임을 선포하는 공동체임을 의미한다.

(7) 종말론

종말론은 세상의 마지막을 설명하는 기독교의 교리로서, 이는 예수 그리스도의 다시 오심(재림)에 기인한 가르침이다. 예수님은 십자가에 달려 돌아가셨다가 사흘째 되는 날 부활, 승천하셨고, 이 땅에 다시 오심을 약속하셨는데, 예수께서 다시 오시는 재림의 날이 바로 세상의 마지막 날이다. 예수님은 마태복음 24장에서 세상의 마지막 날에 대하여 묘사하셨는데, 특히 29－31절에서는 재림에 대하여 상세한 설명을 덧붙이셨다. 그에 따르면 예수님의 재림은 인격적이고 신체적이므로 눈에 보이는 가견적 사건이며, 그날과 그때는 하늘의 천사들도 모르며 오직 하나님만 아시는(마 24:36) 불예측적 성격을 띠고 있다. 이를 사도 바울은 주의 날이 밤에 도둑같이 이를 것이라고 설명하였다(살전 5:1－2). 그러나 이는 승리와 영광의 사건으로서 예수님께서 구름을 타고 능력과 큰 영광으로 오실 것이며(마 24:30), 그때에 비로소 인류에 대한 최후의 심판이 있을 것이다(약 5:8－9; 벧전 4:7). 그날은 성도들에게는 복된 소망의 날이 될 것이지만(딛 2:13), 악인에게는 심히 두려운 날이 될 것이다(살후 1:8－9).

천년왕국설은 요한계시록 20장 1－10절 본문에 나타난 천년 동안의 그리스도의 지상통치에 대한 견해로서 전천년설(Premillennialism), 후천년설(Postmillennialism), 그리고 무천년설(Amillennialism)의 세 가지로 나뉜다. 전(前), 후(後), 무(無)라는 접두어는 예수 그리스도의 재림이 천년왕국 이전과 이후에 임하거나, 또는 아예 없다는 견해를 나타낸다. 전천년설은 예수님의 재림이 천년왕국 전에 이루어진다는 주장으로서 그 기원은 초대 교회의 교부들이다. 순교자 저스틴(Justin Martyr)을 비롯하여 이레니우스(St. Irenaeus), 터툴리안(Tertullian) 등이 이를 주장하였는데, 그들의 견해는 역사적 전천년설에 해당한다.

세대주의 전천년설(Dispensational Premillennialism)은 성경을 문자적으로 해석하여 이사야(사 65:17–25)와 에스겔(겔 40–48장) 선지자 등이 이스라엘 회복에 대하여 예언한 것이 천년왕국에서 문자적으로 성취되어 예루살렘 성전이 재건되고 절기들이 회복된다고 주장하며, 구약과 신약의 관계를 부인하는 한편, 구약의 이스라엘만 강조하였다. 세대주의 전천년주의자들은 하나님께서 세상을 다스리는 일련의 세대들 또는 경륜이 있다고 강조하며 일곱 세대로 구분되는 도식을 주장하였다. 세대주의는 대환란 이전에 성도들은 휴거되어 환란을 겪지 않고, 휴거 후에는 유대인들 중에서 남은 자들이 교회를 맡게 되어 이들을 통해 이스라엘 나라와 이방민족의 회심이 이루어진다고 본다. 이는 예수 그리스도의 재림이 대환란 전에 한 번의 공중재림과 대환란 이후의 지상재림으로 두 번에 걸쳐서 있는 이중적 재림이라고 보는 것이다. 이러한 견해는 성경 해석의 문자주의에 근거한 것으로서 보수적인 침례교와 오순절 교단 등에서 주로 받아들여졌다.

역사적 전천년설(Historic or Classical Premillennialism)은 초대 교회의 신앙을 따른 것으로서, 예수님의 재림이 천년왕국 전에 있다고 보고 7년 대환란을 문자적으로 해석하는 데에서는 세대주의 전천년설과 입장이 같으나, 천년왕국을 구약의 약속이 교회 안에서 이루어지는 신약적 성격의 나라로 파악하며 구분된다. 또한 그리스도께서 7년 대환란 이후에 이 땅에 오신다고 주장하며 성도들이 환란을 통과할 것이라고 주장한다. 세계적으로 개혁주의 교회의 전통은 무천년설 내지는 후천년설이지만, 우리나라 개혁주의 교단의 견해는 기독교의 전래 초기에 조직신학을 가르쳤던 미국 남장로교 소속의 윌리엄 레이놀드(William D. Reynolds) 선교사와 이후 조직신학을 담당하였던 박형룡 박사에 의해 역사적 전천년설이 주된 견해로 자리잡았다.

후천년설은 천년왕국이란 신약적 교회 시대의 후반부에 있을 기독교의 황금기를 가리킨다고 보는 견해로서 찰스 하지(Charles Hodge), 윌리엄 쉐드(William G. T. Shedd), 벤자민 워필드(Benjamin B. Warfield) 등 미국의 유력한 개혁주의 신학자들이 피력한 주장이다. 이는 성공적인 복음 전파를 통해 이 땅에 천년왕국을 건설하면 예수님께서 재림하신다는 견해로서 복음의 전파와 사회 변혁을 강조하므로 복음주의 교단과 자유주의적 진보교단 모두에게서 지지를 받았다.

한편 무천년설에 의하면 천년왕국은 단지 신약교회의 상징일 뿐이므로 그리스도의 지상통치는 없으며, 재림 직후에 최후의 심판으로 이어진다. 이는 초대 교회의 어거스틴(St. Augustine)으로부터 종교개혁 시대의 마틴 루터(Martin Luther)와 존 칼빈(John Calvin), 그리고 아브라함 카이퍼(Abraham Kuyper), 헤르만 바빙크(Herman Bavinck), 루이스 벌코프(Louis Berkhof) 등의 화란 계열 개혁주의 신학자들이 이 같은 견해를 주장하였다. 무천년주의자들은 요한계시록이 매우 상징적이라는 사실을 지적하며 이러한 견해를 전개하였는데, 후천년설이 복음의 궁극적 승리를 믿으며 패배처럼 보이는 전쟁 등의 참사를 낙관적으로 수용하는 것을 반대하며, 제1차 세계대전 이후에 지지를 받았다.

3 의례와 절기

1) 가톨릭 교회의 7성례[8]

가톨릭과 개신교의 가장 큰 차이는 성례전에 기인한다. 개신교는 세례와 성찬의 두 가지 성례전만을 인정하는 반면, 가톨릭은 개신교의 세례와 성찬에 해당하는 성세성사(聖洗聖事)와 성체성사(聖體聖事)를 비롯하여 성세성사를 보충하여 신앙생활을 효과적으로 할 수 있도록 돕는 견진성사(堅振聖事), 교회 안에서 주교, 사제, 부제 등의 직분에 따라 영적 권위를 부여하는 신품성사(神品聖事), 사제에게 죄를 고백함을 통해 하나님의 용서를 받도록 하는 고백성사(告白聖事), 부부의 관계를 성화하는 혼인성사(婚姻聖事), 중환자에게 기름을 부어 고통과 공포를 벗어나게 하는 병자성사(病者聖事) 등, 총 일곱 가지의 성례를 받아들여서 집행한다.

세례와 성찬을 제외한 나머지 성례전에 있어서 핵심적인 문제는 사제의 권위에 관한 것이다. 로마 교황이 베드로의 수위권을 계승하였기 때문에 무오성(無誤性)

---

8 가톨릭의 성례전과 관련한 내용은 최성훈, 『성경으로 본 이단이야기』, 개정 2쇄 (서울: CLC, 2022), 86−88을 수정 및 보완한 것이다.

을 포함하며, 교회가 성경의 정경을 확정했기 때문에 교회의 공포를 통하여 성령의 음성이 전달된다고 강조하는 교황의 수위권과 교회의 교도권에 대한 지나친 강조가 종교개혁을 통해 개신교가 갈라져 나가게 한 결정적인 원인이 된 것이다. 이에 대하여 종교개혁자 마틴 루터(Martin Luther)는 교회가 정경을 확정한 것은 사실이나 그 교회가 있게 한 것은 복음이며, 따라서 성경의 권위는 정경이 아니라 복음 안에 있는 것임을 주장하였다.

가톨릭은 성모 마리아를 평생 동정녀, 평생 무죄, 육체적 승천 등의 교리를 통해 신격화하였는데, 급기야 마리아의 존재를 그리스도와 구속사역의 공동협력자로까지 고양시켰다. 또한 신품성사를 통해 위계를 구분하고, 성직자를 통한 교회의 사면권을 강조하며 고백성사를 시행하며 권력을 추구하였으며, 이에 따라 견진성사, 혼인성사, 병자성사의 의미가 퇴색되었다. 그러한 교회의 사면권 행사는 면죄부의 판매로 극치에 달했다. 가톨릭은 세례받은 이후의 죄를 사하는 조건으로서 눈물, 금식, 헌금, 구제 등의 배상을 통해 회복해야 함을 주장하는 배상교리는 물론, 연옥교리를 만들어서 현세에서 가벼운 죄를 지은 사람의 영혼이 일시적으로 거해야 하는 연옥 개념을 만드는 한편, 그리스도와 성인들이 행한 구원을 충분히 이루고 남는 선행, 즉 잉여보화로부터 사면을 분배할 수 있는 사면권이 성직자들에게 있다고 주장하며 면죄부를 팔아 교회 곳간을 채운 것이다.[9] 따라서 종교개혁을 통해 일어난 개신교는 인본적인 모든 왜곡된 교리를 배격하고 성경 안에서 복음의 빛을 비추어

---

9 연옥(燃獄, Purgatorium)은 하나님의 은총과 사랑 안에서 죽음을 맞이하였으나 모든 죄에 대한 사함을 받지 못하여 완전히 정화되지 못한 사람이 가는 곳으로서, 이곳에서 천국에 들어가기 위하여 일시적인 정화를 거쳐야 하는 곳이다. 이는 가톨릭교회 내세관의 핵심으로서 유대교의 위령 기도 관습에 기인하고, 죽은 자들을 위한 기도 교리의 일환으로 가톨릭에서 발전시켰다. 또한 이는 개신교는 외경으로 인정하지 않지만 가톨릭은 정경으로 받아들인 “마카베 하” 12:43－45에 근거한 개념이다. 다음은 상기 본문을 기록한 성경 구절로서 개신교와 가톨릭이 함께 번역한, 국문 성경 중에 가장 원문에 가까운 의미를 담고 있는 공동번역 성경의 내용이다. “그리고 유다는 각 사람에게서 모금을 하여 은 이천 드라크마를 모아 그것을 속죄의 제사를위한 비용으로 써달라고 예루살렘으로 보냈다. 그가 이와 같이 숭고한 일을 한 것은 부활에 대해서 생각하고 있었기 때문이다. 만일 그가 전사자들이 부활할 수 있다는 희망을 가지고 있지 않았다면 죽은 자들을 위해서 기도하는 것이 허사이고 무의미한 일이었을 것이다. 그가 경건하게 죽은 사람들을 위한 훌륭한 상이 마련되어 있다는 생각을 하고 있었으니 그것이야말로 갸륵하고 경건한 생각이었다. 그가 죽은 자들을 위해서 속죄의 제물을 바친 것은 그 죽은 자들이 죄에서 벗어날 수 있게 하려는 것이었다.”

성경적 교리를 수호하고, 참된 신앙을 회복하는 데에 초점을 맞추었다.

2) 개신교의 세례와 성만찬10

개신교는 세례와 성만찬의 두 가지 성례만을 인정한다. 세례란 예수님을 주님으로 믿겠다는 신앙을 고백한 사람이 이제부터는 그리스도를 따라 살겠다고 결심하여 교회의 등록교인이 되기를 작정하며 믿음을 확증하는 의식이며, 성찬은 예수님이 이 땅에 인간의 몸을 입어 오신 것을 기념하여 떡을 떼고, 또 인류를 구원하시기 위해 십자가에 달려 피를 흘리시고 돌아가신 것을 기념하기 위해 포도주를 나누어 마시는 의식이다.

세례에 해당하는 헬라어 "밥티조"(βαπτίζω)는 "적시다"라는 의미이며, 물에 완전히 들어갔다가 나오는 그 행동은 씻음과 새로운 출발을 의미한다. 세례는 마음이 씻겨져서 새롭게 됨을 상징적으로 묘사하고, 그러한 내적 씻음을 공식적으로 선언하는 의식이다. 또한, 세례는 "성부와 성자와 성령"의 이름으로 행하는 것이므로 삼위일체 하나님과 관계맺는 것을 나타낸다. 세례는 예수님께서 십자가에 달리심으로 인류의 죄를 대속하신 이후에 부활하시고 승천하실 때에 남기신 마지막 말씀에 근거한다. 그러나 세례(Baptism)는 "모든 믿는 자에게 구원을 주시는 하나님의 능력"(롬 1:16)을 상징적으로 나타내며, 믿음을 통해 그 능력을 경험할 수 있다는 사실을 드러내는 표면적인 예식일 뿐이고, 세례를 받는 사람이 예수님을 주님으로 신실하게 받아들이는 마음 중심의 진실성이 가장 중요하다. 그러므로 몸 전체가 완전히 물에 들어갔다가 나오도록 하는 침수(immersion), 물을 머리에 붓는 관수(affusion), 물을 머리에 뿌리는 살수(aspersion) 등의 세례의 방식들은 교단의 특성이나 교회의 상황에 따라 적절하게 사용하면 되는 것일 뿐, 모두 세례의 본질을 훼손시키지 않는다.

성찬(Eucharist)을 의미하는 "유카리스트"는 "감사하는 마음을 갖다"는 의미의 헬라어 "유카리스테오"(εὐχαριστέω)의 명사형인 "유카리스티아"(εὐχαριστία)에서

---

10 개신교의 성례전과 관련한 내용은 최성훈, 『새가족가이드』 (서울: CLC, 2017), 118－134를 수정 및 보완한 것이다.

유래된 용어로서 "감사예식"이라는 뜻이다. 이는 예수님께서 베풀어주신 만찬이므로 다른 말로는 "주님의 만찬"(The Lord's Supper)이라고도 칭한다. 성찬에 대한 기독교 각 교단의 입장은 성직자(신부)가 성찬을 집례하며 기도할 때에 떡과 포도주의 본질(substance)이 예수님의 살과 피로 변한다(trans)는 가톨릭교회(구교)의 화체설(Transubstantiation), 떡과 포도주의 본질(substance) 안에 이미 예수님의 살과 피가 함께(con) 공존한다는 루터교의 공재설(Consubstantiation), 종교개혁자 울리히 츠빙글리(Ulrich Zwingli)가 주장한 견해로서 성찬이 단순히 예수님의 이 땅에 육체로 오심(떡)과 죽으심(십자가 보혈, 포도주)을 기념하는 데에 목적이 있는 것뿐이라는 기념설(Memorialism), 그리고 종교개혁자 존 칼빈(John Calvin)이 주장한 견해로서 성도들이 성찬식을 통해 떡과 포도주를 대할 때에 예수님께서 영적으로 임재하신다는, 오늘날 대부분의 개신교단이 받아들이는 영적 임재설(Spiritual Presence) 등으로 구분된다.

4 21세기의 기독교

사회적 자본(Social Capital)은 1916년 미국의 사회개혁가 리다 하니판(Lyda J. Hanifan)이 고안한 개념인데, 이는 개인들 간의 사회적 관계에 의해 형성되는 것으로서 개인이나 집단의 목표 달성을 위해 신뢰와 호혜, 참여와 소통을 통해 발전하는 사회적 형태의 자원을 의미한다.[11] 제임스 콜먼(James S. Coleman)에 의하면 사회적 자본은 개인들이 사회 내에서 타인들과 형성하는 신뢰, 공유하는 규범, 네트워크에 의하여 형성되며, 신뢰를 토대로 호혜성의 규범이 생산적 요소로 기능하고, 네트워크가 정보의 제공 및 가치관과 규범의 공유를 통해 결속을 강화한다.[12] 미국의 경우 종교, 즉 개신교와 시민사회가 공통적인 관심사에 대하여 함께 토의하려는 의지, 그러한 토론이 분명히 가치가 있다는 공유된 인식, 그리고 공유하는 가치에 대한 구체

11 최성훈, "코로나19 관련 노인차별에 대한 공공신학적 분석: 위험인식, 여가와 돌봄, 사회적 자본을 중심으로," 「선교와 신학」 55 (2021), 443.

12 James. S. Coleman, *Foundations of Social Theory* (Cambrdige, MA: The Belknap Press of Harvard University Press, 1994), 302−311.

적인 확인을 통해 유기적으로 연결되어 종교가 시민사회에 기여해 왔다.[13] 하지만 1960년대 이후 미국사회의 세속화로 인하여 종교가 개인의 영역으로 사사화되었고, 이에 대응하여 확산된 복음주의 교파는 사회에서보다는 교회 공동체 내에서 주로 활동함에 따라 사회적 자본이 교회 내부로 투여되었다.[14] 반면 세속화로 인하여 쇠퇴한 개신교 근본주의 진영은 사회적 신뢰도가 낮아서 시민참여에 대하여 비관용적이기 때문에 시민사회에 대한 기여도가 낮아서 미국 내 종교의 사회적 자본 감소를 조장하였다.[15]

한국 사회는 현대산업사회로 이행하는 과정에서 사회적 이동과 익명성의 증가 및 성취적 지위와 귀속적 지위의 대치로 인해 신뢰도가 약화되었고, 일제 강점의 경험 및 한국전쟁, 그리고 1960년대 이후 군부독재와 권위주의로 인해 신뢰에 필요한 시민사회의 발전이 저해되었다.[16] 따라서 시민사회의 미약한 발달이 규범의 발달을 지연시키는 한편, 공공자원과 규칙을 독점한 강력한 국가권력이 사회 전체의 네트워크를 통제함에 따라 한국사회는 공적 관계에 대한 낮은 신뢰를 드러내는 동시에 혈연과 지연에 따른 사적 네트워크에 의존하는 경향을 보였다.[17] 우리나라의 개신교 역시 공동체 내의 신뢰도는 높은 편이지만 사회적 신뢰도는 매우 낮아서 향후 사회적 균열의 시발점이 될 우려도 노출한다.[18] 교회 안에서 신앙적 규범이 교인들에게 호혜적으로 작동하여 내적 결속력을 강화하기 때문에 한국교회 내에서의 호혜성은 사회 내 다른 집단에 비하여 높지만, 신앙적 규범이 배타적이어서 교회 밖의 구성원에 대하여는 배타적으로 작용할 수 있다는 점이 지적되기도 한다.[19] 또한, 한국교회의 네트워크 역시 내적으로는 촘촘히 연결되어 있지만, 이는 안으로 닫혀

---

13 Robert Wuthnow, *Christianity and Civil Society: The Contemporary Debate* (Valley Forge, PA: Trinity Press International, 1996), 63.

14 Robert D. Putnam, *Bowling Alone: The Collapse and Revival of American Community* (New York, NY: Simon & Schuster, 2001), 74–75.

15 Robert D. Putnam and David E. Campbell, *American Grace: How Religion Divides and Unites Us* (New York, NY: Simon & Schuster, 2012), 468.

16 박찬웅, 『시장과 사회적 자본』 (서울: 그린, 2006), 27.

17 이재열, "민주주의, 사회적 신뢰, 사회적 자본," 「계간사상」 37 (1998), 79–84.

18 장형철, "종교와 사회적 자본: 한국 개신교회를 중심으로," 「현상과 인식」 119 (2013), 87–89.

19 Ibid., 90–91.

있는 구조라서 사회 전체로 확대되어 있지 못하기 때문에 한국사회와 소통하지 못할 뿐만 아니라 오히려 파편화를 양산할 우려가 있다. 따라서 개신교의 사회적 자본이 사회 전체로 확산되어 시민사회 발전에 공헌하려면 한국교회는 포용적 신앙윤리를 통해 사회적 신뢰를 획득해야 하고, 제한된 호혜성을 극복하기 위하여 배타적 규범보다는 관용 및 사회와 연결된 열린 네트워크를 통해 연계형 사회적 자본을 창출해야 할 것이다.[20]

20 결속형 또는 배타적 사회적 자본은 동일한 배경의 구성원들, 일례로 교인들을 내부적으로 결속하는 역할을 통해 집단에 대한 충성 제고와 함께 외집단에 대한 적대감을 형성하지만, 연계형 사회적 자본은 다양한 배경을 지닌 사회 구성원들을 묶는 역할을 통해 폭넓은 정체성과 호혜성을 생산한다. Robert D. Putnam, *Bowling Alone: The Collapse and Revival of American Community*, 23.

참고문헌

박찬웅. 『시장과 사회적 자본』. 서울: 그린, 2006.

이재열. "민주주의, 사회적 신뢰, 사회적 자본." 「계간사상」 37 (1998), 65–93.

장형철. "종교와 사회적 자본: 한국 개신교회를 중심으로." 「현상과 인식」 119 (2013), 79–104.

최성훈. 『21세기 기독교교육』. 서울: 박영사, 2023.

_____. 『성경으로 본 이단이야기』. 개정 2쇄. 서울: CLC, 2022.

_____. "코로나19 관련 노인차별에 대한 공공신학적 분석: 위험인식, 여가와 돌봄, 사회적 자본을 중심으로." 「선교와 신학」 55 (2021), 423–453.

_____. 『고령사회의 삶과 죽음의 이해』. 서울: CLC, 2018.

_____. 『새가족가이드』. 서울: CLC, 2017.

_____. 『성경가이드』. 서울: CLC, 2016.

Coleman, James. S. *Foundations of Social Theory*. Cambrdige, MA: The Belknap Press of Harvard University Press, 1994.

Grudem, Wayne. *Systematic Theology: An Introduction to Biblical Doctrine*. Grand Rapids, MI: Zondervan Publishing House, 1994.

Putnam, Robert D., and Campbell, David E. *American Grace: How Religion Divides and Unites Us*. New York, NY: Simon & Schuster, 2012.

Putnam, Robert D. *Bowling Alone: The Collapse and Revival of American Community*. New York, NY: Simon & Schuster Paperbacks, 2001.

Wuthnow, Robert. *Christianity and Civil Society: The Contemporary Debate*. Valley Forge, PA: Trinity Press International, 1996.

09 이슬람교(Islam)

이슬람교는 기독교, 불교와 더불어 세계 3대 종교로 인정되는 종교로서 "이슬람"이라는 용어는 "평화"를 의미하는 아랍어 "쌀람"(Salām)에서 나왔고, 아랍어 동사 "복종하다," "헌신하다"라는 뜻을 가진 "싸리마"(Sarima)에서 유래하였다. 진정한 평화는 모든 무슬림들이 유일신 알라(Allah)에게 완전히 복종하고 헌신할 때에 가능하다는 의미이다. 한자를 사용하는 문화권에서는 이슬람을 회교(回教) 또는 회회교(回回教)라고 하는데, 이는 중국의 55개 소수민족 가운데 서북방 사막 지대에 사는 족속으로 한자로 회족(回族) 또는 회흘족(回紇族)이라고 하는 이들이 믿는 종교라는 뜻이다.[1] 이슬람교를 믿는 신도는 무슬림(Muslim)이라고 하며, 이는 "복종하는 사람" 또는 "유일한 신 알라를 믿는 사람"이라는 뜻이다.

---

1 중국 북서부에 위치한 신장 자치구에는 다수의 무슬림들이 거주하며, 1천 5백만 명에 달하는 주민들은 다양한 족속으로 구성되어 있다. 가장 다수를 차지하는 위구르족의 수는 700만 이상이고, 카자흐족 100만, 키르키스족 15만, 우즈벡족 1만 5천, 타타르족 5천, 타지크족 3만, 만주족 9만, 그리고 중국 무슬림인 후이족(回族) 60만과 더불어 나머지 인구는 한족이다. 후이족의 다수가 무슬림이긴 하지만 그들 전체가 이슬람 신앙을 가진 것은 아니기 때문에 후이족이라고 해서 무슬림이라고 단정할 수는 없다.

1 형성과 발전

1) 이슬람교의 형성

이슬람교는 기독교, 유대교, 조로아스터교, 시크교와 같이 유일신을 믿는 종교로서 570년 아라비아 반도 중앙의 다신 숭배의 중심지였던 메카(Mecca)에서 태어난 무함마드(Muhammad)에 의해 시작되었다. 이슬람 발생의 이전 사회를 "자힐리아"(Jahiliyyah), 즉 무명(無明) 시대라고 하는데, 그러한 명칭은 이슬람 발생 이전의 시대가 미개 시대였다는 의미이기도 하고, 신앙적으로 암흑기라는 사실도 뜻한다.[2] 이슬람교의 발상지인 아라비아 반도는 대부분 사막과 초원으로 구성되어 있어 그 땅에 거주하는 유목민들은 항상 물과 풀을 찾아 다니는 궁색한 생활로 인해 철학적 사색을 할 여유가 없었기 때문에 신앙의 성격이 자연발생적이고 다신론적이었다.[3] 당시 아라비아 반도는 씨족 중심의 사회를 이루고 있었는데, 대부분의 씨족들은 자기 씨족을 상징하는 돌을 가지고 있었다. 각 씨족의 대표들이 모여서 슈라(Shura)라는 협의체를 구성하는 한편, 각 씨족들의 돌들을 한자리에 모아 성역을 만들어 보다 큰 규모의 부족적 단결을 과시하였다. 특히 동굴이나 바위가 특별한 힘을 가진 신성한 것으로 간주되었고, 메카에는 신이 최초의 인간인 아담과 하와를 낙원에서 추방할 때 그들의 죄를 용서하기 위해 만들었다고 믿어 신성시하는 검은색의 정육면체 돌인 카바(Kabah)가 있다.[4]

메카의 다수 종족은 알 쿠라이쉬(Al Quraysh) 부족이었는데, 이에 속하는 하심(Hashim) 가문의 상인이었던 아버지 압둘라(Abdullah)가 복중에 있을 때에 사망하여 유복자로 태어난 무함마드는 6세 때에 어머니 아미나(Amina)를 여의고 조부의 손에서 자랐지만 조부 역시 그가 8세 되던 해에 세상을 떠났기 때문에 그는 숙부 아브

---

2 한국종교 문화연구소, 『세계종교사입문』, 개정증보판 (파주: 도서출판 청년사, 2003), 619.
3 김정위, 『이슬람 사상사』 (서울: 민음사, 1991), 11.
4 이길용, 『이야기 세계종교』 (서울: 한국방송통신대학교출판문화원, 2015), 165.

탈리브(Abū Ṭālib)의 슬하에서 성장하였다. 청년이 된 무함마드는 당시에는 노총각의 나이인 25세에 숙부의 소개로 근무했던 상단(商團)의 여주인으로서 40세였던 카디자(Khadīja)와 결혼했다. 무함마드가 살던 메카는 다신 숭배의 중심지였는데, 잡다한 미신들에게 환멸을 느낀 무함마드는 자주 집 주위의 동굴을 찾아 명상 기도에 힘쓰며 단식을 하곤 했는데, 그가 40세가 되었을 때 히라(Hira) 산 동굴에서 환몽을 체험하였다. 자신을 천사 가브리엘이라고 소개한 존재가 청년의 형상으로 나타나 무함마드에게 금색 글씨로 쓴 비단 두루마리를 펴 보이며 그것을 창조주의 이름으로 읽으라고 명령하였다(꾸란 69:1-5). 무함마드는 무엇을 읽어야 하느냐고 물었지만 가브리엘은 세 번이나 동일한 명령을 내리며 그의 몸을 심하게 짓눌렀다. 무함마드가 자신은 읽을 줄 모른다고 대답하자, 가브리엘은 자신이 읽는 것을 따라 읽으라고 말하였다.[5]

이후 그가 자신의 앞에 나타난 영적 존재가 천사인지 악마인지 판단이 되지 않아 고민할 때에 카디자는 무함마드의 옷을 벗기고 자신도 알몸이 되어 무함마드에게 자신의 허리에 두 팔을 감고 힘껏 죄어보라고 한 뒤, 그래도 천사가 보이느냐고 물었다. 무함마드가 보이지 않는다고 대답하자 음란한 광경을 피한 존재는 천사임에 틀림없다고 단언하였다. 따라서 무함마드는 자신의 신비체험이 신의 계시라고 믿고 3년 뒤인 613년부터 자신에게 계시된 진리를 전파하기 시작하였고, 아내 카디자, 14세 나이의 사촌 알리(Ali), 무함마드의 딸로서 나중에 알리와 결혼하는 파티마(Fatima), 기독교인 노예 제이드(Zeid) 등이 초기 신도가 되었다. 하지만 무함마드가 전한 모든 신들 중에서 최고의 신은 알라뿐이라는 유일신 사상은 당시 다신 숭배가 만연한 메카 사람들에게는 받아들이기 힘들었고, 알라 앞에서 만인이 평등하다고 주장하며 최후의 심판이 있으니 윤리적 삶을 살아야 한다고 설파한 무함마드의 주장은 부유한 메카 상인들의 입장에서는 받아들이기 어려웠다. 하지만 무함마드는 자신을 따르는 40여 명의 신도들과 함께 아라비아인들이 숭배하는 신들은 진정한 신이 아니고, 장래 심판이 있기 때문에 우상숭배와 유아살인을 금하고 유일신 알라

5 무함마드가 처음 받은 계시의 내용이 꾸란 제96장에 최초의 환상과 알라의 선지자직 임명으로 나타나며, 그는 52세가 될 때까지 계속 환상을 보며 계시를 받았다.

만을 믿어야 한다고 강조하였다. 무함마드의 초기 포교활동이 열매를 맺지 못하는 와중에 620년 그의 아내 카디자가 세상을 떠나고 뒤이어 621년에 숙부 탈리브가 사망하며, 반대세력으로부터는 무함마드가 위험한 사상을 전파하는 자라고 지목당하여 지속적인 위협을 당했다. 무함마드는 622년 200여 명의 추종 세력을 거느리고 메카를 떠나 메디나(Medina)로 이주하기로 결심하는데, 이슬람에서는 이를 "헤지라"(Hijrah, Hegira), 즉 "거룩한 이주"라고 하여 이를 이슬람교의 기원으로서 이슬람력 원년으로 삼는다.[6]

메디나를 본거지로 삼은 무함마드는 한 분 알라만을 경배하고, 도둑질, 음행, 영아 살해, 비방을 않으며, 옳은 일에는 절대로 예언자 무함마드에게 복종한다는 내용의 아카바(Aqabah) 서약 6조를 제정하였다.[7] 또한, 움마(Ummah)라는 이슬람 신앙 공동체를 세우고, 매일 기도에 전념하는 한편 예배당을 건축하여 금요일 회중 예배를 이끈 결과 급속도로 신도의 수가 늘어났다. 메디나 주민 전체가 무슬림이 된 끝에 메디나 시민들은 무함마드를 지도자로 선택하였고, 사막의 베두인족과 연맹을 맺은 무함마드는 전도 방법에 있어서 군사적 행동을 추가하여 개종의 회유를 거부한 메디나 거주 유대인들을 강제 추방하거나 살해하였다. 수적 열세에도 불구하고 624년에 바드르(Badr) 전투와 625년 우흐드(Uhd) 전투를 승리로 이끌며 연전연승한 무함마드를 본 아랍인들은 이를 기적이자 무함마드에 대한 신의 은총의 표시로 생각하고 무슬림에 가담하였다. 무함마드가 이끄는 군대는 627년 메디나를 공격해 온 1만 명의 메카군을 물리치고, 드디어 630년에는 메카를 점령하였고, 메카의 성스러운 검은 돌인 카바(Kabah) 앞에서 모든 우상들을 제거하고 순례의 예식을 행하였다. 이후 전쟁을 통해 세력을 확장하는 한편 강력한 신정정치를 실현하던 무함마드는 632년 혁신운동으로 승리한 것을 상징하는 순례를 마치고 돌아와 갑자기 병사하였는데, 그가 카디자를 통해 얻었던 3남 4녀 중에서 그의 사망 당시에 생존한 자녀는 막내딸 파티마가 유일했기 때문에 후계자 문제는 이슬람 진영이 분열되는 단초가 되었다.

---

6 당시 메디나는 야스리브(Yathrib)로 불리우던 도시였지만, 무함마드에 의해 "예언자의 도시"라는 의미의 "마디나투 안 나비"(Madīnah an-Nabī)로 바뀌었고, 후에 메디나가 되었다.

7 이훈구, 『비교종교학』 (서울: 은혜출판사, 2005), 161.

2) 이슬람 종파

이슬람교는 수니파(Sunnites), 시아파(Shiites), 수피파(Sufis) 등으로 나뉜다. 수니라는 명칭은 전승인 순나(Sunnah)를 따르는 자라는 의미이며, 따라서 수니파는 무슬림 공동체인 움마의 순나를 추종하며 선거 제도에 의해서 칼리프가 선출되어야 한다고 주장한다. 무슬림의 약 90%가 수니파에 속하는데 오늘날 사우디아라비아와 쿠웨이트가 수니파가 우세한 대표적인 국가이다. 시아라는 명칭은 "알리를 따르는 사람들"이라는 의미의 시아트 알리(Shiat Ali)에서 온 것으로 오늘날 이란이 시아 이슬람교를 대표하며 수니파의 서구화 노선을 비판적으로 본다. 수니파와 시아파 모두 꾸란의 가르침을 따른다는 점에서는 동일하지만 시아파가 그 가르침에 대하여 보다 엄격하여 꾸란의 가르침을 벗어나는 행위를 절대로 용납하지 않는다. 신비주의 종파인 수피즘(Sufism)의 종파인 수피파는 수니파에 대한 반발로 일어났는데, 환상과 치유, 기도에 집중하며 알라와의 직접적인 경험, 즉 신비적 연합관계에서 알라와 하나가 되는 것을 목표로 한다.[8] 수피파는 금욕주의와 율법주의를 함께 강조하므로 수니파와 시아파 교도들 중에서도 심정적으로 수피파에 우호적인 이들이 많다. 그들은 인도, 파키스탄, 인도네시아, 말레이시아, 필리핀 등 주로 아시아 지역으로 진출하였고, 힌두교와 불교에도 영향을 끼쳤다.

수니파와 시아파의 분열은 무함마드가 아들을 남기지 않고 사망함으로써 촉발되었는데, 632년 무함마드가 사망한 후 지도자들의 회의를 통해 무함마드의 장인이자 동료였던 아부 바크르(Abū Bakr)가 후계자인 첫 칼리프(Kālif)로 선출되었다.[9] 2년간 통치하고 열병으로 사망한 바크르를 이어 우마르(Umar)가 두 번째 칼리프가 되었지만 10년 후인 644년 페르시아 출신 기독교도 노예에 의해 살해된 후 후계자와 관련한 갈등이 불거졌다. 무함마드의 사촌이자 사위인 알리가 칼리프가 되어야 한

8 수피즘은 수프(suf), 즉 양모라는 단어에서 파생된 것인데, 이는 염색되지 않은 양모로 만든 옷을 입은 금욕주의자들의 겉모습에서 기인한 명칭이다.

9 칼리프는 "신의 사도의 대리"라는 의미로서, 결국 신의 사도인 무함마드의 대리자라는 뜻이다. 수니파는 종교적인 것은 관행(수니)을 따르고 정치적인 것은 칼리프를 따른다고 보는 반면에, 시아파는 "최고 지도자"라는 의미의 이맘(Imam)이 정치적 권위와 종교적 권위 모두를 보유한다고 생각한다.

다고 주장한 사람들이 알리를 세 번째 칼리프로 옹립하기 위하여 노력했지만 무함마드의 사위이자 조력자였던 우스만(Uthman)이 권력 투쟁에서 승리하고 3대 칼리프가 되었다.[10] 하지만 우스만 역시 656년 암살당하고, 알리가 네 번째 칼리프로 등극하지만 5년 후인 661년 알리 역시 예배를 드리러 모스크에 들어가다가 광신도에 의해 암살을 당하고 말았다. 이를 계기로 알리를 추종하는 세력이 기존 세력과 완전히 갈라서게 되는데, 이것이 기존 세력인 수니파와 알리를 추종하는 세력인 시아파의 분열이다.[11] 시아파는 칼리프 제도를 인정하지 않고 문자적으로 지도자, 계승자, 장로, 모범 등을 의미하는 이맘(Imam)을 지도자로 내세우며, 이를 무함마드 가문의 후손으로서 시아파를 총괄하는 통솔자로 인정하였다.[12]

---

10 우스만은 무함마드를 반대하던 메카의 유력한 우마이야 가문 출신으로서 무함마드가 이끄는 이슬람군이 승리를 거둔 후에 이슬람 측에 가담하여 사위가 되었던 인물이다.

11 알리를 추종하는 세력은 수니파가 알리를 암살했다고 비난하였고, 수니파는 알리가 우스만의 암살 사건에 연루되었다고 지적하며 맞섰다. 우스만은 자신이 믿을 수 있는 우마이야(Umayya) 가문 출신의 인물들을 요직에 등용하였는데, 특히 이집트 총독을 파면하고 징세 능력이 뛰어난 그의 사촌을 파송하였다. 하지만 이집트 지역의 아랍 병사들이 총독의 교체와 세금 징수에 대하여 항의하자 우스만은 금요설교 때에 불평분자를 비판하는 연설을 하였다. 그의 처신에 격분한 이들은 예배를 드리기 위해 꾸란을 읽고 있던 우스만을 성전에서 살해하였다.

12 시아파의 주류인 역사상 나타난 열두 이맘을 모두 인정하는 열두 이맘파는 시아파의 열두 번째 이맘인 무함마드 알 문타자르(Muhammad al－Muntazar)가 자손을 남기지 않고 사마라시의 사원 속으로 사라지자 그를 숨은 이맘이라고 믿고 언제가 그가 구세주인 마흐디(Mahdi)가 되어 이 세상에 돌아와 진정한 이슬람 세상을 만든다고 믿는다. 제5대 이맘으로서 주류 시아파가 섬기는 무함마드 알 바키르(Muhammad Al－Baqir)가 아닌 그의 동생 자이드 알 샤히드(Zaid Al－Shahid)를 제5대 이맘으로 따르는 분파인 다섯 이맘파는 숨은 이맘을 믿지 않고, 수니파의 박해를 피하기 위해 신앙을 일시적으로 숨기는 타끼야(Taqiya)도 허용하지 않는 등 시아파 중에서는 수니파에 가장 가까운 모습을 보인다. 열두 이맘파가 일곱 번째 이맘으로 추종하는 무사 알 카딤(Musa Al－Kadhim) 대신에 여섯 번째 이맘인 자파르 알 사디크(Ja'far Al－Sadiq)의 아들 장남 무함마드 이븐 이스마일(Muhammad ibn Ismail)을 일곱 번째 이맘으로 믿는 일곱 이맘파는 반대파 지도자를 암살하는 것으로 유명할 정도로 극단적으로 과격한 모습을 보인다.

2 경전과 교리

이슬람의 유일신 알라는 유대교의 야훼와 기독교의 하나님과 연장선에 있는 신(神)이다. 명칭은 다르지만 기본적으로 창조주요 구원자라는 점에서 유사한 속성을 지니기 때문이다. 완벽한 유일신 사상을 지지하는 이슬람교는 신과 인간 사이의 중재자를 상정하지 않으며, 따라서 무함마드는 알라의 계시를 전한 최후의 예언자일 뿐이다. 이슬람교는 알라가 예언자들을 통해 특별히 문서로 된 계시를 전해 주었다고 믿는데, 대표적인 계시는 다윗의 시편인 자부르(Zabur), 모세오경 토라(Torah), 신약 성경의 복음서인 인질(Injil), 그리고 무함마드의 최후의 계시인 꾸란(Quran)이다. 하지만 꾸란만이 아무런 손상 없이 보존되어 있다고 믿으며, 다른 교훈들은 모두 손상되어 원래의 의미가 상실되었다고 간주한다. 이슬람교의 3대 신앙은 알라, 최후의 심판, 무함마드의 지위와 가르침을 기반으로 하며, 여섯 가지 신앙과 다섯 가지 행위가 의무화된다.

1) 꾸란

이슬람의 대표적인 경전은 꾸란인데, 이는 무함마드의 생애와 교훈 자체를 지칭하는 "모본, 길, 방향, 관습"이라는 의미의 순나(Sunnah)를 통해 실천되었다고 여겨진다. 현존하는 꾸란은 무함마드 사후에 흩어져 있는 꾸란의 구절들을 우스만(Uthman) 칼리프 시절인 644~656년에 모아서 114개의 장(sura)으로 이루어진 한 권으로 편집한 것이다.[13] 꾸란은 순나를 해석한 주석서로서 "전통"이라는 의미의 하

---

13 장(surah)을 구성하는 절(節)은 "아야"(ayah)라 하는데, "아야"의 사전적 의미는 "증거"이며, 이는 꾸란 속에 포함된 글귀가 알라의 증거라는 의미가 함축되어 있다. 꾸란은 6,200여 개의 아야로 이루어져 있으며, 첫 번째 장을 제외하면 길이가 긴 것으로부터 짧은 것의 순으로 정리되어 있다. 꾸란 속에 담긴 내용은 알라의 속성, 예언자의 역할, 천사의 존재, 심판 날에 대한 경고 등을 다루는 형이상학적 가르침, 단식, 성지순례, 예배 등 의례에 관한 가르침, 혼인, 유산의 분배, 절도나 간통, 살인, 분쟁 등 민·형사적 문제 해결을 위한 사회적 가르침, 일반적 예의범절 등을 조명하는 윤리적 가르침의 네 가지 범주로 나눌 수 있다. 공일주, 『아브라함의 종교』 (파주: 살림출판사, 2011), 10-11.

디스(Ḥadīth), 종교 공동체(교단) 내부의 견해의 일치점 도달을 의미하는 이즈마(Ijma), 꾸란과 하디스에서 근거를 찾지 못하고 학자들 간에도 의견 일치의 이즈마를 이루지 못할 때에 꾸란과 하디스의 정신에 위배되지 않는 범위에서 새로운 법을 유추하여 해석할 수 있음을 뜻하는 끼야쓰(Qiyas)와 함께 이슬람법인 샤리아(Shariah)의 4대 원천을 이룬다.[14] 꾸란이 헌법이라면 하디스는 법률이나 판례집에 해당하는 것으로서 무함마드의 생전 언행을 기록한 것이다. 정확성을 인정받는 여섯 가지 하디스는 무함마드 사후 약 60만 가지의 전승이 유포되던 9~10세기에 정리하여 편찬한 것인데, 메디나 학파의 창시자 이맘 말리크(Malik), 하나피 학파의 창시자인 이맘 아부 하니파(Abū Ḥanīfah), 샤피 학파를 창시한 이맘 샤피(Shāfi'ī), 샤피 학파와 반대 입장에 있는 한발리 학파의 창시자 이맘 아마드(Ahmad), 이맘 부카리(Bukhari), 이맘 무슬림(Muslim)이 편찬한 하디스이다. 하디스는 첫째, 무함마드와 가까운 관계에 있었고 그의 언행을 기억할 수 있는 뛰어난 기억력의 소유자에 의해 전달된 하디스 사히(Sahih), 둘째, 소급은 완전하지만 한 가지의 결점을 가진 하디스 하산(Hassan), 셋째, 저술자의 연쇄성이 불완전하여 신뢰성이 낮은 하디스 다이프(Da'if)로 분류되며, 결과적으로 700년경에 약 1만 개가 정식 하디스로 인정되었다.[15]

꾸란은 무함마드가 23년 동안 받은 계시를 우스만이 무함마드의 서기였던 타비트(Thabit)를 중심으로 하는 3인 위원회를 설치하여 기록한 것으로서 651년에 정본이 완성되어 꾸란으로 정식 인정된 것이다. 꾸란은 아랍어로 "읽는다" 또는 "암송하다"는 의미를 가지고 있는데, 꾸란이 아랍어로 계시되고 기록되었기 때문에 무슬림들은 꾸란이 다른 언어로 번역되는 것을 극도로 경계하며, 제대로 알라의 계시를 읽고 수행하기 위해서는 반드시 아랍어를 익혀서 꾸란을 아랍어로 읽어야 구원이

14 샤리아의 문자적 의미는 "샘에 이르는 길"인데, 이는 사막 지대에서 물이 생사를 결정하는 중요한 것이라는 점에 착안하여 샤리아는 생명에 이르는 길, 영원한 구원에 이르는 길로 그 의미가 확장된 것이다. 인간의 일상생활은 다섯 가지의 판단 기준에 의해 평가되는데, 반드시 준수해야 하는 의무 행위(Wājib), 하는 편이 좋다고 권장하는 행위(Mandūb), 해도 좋다고 허용되는 행위(Mubāḥ), 하지 않는 편이 나은 혐오 행위(Makrūh), 그리고 해서는 안 되는 금지행위(Ḥarām)가 그것이다. 모든 행동에 대하여 인간이 아니라 알라의 기준에서 선악을 판단하고 행하는 것이 이슬람법을 따르는 것이다. 역사연구모임, 『상식으로 꼭 알아야 할 세계의 종교』, 2판 (서울: 삼양미디어, 2013), 112–113.

15 Ibid., 80–83.

임한다고 믿는다. 따라서 이슬람의 신학자가 되기 위해서는 114개 장 전부를 외워야 하고, 꾸란은 알라의 말씀으로 절대적으로 신성하기 때문에 외국어로 번역된 것은 꾸란이 아니라 꾸란의 해설인 타프시르(Tafsir)라 한다. 꾸란을 기록할 당시인 7세기의 고전 아랍어가 각색된 격식체인 표준 아랍어는 오늘날 신문 보도나 공식적인 상황에서만 사용되고, 대부분의 아랍인들은 일상생활에서 비격식체인 아랍어 방언을 사용한다. 10세기 이후 꾸란의 창조성에 대한 문제로 아쉬아리파(Ash'ari)와 무타질라파(Mu'tazila)가 나뉘었는데, 아쉬아리파는 꾸란은 알라의 말씀으로서 천상에 있던 것이 내려왔다고 주장하는 반면, 무타질라파는 꾸란이 창조된 것이라 믿어서 인간 이성을 활용한 해석이 필요하다고 주장한다. 오늘날 대부분의 무슬림들은 아쉬아리파의 주장을 받아들여서 꾸란을 "내려보낸 것"이라는 의미의 "알-탄질"(al-Tanzil)이라고 부르는데, 이는 꾸란이 알라가 하늘에서 내려주신 계시로서 신의 말씀이라는 사실을 강조하는 것이다. 신의 계시로서 구원의 절대적 조건이 되는 꾸란을 읽을 때에는 먼저 몸과 마음을 정결히 해야 하며, 꾸란이 겉으로 드러나도록 들고 다녀서는 안 되며 반드시 가방이나 보자기에 넣어야 한다. 책장에 꽂을 때에도 제일 위에 놓아야 하고 옆에 다른 책을 두어서는 안 된다.

2) 교리

이슬람교의 신앙은 무슬림이 믿어야 하는 여섯 가지 주요 교리를 진리라고 마음으로 믿고 입술로 고백하는 "이만"(Iman), 신앙의 실천으로서 신앙고백, 예배, 종교세, 단식, 순례의 다섯 가지 수련으로 구성된 "이바다트"(Ibadat), 그리고 덕을 실천하는 "이흐삼"(Ihsam)으로 구분된다. 이만과 이바다트는 개인적 수련으로서 이흐삼의 전제가 되는데, 이만과 관련하여 공식적인 신앙은 알라(Allah), 천사(Malaikah), 거룩한 경전(Kitab), 예언자(Nabi), 최후의 심판과 부활(Akhirah), 정명(定命, Qadar) 등 여섯 가지를 믿는 것이다. 알라는 아랍어로 신(神)을 의미하는 "알-일라흐"(Al-Ilah)의 준말로서 지고의 신을 가리키는 개념이었는데, 무함마드가 다신교적 요소들을 타파하며 알라를 유일한 신으로 지정하였다.[16] 이슬람 신앙의 기본은 알라를 신으로 숭배하고 그의 명령에 복종하는 것이다. 하지만 이슬람의 알라는 신자들과 아버지와 자녀의 관계를 맺는 기독교의 하나님과 달리 알라와 피조물 간의 인격적 관계가 부재하고, 따라서 이슬람의 종교적 복종은 주인과 노예의 관계에 기인하는 것이다.[17] 한편 이슬람교는 기독교의 삼위일체 신학을 삼신론(三神論)으로 오해하여 꾸란을 통해 비판한다.[18]

알라의 전령인 천사는 인간처럼 알라에 의해 창조된 존재로서 성스러운 영혼 또는 충실한 영혼으로 불린다. 이슬람교는 대표적인 천사로서 무함마드에게 신의 계시를 전달한 대천사로서 모든 천사들을 주관하는 가브리엘, 섭리의 천사 미가엘, 죽음의 천사 이즈라일, 마지막 날 죽은 자를 깨우는 나팔을 부는 천사인 이스아휠을 구분하며, 모든 사람들에게는 두 천사가 있어서 오른편에 있는 천사는 그 사람의 선행을 기록하고, 왼편의 천사는 악한 행실을 기록한다고 믿는다. 네 가지 경전인 자부르, 토라, 인질, 꾸란 중에서 꾸란만이 순수한 알라의 말씀이라고 생각하며, 꾸란에 언급된 28명의 예언자들이 모두 동등한 지위를 누리지만 다른 예언자들은 알라의 말씀을 책을 통해 인간에게 전달한 이들인데 비하여 무함마드만은 알라와 직접 대화를 나눈 인물로서 최후의 예언자로 중시한다.[19] 일반적인 예언자와 달리 알라로부터 특별한 사명을 부여받은 사자(使者)를 라술(Rasul)이라고 하는데, 모세, 다윗, 예수, 무함마드가 라술에 해당한다. 이슬람교는 인간 삶이 현세에만 국한된

---

16 이슬람교에서 어떠한 경우에도 알라에게서 용서받지 못할 죄는 쉬륵(Shirk), 즉 알라 외에 다른 신을 섬기는 다신(多神)의 죄이다. 김영경 편역, 『경전으로 본 세계종교: 이슬람』 (서울: 전통문화연구회, 2014), 164.

17 김은수, 『비교종교학 개론』 (서울: 대한기독교서회, 2006), 241.

18 "알라께서 마리아의 아들 예수야, 네가 백성에게 말하여 알라를 제외하고 너와 너의 어머니를 경배하라고 하였느냐? 하시니 영광을 받으소서. 결코 그렇게 말하지 아니하였으며 그렇게 할 권리도 없나이다. 제가 그렇게 말하였다면 당신께서 알고 계실 것입니다."(꾸란 5:119), 최정만, 『비교종교학개론』, 개정증보판 (서울: 도서출판 이레서원, 2004), 309.

19 예언자로는 아담, 에녹, 노아, 에벨, 셀라, 아브라함, 롯, 이스마엘, 이삭, 야곱, 요셉, 욥, 이드로, 모세, 아론, 에스겔, 다윗, 솔로몬, 엘리야, 엘리사, 요나, 사가랴, 세례 요한, 예수 등의 성경에 등장하는 인물들을 비롯하여 무함마드 및 알렉산더 대왕도 예언자의 반열에 포함하고 있다. 하지만 이슬람교는 기독교와 달리 예수 그리스도는 무함마드만큼 위대한 선지자는 아니지만 죄가 없는 선지자였다고 믿을 뿐이고, 하나님의 아들이며 죽음에서 부활하셨다는 사실을 받아들이지 않는다. 대부분의 무슬림들은 그리스도 대신에 유다가 십자가에 못 박혔고, 그리스도는 하늘로 승천했다고 믿는다.

것이 아니라 사후에도 지속되며, 모든 피조물들은 심판의 날에 모두 살아나 자신의 행위대로 심판을 받고 천국과 지옥으로 갈 것이라고 믿는다.[20] 이 세상 모든 만물은 모두 알라의 뜻에 의한 것이라고 믿는 정명 사상(숙명론)이 이슬람교 신앙의 여섯 번째에 속한다. 따라서 무슬림들은 태어나서 죽을 때까지 자신의 운명이 정해져 있다고 믿는 숙명론에 입각하여 알라의 인격에는 관심을 갖지 않고 오직 복종만을 강조한다. 하지만 수니파가 정명 사상을 강조하는 반면에 인간의 자유의지를 강조하는 시아파는 이를 엄격히 받아들이지 않는다.

3 의례와 절기

1) 다섯 가지의 수련

이슬람교는 철저히 율법적인 종교로서 행위에 의해 구원을 받는다고 믿는 자력 의지의 종교이므로 규범과 규칙이 엄격한데, 이는 인간의 본성에 죄가 있는 것이 아니라 인간이 죄악을 행하기 때문에 죄인이 된다고 보는 견해를 바탕으로 한다.[21] 이슬람의 다섯 기둥(The Five Pillars of Islam)으로 불리는 신앙의 다섯 가지 수련은 신앙고백인 “샤하다”(Shahadah), 예배 “살라”(Salah), 종교세 “자카트”(Zakat), 단식 “사움”(Sawm), 그리고 순례인 “하지”(Hajii)로 이루어진다.[22] 신앙고백은 단순히 “알라 외에 다른 신은 없고, 무함마드는 알라의 사도이다”라는 두 구절을 읊는 것인데, 꾸란 4장 136절은 알라와 그의 사도, 꾸란, 천사, 최후의 날을 믿는 자를 무슬림으로 정의하고 있기 때문이다. 또한, 창조주는 알라뿐이기 때문에 살아 있는 생물의 모습을 본떠 그림을 그리거나 조각을 만드는 것은 알라의 창조를 모방하는 일, 즉

---

20 무슬림들은 종말의 날이 가까울수록 25가지의 징조가 나타날 것이며, 모든 종류의 나무와 과일이 있는 천국(꾸란 55:52)에 가는 모든 이들이 33세의 나이가 되어 그것으로 인해 두통을 앓지도 않고 취하지도 않는 술을 마실 것이라 믿는다(꾸란 56:19). 하디스에 의하면 지하드를 성스럽게 마친 남성은 낙원의 72명의 처녀들인 후리스(Huris)를 소유할 수 있다.

21 최정만, 『비교종교학 개론』, 339−340.

22 한국이슬람교 중앙회, 『예배입문』 (서울: 한국이슬람교 중앙회, 2006), 8−9.

알라에 대한 모독으로 간주하기 때문에 종교 회화와 조각은 엄격하게 금지된다.

예배는 무슬림의 기본 의무로서 여러 차례에 걸쳐 꾸란에서 강조되며, 일정한 시간에 메카의 카바를 향해 의식을 행한다. 하루 다섯 번의 예배와 금요일의 합동 예배는 모든 무슬림의 의무이다. 육성으로 부르는 예배로의 초대인 아잔(Adhan)을 듣고 모든 무슬림들은 기도를 올리는데, 예배를 위하여 무슬림은 기도 전에 반드시 정결의식을 거쳐야 한다.[23] 예배의 시작을 알리는 소리인 이까마(Ikamah) 이후 무슬림은 차렷 자세로 메카를 향해 서서 기도하겠다는 결심으로 샤하다의 신앙고백을 한 후 꾸란의 제1장 개벽장과 다른 장의 임의의 구절 3절 이상을 외운 후 허리를 굽혀 절하고 앉아서 이마가 바닥에 닿도록 두 번 큰 절을 하고 일어서야 한다. 마지막으로 알라의 은혜를 구하는 기도문을 외우고, 양옆에 있는 이들에게 인사를 해야 하는데, 국적을 불문하고 반드시 아랍어만을 사용해야 한다. 다섯 번의 일상적 예배는 경건하게 서서 알라의 자비를 호소하고 허리를 굽혀 알라를 경배하는 엎드림인 라카트(Rakat)를 기본으로 하는데, 해 뜨기 전 새벽 예배(파즈르, Fajr)에서는 2 라카트, 정오 예배(주흐르, Juhr)에서는 4 라카트, 오후 3시경 예배(아스르, Asr)에서도 4 라카트, 해 지기 직전의 일몰 예배(마그립, Maghrib) 때에는 3 라카트, 잠들기 전의 밤 예배(이샤, Isha)에서는 4 라카트의 예배의식이 의무로 규정된다. 주흐르 시간인 정오에 드리는 금요일의 합동 예배인 주마(Jum'ah)에서는 예배 인도자인 이맘(Imam)의 인도 아래에 기도 의식을 행하고 그의 설교를 듣는다.

자카트는 자발적인 사다카(Sadaqah)와 의무적인 자카(Zakah)로 구분되는데, 의무적인 자카는 메디나 시대에 수입원이 부족했던 공동체를 유지하기 위해 재원으로 활용했던 것으로서 수입의 1/40을 의무적으로 지불하여 이슬람 공동체의 재정을

---

23 아잔과 이까마를 수행하는 예배 담당자를 무아진(Muazzin)이라 한다. 한편 정결의식의 행위는 전신을 씻는 목욕을 의미하는 구슬(Ghusl)이라는 대정(大淨)과 노출된 신체부위를 손, 입, 코, 얼굴, 팔, 머리, 귀, 목, 발의 순서로 씻는 우두(Wudu)라는 소정(小淨)으로 나뉘는데, 소정을 마친 후에도 대소변 이후 또는 피를 흘렸거나 이성(異性)의 몸에 손을 댔거나 깊은 잠에 들었다 깨어나는 경우에는 다시 소정을 해야 한다. 성관계 이후나 몽정, 월경, 해산에 따른 하혈을 한 경우에는 대정을 해야 하며, 이슬람교에 입교하려는 이도 대정을 해야 한다. 물을 구할 수 없거나 질병으로 인해 물을 피해야 하는 경우에는 깨끗한 흙이나 모래, 자갈 등을 이용하여 세정을 해도 된다. Ibid., 10–16.

충당하도록 하는 것이다.[24] 자카트는 세금이 아니라 신에 대한 대여라는 명목으로 운영하지만 실제적으로는 국가에 의해 징수되어 빈민, 과부, 고아를 구제하고, 성전(聖戰)을 위한 병사를 양성하는 데에 사용한다. 단식은 이슬람력으로 9월인 라마단(Ramadan)에 30일간 해가 떠 있는 시간 동안 일체의 본능적 욕구인 음식과 물의 섭취, 성교, 흡연 등을 금지하는 것인데, 이는 무함마드가 꾸란의 계시를 최초로 받은 달이 라마단이고 무함마드가 거느린 군대가 적에 대하여 첫 승리를 거둔 달 역시 라마단임을 기념하는 것이다. 단식의 의무는 어린이와 병자, 오랜 여행 중에 있는 자를 제외한 모든 무슬림에게 적용되는 것으로서, 개인적으로 알라에 대한 복종을 맹세하고 알라의 은총에 대하여 감사를 표시하는 훈련이다.

이슬람력으로 12월에 행하는 순례는 평생 한 번은 메카로 거룩한 여행을 해야 하는 무슬림의 하지(Hajii) 의무를 수행하는 수단이다. 순례의식의 첫 날인 이슬람력 12월 8일에 메카에 들어간 순례자는 카바 신전에 가서 검은 돌에 입을 맞추고 알라를 찬양하는 기도문을 외우며 신전 주위를 일곱 번 돈 후에 가까이 있는 사파(Safa)와 마르와(Marwa)라는 두 개의 작은 언덕 사이를 일곱 번 달려서 왕복해야 한다. 이후 미나(Mina) 평원에서 무슬림으로서 드려야 하는 하루 다섯 번의 예배를 드리고, 메카 근교의 아라파트(Arafat) 평원으로 이동한다. 9일에는 아라파트 평원으로 이동하여 나미라(Namirah) 사원에서 예배를 드리고, 10일이 되면 다시 미나 평원으로 이동하여 아브라함이 우상 숭배자들에게 반대하여 취했던, 사탄(Shaytan)을 상징하는 돌기둥인 자므라트 알-쿠브라(Jamarat Al-Kubra)에 돌을 던지는 엄숙한 의례인 라미(Ramy)를 행하며, 전체 삭발을 하고 평상복으로 옷을 갈아입는다. 양을 이슬람식으로 도축하여 이를 제물로 바치는 이드 알-아드하(Eid Al-Adha) 희생제를 드리고 메카로 귀환하여 카바를 일곱 번 돌고 부근의 언덕을 일곱 번 달림으로써 순례가 끝난다. 순례를 마치고 고향에 돌아온 무슬림은 하지(Hajii) 칭호를 얻어 공동체 내에서 존경을 받는 대상이 된다. 다섯 기둥에 속하지는 않지만 잘 알려져 있는 성전

---

24 이슬람교에는 직업의 귀천이 없으며, 농업이나 축산업 등 1차 산업에 종사하는 사람은 매년 소출의 10%를 내야 하고, 제조업이나 상업에 종사하는 사람은 매년 총소득의 2.5%(1/40)를 낸다. 김영경 편역, 『경전으로 본 세계종교: 이슬람』, 194.

(聖戰)인 지하드(Jihad)는 신앙을 지키기 위한 무슬림의 반복된 투쟁을 의미하는 대지하드와 무력을 동원하여 악을 행하는 이에게 맞서 싸우는 소지하드로 나뉘는데, 정치적 무력투쟁인 소지하드가 오늘날 이슬람의 테러와 관련되어 알려진 것이다.[25]

2) 종교의식과 삶

이슬람의 모든 일상적 행위는 종교적 성격을 띠고 있으며, 이슬람의 다섯 기둥 중에서도 자카트를 제외한 네 가지 기둥은 종교의식의 전형을 보여준다. 아이가 출생하면 친지나 원로가 육성 예배 초대인 아잔을 신생아의 오른쪽 귀에 들려주고, 예배의 시작을 알리는 소리인 이까마를 왼쪽 귀에 들려주어 예배의식이 생애 초기부터 익숙해지도록 한다. 무슬림은 일반적으로 사내아이가 7세가 되면 할례를 행하는데, 이후 소년은 성인으로서 예배와 단식 등 종교의례에 참여할 권한과 의무를 지게 된다. 이슬람교는 매춘이나 혼외정사를 엄격히 금하고, 결혼을 거의 의무로서 권장하는데 무슬림 남성은 최대 네 명까지 부인을 둘 수 있다.[26] 임종이 임박하면 얼굴을 메카 쪽으로 향하게 하고 샤하다의 첫 구절인 "알라 외에 다른 신은 없다"를 수시로 들려준다. 임종시에는 망자를 위한 특별예배를 드린 후 시신을 이맘의 오른 편에 얼굴이 메카를 향하도록 안치한다. 이슬람교는 매장을 원칙으로 하며, 봉분이 지면에서 10cm에 불과한 정도로만 조성하는데 엄격한 율법학자는 이조차도 금지하여 무슬림의 묘는 매우 단순한 모습을 띤다. 이슬람교는 유일신 알라 앞에 모든 인간이 평등하다고 믿기 때문에 직업에 귀천이 없고, 무슬림들 간에 교우애를

---

25 이길용, 『이야기 세계종교』, 176.

26 이슬람교는 믿음이 없는 비무슬림과의 결혼을 금하며, 남성의 경우 믿음이 없는 여성보다 믿음을 가진 여성 노예와 결혼하는 것이 낫다고 가르친다(꾸란 2:221). 남성이 여성보다 위에 있다고 규정하는 꾸란 4:3에 근거하여 남성은 자신이 원하면 어떠한 이유에서든 이혼할 수 있지만, 여성은 어떠한 이유에서도 이혼을 제기할 수 없다. 이슬람 초기에 무함마드가 이슬람 세력 확장을 위해서 인구팽창 정책을 활용했기 때문에 한 남성이 네 명의 부인들을 둘 수 있게 하였던 면도 있지만, 남성들이 전쟁에 나가 전사할 경우 남은 부인들과 자녀들에 대한 생계를 책임지도록 하는 사회복지 정책의 일환에서 일부다처제를 허용한 측면도 있다. 그 같은 차원에서 무함마드도 정식 결혼으로 맞이한 부인만 14명이고, 그 외에도 다수의 부인들이 있었다고 전해진다. 하지만 남편이 네 명의 아내들에게 동등한 삶의 수단을 제공하는 공평을 베풀 수 있는 한도 내에서만 일부다처제가 가능하다.

강조한다.

이슬람력은 순수한 태음력으로서 양력 622년 7월 16일을 1월 1일로 삼으며, 12개월로 나누어 홀수 달은 30일, 짝수 달은 29일로 구성한다. 이슬람교는 하루가 해질 때에 시작하여 해질 때에 마친다고 간주하며, 1월(무하람), 7월(라잡), 11월(듈 카다), 12월(듈 힛자)은 신성한 달로서 4개월 동안에는 전투 행위를 모두 중지해야 한다. 이슬람교의 명절은 이슬람력으로 무함마드가 메카에서 메디나로 이주한 헤지라를 기념하는 1월 1일, 예언자 무함마드의 탄생일인 4월 21일, 무함마드가 밤에 메카에서 예루살렘으로 가서 천국을 여행했다고 전해지는 7월 27일, 라마단이 끝날 무렵으로서 무함마드가 꾸란의 계시를 받은 날로서 그날 하루만 기도해도 다른 때의 1,000달 기도보다 낫다고 믿는 9월 27일, 9월 라마단의 종료를 기념하며 10월 1일에 행하는 작은 명절인 단식 종료제, 순례의 달인 12월 10일에 거행하는 큰 명절인 희생제가 대표적인 이슬람의 절기이다. 희생제는 메카 근교 미나의 골짜기에서 염소와 같은 제물을 신에게 바친 후에 일부는 자신의 가정에서 사용하고, 나머지는 가난한 이들에게 자선을 베풀었던 이슬람교 이전부터 있었던 관습이다.

4 21세기의 이슬람교

한국세계선교원(www.krim.org)의 2022년 통계에 의하면 전 세계 인구 약 79억 5천만 명 중에서 종교인구는 70억 5천만 명에 달하고, 그 가운데 이슬람교 신도인 무슬림의 수는 19억 6천만 명으로서 기독교 인구 25억 6천만 명에 이어 제2위를 기록하고 있다. 이는 전 세계 인구의 24.7%이자 전 세계 종교인구의 27.8%를 차지하는 유력한 종교의 위상을 반영하는 것이다. 무함마드 사후에 제4대 칼리프 알리를 둘러싼 후계자의 논쟁 및 알리의 죽음으로 인해 수니파와 시아파가 분리되는 사건 이후에 수니파는 옴미아드 왕조(Umayyad Dynasty)를 세워 무함마드가 전개하였던 정복사업을 지속하였다. 그 결과 8세기 초까지 옴미아드 왕조는 비 아랍계인 스페인을 포함한 이베리아 반도, 아프가니스탄, 중앙아시아 및 인도에 이르는 광대한 지역을 정복하였다. 이후 무함마드의 정통 후계자를 자칭한 아바스 가문이 일으킨 혁명으로 인해 탄생한 아바스 왕조(Abbasid Dynasty)는 옴미아드 왕조의 세력과 시아파의 반발로 인하여 동방의 셀주크 투르크족에게 구원을 요청하였다. 하지만 셀주크 투르크족이 셀주크 왕조(Seljuk Dynasty)를 세우면서 종교와 정치 권력을 동시에 쥐고 있었던 칼리프를 대신하여 국가의 정치적 최고 지도자를 뜻하는 술탄(Sultan)을 옹립하며, 11세기 이슬람 세계는 술탄의 시대를 맞이하게 되었다. 셀주크 왕조는 페르시아, 메소포타미아, 시리아, 팔레스타인에 이르는 대제국을 건설하였고, 분열되었던 중동의 이슬람 세계를 통일하였다. 하지만 십자군 전쟁으로 인해 세력이 약화된 셀주크 왕조는 1258년 몽골군의 침입으로 멸망하고 말았다. 그렇게 혼란한 시기에 금욕과 수행을 중시하며 형식적인 고전 이슬람교에 대항하여 일어난 수피파가 대중 속으로 급속히 전파되었다.

1299년 오스만 베이(Osman Bey)가 일어나 자신의 이름을 딴 오스만 제국(Ottoman Empire)을 세웠는데, 오스만 제국은 1453년 비잔틴 제국의 수도 콘스탄티노플을 점령하고 이름을 이슬람식인 이스탄불로 고쳐 이슬람 세계의 위상을 과시하였다. 1538년에 기독교 세계의 연합함대를 무찌르며 지중해의 해상권까지 장악했던 오스만 제국은 유럽에서 일어난 근대화의 물결에 대비하지 못하여 17~18세기를 거치며 유럽에서 차지했던 땅들을 다시 내어주게 되었다. 또한, 1차 세계대전에서 독일 편에 붙었다가 전쟁에 패하여 패전국이 되었고, 급기야 오스만 제국은 1922년 술탄 정부의 폐지를 선언함으로써 600년 넘게 이어온 제국의 역사가 종식되었다. 2차 세계대전 이후 서구 유럽 열강들로부터 독립을 쟁취한 이슬람 국가들은 근대화 추진을 위해 협력하였고, 1958년 이집트, 시리아, 예멘 등이 참여하여 아랍연합공화국(United Arab Republic)을 만들고, 1960년에는 아랍 지역의 석유 수출국가들로 구성된 석유수출국기구(OPEC: Organization of the Petroleum Exporting Countries)를 조직하였으며, 1969년에는 이슬람회의기구(OIC: Organisation of Islamic Conference)를 구성하며 단결력을 과시하였다.[27] 한편 중동 지역의 무슬림들은 시온주의자들과 미 제국주의에

---

27 아랍연합공화국은 1961년 9월 시리아가 탈퇴한 이후, 1971년 9월에 소멸되었다. 하지만 이슬람회의기구는 2011년 6월 이슬람협력기구(OIC: Organisation of Islamic Cooperation)로 명칭을 바꾸

대한 반대를 기치로 내걸고 이스라엘과 미국을 아랍 무슬림들의 적으로 간주한다. 특히 수니파의 극단적 분파로서 무슬림들이 꾸란의 가르침대로 살아야 한다고 주장하는 와하비즘(Wahhabism)은 지하드 수행을 지원하므로 오늘날 이슬람 극단주의 테러리스트들의 사상적 기반이 되었다.[28]

오늘날 중동 지역의 이슬람 국가들은 석유 자원을 바탕으로 대부분 엄청난 부를 누리는 국가가 되었고 4차 산업혁명 시대의 미래상에 대비하기 위해 다양한 인프라 건설과 관광산업 육성 등에 총력을 기울이고 있다. 또한, 막대한 자금을 바탕으로 전 세계 금융산업과 스포츠 산업에서 사업을 확장하고 있다.[29] 이슬람교에서는 이자 자체를 부정하는데, 무함마드가 살던 시대에 메카에서는 빈부의 격차가 컸고, 일부 고리대금업자들이 부를 축적하고 있었기 때문에 무함마드가 인간은 모두 알라 앞에서 평등하며 이 세상의 모든 것은 알라의 것이라 주장하며 고리대를 엄격히 금했기 때문이다. 따라서 오늘날 이슬람권 국가들에는 무이자 은행이 있지만, 그러한 무이자 은행들은 일종의 투자은행으로 기능한다. 과거에 아랍 상인들이 대상을 만들어 사막과 바다를 건너 교역하던 당시 도중에 자연재해는 물론 해적이나 도적을 만나 상품을 잃고 손해를 보는 일이 잦았기 때문에 대상을 조직할 때에 스폰서를 다수 모집하여 투자 위험을 분산시키는 제도가 형성되었다. 오늘날 이슬람 국가의 무이자 은행들 역시 예금자들이 맡긴 자금을 기업에 무이자로 대출해 주지만 사업이 성공적으로 운영되면 배당을 받아 그것을 예금자들에게 분배한다. 물론 사

며 57개국이 참여하는, 국제연합(UN: United Nations) 다음으로 규모가 큰 국제기구로 탈바꿈하였다.

28 와하비즘은 18세기 이슬람교 신학자 무함마드 이븐 압둘 와하브(Muḥammad ibn ‘Abd al-Waahhāb)의 이름에서 딴 것으로 그는 당대의 이슬람교 신자 대다수가 타락했다고 생각하여 초기 이슬람 신앙으로 돌아가야 한다는 이슬람 복고주의 운동을 일으켰다. 그는 우상숭배를 금지하고 시아파와 수피파를 몰아내야 한다고 주장하였고, 비무슬림과 친구가 되어서는 안된다고 주장하며 유대교와 기독교를 배격하였다, 와하비즘은 사우디아라비아의 사우드 왕조(Saud Dynasty)에게 영향을 끼쳐서 오스만 투르크인들을 아라비아 반도에서 몰아내도록 하는 이념적 근거로도 활용되었다. 한편 9·11 테러를 주도한 사우디아라비아 출신 테러리스트인 오사마 빈 라덴(Osama bin Laden)은 극단적인 와하비즘에 심취한 인물이었다.

29 그럼에도 불구하고 이슬람 국가들은 현대사회의 변화에 대하여 효과적으로 대응하지 못하고 있는데, 그 이유는 이슬람 전통만을 고수하는 경향과 전통적으로 종족 중심의 사회를 이루어 왔기 때문에 근대적 국가 체제를 형성하는 데에 한계가 있고, 석유자원을 둘러싸고 빈국과 부국 사이에 심각한 갈등이 노출되고 있기 때문이다. 한국종교 문화연구소, 『세계종교사입문』, 667-668.

업이 실패하면 예금자는 이자는 커녕 원금도 잃게 되므로 투자자인 예금자가 위험을 감수하기 때문에 배당금을 지급하는 것이 꾸란에 위배되지 않는다고 해석하여 일종의 투자신탁 상품의 개념으로 이를 운영하는 것이다.

아랍 측의 기록에 의하면 우리나라가 이슬람 세력과 처음 접촉한 시기는 9세기경 통일신라 시대로 그들은 통일신라가 매우 살기 좋은 곳이었기 때문에 수많은 무슬림들이 한반도에 정착을 결정하였다고 기술한다.[30] 고려 시대 몽고의 침공 당시 중앙아시아에서 투르크 계통의 위구르족 무슬림들이 한반도에 정착하였지만 조선 시대에 들어서며 유교주의 정책에 따라 쇠퇴의 길을 걸었다. 이후 일제 강점기에 구소련 치하의 소수민족이었던 투르크 계통의 무슬림들이 한반도를 망명지로 선택하여 이주해왔지만 한국전쟁이 발발하자 대부분 해외로 떠나갔다. 하지만 UN군으로서 참전한 국가 중에서 이슬람 국가인 튀르키예가 있었고, 튀르키예 제6여단 사령부의 군 이맘이었던 압둘 가푸르(Abdulgafur)의 포교 활동으로 인해 1955년에는 70여 명의 신도들로 구성된 한국이슬람협회가 서울 동대문구 이문동에 설립되었고, 1967년 한국의 독자적인 이슬람 단체인 한국이슬람재단이 설립되었다. 박정희 대통령 집권기에는 당시 중동 국가에서의 건설에 참여하기 위한 교류의 물꼬를 터서 사우디아라비아 등 중동 6개국이 지원한 자금으로 1976년 서울 용산구 한남동에 중앙모스크가 설립되었다. 한국이슬람교 중앙회(www.koreaislam.org)의 가장 최근 자료에 의하면 2018년 현재 우리나라의 무슬림 인구는 약 6만 명으로서 5년 만에 5천 명이 늘었으며, 오늘날 이슬람 성원은 경기도 광주, 김포, 부평, 안산, 안양, 파주, 포천 및 부산, 대구, 창원, 구미, 광주, 전주, 제주 등 전국 각지에 분포하고 있다.

30 역사연구모임, 『상식으로 꼭 알아야 할 세계의 종교』, 285.

참고문헌

공일주. 『아브라함의 종교』. 파주: 살림출판사, 2011.

김영경 편역. 『경전으로 본 세계종교: 이슬람』. 서울: 전통문화연구회, 2014.

김은수. 『비교종교학 개론』. 서울: 대한기독교서회, 2006.

김정위. 『이슬람 사상사』. 서울: 민음사, 1991.

역사연구모임. 『상식으로 꼭 알아야 할 세계의 종교』. 2판. 서울: 삼양미디어, 2013.

이길용. 『이야기 세계종교』. 서울: 한국방송통신대학교출판문화원, 2015.

이훈구. 『비교종교학』. 서울: 은혜출판사, 2005.

최정만. 『비교종교학 개론』. 개정증보판. 서울: 도서출판 이레서원, 2004.

한국이슬람교 중앙회. 『예배입문』. 서울: 한국이슬람교 중앙회, 2006.

한국종교 문화연구소. 『세계종교사입문』. 개정증보판. 파주: 도서출판 청년사, 2003.

[21세기 종교학]

인도의 종교

인도에서 생성된 힌두교, 불교, 자이나교와 시크교 등의 종교는 인간 삶을 고통으로 바라보며 이에서 벗어나기 위한 해탈을 목표로 삼는다는 관점에서 동일하다. 또한, 힌두교와 불교는 인과율에 기초한 세상에 대한 이해인 윤회의 세계관을 바탕으로 해탈의 목표를 추구한다는 점에서 같은 입장에 서 있다. 하지만 힌두교를 제외한 나머지 종교들은 힌두교의 폐해를 개혁하기 위해 일어난 것으로서 창시자가 크샤트리아 계급에 속한 공통점을 지닌 불교와 자이나교는 윤회의 사상을 받아들이면서도 고대의 정통 브라만교가 중시하던 희생제의를 거부하고 카스트 제도를 비난함으로써 브라만교에서 중시되던 베다와 사제계급의 권위에 도전했다. 한편 시크교는 13세기에 인도 북부를 정복하고 16세기에 인도 전역을 차지하여 무굴 제국을 건설한 이슬람 세력이 알라의 절대적 유일성을 내세우며 알라에게 힌두교도들이 신성시하는 소를 희생제물로 바칠 것을 주장하는 과정에서 이슬람과 힌두교의 화합을 시도하며 나타났다.

힌두교인들의 암소를 신성시하는 오래된 전통은 암소 몸의 모든 부분이 신들의 거처라고 믿는 신앙과 관련이 있는데, 예를 들어 그들은 암소의 콧구멍에는 쌍둥이 신인 아슈빈(Ashvins)이 살고 있고, 꼬리의 끝털 부분에는 야마(Yama) 신이 거주한다고 믿었다. 그 같은 신앙은 후기 힌두교의 주요 세 신들과 관련되어 암소가 더욱 신성시되었는데, 이는 암소가 브라마(Brahma) 신과 같은 날 창조되었기 때문에 암소 살해는 사제계급인 브라만을 죽이는 죄와 동일시되었고, 비슈누(Vishnu)의 화신인 크리슈나도 목동으로서 소를 보호하는 신이었으며, 시바(Siva)가 타고 다니는 암소 난디(Nandi) 역시 독자적으로 숭배를 받을 정도로 중시되었기 때문이다. 인더스 문명 초기에는 정력과 힘의 근원인 황소가 숭배되었지만 베다 시기에 이르러 신의 여성적 측면을 강조하는 사조와 맞물리며 우유와 버터를 제공하는 한편, 중요한 노동력인 황소를 낳아주는 암소가 보다 특별한 가치를 지니는 존재로 인식되었다. 따라서 푸라나(Puranas) 시대 이후로는 암소 숭배가 힌두교에서 강화되었고, 이는 암소 자체를 신성시하는 것은 물론이고 암소로부터 나오는 모든 것, 즉 우유, 버터, 심지어 소의 분뇨까지도 신성시하는 한편, 암소의 살해를 금지하는 관행으로 정착되었다. 돼지고기를 금하는 무슬림의 관습과 쇠고기를 금하는 힌두교의 관습으로 인해 1947년 영국이 철수한 이후 힌두교를 믿는 인도와 이슬람교를 신봉하는 파키스탄으로 분열되었다.

10 힌두교(Hinduism)

힌두교는 특정한 창시자나 절대적인 경전이 있지 않아서 체계화된 교리나 의례와 절기 등이 존재하지 않기 때문에 종교적 관점에서 힌두교란 힌두교도들이 가지고 있는 신앙 형태를 포괄하는 명칭이라고 보는 편이 낫다.[1] 실제적으로 힌두교는 하나의 종교라기보다는 힌두교의 본산인 인도인들의 삶 전체를 지배해 온 다양한 종교사상과 행위 및 관습들을 망라하는 종교적 문화에 가깝다.[2] 힌두교란 이름은 서구 유럽의 시각에서 힌두교인들의 종교에 대하여 붙인 이름이며, 힌두교도들은 자신들의 종교를 "사다나"(Sadhana)로 부르는데, 이는 "목표에 이르다" 또는 "목표를 달성하다"를 뜻하는 동사 "사다"(Shada)에서 유래한 것으로 목표 및 목표에 이르는 수단을 뜻한다.[3] 힌두교인들은 인간의 존재와 이 세상에서의 삶은 전생의 무지와 욕망, 집착 등의 업인 "카르마"(Karma)에서 오는 고통스러운 것으로 여기며, 따라서 그렇게 고통스러운 삶이 반복되는 윤회로부터 탈피하는 해탈이 힌두교의 목표이다.

1 이은구, 『힌두교의 이해』 (서울: 세창출판사, 1997), 20-21.
2 길희성 편역, 『경전으로 본 세계종교: 힌두교』 (서울: 전통문화연구회, 2016), 19.
3 김은수, 『비교종교학 개론』 (서울: 대한기독교서회, 2006), 263.

1 형성과 발전

1) 힌두교의 기원

전통적으로 인더스강 유역을 대하(大河)라는 의미에서 산스크리트어(Sanskrit)로 "신두"(Sindhu)라 불렀는데, 그 명칭이 "인도의"(Indian)이라는 뜻을 가진 페르시아어 힌두(Hindu)로 변음된 것이다.[1] 따라서 힌두교는 인도에서 발생한 모든 종교들을 가리키는 차원에서0 인도인들의 종교라는 뜻인데, 힌두교는 단일한 형태의 종교가 아니라 여러 가지 종교적 요소가 혼합되어 힌두교라는 이름 아래에서 조화를 이루며 융합된 모습을 보인다.[2] 따라서 힌두교도들 중에서도 범신론자, 다신론자, 유일신론자, 불가지론자, 무신론자 등이 혼재한다. 초기 힌두교는 B.C. 1천 5백 년경부터 중부 유럽과 중앙아시아 스텝 지역에서 동남쪽으로 이동하여 인도 북서부 지역의 원주민 드라비다인(Dravidians)을 제압하고 정착한 아리안족으로부터 유래하였다. 그러나 인더스 강 유역의 원주민들이 아리안족에게 무력으로 정복당하기는 했지만, 원주민들은 이미 B.C. 3천 년에서 1천 5백 년 사이에 인더스 문명을 발달시키고 브라만교를 수립시킬 정도로 문화, 종교 등의 면에서는 더 우월했기 때문에 오히려 아리아인들이 기존의 인도 문화와 종교를 수용하여 힌두교를 발전시킨 것으로 보는 편이 정확할 것이다.

아리안족은 자신들이 피부색이 검은 원주민들보다 우월함을 강조하기 위하여 "카스트"(Caste)라는 신분 제도와 이를 지지하는 "다르마"(Dharma)라는 숙명론적 철학을 정착시켰다.[3] 힌두교의 고대 명칭은 브라만교(Brahmanism)인데, 힌두교 경전을

---

1 이길용, 『이야기 세계종교』 (서울: 한국방송통신대학교출판문화원, 2015), 185.

2 최정만, 『비교종교학 개론』, 개정증보판 (서울: 이레서원, 2004), 258.

3 인도에서는 다르마를 따라가는 삶의 자세를 "앞으로 나아감"의 의미를 지닌 세상과 삶을 긍정하는 "쁘라브리티 다르마"(Pravritti Dharma)와 "되돌아 감"이라는 의미의 세상과 삶을 부정하는 "니브리띠 다르마"(Nivritti Dharma)로 나눈다. 일부 인도인들은 쁘라브리티 다르마를 통해 종교적 의무를 성실히 준행하며 세속이 주는 삶의 즐거움도 향유하려 하는데, 그러한 자세는 유신론적이고 제의 중심적인 종교적 전통을 수립하였다. 한편 다른 인도인들은 니브리띠 다르마의 견지에서 인간

연구하거나 제사 업무에 종사하는 사제 계급을 브라만(Brahmin)이라 하고, 왕족이나 무사 계급으로서 정치를 담당하는 다음 계급은 산스크리트어로 통치 또는 권위를 의미하는 크샤트라(Kshatra)에서 파생된 명칭인 크샤트리아(Kshatriya), 평민으로서 농업, 상업, 공업에 종사하는 계급인 바이샤(Vaishya), 그리고 아리안족의 침략에 의해 노예가 되어 아리안족을 섬기는 원주민으로 구성된 천민 계급을 수드라(Shudra)라고 하였다. 그러한 계급 제도를 엄격하게 지키기 위하여 다르마라는 숙명론적 철학을 만들어 최고의 규범으로 정해 놓고 이를 종교화한 것이 브라만교, 즉 힌두교이다. 힌두교와 고대 브라만교와 차이는 브라만교가 베다에 근거하여 희생제를 강조하며 신전(神殿)이나 신상(神像)이 없이 자연신을 숭배한 반면, 힌두교는 신전과 신상이 있으며 브라마(Brahma), 비슈누(Vishnu), 시바(Siva)와 같은 인격신들을 숭배한다는 점이다.[4]

2) 시대적 발전

소위 베다 시대(Vedic period)로 불리는 B.C. 2천 년에서 5백 년 사이에는 힌두교의 베다경이 기록되었는데, 당시 사람들은 수많은 자연신들을 섬기며 그 신들에게 제사를 드리는 것이 일상적이었다.[5] 베다 시대의 자연신은 공중의 권세를 잡은 하늘의 인드라(Indra) 신, 공중에 거하는 대기의 바루나(Varuna) 신, 지상의 신들 중에

의 경험세계를 초월하는 절대 진리를 추구하며 인간의 육적인 욕망보다 깨달음에 집중하여 무신론적이고 사색적인 종교 또는 철학적 전통을 수립하였다. 상반되는 두 가지 전통이 인도인들의 종교적 삶을 채우고 있는 것이다. 이길용, 『이야기 세계종교』, 186.

4 물론 힌두교 전통에서 인격신 숭배만 이루어진 것은 아니다. A.D. 4세기에서 6세기에 이르는 굽타 왕조 시대에는 스므르티 전통의 발전과 확산에 충격을 받아 스루티 전통을 개혁하려는 차원에서 새로운 인식론을 기반으로 전통적 견해를 재구축하려 하였다. 그러한 의도에서 삼키야(Samkhya), 요가(Yoga), 니야야(Nyaya), 바이셰시카(Vaisheshika), 미맘사(Mimamsa), 베단타(Vedanta)로 분류되는 육파철학(六派哲學)이 등장하였는데, 이들은 사색과 철학의 방법을 통해 해탈에 이를 수 있다고 주장하였다. 여섯 개의 학파들은 각기 두 개씩 짝을 이루어 서로를 보완하는데, 삼키야가 인간의 근본 문제를 형이상학적 방법으로 분석하면 요가는 그것을 실행에 옮기는 구체적 방법을 제시하며, 바이셰시카의 주제가 존재론이라면 니야야는 그것을 기반으로 하여 논리학과 인식론을 전개한다. 또한, 미맘사가 베다의 제사편을 주제로 삼고 있다면 베다의 끝이라는 의미를 가진 베단타는 우파니샤드를 통해 베다에서 설명하는 해탈을 이루고자 한다.

5 아리아인들이 인도에 침입한 이후의 삶에 대하여 베다경이 기록하고 있기 때문에 이 시기를 베다 시대라고 한다.

서 으뜸인 아그니(Agni) 신의 세 부류로 나뉜다.[6] 베다 신의 숭배가 아리아인들에 의해 정교한 희생 제사의식으로 대체되며 전문적 사제 계급인 브라만이 굳어졌는데, 이를 뒷받침하는 "카르마"(Karma)의 개념이 발전되어 이를 기반으로 사성(四姓) 계급의 제도가 고착되었다. 브라만 성직자들만이 신들의 의지를 지배하는 힘이 있는 신성한 만트라(Mantra)를 알았기 때문에 그들의 지위는 신들 위에 있는 것으로 여겨졌다. 한편 이 시대에 제사 행위가 일정한 결과를 야기한다는 생각에서 인과론이 만들어졌고, 이는 후대에 업과 윤회 사상의 기초가 되었다.

B.C. 6세기경 인도에서는 사제계급인 브라만 중심의 종교를 강하게 거부하는 불교와 베다의 권위와 카스트 제도를 부정하는 자이나교가 일어났다. 이후 힌두교 진영에서는 도전받는 베다의 권위와 사회윤리 체계를 재정립하는 한편, 대중에 기반을 두는 보다 포괄적인 종교로 거듭나기 위한 노력을 기울였다. 그러한 노력 끝에 2대 서사시인 라마야나(Ramayana)와 마하바라타(Mahabharata)가 집대성되었다. 이 시기의 가장 위대한 저술로 간주되는 바가바드기타(Bhagavad Gītā)는 절대자인 브라만의 우파니샤드(Upaniṣad) 교리와 인간의 모습을 가진 신에 대한 신앙을 종합하여 재해석하였고, 요가(Yoga)라는 전통적 수행법의 내용과 형식을 체계화하였으며[7], 희생제사인 야지나(Yagina)를 의식적인 것보다는 윤리적인 것으로 해석하여 힌두교를 개혁하였다. B.C. 6백 년에서 A.D. 3백 년의 시기에 인도에서는 아리안 문화와 비(非) 아리안 문화의 계속적인 통합이 있었는데, 트리무르티(Trimurti), 즉 절대자의 세 가지 역할을 구성하는 비(非) 베다적 문화에서 기원한 창조의 신 브라마, 세상을 유지하는 보존의 신 비슈누, 세계를 파괴하는 신 시바라는 힌두교의 삼주신(三主神)에 대한 유신론적 운동들이 일어나 힌두교가 크게 부흥하였다. 대주재신인 비슈와데와

---

6 불교에서 인드라 신을 제석천(帝釈天)이라고 하는데, 이는 힌두교의 인드라 신을 불교의 수호신으로 도입한 것이다.

7 요가는 "결합하다" 또는 "멍에로 연결하다"라는 뜻을 가진 "유구"(Yug)라는 단어에서 유래한 것으로서 원래는 영적인 목표를 달성하기 위하여 인간의 모든 에너지를 결합시키는 것을 뜻하였다. 하지만 박티 요기파(Bhakti Yogis)에 의해 요가라는 용어는 헌신을 통해서 인간이 신과 합일함을 가리키는 용어로 변모하였다. 요가는 기본적으로 두 단계의 내적 준비과정인 자제와 준수, 그리고 여섯 단계의 집중적 과정인 자세, 호흡조절, 감각의 제거, 집중, 명상, 모든 정신 활동이 멈춰지고 정신이 완전히 잠잠해질 때 느끼는 황홀경인 사마디(Samadhi)로 구성된다.

(Visvedeva)는 많은 신들의 이름을 하나의 시구 속에서 열거하며 모두를 하나로 칭할 때 사용된 "세상 모두의 신"에서 유래된 이름인데, 그러한 용어와 함께 일체신의 개념이 발달하였기 때문에 베다 시대의 신관은 다신론에 머물지 않고 일원론으로 진행하였다.

A.D. 3백 년경에서 1,750년에 이르는 푸라나(Puranas) 시대에는 신화와 전설, 신, 성자, 영웅들의 계보를 다룬 푸라나 문헌들이 형성되었다. 이 시기에 힌두교는 대중화에 단계로 접어들며 헌신과 예배를 체계화시켰는데, 서사시와 푸라나를 만든 자들은 부족장이나 왕들의 궁전에서 노래를 부르고 시를 읽는 수트라(Sutra)라는 궁전의 시인들로서 궁전 예의에 필요한 지식과 학문을 가르쳤다. 베다의 의미를 명료화하거나 쉽게 설명하기 위해 브라만들이 서사와 비유를 곁들여 작성한 푸라나 문헌들이 오히려 사실상 베다를 밀어내고 교리의 중심이 되었다. 시바 신과 그의 여성적 측면이 가진 창조적 힘인 삭티(Shaki)[8] 및 비슈누와 비슈누의 배우자 라크슈미(Lakshmi)의 숭배가 확장되는 동시에 시바 신을 다른 신들보다 높은 위치에 두는 사이비즘(Shaivism)이 발전하였는데, 특히 신에 대한 충실한 헌신을 불러일으키는 영적 수행인 요가를 통해 해탈할 것을 강조하는 박티 운동(Bhakti movements)과 통합된 박티 사이비즘은 6세기에서 10세기에 이르는 기간에 남부 인도에서 성행하였다.[9] 중세 이후 인도 전역에서 신에 대한 사랑과 헌신을 통해 해탈에 이를 수 있음을 강조하는 박티 운동이 확산되었는데, 이는 주로 비슈누, 크리슈나, 라마와 그들의 배우자들을 중심으로 한 것이었다. 특히 북부 인도에서 박티는 라마 숭배와 크리슈나의 숭배를 중심으로 하는 양방향으로 확산되었다.

오늘날 힌두교는 인도의 신흥 지식인들이 서구 문명과 기독교, 유럽의 계몽주

8 힌두교의 전통은 신의 여성적 측면을 강조하여 신성한 여성의 힘인 삭티가 원초적인 우주의 에너지이며, 여성성이 보여주는 양육과 풍요의 힘을 상징한다. 따라서 남신은 자신의 능력을 보완해주는 배우자 여신을 필요로 한다. 베다 시대의 다신교 특성을 반영하는 수많은 자연신들에는 남성성의 위치가 확고하였지만 아리아 이전의 토착 문화의 영향으로 점차 여신들이 많아지고 그 위치가 강화되었다. 이처럼 아리아인들은 자신들의 베다에 토착 요소들을 흡수하여 힌두교의 독특한 세계관과 삶의 방식들을 만들어냈다. 특히 강을 형상화한 여신은 아리아 본래의 문화보다는 인더스 문명의 여신 숭배의 영향을 받은 것이다. 이재숙, 『인도의 경전들: 베다 본집에서 마누 법전까지』(파주: 살림출판사, 2007), 24－31.

9 이훈구, 『비교종교학』(서울: 은혜출판사, 2005), 257－259.

의와 합리주의, 실증주의 등에 의해 영향을 받아 개혁을 한 결과 신힌두교(Neo-Hinduism)의 모습을 보이고 있다. 현대 힌두교는 비합리적 요소와 사회적 악습을 제거하고 합리성에 바탕을 둔 인도의 민족적 정체성을 강화하려는 노력을 기울이고 있다. 특히 람모한 로이(Raja Rammohan Roy)는 신약 성경 사복음서의 영향으로 사회윤리를 강조하였고, 서구의 합리성과 인도주의 정신을 받아들여 카스트 제도와 조혼, 남편의 사망 시 아내를 함께 매장하는 사티(Sati) 등의 악습 타파를 주장하며 사회개혁을 이끈 브라마 사마지(Brahmo Samaj)를 1828년에 창설하였다. 1875년 힌두 원리주의자들을 결집하여 기독교 진출에 따른 인도의 서구화 및 이슬람교의 진출을 개탄하는 한편, 신분과 국적에 관계 없이 모든 이들에게 개방된 일신론 형태의 힌두 보편주의를 표방하며 인도 고대문화로 돌아갈 것을 주장한 다야난다 사라스바티(Dayananda Sarasvati)가 주도한 개혁 종파인 아리아 사마지(Arya Samaj)와 수많은 신들은 궁극적으로 같은 신이고 신앙의 방법에만 차이가 있을 뿐이라고 주장하였고, 모든 사람은 자신의 안에 자신을 구원할 수 있는 능력을 가지고 있다고 지적하며 죄와 구원에 대한 기독교적 견해를 신랄하게 비판한 라마크리슈나(Ramakrishna) 선교회도 대표적인 힌두교 개혁 운동에 속한다.[10]

2 경전과 교리

1) 주요 경전

힌두교는 다양한 종교적 행태를 보이므로 종교라기보다는 삶의 방식 또는 하나의 문화에 가까우며 경전도 전혀 통일되어 있지 않다.[11] 폭넓게 인정되는 힌두교의 경전들 역시 방대한 여러 권의 책들로 구성되는데, 집필된 기간만 해도 B.C. 1천4백 년경부터 A.D. 5백 년경까지 2천 년 이상이 소요되었다. 힌두교 사상은 스루티

10 힌두교도는 감사하는 마음으로 어떤 종류의 신이든 정성껏 섬기면 구원을 받을 수 있다고 생각한다.
11 이재숙, 『인도의 경전들: 베다 본집에서 마누 법전까지』, 8-10.

(Sruti)와 스므르티(Smrti)라 불리는 경전에 근거하는데, 스루티는 "귀로 들은 것," 즉 인도 고대의 현인들이었던 리쉬들(Rishis) 또는 예언자들이 보고 들은 것에 의해 계시된 것으로서 힌두교도들이 가장 권위 있는 것으로 받아들이는 것이며, 스므르티는 "기억되는 것," 즉 전해진 것인데 대부분 스루티의 내용과 종교적 원리들을 확장시키기 위해 집필된 것으로서 스루티에 비하여 권위가 약하다.[12] 힌두교의 주요 경전에는 베다(Veda)[13], 우파니샤드(Upaniṣad)[14], 라마야나(Ramayana)[15], 마하바라타(Mahabharata), 바가바드 기타(Bhagavad Gītā), 푸라나(Purāṇa)[16] 등이 있는데, 베다와 베다에 포함된 우파니샤드는 스루티에 속하고 나머지는 모두 스므르티에 해당한다. 예배의 규칙에 관한 글들을 모은 일종의 예배의식 안내서로서 신학적 논문의 형식을 띤 아카마(Aqamas)와 힌두교의 여섯 가지 중요한 철학 체계를 격언의 형태로 기

---

12 정통 브라만교의 전통에 속하는 스루티는 신으로부터 직접 계시를 듣고 적은 것이라는 의미에서 천계서(天啓書)라고도 하고, 후기 힌두교에서 각광을 받은 스므르티는 천계서의 내용을 기억하도록 하기 위해 사람이 쓴 전승서(傳承書)라고 한다.

13 베다는 "지식" 또는 "알아야 할 것"이라는 의미를 가지고 있다. 실에 구슬을 끼우듯 리듬감 있는 운율과 간결한 어휘로 베다를 정리한 것으로서 B.C. 5백 년에서 2백 년 사이에 형성된 주석인 수트라(Sutra)는 "실" 또는 "끈"이라는 뜻인데, 한자 문화권에서는 흔히 "경"(經)으로 번역된다. 베다를 유지하기 위해 부수적으로 발달한 음성학, 어원학, 문법학, 운율학, 천문학, 건축학 등 여섯 가지 학문 체계도 수트라를 통해서 만들어졌다.

14 B.C. 8세기부터 3세기경까지 형성된 우파니샤드는 산스크리트어로 "호흡"을 뜻하는 용어로서 베다 사상의 진수라고 간주된다. 우파니샤드는 개별적 인식의 주체를 아트만(Atman)이라 하고, 전체적 주체, 즉 궁극적 존재인 브라만이 서로 다르지 않다는 범아일여(梵我一如)의 사실을 인식함으로써 인간 지성의 가장 높은 목적지에 도달할 수 있으며, 이는 곧 인간이 각기 다른 삶을 살아가는 이유를 자각하게 함으로써 스스로 삶의 방법을 발견하게 한다고 가르친다. "범"(梵)은 "브라만"을, "아"(我)는 "아트만"을 한자로 옮긴 것으로서, 따라서 범아일여는 주객일체(主客一體)의 단계가 인간 지성의 최종적인 목적지, 즉 브라만과 아트만이 하나와도 같다(一如)는 뜻이다. 하지만 범아일여의 진리가 가장 얻기 어려운 깨달음인 이유는 마야(Maya) 즉 환영력(幻影力) 때문인데, 이는 눈앞을 가리는 장막으로서 인간으로 하여금 자신의 진면목을 볼 수 없게 만드는 것이다. 그로 인하여 인간은 명약관화한 진리가 아닌 무명(無明)에 사로잡힌 것인데, 자신의 무명을 버려야 범아일여의 진리를 제대로 볼 수 있게 된다. 순환론적인 윤회의 개념이 우파니샤드 시대를 통해 형성된 이후, 우파니샤드의 세계관은 인도 우주론의 대세로 자리 잡게 되었다.

15 라마야나는 B.C. 6세기 이후 편집되기 시작한 것인데, 비슈누의 화신으로서 라마의 이야기를 듣고 기록했다는 발미끼(Valmiki)라는 신화적 저자가 쓴 것으로 전해진다. 현존하는 발미끼의 라마야나가 완성된 것은 인도 대륙에 비슈누 숭배가 정착한 B.C. 3세기 또는 4세기가량으로 추정되며, 이후 지역성을 초월하여 인도의 전역에서 전승되었다.

16 푸라나 문헌들은 A.D. 3세기에서 15세기 경까지 결집된 대중적 경전으로서 오늘날 힌두교도들이 받아들이는 삼신(三神)과 절대자의 원초적 인격과의 상징으로 나타나는 여신의 구도를 완성하는 데 기여하였는데, 총 18종으로 전해진다.

술한 수트라(Sutra)도 역시 스므루티에 속한다.

아리안족이 이룩한 힌두교의 전통은 산스크리트어로 기록된 여러 문헌들에 담겨 있는데, 그중에서 가장 오래되고 성스럽게 여겨지는 것은 B.C. 2천 년부터 1천 5백 년 사이에 기록된 베다이다. 베다는 아리안인들이 섬기던 인드라, 바루나, 아그니 등 자연과 우주의 현상을 인격화한 여러 신들에 대한 송가와 기도를 수집해 놓은 경전으로 리그 베다(Rig Veda)[17], 싸마 베다(Sama Veda), 야주르 베다(Yajur Veda), 아타르바 베다(Atharva Veda) 등 힌두교의 정경으로 인정받는 4대 베다가 대표적이며[18], 각 베다들은 모두 그 내용이 각기 신들을 찬양하는 찬가인 만트라(Mantras), 신들을 즐겁게 하기 위한 제사의식을 올바르게 행할 수 있는 안내서로서 제사의 방법과 규범을 소개하는 브라마나(Brāhmaṇa), 그리고 베다의 결론 부분으로서 철학적 이론과 영적 진리에 관한 신비적 강화를 담은 "비밀스러운 가르침"이라는 의미의 우파니샤드(Upaniṣad)로 구성된다. 베다의 찬가를 올바른 방식으로 부르면 대상이 되는 신은 그 기도를 반드시 들어 주어야 하므로 그 권위가 신적인 것으로 간주된다. 브라만, 크샤트리아, 바이샤, 수드라의 사성 계급제도와 베다의 권위는 힌두교 정통성의 두 가지 기초가 되어 인도의 사회적 기반으로 작용하였다.[19] "우파"(가까이),

17 리그 베다의 대부분은 신들에 대한 찬가로서, 당시의 종교는 다신교적 특성을 보인다. 그때에는 바람, 물, 불, 천둥과 같은 자연현상의 배후에 신들이 있다고 믿었고, 그러한 신들이 인간 생활에 깊이 관여한다고 생각하였다. 따라서 때에 따라 자연을 통해 임하는 신들의 분노를 막기 위하여, 그리고 신들의 은혜에 감사하기 위해 제사를 지냈다. 베다 시대의 사람들은 자연신들이 하늘, 중간, 땅 등 각기 자신의 영역에서 활동한다고 생각했는데, 하늘 영역은 자연의 규칙과 순환성을 뜻하는 바루나(Varuna), 수리야(Surya)와 우샤(Usa) 등 태양과 관련이 있는 신들, 중간 영역은 바람을 뜻하는 바유(Vayu), 분노를 의미하는 루드라(Rudra), 비 또는 비구름을 지칭하는 빠르잔야(Parjanya), 땅의 영역은 땅을 가리키는 쁘리트위(Prthyi), 불을 뜻하는 아그니(Agni), 약초인 쏘마(Soma), 달을 의미하는 신두(Sindhu)가 맡고 있다고 믿었다. 우주적 질서를 의인화한 바루나 신의 이름은 산스크리트어로 "덮다"(Vr)라는 단어에서 파생한 것인데, 브루나라는 이름이 의미하는 자연의 순환은 리타(Rita)로도 불렸는데, 이는 중국 도가 철학의 도(道)와 비슷한 개념으로서 베다 이후 시대에 "다르마"(Dharma)라는 용어도 대체되며 발전하였다.

18 학자들은 해설서 부분을 제외한 네 가지 베다의 성립 연대를 B.C. 1천 5백 년에서 B.C. 1천 년 사이로 추정한다. 리그 베다는 신에게 제사드릴 때 신을 초청하는 내용으로 이루어진 시경(時經)이고, 싸마 베다는 제사의식을 집행하며 신을 경배하고 찬양하는 내용의 성가(聖歌)이며, 야주르 베다는 제사를 집행하는 과정과 절차에 대하여 기록한 성례전(聖禮典)이며, 아타르바 베다는 재앙을 물리치고 복을 비는 주술과 관계가 있는 경전이다. 류상태, 『교양으로 읽는 세계종교』, 개정판 (서울: 인물과사상사, 2017), 164.

19 모든 스므르티 가운데 가장 오래되었을 뿐만 아니라 가장 권위 있는 것으로 여겨지는 마누법전

"니"(아래에), "샤드"(앉다)의 합성어로 심오한 가르침을 전수받기 위해 제자가 스승에게 가까이 다가가서 겸허히 앉는다는 의미를 갖는 우파니샤드는 B.C. 8백에서 6백 년경에 형성되었다. 베다의 다른 부분은 다신론적 신화를 포함하지만 우파니샤드는 변하지 않는 유일한 신이며 우주의 근원적 실재인 브라만이라는 개념을 드러낸다.[20]

"라마 왕의 일대기"라는 뜻을 가진 라마야나는 인도의 대서사시로서 라마의 사랑 이야기를 담고 있는데, 인도인들은 이것을 암송하는 것을 큰 공덕을 쌓는 일로 여긴다.[21] 마하바라타는 "바라타 왕조의 대서사시"라는 뜻으로서 한 가족에서 갈라져 나간 두 분가(分家) 사이에서 일어나는 갈등과 전쟁을 조명하며 전설적인 일

(Manusmrti)은 B.C. 3세기에서 A.D. 3세기에 걸쳐 형성된 것으로 총 12장 2,684조로 구성되어 있으며, 인도의 카스트 제도의 성립을 신화적으로 설명한다. 사실상 마누법전이 설명하는 사회적 계급의 구분은 "바르나"(Varna) 제도인데, 바르나는 산스크리트어로 "색"(色)을 뜻한다. 따라서 인간을 세 가지의 색으로 풀이하는데, 흰색인 사트바(Sattva)는 가볍고 깨끗한 것으로 사람을 지혜롭게 하는 것이고, 붉은색인 라자스(Rajas)는 정열과 의지를 상징하며, 검은색인 타마스(Tamas)는 거칠고 무게감이 있으며, 어둡고 사람을 무지하게 만드는 것이다. 힌두교는 세 가지 색깔이 다양하게 배합되어 여러 종류의 인간이 생겨난다고 보는 결정론적 관점을 가지고 있다. 바르나 제도는 태초에 창조의 신 브라마가 인간의 조상 마누(Manu)를 창조한 직후 마누로부터 서로 다른 성격을 가진 네 부류의 인간들이 생겨났다는 탄생 설화에 기인한다. 마누의 머리에서는 가장 훌륭하고 신성한 브라만이 생성되었고, 마누의 양 손에서는 지배자이자 전사인 크샤트리아가 나왔으며, 그의 넓적다리에서는 장인과 기술자들인 바이샤가 나왔고, 마누의 발에서는 수드라라는 천민이 탄생하였다는 것이다. 따라서 카스트 제도는 엄밀히 말하자면 직업별로 나뉘는 그룹인 자티(Jati)를 의미하는 것으로서 오늘날 인도에는 태어날 때부터 개인에게 부여되는 3천여 개에 이르는 자티가 있다. 따라서 사회계급을 네 개로 나누는 사성계급 제도인 바르나 제도가 성스러운 종교적 근거와 권위를 지닌 제도인 데 비하여, 수백, 수천 개가 되는 일종의 씨족 집단, 세습적 직업 집단을 의미하는 카스트를 기반으로 계층과 집단을 구분하는 카스트 제도는 경제, 사회적 성격이 짙은 제도이다.

20 우파니샤드는 인간의 본질을 이루는 아트만이 곧 브라만이 된다는 사실을 깨닫는 것을 가장 큰 목적으로 한다. 하지만 일상생활을 병행하며 그러한 깨달음을 얻기는 어렵기 때문에 무분별한 출가를 방지하여 사회를 안정적으로 유지하기 위하여 마누법전은 삶의 단계를 네 단계로 나누어 두 번째 재가자 단계를 강조한 것이다. 힌두교는 우주의 궁극적 실재를 브라만으로 보는데, 이는 인간에게 있어서 형태, 속성, 이름이 없는 비인격적 존재로서 영원한 본질인 니르구나(Nirguna) 브라만과 형태와 속성, 그리고 이름을 지닌 사구나(Saguna) 브라만으로 나뉜다. 사구나 브라만이 인격적으로 나타난 인격신을 이슈와라(Īśvara)라 한다. 대표적인 이슈와라가 창조주 브라마, 유지의 신 비슈누, 파괴의 신 시바이다.

21 이는 시인 발키미(Valmiki)가 B.C. 3백 년 이후에 편집한 것으로 추측되는 서사시로서 인도의 16대국 중 하나인 코살라(Kosala) 왕국의 왕자인 라마의 파란만장한 무용담을 주제로 삼고 있다. 역사적인 인물인 라마를 비슈누 신의 아바타로 설정하여 그 일화를 설명함으로써 이 서사시에 종교적인 의의를 부여하고, 라마 숭배를 왕성하게 하여 후세의 문학과 종교 및 사상 면에 커다란 영향을 끼쳤다.

화와 교훈을 전달한다. "신의 노래"라는 뜻인 바가바드 기타는 대화 형식으로 기록된 700구절의 시로서 윤리의 문제를 다루는 한편 신의 본질과 인간이 신에 대하여 가지는 지식을 광범위하게 조명한다. 이는 오늘날 현대 힌두교도들에게 가장 잘 알려져서 사랑받는 경전이며, 우파니샤드의 범신론적 일원론과 후기의 대중적 종파의 열정적인 유신론을 구별 짓도록 하는 분수령이 되는 경전이다. "고대의 전승"이라는 의미를 가진 푸라나는 대중적 신화와 전설의 계보를 백과사전식으로 모아놓은 작품으로서 태초의 우주 창조, 주기적인 우주의 파괴 후 두 번째 창조, 신과 성자들의 계보, 역사적인 신기원을 이루는 사건들, 왕의 역사라는 다섯 가지 주제를 다룬다.

2) 교리

힌두교에 있어서 최고의 신 또는 궁극적 실체에 가까운 브라만은 어떠한 말로도 정의될 수 없는 비인격적이고 추상적인 존재인데, 힌두교도들은 인간을 브라만의 일부분이자 구체적이고 불완전한 화신으로 본다.[22] 따라서 힌두교에 있어서 인간이 독자적인 자아나 개별적인 가치를 지닌다는 주장은 불가능하며, 죄의 개념조차도 없다. 혹시 잘못된 행동을 하더라도 그것은 신을 거역하는 것이라기보다는 절대적 진리를 깨닫지 못한 무지의 소치일 뿐이다. 따라서 잘못을 저질러도 자신이 속한 카스트에 부과된 다양한 방법의 요가를 통해 극복할 수 있고, 심지어 해탈에 이르는 구원을 받을 수도 있다. 힌두교는 교리에 대한 의견의 자유를 폭넓게 인정하기 때문에 교리라는 개념 자체가 존재하지 않는다. 하지만 사상적 기반이 되는 기본적인 개념들이 있는데, 대표적인 것이 업과 윤회, 다르마, 해탈이다.

인도의 계급 제도를 뒷받침하는 핵심적 교리는 카르마(Karma)인데, 이는 한자

---

22 인간의 본질적 자아가 무한한 신적 자아인 아트만이며, 아트만이 곧 우주의 궁극적 실재인 브라만 자체이다. 따라서 힌두교의 종교적 체험은 인간의 참 자아가 우주의 절대적 실재, 즉 브라만이라는 범아일여(梵我一如)의 진리를 깨닫고 체득하는 것이다. 반대로 우주의 궁극적 실재를 인격적인 신으로서 우주 만물을 창조하고 주관하는 대주재신으로 숭배하는 경우에는 신에 대한 믿음과 사랑을 통해 신 안에서 영원한 행복을 누리는 해탈이 최고의 목표가 된다. 어느 경우에서든 힌두교에서 추구하는 구원은 인간의 본질적 자아 또는 자신의 신적 본성을 올바르게 인식함으로써 태어나고 죽는 것이 되풀이되는 윤회의 세계를 벗어나는 해탈을 의미한다.

로 "업"(業)에 해당하는, 개인의 생각이나 행동 뒤에 남은 흔적으로서 그에 상응하는 상태가 되도록 하는 힘이다. 따라서 업에 의하여 고난과 행복이라는 결과가 나타난다. 삶 속에서 이룬 자신의 업에 따라 죽음 이후 다시 태어나는 것이 반복되는데, 이를 "삼사라"(Samsara) 또는 윤회(輪回)라 하며, 그처럼 제약된 인간 삶의 고통스러운 존재 상태인 "두카"(Duhkha), 즉 업의 속박을 벗어나 영혼이 진정으로 자유롭게 되는 것을 "목샤"(Moksa), 즉 해탈(解脫)이라고 한다. 해탈의 길에는 세 가지의 방법, 즉 세 종류의 요가가 있는데, 그것은 인간의 고통은 무지로부터 비롯된다는 우파니샤드 철학에 바탕을 둔 것으로서 우주와 인간의 본질이라는 참된 지식(지혜)을 깨달아 해탈에 이르는 지혜의 요가인 갸냐 요가(Jnana Yoga), 보다 대중적인 두 가지 종류의 해탈 방법으로서 결과에 집착하지 않고 욕망 없는 행위를 통해 해탈에 이르는 길로 구체적으로는 신에 대하여 제사를 올리거나 사회에 대해 자기 의무를 실천하며 공덕을 쌓는 행위의 요가인 카르마 요가(Karma Yoga), 그리고 신에 대하여 이기심을 버리고 지극한 사랑을 통해 신과 신뢰와 사랑의 관계를 맺고 신과의 합일을 추구하는 신애의 요가인 박티 요가(Bhakti Yoga)이다.

인도에서는 사람의 수보다 신들이 더 많다는 말로 힌두교의 복잡성을 설명하곤 하는데, 인도가 영국으로부터 독립한 1947년에 인도의 신의 개수는 4억 8천만에 달했다. 힌두교는 다신교이지만 여러 신들의 배후에 있는 최소신의 존재를 예상하는데, 그러한 신들로서 브라마, 비슈누, 시바의 삼신일체설(三神一體說)을 통해 다신교적 형태 내에 일신교적 성향이 잠재해 있다. 브라마는 창조의 과업을 완수한 후에는 더 이상 지상의 일에 관여하지 않는 최고의 원시신이기 때문에 인도인들에게 인기가 없다.[23] 재생과 섭리, 보존의 신인 비슈누는 네 개의 팔을 갖고 있는데, 비슈누는 세상이 혼란할 때 세상을 구원하기 위해 다양한 모습, 즉 큰 홍수에서 인류를

23 베다 시대에는 별로 인정받지 못하던 비슈누와 시바는 시간이 갈수록 풍부한 신화적 내용이 축적되며 전 우주를 다스리는 대주재신으로서 힌두교 신앙의 중심을 차지하게 되었고, 비슈누파 또는 시바파 등으로 나뉘어 교파별로 대주재신이 여러 가지 이름으로 형상화되어 숭배되었다. 하지만 그러한 교파적 입장에 얽매이지 않는 초교파적 힌두교 진영에서는 인격적 속성이나 형태, 이름을 가진 신들을 궁극적 실재로 간주하지 않고, 그 배후에 일체의 인격적 속성을 초월한 형이상학적 실재인 브라만이 있다는 일원론적 형이상학의 입장을 취하기도 한다.

구원하기 위한 물고기부터 거북이, 멧돼지, 인간의 몸과 인간의 머리를 가진 사자인간, 난쟁이, 도끼를 든 라마인 파라슈라마(Parashurama), 라마(Rama), 크리슈나(Krishna), 불교의 붓다(Buddha), 깔끼(Kalki) 등 열 가지의 아바타라(Avatara)의 모습으로 세상에 나타난다.[24] 열 번째 화신(化身)인 깔끼는 아직 세상에 등장하지 않았는데, 그가 세상에 올 때에 종말이 있을 것이라고 믿는다. 신상보다는 발기한 남근(男根)의 모습으로 숭배되는 쉬바는 가장 많은 부인과 일화들을 자랑한다.[25] 또한, 힌두교는 다른 종교의 사상과 접촉하는 과정에서 유연한 관용의 태도를 보이는데, 힌두교의 신관(神觀)이 최고의 신 브라만을 믿으면서도 다른 많은 신들을 동시에 섬기기 때문이다. 때때로 다른 많은 신들이 최고의 신 브라만의 다른 표현으로서 나타나지만 신의 본질은 하나라고 보기 때문에 한 신이 기능에 의해 여러 신들로 분화되었다고 보는 교체일신론(交替一神論)의 성격도 띠고 있다. 또한, 비슈누의 아홉 번째 화신을 붓다로 만들면서 결국 불교를 힌두교 안으로 흡수시킨 힘은 힌두교가 살아남은 원동력이다.

인도인들은 대부분 태어나면서부터 힌두교도로서 가정과 카스트의 규정대로 예배하고 제사를 지내며, 정해진 생활 규범에 의해 산다. 그것은 개인의 자유로운 의지가 아니라 카스트, 가정, 마을의 사회적 관습에 의한 것인데, 이처럼 종교사회적으로 힌두교인들을 규제하는 것이 바로 다르마이다. 산스크리트어인 다르마는 한자로는 "법"(法)으로 번역되고, "달마"(達摩)로도 음역되는데, 이는 "유지한다, 보존한다, 질서 지운다" 등의 의미를 가진 "다르"(dhar)라는 동사의 어근으로부터 파생한

24 비슈누의 화신인 라마와 크리슈나는 인도에서 인기 있는 대표적인 신에 해당하는데, 라마는 대서사시인 라마야나에 나오는 주인공이고 크리슈나 역시 대서사시 마하바라타에 등장하는 아르주나(Arjuna) 형제의 전쟁을 도와주는 이웃나라의 왕이자 신의 화신이기 때문이다. 크리슈나의 특징 중 하나는 그의 피부가 검다는 것인데, 그는 원래 드라비다족의 신이었지만 힌두교가 이를 흡수하는 과정에서 크리슈나까지 흡수하게 된 것이다.

25 그의 첫 번째 부인 파르바티(Parvati)의 두 아들 중 장남은 거의 인도 전역의 상점들에 걸려 있는 인간의 몸에 코끼리 머리를 가진 가네사(Ganesha) 신이다. 히말라야에서 오랜 수행을 마치고 집에 와보니 아내 파르바티가 낯선 남자 곁에 있는 모습을 본 쉬바는 그 남자의 머리통을 날려 버렸다. 파르바티는 아들도 몰라 보느냐며 쉬바를 나무랐지만 쉬바는 떨어진 머리통을 찾지 못하여 지나가던 코끼리의 머리를 베어 그 머리를 달아 주었다는 일화가 있다. 가네사의 불룩 나온 배는 풍요를 상징하며, 그는 지혜와 재산을 관장하는 신으로 추앙받는다.

말로서 "보존하는 것", 즉 "인간의 행위를 보존하는 것"이라는 의미를 가지고 있다. 오늘날 힌두교도들은 "삶의 길"로 인식되는 다르마가 포함하는 카스트의 규칙 준수, 단식, 제례, 통과의례, 순례, 신성한 갠지스 강에서의 목욕 등을 통해 공덕을 쌓아 죽은 후에 생천하기를 바란다.

3 의례와 절기

1) 창조와 종말 및 인생의 네 주기

힌두교는 우주 만물의 기원에 대하여 통일된 이론을 가지고 있지 않으며, 이 세상은 우주 만물을 품고 있는 어떤 모태와 같은 궁극적인 실재로부터 나왔다고 믿는다. 시간과 역사는 이 세상과 마찬가지로 주기적 순환을 반복하며, 이 세상의 창조 역시 신의 넘쳐흐르는 에너지의 자연스러운 발산으로서 세계의 생성과 소멸이 무한 반복되는데, 이는 끝없이 생사유전(生死流傳)을 반복하는 인간 삶의 윤회와 같다. 힌두교의 순환적 세계관에 의하면 이 세상은 주기적으로 창조되었다가 주기적으로 해체되는데, 해체는 그 정도에 따라 세 종류로 구분된다. 먼저 시대를 의미하는 유가(Yuga) 네 개의 순환에 따라 마지막 네 번째 유가인 칼리 유가가 끝날 때에 작은 해체가 일어나고, 네 유가가 1천 번 반복되는 브라마의 한 낮이 끝나고 브라마의 밤이 되면 세계의 대 해체가 일어나서 세계는 큰 불과 홍수로 인해 파괴되며, 그렇게 브라마의 일생 100년이 경과하면 세계는 완전히 해체되어 모든 것이 비슈누 안으로 흡수되었다가 때가 되면 다시 시작된다.[26] 이는 비슈누의 배꼽에서 연꽃이 피어나 거기에서 브라마가 탄생하여 만물을 산출하는 것으로 다시 시작하는 것이다. 첫 단계인 사티아(Satya) 유가 1,728,000년, 트레타(Treta) 유가 1,296,000년, 드와

---

26 브라마 신의 하루를 칼파(Kalpa)라 하는데, 이를 한자로 옮겨 겁(劫)이라 한다. 한 겁은 브라마 신의 하루, 즉 낮과 밤을 합친 것에 해당하는 시간인데, 한 낮은 네 유가가 1천 번 반복되는 시간이다. 길희성 편역, 『경전으로 본 세계종교: 힌두교』, 176.

파라(Dwapara) 유가 864,000년, 그리고 마지막 칼리(Kali) 유가는 432,000년 동안 지속되며, 네 개 유가를 모두 합하면 4,320,000년이 된다. 첫 번째 시기부터 순차적으로 시작하여 각 유가의 길이가 4분의 1씩 줄어드는 네 유가는 책상의 네 다리로 비유되며, 따라서 첫 번째 사티야 유가는 안정적인 네 다리가 모두 있는 것처럼 정의와 진리가 충만한 시대이며, 다음 유가로 갈수록 다리가 하나씩 사라지는 것처럼 점차 불안정해진다. 마지막 칼리 유가에 이르면 다리가 하나만 남아 외발로 서 있는 것처럼 법과 진리는 매우 불안해져서 각종 악이 성행하는데 힌두교는 오늘날이 칼리 유가기에 있다고 설명한다.

사성 제도와 더불어 힌두교의 전통적인 사회윤리 체계의 근간을 이루는 것은 네 단계의 유가와 같이 인생의 네 단계를 규정하는 것이다. 이는 소위 재생족이라고 불리는 상위 세 개 계급에 속한 사람들의 이상적 삶을 네 단계로 구분한 것이며, 해탈을 달성하기 위해서는 다르마를 행함과 동시에 인생의 네 단계를 충실히 수행해야 한다.[27] 마누법전에 의하면 인도인의 삶의 주기는 첫째, 자신의 카스트를 나타내는 표시인 성스러운 흰 천을 부여받아 어깨에 두르는 성인 입문식을 마치고 출가하여 스승의 지도 아래에서 베다 등의 학문을 배우고 금욕적 생활을 하며 생활의 가르침을 받는 학습기에 해당하는 브라마차르야(Brahmacarya) 또는 범행기(梵行期)[28], 둘째, 학습기간이 끝나고 스승을 떠나 다시 가정으로 돌아와 결혼을 하고 가업에 종사하며 가장으로서의 가족 부양 의무를 이행하는 등 세속적 부와 쾌락을 추구하는 그리하스타(Grhastha) 또는 가주기(家住期), 셋째, 손주를 본 후에 재가자의 삶을

---

27 수드라를 제외한 세 종류의 카스트는 종교적으로 재생할 수 있기 때문에 재생족(再生族)이라는 의미의 드비자(Dwija)라 한다. 인도에서는 높은 카스트에 속한 사람이 낮은 카스트에 속한 사람의 곁에만 있어도 더럽혀진다고 생각하기 때문에 각 카스트는 분리되어 있으며, 각 카스트 내에서 직업을 세습한다. 네 카스트 밑에는 불가촉천민(不可觸賤民)이라 불리는 "억압받는 자" 또는 "파괴된 자"를 뜻하는 "달리트"(Dalit)가 있는데, 이들은 사회의 취하위층에 위치한 천민으로서 주거지와 직업에 있어서 엄격한 제한을 받는다. 마하트마 간디(Mahatma Gandhi)는 이들을 "신의 자녀들"이라는 의미의 "하리잔"(Harijan)으로 부르자고 주장하며 불가촉천민의 인권 개선과 해방을 위하여 노력했다. 서로 다른 카스트에 속한 남녀가 결혼하면 두 사람 모두 금지된 결혼을 위반하였기 때문에 이전에 속한 카스트와 상관없이 신분을 박탈당하여 불가촉천민이 된다.

28 보통 남자아이가 6~7세가 되면 입문식을 거행하는데, 이때에 부여받은 카스트를 나타내는 끈을 평생 동안 어깨에 걸치고 살아야 하며, 이 같은 입문식을 통해 비로소 힌두교도로서 제2의 정신적 탄생을 경험한다.

마치고 숲속에서 은둔하며 청정한 종교 생활을 하며 삶의 목적을 찾는 은퇴기인 바나프라스타(Vanaprastha) 또는 임서기(林棲期), 넷째, 탁발 걸식하는 성인이 되어 일체의 사회적 유대 관계를 끊고 현세의 삶을 포기한 채 오직 절대자와의 초월적 합일을 통한 해탈의 세계만을 추구하는 시기인 산야사(Samyasin) 또는 유행기(遊行期)로 구분된다. 해탈을 위한 기본적인 조건은 그리하스타 단계에서 반드시 세속적인 부인 아르타(Artha)와 육체적 쾌락인 카마(Kama)를 섭렵해야 한다는 것으로서 결국 인간 삶의 모든 단계는 해탈을 위한 전제 조건이 된다.

2) 힌두교의 실천

인도의 생활양식으로서 힌두교는 기본적으로 절충적이고 혼합주의적 성격을 띠고 있어서 다양한 종교적 믿음과 관습들을 수용하여 이를 힌두교의 문화에 적합하도록 조정한다. 예를 들어 힌두교는 윤회를 믿기 때문에 죽음은 영혼이 육체를 떠나는 것에 불과한데, 그들은 예수 그리스도의 성육신도 윤회의 관점에서 이해하기 때문에 부활 역시 재생의 관점에서 받아들이며, 비슈누 신은 아홉 번이나 아바타라를 통해 육체로 나타났는데 그러한 윤회 가운데 하나가 부처의 모습으로 나타난 것으로 본다.[29] 다양한 민족과 문화를 보유한 힌두교의 특징은 지역사회마다 달리 행해지는 힌두교 사회의 축제나 관습에서 보이는 복잡한 방식에 반영되어 있다. 종교적 의무의 날들이 따로 정해져 있지도 않지만, 일반적으로 힌두교의 축제는 부정의 정화, 해로운 세력의 저지, 사회의 갱신, 위기의 극복, 자연의 활력 재생 등의 목적 아래에서 행해진다. 예를 들어서 봄 축제인 홀리(Holi)는 크리슈나를 경배하며 즐기는 것이고, 가을 축제이자 신년 축제인 디발리(Divali)에는 시바의 여신 칼리에게 제사를 드린다. 힌두교도들이 성지순례와 관련하여 성지로 여기는 지역은 그곳이 원래부터 성스러운 장소로 인정을 받아 사원이나 신전을 세웠던 곳이거나, 새로이 사원이나 신전을 세운 곳이다. 특히 전통적으로 성지로 인정받은 지역은 대부분 강가에 있는데, 인도인들이 오랜 옛날부터 큰 강의 모든 부분을 성스럽게 여겨왔기

29 김은수, 『비교종교학 개론』, 289.

때문이다. 인도의 여러 강들 중에서 인도인들이 가장 성스럽게 여기는 강은 갠지스 강인데, 이를 어머니의 강이라 부르며 순례자들은 갠지스 강의 물에 몸을 담금으로써 온갖 죄악을 씻어내기를 즐겨한다. 또한, 죽어서도 성스러운 갠지스 강에서 적절한 장례의식과 함께 화장된다면 시바의 나라에 태어난 무한한 희열을 누릴 수 있다고 믿는다.

오늘날 인도에서는 카스트에 의한 차별이 헌법으로는 폐지되었지만 여전히 일상생활에서는 큰 힘을 발휘하며 특히 종교적으로는 여전히 강력한 영향력을 발휘하고 있다. 따라서 힌두교도의 결혼은 같은 카스트 계급 내에 있는 남녀 사이에서만 행해져야 하며, 교육과 직업의 차별은 물론 다른 카스트에 속한 사람들은 가까이 할 수 없어서 주거지와 거리의 통행 및 식당에서의 자리조차 제한이 있다. 최근까지만 해도 불가촉천민은 그림자만 닿아도 오염된다고 여겨져 자신들이 근처에 있음을 알리기 위해 종을 달고 다니도록 한 지역도 있었기 때문에 불가촉천민들은 주로 마을 밖에 살았고 별도의 우물에서 물을 썼으며 인간의 분뇨와 동물 시체를 치우는 것 같은 불결한 일을 했다.

4 21세기의 힌두교

1871년 영국의 식민지 시절부터 매 10년마다 시행된 인도의 인구 총조사에 있어서 지난 2011년 80년 만에 카스트별 인구 조사의 항목이 포함되어 정치, 사회적 논란을 유발하였다. 인도가 근대국가로 탈바꿈한 이후 1950년 발효된 인도 헌법이 카스트에 의한 차별을 불법으로 명문화했고, 천민제도를 폐지시킴으로써 카스트 사회에 종지부를 찍고자 했기 때문이다. 카스트에 따라 경제 및 사회적 지위 차이가 극심한 탓에 인도 정부는 1947년 독립 이후 카스트별 차별을 철폐하기 위하여 천민과 소수 부족민을 보호 대상인 "지정 카스트"로 정하여 공무원이나 학생 등을 카스트 전체 인구 비율에 따라 선발하도록 했다. 그 같은 차원에서 인도의 헌법제정회의는 1949년 채택한 헌법에서 불가촉천민이라는 용어의 사용 및 사회적 차별 행위 모두를 불법으로 규정하였다. 그러나 하층 카스트 계층에 이런 혜택을 법적으로 보장하면서도 막상 인구 조사에서는 카스트별 인구를 파악하지 않았고, 80년 전의 통계를 이용해 혜택을 부여해 왔기 때문에 궁여지책으로 인구 총조사에서 카스트별 인구 조사의 항목을 포함하게 된 것이다. 2011년 인도 정부의 인구 총조사(www.censusindia.gov.in)에 의하면 브라만, 크샤트리아, 바이샤의 상위 세 카스트에 속한 인구의 비율은 약 30.8%, 수드라 및 기타 하위계층 41.0%, 지정 카스트인 불가촉천민 19.7%, 그리고 인도 영토 내의 비문명화된 부족을 가리키는 지정 부족은 8.5%이다.

참고문헌

길희성 편역. 『경전으로 본 세계종교: 힌두교』. 서울: 전통문화연구회, 2016.
김은수. 『비교종교학 개론』. 서울: 대한기독교서회, 2006.
류상태. 『교양으로 읽는 세계종교』. 개정판. 서울: 인물과사상사, 2017.
이길용. 『이야기 세계종교』. 서울: 한국방송통신대학교출판문화원, 2015.
이은구. 『힌두교의 이해』. 서울: 세창출판사, 1997.
이재숙. 『인도의 경전들: 베다 본집에서 마누 법전까지』. 파주: 살림출판사, 2007.
이훈구. 『비교종교학』. 서울: 은혜출판사, 2005.
최정만. 『비교종교학 개론』. 개정증보판. 서울: 이레서원, 2004.

11 자이나교(Jainism)와 시크교(Sikhism)

자이나교(Jainism)는 후에 일어난 불교와 함께 힌두교를 개혁하고자 하는 동기에서 시작된 종교로서 개혁이 장벽에 직면하자 인도의 서남부 지역에서 새로운 종교로 자리매김을 했다. 자이나교는 인도의 소수 그룹에 속하지만 인도 사회에서 사업과 교육 면에 영향력을 발휘하고 있으며, 시크교(Sikhism) 역시 군사와 국방의 측면에서 인도에서 중요한 위치를 차지한다. 시크교는 다섯 개의 강이 있는 땅이란 의미를 가진 인도 서북부의 펀잡(Punjab) 지역 및 오늘날 파키스탄에 해당하는 지역에서 태동한 종교로서 인도와 파키스탄의 분쟁의 뿌리가 된 시크교와 힌두교의 종교적 분쟁의 주인공이다. 시크교는 인도의 전통적인 힌두교와 새로이 유입된 이슬람교의 장점만을 추려내고 단점은 배제하였는데, 힌두교의 카스트 제도를 인정하지 않았고, 육류를 섭취해도 된다고 허용하는 한편, 이슬람교의 남성 우월주의와 여성 차별주의적인 제도를 받아들이지 않았고, 남녀평등을 강조하였다.

1 자이나교(Jainism)의 형성과 교리

1) 형성과 발전

자이나교의 창시자 바르다마나(Vardhamana)는 불교의 싯다르 고타마, 조로아스터교의 자라투스트라, 유교의 공자, 도교의 노자, 유대교의 예언자들과 동시대의 인물로서 북부 인도의 작은 왕국 마가다(Magadha)의 바이살리(Vaishali) 성에서 크샤트리아 계급의 싯다르타(Sidhartha)의 둘째 아들로 태어났으며, 위대한 영웅이라는 의미에서 마하비라(Mahavira)라고 불렸다. 친가와 외가 모두 권세 있는 가문에서 출생한 그는 어린 시절에 그를 돌보는 보모만 다섯 명에 달할 정도로 부유한 집안에서 성장하였고, 원만한 결혼 생활과 부유한 삶을 누리다가 30세가 되어 부모가 죽자 인간의 고통과 불행의 문제에 대한 번민을 해결하기 위하여 고행자들의 무리에 섞여 12년간 고행의 시간을 보냈다. 고행의 수도 끝에 모든 카르마의 최종 단계를 끊고 열반에 도달하여 전지적 존재인 케발린(Kevalin)이 된 그는 모든 사물의 이치 중에서 모르는 것이 없는 완지자(完知者)가 되었고, 육체적으로 잠의 유혹을 물리치고 수면을 극복하는 경지에 이르렀다.[1] 그는 고통으로부터 해탈하는 길은 극심한 고행주의와 모든 생명체의 살생을 금하는 아힘사(Ahimsa)의 실천이라고 주장하였다. 아힘사는 산스크리트어로 "해치지 않음" 또는 "연민"을 뜻하는 것으로서 불살생 교리의 기반이 되었는데, 극도의 고행과 생명에 대한 외경이 자이나교의 주요 교리로 자리잡았다.

수많은 지역을 다니며 5만여 명의 승려들과 51만여 명의 신도들을 얻고, 5,400명의 케발린의 경지에 이른 케발리(Kevali)를 만든 바르다마나는 72세가 되던 B.C.

---

1 케발라(Kevala)는 지나의 경지를 지나 완전하고 분명하며, 거칠 것이 없는 지식과 직관에 도달한 상태를 의미하는데, 그러한 경지에 이른 영혼을 케발린이라고 한다. 자이나교의 시대관에 의하면 바르다마나는 현 시대에 출현한 24명의 자이나 예언자 중에서 마지막 예언자로서, 인류가 영적으로 타락해가는 시기에 태어나서 자이나교의 본래적 가르침을 회복시키고 전수한 영적 개혁가로 인정된다.

527년 어느 날, 평상시와 같이 금식하며 깊은 명상에 들었다가 무릎을 올리고 머리를 낮춘 웅크린 자세로 세상을 떠났다고 전해진다. 이후 바르다마나는 모든 욕망과 죄악, 육신의 욕구를 정복한 정복자인 지나(Jina)로 추앙되었고, 그의 제자들은 지나를 추종하는 자들을 뜻하는 자인(Jains)이라 불리게 되었다.[2] 모든 존재에는 명아(命我)적 요소인 지바(Jiva)와 비아(非我)적 요소인 아지바(Ajiva)가 있는데, 명아적 요소가 고행을 통하여 순화되는 과정에서 비아적 형식을 벗고 본성을 나타내는 해탈에 도달하여 수도에 성공한 승자를 지나라고 하며, 지나로 추앙받는 바르다마나가 죽은 지역인 파바(Pava)는 이후 자이나교의 성지 순례의 중심지가 되었다. 한편 브라만 계급에 대한 불만을 드러내며 개혁을 주도한 크샤트리아 계급이 서로 대립하는 동안 세 번째 계급인 바이샤가 농, 공, 상업의 생업 현장에서 성실하게 일하여 부를 축적함으로써 세력을 확장하는 한편, 부를 기반으로 성전을 세우고 스투파(Stūpa)라는 기념탑도 건축하였다.[3]

바르다마나 사후 약 2백년이 지난 뒤에 난다 왕조(Nanda Dynasty)를 무너뜨리고 북인도를 통일한 마우리야 왕조(Maurya Dynasty)의 찬드라 굽타(Chandragupta)가 자이나교에 귀의하였고, 불교를 신봉하던 아소카(Asoka) 왕의 손자 삼프라티(Samprati)가 자이나교로 개종함으로써 자이나교는 전 인도와 오늘날 아프가니스탄 지역에까지 전파되었다. 이후 13세기까지 인도 모든 왕조들에서 대부분의 수상이 자이나교의 신도일 정도로 자이나교는 정치적으로도 인도 전역에 걸쳐 영향력을 발휘하는 황금기를 맞이하였다. 하지만 이슬람 세력인 킬지(Khilji) 왕조 알라우딘(Alauddin)의 침략 이후 쇠퇴의 길을 걷게 되었다.

---

2 바르다마나는 "위대한 영웅"(大勇)이라는 의미의 마하비라(Mahavira) 또는 "승자"(勝者), "정복자"라는 의미의 지나(Jina)로 불리며 칭송받았다. 지나라는 용어는 자유와 완전함을 위해 자신의 열정과 감정을 정복한 인물에게 붙여지는 칭호이다. 최정만, 『비교종교학 개론』, 개정증보판 (서울: 이레서원, 2004), 351－352.

3 인도의 스투파(Stūpa)를 한자로 음역하여 솔탑파(率塔婆)라고 하였는데, 솔탑파를 탑(塔)이라 줄여 부른 것이 이후 1층으로부터 위로 높게 쌓아올린 건축물을 지칭하는 용어로서 정착하였다. 한편 불교에서는 석가모니가 열반한 후 그의 사리, 경전 등을 보관하는 장소를 파고다(Pagoda)라고 하며, 초창기 인도 불교 신자들은 석가모니를 기억하고 신앙심을 고양하고자 하여 사리를 담은 탑을 자주 찾았다.

2) 경전과 교리

바르다마나 이후 여러 세대를 거치며 자이나교의 교리는 주로 구전에 의존하여 전승되었는데, 그러한 구전의 내용을 가장 완벽하게 알고 있는 인물이 바드라바후(Bhadrabahu)였다. 바드라바후 사후인 B.C. 3세기 초에 경전이 재구성되기 시작하였는데, 본체 부분을 포함하여 전체가 열두 부분으로 나뉜 교훈들(Agamas)로 구성된 안가스(Angas)가 대표적인 경전이다. 이는 이전 시대부터 전해 내려오던 푸르바스(Purvas)라는 열네 권의 경전을 개작한 것인데, 마지막 열두 번째 부분이 소실되어 현재는 앞의 열한 개 부분만 전해진다. 백의파(白衣派)인 스베탐바라(Śvētāmbara)는 이 경전을 인정하지만 공의파(空依派)인 디감바라(Digambara)는 이를 인정하지 않고 대신 디감바라 정경만을 인정한다. 이외에도 싣한타스(Siddhantas)라는 잡서 경전도 있다. 자이나교의 경전들이 집대성된 시기는 A.D. 1세기경이지만 영구한 문서 형태로 완성된 것은 524년 발라비(Vallabhi)에서 경전을 확정하는 회의를 거친 이후이다. 자이나교의 경전 대부분은 당시 인도의 북부 및 중부에서 통용되던 프라크리트(Prakrit)어로 기록되었고, 경전들을 해석한 주석서들은 모두 산스크리트(Sanskrit)어로 기록되었다. 오늘날 일부 학자들을 제외한 대부분의 자이나교도들이 고대어를 알지 못하기 때문에 경전들을 현대 인도어로 번역하는 작업들이 전개되고 있다.

자이나교는 현 시대에 출현한 24명의 예언자 중에서 마지막 스물네 번째 예언자인 바르다마나를 교조로 삼으며, 따라서 힌두교의 브라만 사상보다도 더 상고 시대의 물활론적(Aniministic) 힌두교 내에 포함된 관념들을 전통적인 사상적 기반으로 삼는다. 자이나교는 초자연적 능력이나 초월적 신적 존재를 인정하는 힌두교와 달리 인간 존재의 영원성과 생명의 보편성을 기반으로 해탈한 인간의 영혼이 신을 대신함을 믿는다. 따라서 초월적인 유일신이든, 다신교든, 일체의 유신론적인 요소를 거부하며, 카르마를 초월하는 해탈을 위한 인간의 지성과 자기의존에 근거하고 있다는 점에서 인본주의이자 무신론적인 성격을 띤다. 자이나교는 이 세상을 영혼이 있는 실체인 지바와 물질에 불과한 아지바, 즉 생물과 무생물의 두 본체로 파악하는 이원론적 세계관을 바탕으로 모든 실체들 속에는 각각의 개체적 특성이 있으며,

그러한 실체들이 존재한다는 사실은 인간적인 인지 또는 깨달음을 통해 파악할 수 있다고 본다. 그러므로 우주에 존재하는 영혼의 수는 무한하며, 그 영혼들은 죽고 다시 태어나는 영원한 윤회의 과정 안에 있기 때문에 이 세상은 그 자체로 흥망성쇠를 반복하게 되어 있는 것이다.

힌두교의 최고 계급인 브라만의 무능과 부패한 현실을 지적하며 힌두교를 개혁하기 위하여 일어난 자이나교도 힌두교와 마찬가지로 인간의 운명은 카르마, 즉 업의 법칙에 따라 결정된다고 믿는다. 특히 사람의 업은 이미 전생부터 이어져 온 다섯 겹의 업이 쌓여 있기 때문에 수행을 통해 하나씩 벗겨내야 한다고 주장한다. 불교가 연기의 법칙만이 변하지 않는다고 가르치는 반면에, 자이나교는 영혼이 불멸이라고 믿기 때문에 스스로 해탈에 이르러 구원을 얻는 것이 더욱 중요하다. 신들 역시 해탈에 이르지 않는 한 불완전한 존재일 뿐이며, 어떤 사람이든 수행을 통해 해탈에 이르면 신보다 높은 차원에 이를 수 있다고 믿기 때문이다. 이는 영혼의 본질은 자각과 지식이라는 인식에 근거한 것으로서, 원초적 상태에서 영혼은 모든 것을 다 아는데 이 세상에서는 영혼이 시간과 공간의 제약을 받는 육체 안에 감추어져 있기 때문에 영혼의 지식이 불완전하다고 지적한다.[4] 힌두교의 카르마가 순수한 자연의 법칙인데 비하여, 자이나교는 카르마가 다섯 종류로 나뉘어 영혼에 붙어 있는 물질의 작은 입자로 보며, 인간의 노력과 수련, 지식에 의해서 조종할 수 있는 대상으로 본다는 점에서 차이가 있다.

우주에 있는 영혼의 수가 매우 많고 윤회의 주기가 무한하기 때문에 영혼이 사람으로서 태어날 수 있는 기회는 흔치 않다. 그러므로 사람으로 태어났다면 일생을 해탈의 더할 나위 없는 기회로 삼아 세 가지 보화인 정지(正知), 정신(正信), 정행(正

4 영혼은 초기 존재에서 취했던 방식에 따라 다섯 가지의 단계로 나뉜다. 가장 낮은 단계의 영혼은 감각이라는 한 가지의 인식만을 가지며, 이는 땅, 물, 불, 공기, 식물의 세계를 포함한다. 두 번째 단계의 영혼은 감각과 맛의 두 가지 인식을 가지며, 벌레들과 조개류가 이에 포함된다. 세 번째 단계의 영혼은 감각과 맛에 더하여 냄새와 시각을 가지는데, 개미, 바퀴벌레, 나방이 이에 속한다. 다음 단계의 영혼 역시 말벌, 메뚜기, 나비들처럼 감각, 맛, 냄새, 시각의 네 가지 종류의 인식을 지니며, 마지막 다섯 번째 영혼은 앞의 네 가지 인식에 더하여 청각을 가지는 존재로서 인간, 고등동물, 천상의 존재와 지옥의 악마가 이에 포함된다. 영혼은 카르마에 의하여 1단계에서 시작하여 다른 단계로 끊임없이 여행을 한다.

行)을 통해 해탈의 구원을 추구해야 한다. 바른 지식(正知)은 자이나교의 신조를 아는 것이고, 바른 신앙(正信)은 그 신조를 믿는 것이며, 바른 행위(正行)는 그 신조에 따라 사는 것이다. 또한, 자이나교는 고행이 영혼을 가볍게 해주기 때문에 이미 쌓여 있는 카르마를 흩어버리기 위해서는 고통을 자초하는 것이 유익하다고 주장하므로, 자이나교의 승려들과 신도들은 바른 행위를 최상의 덕목으로 삼고 수련에 몰두하는 것이다. 따라서 자이나교에서 가장 중요한 실천의 의무는 수행이며, 자이나교의 수행자는 어떤 생물도 죽이지 않고, 사악한 거짓말을 하지 않으며, 주어진 것 외에는 아무 것도 취하지 않고, 모든 성적 쾌락을 금하며, 어떤 사물에도 집착하지 않겠다는 다섯 가지 서약을 해야 한다. 하지만 그러한 서약을 지키는 것이 쉽지 않기 때문에 수행자가 아닌 일반인들에게는 고의로 살생하지 않고, 거짓을 말하지 않으며, 도둑질을 금하고 남편과 아내에게 충실하며, 필요 이상의 재산을 소유하지 않는 한편, 불필요한 여행을 삼가고 일상용품의 수를 제한하며, 정해진 명상 시간과 금욕 기간을 준수하며, 수행자를 위해 보시하고, 스스로도 가끔 수행의 시간을 갖는다는 보다 관대한 생활규범이 부여된다. 고행을 통하여 해탈에 이르기를 염원하는 자이나교도들은 베다 경전의 권위를 거부하고 카스트 제도와 희생제사를 배격하였으며, 인격적인 최고신의 존재를 부정하는 무신론적인 모습을 보인다.

2 자이나교의 의례와 이슈

1) 의례와 절기

바르다마나는 주로 크샤트리아 귀족 계급의 추종자들을 모아 남녀 수도사들과 평신도로 구성된 일반 신도 집단으로 이원화하여 자이나교 조직을 정비하였다. 하지만 세월이 지나 차츰 수도사 집단이 사라지고, 개종된 브라만인 슈달마(Sudharma) 아래 5백 명의 승려 집단만이 남았다. 마우리야 왕조의 찬드라 굽타는 왕위에서 물러난 후 자이나교에 심취하여 자니아교 승려들을 인도 동부로부터 인도 남부로 모아서 슈라바나 벨골라(Shravana Belgola) 지역에 자이나교 센터를 설립하였다. 벨골라에서 열한 번째 장로가 된 바드라바후가 지도자가 된 후 바르다마나 이후 내려오던 흰 옷을 입는 전통을 버린 후에 자이나교 승려들은 성직자도 흰 옷을 입을 수 있다는 종교적 자유주의적 입장을 바탕으로 흰 옷을 입고 생활하는 스베탐바라와 성직자가 바르다마나처럼 옷을 입지않고 나체로 생활해야 한다는 종교적 보수주의적 입장을 가지고 나체로 생활하는 디감바라로 나뉘었다. 스베탐바라는 주로 북인도에 자리 잡았고, 디감바라는 남부 인도에 분포하는데 스베탐바라 파보다 더 엄격하고 훨씬 금욕적인 삶을 살았으며, 나체로 생활한 그들은 신상마저도 나체의 모습으로 세웠다. 하지만 두 분파 모두 바르다마나의 생명 존중 사상을 본받아 길을 걸을 때 자신도 모르게 곤충을 죽이는 살생을 범하지 않으려고 빗자루로 쓸며 걷고, 공기 중에 있는 곤충을 부지불식 중에 호흡을 통해 들이마시지 않기 위하여 마스크를 쓰고 다니기도 한다.[5]

자이나교 경전이 상해를 모든 죄 중에 가장 큰 죄로 규정하기 때문에(45:247), 자이나교가 강조하는 가장 중요한 윤리는 아힘사, 즉 불상해(不傷害)와 고행이다. 불상해는 진실(眞實), 부도(不盜), 정결(貞潔), 불착(不着)과 더불어 자이나교의 5대 서약에 해당한다. 고행의 목적은 카르마가 인간의 영혼에 틈을 타도록 하는 육체적 욕망과의 싸움인데, 이에는 금식과 소식, 절식, 소음(小飮), 굴욕, 고독 등의 외면적 참회와 예의, 봉사, 소유의 포기, 공부, 묵상, 죄의 회개(Pashadha) 등 내면적 참회가 있다. 따라서 연말의 금식 절기인 파이주사나(Paijusana)에 자이나교 신도들은 8일간 금식하며 기도회와 강연회에 참석하고, 마지막 8일째는 삼반트사리(Samvantsari)라는 금식, 묵상, 자백의 날로 마무리한다. 회개를 중시하여 가장은 월 2회 임시승려가 되어 고행과 봉헌을 담당하며 회개해야 하며, 그것이 어려우면 봄, 여름, 가을, 겨울의 계절당 1회 하도록 하는데 아무리 사정이 어렵다 하더라도 최소한 1년에 1회는 회개해야 한다. 오늘날 대부분의 자이나교 신도들은 1년에 1회 회개하는 규정을 따른다. 또한, 자이나교는 순례를 신앙의 절대적인 요소로서 중시하므로 사트룬자야

5 류상태, 『교양으로 읽는 세계종교』, 개정증보판 (서울: 인물과사상사, 2017), 190.

(Shatrunjaya), 기나르(Ginar), 아부(Abu), 아수타파다(Ashutapada), 사메타 시카라(Sameta Sikara)라는 5대 성산(聖山)을 순례해야 한다.

2) 21세기의 자이나교

자이나교의 생명 존중 사상은 마하트마 간디(Mahatma Gandhi)와 알베르트 슈바이처(Albert Schweitzer) 등의 인물들에게 깊은 감명을 주어 간디가 아히스마(Ahisma)라는 비폭력주의 사상을 피력하게 하고, 슈바이처가 생명 경외의 윤리를 수행하도록 하는 근간으로 작용하였다. 오늘날 자이나교의 포교방식은 문서선교에 힘쓰고, 학교와 병원을 건립하는 교육선교와 의료선교의 모양을 갖추는 등 근대 기독교의 선교 방식을 모방하고 있다. 또한, 존엄사를 긍정하는 최근 의료 윤리의 흐름 속에서 무기한 단식을 하며 죽음을 맞이하는 자이나교의 전통적인 임종 수행법인 살레카나(Sallekhaṇā)가 새로이 주목받고 있다.[6] 불살생을 절대적 지침으로 삼으며, 카르마를 정화하기 위한 엄격한 수행을 출가자와 재가자 모두 철저히 준수하는 자이나교가 자신의 종교적 신념에 따라 사회가 터부시하며 자살로 오인하기도 하는 임종의례인 살레카나를 연간 250~500명에 달하는 인원이 실천하고 있는 모습이 종교와 시대, 지역을 넘어서서 인간 본연의 권리이자 지향점으로 도전하고 있기 때문이다.[7]

---

6 살레카나의 어원은 "바른"을 뜻하는 "사트"(sat)와 축소를 의미하는 "레카나"(lekhaṇā)로서 두 단어가 합쳐져서 바른 단식, 즉 단식사를 뜻한다. 이는 카르마의 미세한 신체(業身)를 포함한 물리적 신체의 올바른 소멸을 의미하며, 그러한 소멸을 위해 단식이 핵심적 방법이 된다. 한편 명상과 기도 역시 영적 신체의 올바른 단식에 포함되며, 명상의 극점에서 죽음을 맞이하므로 이를 "사마디마라나"(samādhimaraṇa), 즉 삼미사(三昧死)라고도 하며, 죽음을 맞이하는 침상인 산타라(saṃthāra)를 강조하여 산타라라고도 한다. 살레카나와 산타라는 백의파에서 주로 쓰는 용어이고, 사마디마라나는 공의파의 주된 용어이다. 양영순, "임종의례로서 살레카나 브라타의 고찰," 「종교연구」 82 (2022), 98.

7 Ibid., 110－111.

3 시크교(Sikhism)의 형성과 교리

1) 형성과 발전

시크교는 16세기 인도의 펀잡(Punjab) 지역에서 생겨난 종교인데, “시크”는 산스크리트어의 “시시야”(sisya)에서 유래한 것으로 “제자”라는 뜻이다. 창시자인 구루 나나크(Guru Nanak)는 1469년 오늘날 파키스탄 지역의 크샤트리아 계급의 가문에서 태어났다.[8] 당시 인도는 8세기에 유입된 이슬람교가 11세기 이후 인도 전역으로 확산되었고, 나나크의 출생 당시 그의 고향 펀잡을 포함한 북서부 지역은 거의 이슬람교에 의해 장악된 상태여서 전통적으로 힌두교를 믿어온 인도인들은 어떠한 종교가 참된 종교인지 여부에 대하여 혼란을 겪었다. 그의 출생지인 탈반디(Talvandi)에는 힌두교의 박티파와 이슬람교의 수피파 순회 성자들이 자주 찾아와 포교활동에 힘썼기 때문에 어린 시절부터 나나크는 종종 종교적 진리에 대하여 명상과 사색에 잠겼다. 가족을 버리고 출가하여 걸식 생활을 하며 금식, 기도, 묵상에 정진하던 나나크는 어느 날 강에서 목욕을 하다가 홀연히 숲으로 사라진 지 3일이 지나서 돌아와서 한동안 아무런 말도 하지 않다가 입을 열어 힌두교도라는 것도 무슬림이라는 것도 없다고 선언하였다. 또한, 그는 숲에서 신을 만나 힌두교와 이슬람교로 분열되어 다투는 세상에 오염되지 말고 모든 사람을 구제하여 돌보아 주라는 계시를 받았다고 주장하며 힌두교의 신애(박티) 신앙과 이슬람교의 신비 사상을 조화시켜서 통합한 시크교를 창시하였다.

시크교는 구루의 종교로서 시크교도들은 진정한 구루가 신이라고 보며, 구루는 인간에게 신성과 창조적인 말이라는 특별한 방식으로 임하는데, 역사적으로 열 가지의 다른 형상을 입고 나타났다고 믿는다. 나나크를 추종하는 제자들이 그의 주위에 몰려와 그를 사람들을 진리로 인도해주는 지도자인 구루이자 신의 특별한 현현으로서 궁극적이고 참된 구루라고 부르며 찬양했지만, 나나크는 자신이 그러한

8 구루는 산스크리트어로 스승을 뜻하는 말이다.

존재라고 긍정하지 않았다. 나나크는 모든 이들의 유일한 신을 “참된 이름”이라는 뜻을 가진 “사트남”(Satnam) 또는 절대적이고 완전한 유일무이의 “진실한 구루”라는 의미의 “사트 구루”(Sat Guru)라고 불렀다. 나나크는 포교활동을 위해 초기 12년 동안 북인도 히말라야 산 속의 모든 순례처들을 돌았고, 마드라스(Madras)를 거쳐 세일론(Ceylon) 섬에 이르는 인도의 남부 지역, 그리고 국경을 넘어 서쪽 바그다드(Baghdad)와 이슬람의 성지 메카(Mecca)에까지 이르는 선교 활동에 주력하였는데, 무슬림 출신의 종 마르다나(Mardana)가 그러한 나나크를 성실하게 보필하였다. 당시 힌두교의 고행이나 금식은 너무 외형적인 형식에 치중하였고, 이슬람교의 의식도 위선적인 외식으로 치부되어 대중들에게 외면을 당하고 있었기 때문에 나나크의 성실한 삶은 힌두교와 이슬람교 양쪽 진영에 있는 신도들로부터 환영을 받았다.

시크교에는 열 명의 구루들이 있는데, 초기의 다섯 명의 구루들은 종교개혁을 이끌었고, 후기 다섯 명의 구루들은 종교전쟁에 매진하였다. 1대 구루인 나나크는 고행주의자인 자신의 아들을 후계자로 삼는 대신에 제자 앙가드(Angad)를 2대 구루인 후계자로 삼았다. 앙가드는 나나크가 사망한 1539년부터 1552년까지 시크교의 훈련규칙을 만들어 신도들을 훈련시켰고, 3대 구루 아마르 다스(Amar Das)는 1552년부터 1574년까지 22년간 교구 조직을 구축하고 중앙 성소를 건립하는 한편, 예배의식을 정비하였다. 그는 랑가르(Langar)라는 공동 취사와 식사가 가능한 사원 식당을 만들어 신도들이 남녀노소 및 빈부귀천의 차별이 없이 함께 식사하는 공동체를 만들었는데, 이는 당시 힌두교의 엄격한 카스트 제도에 정면으로 도전하는 개혁이었다. 이슬람의 침략 앞에서도 힌두교는 계급의 차별 때문에 쉽게 무너졌지만 시크교는 차별 없는 식사 공동체로 인하여 존속될 수 있었다. 4대 구루 람다스(Ramdas)는 1574년부터 1581년까지의 7년 재임기간 동안 구루의 세습제를 완성하였고, 5대 구루 아르잔(Arjan)은 암리차르(Amritsar)에 황금성전(The Golden Temple)을 세웠는데, 이는 시크교의 상징이자 긍지이며, 동시에 희망과 믿음의 기초로 기능하였다. 아르잔은 시크교 최초의 경전인 아디 그란트(Adi Granth)를 편찬하고, 교단 조직을 강화하는 한편 재정적 기초를 공고히 했지만 황제의 반역에 연루되어 죽음을 당함으로써 시크교 최초의 순교자가 되었다.[9]

아르잔의 사망 이후 여론은 철저히 진상을 규명하여 정의를 밝혀야 한다는 진영과 이를 순교자의 죽음으로 처리하자는 진영으로 양분되었다. 그 와중에 6대 구루인 하르 고빈드(Har Govind)는 1606년에서 1638년에 이르는 32년간의 재임 기간 동안 델리(Delhi)의 무굴제국 무슬림들과 싸우려고 시크 성채와 같은 요새를 세우고 시크교도들을 군대로 편성하여 상비군을 만드는 한편, 자신은 사제와 통치자를 겸한 제정일치의 통치 형태를 구축하며 무굴제국에 대한 저항을 시작하였다. 7대 구루 하르 라이(Har Rai), 8대 구루 하르 크리샨(Har Krishan), 9대 구루 테그 바하두르(Tag Bahadur)가 연이어 무굴제국과 전쟁을 벌였는데, 하르 크리샨과 테그 바하두르는 시크교도를 강제로 무슬림으로 개종시키려는 무굴제국의 6대 황제 아우라제브(Aurangzeb)에 맞서 싸우다가 처형당했다. 아버지 테그 바하두르에 이어 전쟁으로 인해 네 명의 아들을 모두 잃은 10대 구루 고빈드 싱(Gobind Singh)은 "정제된"이라는 의미의 집단 지도 체제인 칼사(Khalsa)라는 신권 정치체제를 수립하고, 판다키 파훌(Phandaki－Pahul)이라는 세례 의식을 주기적으로 실시하여 일반 시크교도들의 의식을 "사자들"(Lions)이라는 의미의 싱들(Singhs)로 탈바꿈하여 강한 전사들을 양성하였다. 그는 무굴제국과의 전쟁에서 전사하며 자신의 죽음 이후에는 인간 지도자 대신에 경전을 지도자로 삼으라고 당부하며 무엇을 묻든지 경전이 대답해줄 것이라는 유언을 남겼다. 이후 카스트의 상위 계급에 속하는 이들은 힌두교로 재개종하여 돌아가고, 낮은 계급에 속하는 신도들이 남아 시크교를 이어갔다.[10] 이후 무굴제국이 붕괴되자 "펀잡의 사자"로 알려진 마하라자 란지트 싱(Maharaja Ranjit Singh)은 1800

---

9 종교에 관용적이던 이슬람 무굴제국의 악바르(Akbar) 황제가 1600년 원정을 떠났을 때에 그의 아들 자한기르(Jahangir)가 반란을 일으켜 스스로 왕위에 올랐다. 하지만 악바르는 원정을 마치고 돌아와 자한기르를 감금하고, 자한기르의 장남이자 자신의 손자인 쿠스라우(Khusrau)를 후계자로 지정하였다. 하지만 악바르가 사망하자 자한기르가 황제에 올랐고, 쿠스라우는 원래 자신이 후계자였다는 논리로 아버지에 대항해 반란을 일으켰지만 진압당하여 자신을 축복한 구루 아르잔(Arjan)이 있는 펀잡(Punjab)으로 도망하였다. 자한기르는 반란을 진압한 후, 아르잔이 장남을 지원했다고 믿고 1606년 그를 체포하여 고문 끝에 처형했다.

10 고빈드 싱의 사후에 고빈드 싱을 추종하는 시크교도들은 다시 브다시스(Vdasis), 수트레(Suthre), 피와네(Piwane), 니리말레(Nirimale), 아칼리스(Akalis) 등의 5대 분파로 갈라졌는데, 이는 자이나교가 의복으로 인해 갈라진 것처럼 면도 여부 및 머리카락을 자르는 것에 대한 허용 여부, 머리카락을 자를 것을 허용하는 경우 어느 정도의 길이로 잘라야 하는지 등의 지엽적인 문제 때문이었다.

년 시크 왕국을 건설하고 펀잡 지역을 포함하는 광활한 영토를 차지하였다. 이후 영국과 1845~1846년 및 1848~1849년의 두 차례에 걸친 전쟁에서 패배하여 시크 왕국은 멸망하였으며, 현재는 1947년 독립한 인도 공화국 내의 작은 군대로 남아있다.

2) 경전과 교리

시크교의 경전은 산스크리트어로 책이란 의미의 그란트(The Granth)인데, 이는 구루들이 했던 말을 추려서 모은 것으로 구루 그란트 사히브(Guru Granth Sahib)라고도 불린다.[11] 시크교 예배 의식은 그란트를 읽는 것으로 시작되고, 찬송과 기도가 모두 그란트와 연관이 있으며, 시크교도들은 그란트 앞에 절하는 등 절대적인 권위를 지니고 있다. 1604년 5대 구루인 아르잔이 편찬하여 완성한 경전을 아디 그란트라 하며, 10대 구루 고빈드 싱이 9대 구루인 테그 바하두르의 찬송과 시를 포함하였고, 고빈드 싱 사후에 그의 제자들에 의해 완성된 다삼 그란트(Dasam Granth)가 최종판이다. 그란트는 저자의 수가 37인이고, 힌두어, 펀잡어, 페르시아어, 마라히어, 프라크리트어, 산스크리트어 등 여섯 개의 언어로 기록되어 있는데 모두 운문 형식이어서 읽기가 어렵다. 한편 시크교도들은 경전을 또 하나의 구루로 여기기 때문에 절대로 바닥에 놓지 않는다.

사트남이 높은 자와 낮은 자를 차별하지 않는 우주의 창조자이며, 그의 사랑과 친절은 무한하다는 신론은 이슬람교의 꾸란에서 영향을 받은 것인데, 사트남은 힌두교의 최고신 브라만보다 위에 있지만 이슬람교의 알라처럼 완고하지 않고 부드러워 여성다운 신이다.[12] 나나크는 신이란 힌두교가 주장하는 것처럼 여러 형태로 나타나는 것이 아니고, 이슬람교의 유일신처럼 하나의 궁극적이고 인격적인 존재로서 "진실한 이름"이라고 설명하였다. 그는 신은 모든 생명체의 운명을 예정해 놓았는

11 시크교에서 진리의 기준은 경전의 권위와 공동체의 권위를 합친 것으로서 경전인 그란트와 공동체의 권위를 합쳐서 구루라고 칭하는 것이다.

12 시크교는 혼합 종교의 성격이 강하기 때문에 힌두교의 우파니샤드 구원론에서 신과 인간의 신비적 연합을 차용하였고, 우주 최고의 신 사트남의 이름을 부르면서 그에게 철저히 순복할 것을 강조하는 모습은 이슬람교의 알라 신앙에서 따온 것이다. 하지만 시크교 역시 힌두교의 업과 윤회의 범주를 벗어나지는 못하였다. 최정만, 『비교종교학 개론』, 384-385.

데, 인간은 만물의 영장으로서 하등 생물의 봉사를 받도록 정해졌기 때문에 다른 동물의 고기를 먹어도 된다고 주장하였다. 나나크는 힌두교의 업과 윤회 사상을 긍정했지만 사람이 윤회의 굴레를 벗어나지 못하는 이유는 궁극적인 신과 떨어져 살기 때문이라고 생각하여 궁극적 존재인 신만을 생각하고 그의 이름을 끊임없이 되뇌이면 신과 합일을 이루어 자력으로 구원에 이를 수 있다고 가르쳤다. 따라서 시크교의 구원의 의미는 최후의 심판을 거쳐 천국에 가는 것이 아니라 신과의 합일을 이루는 것을 뜻한다. 나나크는 힌두교의 복잡한 제사의식이나 극단적인 고행 및 이슬람교의 형식적인 기도 행위는 오히려 인간으로 하여금 신으로부터 멀어지게 하는 불필요한 것이라고 비판하는 등 형식주의와 제사의식을 배격하였다. 또한, 종교란 현실을 등지고 도피하는 것이 아니라고 강조하며 시크교도는 사회적 책임을 다하고 구제에도 힘써야 한다고 주장하는 한편, 힌두교의 가르침을 존중하지만 인간의 불평등을 조장하는 카스트 제도는 잘못된 것이므로 이에 얽매이지 말고 모든 사람들과 형제의 관계를 맺어야 한다는 가르침을 제시하였다. 시크교에서 카르마는 인간의 의지 및 행위와 관계된 것인데, 아디 그란트에서 636회나 반복되는 은혜를 뜻하는 "파르샤드"(Parshad)는 카르마를 제한하여 좋지 않은 업보는 막아주고 좋은 업보는 선양해주는 것이다.

4 자이나교의 의례와 이슈

1) 의례와 절기

시크교에는 종교 의식을 전담하는 사제가 없기 때문에 경전을 읽을 수 있는 사람이면 누구나 의식을 진행할 수 있다. 황금사원은 신의 궁전으로서 그 안에는 평화가 있고, 신에게 더 가까이 갈 수 있는 가능성이 가득하다고 여겨진다. 시크교의 의례는 경전인 그란트를 중심으로 진행되는데, 성전(聖典) 또는 "구루로 향하는 관문"이라는 의미의 "구르드와라"(Gurudwara)에 그란트를 두며 시크교도들은 이를 중심으로 모여 앉는다. 황금사원의 바깥 뜰에는 네 개의 평범한 문들이 있는데, 이는 누구에게나 구도의 문이 열려 있다는 시크교의 보편적 진리를 드러내기 위해 항상 열린 채로 있다. 시크교는 인도의 폐습인 조혼, 유아살해, 과부의 순장, 카스트 제도, 흡연 등을 반대하지만 수염을 기르는 것, 아기들의 입회식, 사원에서 이름을 받는 것, 결혼의 의식과 장례 등의 전통은 철저하게 종교적 의식대로 지킨다. 전통적으로 시크교도 가족은 새로이 태어난 아기에게 경전에서 종종 선택되는 영적인 의미를 지닌 이름을 지어준다. 아기가 성전에 오면 경전의 내용 중에서 자유롭게 선택한 부분을 읽고 첫 글자로 시작하는 이름을 지어주고, 남자아이의 경우 싱(Singh), 여자 아이의 경우에는 카우르(Kaur)를 추가하는 등 아이의 이름을 선택하기 위한 기초를 그란트에 둔다.

시크교도의 결혼식은 인도인들의 전통적인 결혼식과 크게 다르지 않지만, 결혼식에서 신랑과 신부가 그란트 앞에서 결혼 의무를 수락하고 함께 인사를 나누는 등 그란트를 네 번 둘러보며 사랑의 네 단계를 상징적으로 묘사하는 것이 특이하다. 시크교도는 인간의 죽음에 슬퍼하지 않는데, 죽음 또한 인간의 삶 중 한 부분이라고 여겨 자연스럽게 받아들여야 한다고 생각하기 때문이다. 따라서 장례식에서도 죽음이 신의 뜻이라고 여기고, 죽은 이를 위하여 7일에서 10일간 경전 그란트를 처음부터 끝까지 읽다가 최종 2일간 축제로서 마무리한다. 또한, 시크교도들은 일평생 황금사원에 한 번 이상 순례하는 것을 의무로 삼는다. 시크교도들에게는 그 이름들이 모두 알파벳 "K"로 시작하기 때문에 "다섯 개의 K"라고도 불리는 다섯 개의 중요한 상징들이 있는데, 그러한 상징들을 몸에 지님으로써 본인이 시크교도라는 사실을 드러내는 것이다. 이는 평생 자르지 않는 머리카락인 케쉬(Kesh), 긴 머리카락을 고정하는 빗 캉가(Kanga), 팔찌 카라(Kara), 허리에 차는 작은 칼인 키르판(Kirpan), 그리고 짧은 바지인 카차(Kaccha)로 구성된다.[13]

---

13 긴 머리카락의 청결을 위해 시크교도들은 하루에 두 번 머리를 감고, "캉가"를 사용하여 머리카락을 단정하게 정리함으로써, 그들 스스로의 삶이 올바르고 정직해야 한다고 다시 한번 마음에 깊이 되새긴다. 팔찌인 카라는 둥근 형태로 되어 있어야 하는데, 동그란 원은 끊임 없이 이어진 형태를 통해 영원불변의 신을 의미하기 때문이다. 키르판의 기원은 시크교도들이 과거에 주로 전사였다는 사실에서 비롯되는데, 이는 절대로 다른 사람을 해치는 용도로 사용되어서는 안되며 시크교의 믿

무굴제국과의 전쟁으로 인해 교단의 운영이 군단 체제로 변모한 이후 수많은 세속적인 혼합주의 사상이 시크교에 유입되었는데, 특히 우상이 가정과 신당 안에 설치되기 시작하였다. 또한, 10대 구루 고빈드 싱의 사후에는 인간 개인의 지도자 대신에 구루로서 권위가 부여된 집단 공동체(The Guru Panth)와 경전으로서의 구루(The Guru Granth)에 시크교도들의 신적 존경이 부여되었다. 인간 지도자 중심의 종교가 공동체와 경전을 중심으로 하는 종교로 탈바꿈한 것이다. 그렇게 집단 지도 체제인 칼사(Khalsa)가 시작된 이후 시크교는 사자로 상징되는 호전적 그룹인 케쉬드하리(Keshdhari) 파와 나나크를 흠모하는 한편 고빈드 싱의 강경 노선에 반대하는 사히즈드하리(Sahijdhari) 파로 분열되었다. 그러한 상황에서 새로운 공동체는 신앙을 수호하기 위해 강한 힘을 필요로 하여 과거 힌두교의 카스트 계급에 따른 남성들은 사자라는 뜻의 싱(Singh), 여성들에게는 공주라는 의미의 카우르(Kaur)라는 이름을 붙여주었다. 시크교도의 특징은 성(姓)씨가 없다는 것인데, 이는 모든 인간은 평등하다는 신념에 근거한 것이며, 남녀 모두에게 동일한 이름을 주었다는 것은 이슬람교의 전통과 달리 여성의 신분이 상승되어 남녀 동등의 새로운 공동체가 되었음을 시사한다.

2) 21세기의 시크교

초기 시크교는 무굴제국에 대한 무력 항쟁에 주력해야 했지만 영국 지배의 시기에는 비교적 영국 정부와 우호적인 관계를 유지하며 내적 문제에 집중할 수 있었다. 1947년 인도가 영국으로부터 독립한 후 펀잡의 66%에 해당되는 7개 지역은 파키스탄이 되었고, 7개 지역은 인도에 편입되었는데, 인도에 편입된 지역 중에서 시크교의 심장부로서 황금사원이 소재한 암리차르가 포함되었다. 펀잡의 힌두교도와

음을 더욱 굳건히 하는 의미로만 착용해야 한다. 카차는 "도티"(Dhoti)라는 인도의 전통 의복의 불편함을 줄이기 위해서 시크교도들이 새로이 만든 실용적인 의복이다. 다섯 개의 상징을 제외하고 시크교도임을 나타내는 독특한 복식으로서 "터번"(turban)이 있는데, 터번을 쓰기 위해서는 기본적으로 그동안 계속 길러왔던 긴 머리카락인 케쉬가 있어야 하고, 그 긴 머리카락을 고정하는 캉가를 착용해야 한다.

시크교도의 비율이 38대 62로서 시크교도들이 다수였기 때문에 인도인이 된 시크교도들은 자신들이 자리잡고 있는 펀잡어 사용 지역을 독립 주로 편성해줄 것을 요구했지만 1966년이 되어서야 펀잡주가 독립되었다. 1970년대 초에 들어 카우푸르 싱(Kapur Singh)은 시크교도들만의 국가인 칼리스탄(Khalistan)을 독립하여 인도와 파키스탄 사이의 완충 국가로 삼자고 제안했지만 이는 받아들여지지 않았다.[14] 이후 시크교의 분리주의 운동은 인도 정부와 유혈 충돌을 일으켰는데, 대표적인 사건으로서 1984년 6월 펀잡의 독립을 추구하는 시크교 분리주의자들이 시크교 성지인 황금사원을 점거했고, 당시 인디라 간디 정부가 무력진압을 강행함에 따라 3천명 이상이 사망하는 사태가 벌어졌다. 2023년 6월 18일 캐나다의 브리티시 컬럼비아(British Columbia)에 소재한 사원에서 나오던 칼리스탄 독립 운동의 리더인 하디프 싱 니자르(Hardeep Singh Nijjar)가 총격에 의해 사망하는 사건이 발생함으로써 21세기에 새로운 갈등의 불을 지폈다.

퓨리서치(The Pew Research, www.pewresearch.org)에 의하면 오늘날 시크교도들은 전 세계적으로 약 2천 5백만~3천만 명에 이르는 것으로 추정되는데, 약 90%가 인도 지역에 거주하며, 나머지는 영국, 미국, 캐나다 등에 분포한다. 오늘날 시크교는 "우다시스"(Udasis), "사하즈다리"(Sahajdhari), 그리고 "싱하"(Sinha)라는 세 교파로 나뉜다. 우다시스는 금욕적인 수도승의 집단인데, 이들은 독신을 지키면서 불교 승려처럼 거친 황의를 입거나 자이나 승려처럼 나체로 지내며 걸식하는 그릇만을 유일한 소유물로 삼는 등 힌두교나 자이나교의 고행과 거의 같은 수행을 따른다. "영적 평정의 상태 수용자"라는 의미의 사하즈다리는 시크교의 일반적 특징인 전투적 입장을 거부하고 깔끔히 면도하는 것을 좋아하며, 싱하라고도 불리는 시크교도 남성들은 수염과 머리카락을 자르지 않고 종교 생활도 복잡한 의식이 없이 매우 단순하여 시크교도의 태생에 의해서가 아니라 성숙한 연령에 달했을 때 간단한 입문식을 치르며, 결혼식과 장례식도 간소하다. 우상을 금지하고 카스트 제도의 모순을 지적하던 시크교도들이 오늘날에는 빈부의 차이와 농민과 도시인의 차이에 의한 새로운

14 박금표, "시크교 칼리스탄(Khalistan) 독립 운동과 인도의 분리주의," 「남아시아연구」 15 (2009), 149.

사회 계층의 체계가 고착화되는 것을 용인하는 모습이 자주 보인다. 하지만 일부일처제, 금연, 유일신 신앙, 우상숭배의 금지, 계급 제도를 배격하는 등 신 앞에서 평등사상의 측면에서 기독교와 유사한 부분이 있다. 1889년 인도 펀잡주의 부유한 시크교 집안 출생으로, 장로교 선교사가 세운 기독교 학교에 재학 중에는 기독교에 대한 심한 반감을 가지고 있었지만 1905년 회심하여 기독교로 개종하고 무소유의 삶을 실천한 선다 싱(Sundar Singh)이 그러한 유사점을 기반으로 개종한 대표적인 인물이다.

참고문헌

류상태. 『교양으로 읽는 세계종교』. 개정증보판. 서울: 인물과사상사, 2017.
박금표. "시크교 칼리스탄(Khalistan) 독립 운동과 인도의 분리주의." 「남아시아연구」 15 (2009), 133－166.
양영순. "임종의례로서 살레카나 브라타의 고찰." 「종교연구」 82 (2022), 91－115.
최정만. 『비교종교학 개론』. 개정증보판. 서울: 이레서원, 2004.

12 불교(Buddhism)

삼국시대에 우리나라에 전래된 불교는 고려 시대에는 호국 불교로서 자리를 잡았지만 정치 권력과 결탁하며 타락하기 시작했고, 조선 시대에 이르러는 유학자들의 억불숭유(抑佛崇儒) 정책으로 인해 승려의 신분이 천민으로 하락하며 쇠퇴하였다. 정치의 중심에서 밀려난 승려들이 산속으로 들어가 은둔적인 경향을 보이며 참선과 수행을 중심으로 활동함에 따라 우리나라의 불교는 현실을 수용하는 내향적인 성향을 띠게 되었다.[1] 1890년대에 도성의 출입 통제가 해지되며 자유를 얻었다가 1910년 일제 강점기 이후 불교를 왜색화하려는 일본의 책략과 사찰령 제정, 1945년 해방 이후 미군정의 기독교 지원에 따라 어려움을 겪었다. 1954년 대처승과 비구승의 분규를 겪으며 분열된 이후 총 482개의 종단으로 갈라졌으며, 교세가 큰 대표적인 종단으로는 대한불교 조계종, 한국불교 태고종, 대한불교 천태종 등이 있고, 신도 수가 80만 명이 넘는 중견 종단으로는 대한불교 관음종, 대한불교 총화종, 대한불교 법화종, 그리고 밀교 교단으로 성립된 대한불교 진각종 등이 있다.[2]

1 이훈구, 『비교종교학』 (서울: 은혜출판사, 2005), 114.

2 2018년 기준으로 대한불교 조계종의 신도 수는 약 1천 2백만 명, 한국불교 태고종 6백만 명, 대한불교 천태종 2백 5십만 명의 순이다. 김종만, "한국종교지도자협의회의 '대표성'에 대한 비판적 고찰," 「신종교연구」 47 (2022), 126.

1 형성과 발전[3]

1) 불교의 태동

불교는 불타를 섬기는 종교인데, 불타란 "깨달음을 얻은 사람"이라는 뜻으로 인도의 고대어인 산스크리트어로 "붓다"(Buddha)라고 하며, 이를 우리말로 "부처"라고 지칭한다. 중국에서는 한자로 불타(佛陀) 또는 불(佛)이라고 음역되었다. 불교는 B.C. 624년경 오늘날 네팔의 남부와 인도 북부 지역에 해당하는 카필라바스투(Kapilavastu)라는 작은 나라의 샤카(Shakya)족 왕 슈도다나(Sudhdhodhana)의 아들로 태어난 왕자에 의해 시작되었다. 왕자는 "고타마"(Gautama)라는 성씨와 "싯다르타"(Siddhartha)라는 이름을 가졌는데, 7세부터 학문과 무술을 배운 그는 19세에 이웃나라의 공주 야소다라(Yasodhara)와 결혼한 이후 10년 동안 성 밖을 여행하며 사문유관(四門遊觀) 체험, 즉 카필라 성의 네 개의 문을 통해 인생의 네 가지 고통을 경험하였다. 동문을 나섰을 때에는 흰 머리에 등이 굽은 채로 지팡이를 짚고 제대로 걷지 못하는 노인을 보았고, 남문 밖에서는 피골이 상접하고 뼈가 드러난 채로 고열로 시달리는 병자를 만났고, 서문 밖에서는 시체를 화장시키기 위하여 장례행렬을 따라가며 슬피 울던 사람들을 보며 인생의 의미와 고통, 즉 생로병사(生老病死)에 대한 의문을 품었고, 북문을 통해서는 출가하여 먹을 것을 구걸하는 승려를 만나며 수행에 대한 희망을 갖게 되었다.[4] 그는 아무리 화려하고 요란한 치장을 해도 결국 인간은 늙고 병들어 죽을 수밖에 없다는 사실을 절감하고, 인생의 무상함을 이겨내는 방법이 수행의 길 외에는 없음을 깨달았다. 싯다르타는 29세에 아들을 얻었음에도 불구하고 출가를 결심하여 6년간 금욕과 고행을 한 후, 어느 날 보리수 나무 아래에서 명상을 하다가 깊은 깨달음을 얻고 그가 깨달은 사성제(四聖諦)와 연기법(緣起法)의 진리를

3 본 장의 내용은 최성훈, 『고령사회의 삶과 죽음의 이해』 (서울: CLC, 2018), 58-66을 수정 및 보완한 것이다.

4 이길용, 『이야기 세계종교』 (서울: 한국방송통신대학교출판문화원, 2015), 210.

가르치기 시작하였다.[5]

그는 바라나시(Varanasi)의 녹야원(鹿野園)에서 다섯 명의 비구(比丘)에게 최초로 법을 설파하였고, 80세가 되던 B.C. 543년경 마지막 순간까지 가르침을 설하고 열반에 들었다.[6] 사람들은 그를 샤카무니(Shakyamuni)라고 불렀는데, 우리나라에서는 이를 한자로 음역하여 "석가모니"(釋迦牟尼)라고 한다. "석가"(釋迦)란 산스크리트어 "샤카"족의 이름을 한자로 음역한 것이고 "모니"(牟尼)란 산스크리트어로 "성자" 또는 "승려"라는 뜻이므로, 이는 "샤카족의 성자"라는 의미이나 일반적으로 그를 "석가" 또는 "부처"라고 칭한다. 불교사는 부처의 활동기 및 그의 사후 100년까지를 초기불교(初期佛教), 부처의 사후 100년후부터 부처의 교설에 대한 이견이 발생하여 여러 개의 부파로 갈라진 시대를 부파불교(部派佛教), 그리고 B.C. 1세기경 부파불교에 만족하지 못한 이들이 새로운 종교 운동을 일으킨 대승불교(大乘佛教)의 시기로 나눈다. 불멸(佛滅) 후 100년이 지난 시점부터 부처의 교법에 대한 해석의 차이로 인해 여러 부파로 분열되기 시작했는데, 최초의 분열을 근본분열(根本分裂)이라 하고, 이후 더욱 세분되어 분열한 것을 지말분열(支末分裂)이라 한다. 소승(小乘) 부파는 근본분열을 통해 부처의 계율을 원칙대로 준수하여 과거 현재 미래의 실체가 존재한다는 삼세실유(三世實有)를 주장하는 보수적인 성향의 상좌부(上座部)와 교법과 계율에 유연성을 가진 부파로서 호칭 그대로 다수의 대중이 함께하며 과거와 미래의 실체의 존재를 부정하며 오직 현재만을 논하는 진보적인 입장을 취한 대중부(大衆部)로 나뉘었다.[7] 이후 상좌부는 근본상좌부(根本上座部)와 설일체유부(說一切有部)로 나뉘는

5 싯다르타는 아들이 태어나자 장애물이 태어났다며 아들의 이름을 장애물이라는 의미의 "라훌라"(Rahula)라고 지었다. 집착의 대상인 아들이 태어나서 자신의 출가 결심을 지연시켰다는 뜻이었지만, 다른 한편으로는 자신의 대를 이을 후사가 태어난 것이므로 오히려 출가의 결심을 다지게 되었다.

6 다섯 명의 비구들은 원래 싯다르타가 6년간 고행 후 떠날 때에 그가 타락했다고 비난했던 수행자들이었지만, 이후 부처의 제자가 되었다. 부처의 사후에 제자들은 부처의 시신을 화장한 후 남겨진 그의 사리(舍利)를 열 개의 나라에 나누어 주고, 이를 보관하기 위해 무덤 기능의 건축물인 스투파(Stupa)를 만들었는데, 이는 한자로 탑파(塔婆)라 하며 줄여서 "탑"이라고 한다.

7 소승불교는 불교의 성전어(聖典語)인 팔리(Pali)어로는 "테라바다"(Theravada)라고 불리는데, 그 의미는 "장로들의 길"로서 이는 부처의 가르침에 기초하여 출가자의 수행에 집중하는 모습을 부각시킨 것이다. 부처가 발견한 진리인 달마(達磨)를 얻기 위한 수련에 매진하며, 이상적인 인간상으로서 탁발을 수행하는 출가 승려인 아라한(阿羅漢)을 추구한다. 계율(戒), 선정(定), 지혜(慧)의 삼학(三學)을 완성한 이는 공양을 받을 자격이 있는 아라한이 된다고 보는 것이다.

지말분열을 겪었는데, 근본상좌부는 경(經)과 율(律)을 중시했고, 설일체유부는 논(論)을 중시하여 과거, 현재, 미래의 3세에 걸쳐 모든 법(一切法)이 존재한다(有). 즉, 법의 실체는 항상 존재한다고 주장하였다. 이후로도 계속해서 분파가 나뉘어 상좌부는 11개 부파, 대중부는 9개 부파, 총 20개의 부파가 생성되었다.

대승불교는 부파불교의 소승적 경향에 반대하여 B.C. 1세기를 전후하여 새로운 불교 운동으로서 대두하였다. 대승(大乘)이라는 용어는 "큰 수레"라는 뜻의 산스크리트어 "마하야나"(mahayana)를 어원으로 하며, 해탈을 이루기가 비교적 쉽다고 믿는 진보적인 사상을 토대로 승려가 아닌 일반인들도 열반의 경지에 이를 수 있다고 주장하는 동시에 상대적으로 부파불교의 교설이 좁고 열등하다는 의미를 내포한다. 대승불교에서는 대승의 길을 따르는 사람을 보살(菩薩)이라 하고[8], 소승의 가르침을 신봉하는 사람을 성문(聲聞)이나 연각(緣覺)이라 부르며 소승불교도는 자신의 개인적인 구원만을 목표로 하여 생사의 괴로움에 빠져 있는 다른 이들을 돌아볼 여유가 없는 사람이라고 비난하였다. 대승불교는 반야경(般若經)을 신행(信行)을 비롯하여 교의적(敎義的)으로 의거하는 종단의 근본 경전인 소의경전(所依經典)으로 삼는 중관학파(中觀學派), 초기 불교의 유심사상(唯心思想)과 요가행자들의 선정(禪定) 체험, 화엄(華嚴)의 삼계(三界) 등의 사상을 종합하여 성립된 유식학파(唯識學派), 종(宗), 인(因), 유(喩), 합(合), 결(結)의 오분작법(五分作法)의 논리 체계를 수용하여 발전시킨 불교논리학파(佛敎論理學派), 그리고 7세기 이후 주술과 의례를 중심으로 하는 탄트라 운동에 휩싸인 인도 힌두교의 영향으로 성립된 밀교(密敎)의 단계로 발전하였고[9], 밀교는 금강승(金剛乘)인 좌도(左道) 밀교와 진언승(眞言乘)인 우도(右道) 밀교로 나뉘었다.[10] 이후 이슬람교의 인도 정복과 더불어 수많은 불교 사원과 불탑이 파괴됨에

8 대승불교의 이상적인 인물상인 보살(菩薩)은 산스크리트어 "보디사트바"(Bodhisattva)가 한자로 "보리살타"(菩提薩埵)로 음역된 것을 줄인 호칭이다. 보디(Bodhi)는 "깨닫다"를 뜻하고, 사트바(Sattva)는 "존재"를 의미하므로 보디사트바는 "깨달은 존재"를 뜻한다. 초기 불교에서 보살은 깨달음을 향해 나아가는 사람이라는 의미로 사용되었지만, 대승불교에 이르러서는 깨달음을 이룬 존재인 불타(佛陀)로 의미가 확장되었다.

9 김용표 편저, 『경전으로 본 세계종교』(서울: 전통문화연구회, 2017), 27－30.

10 금강(金剛)은 금강석처럼 변화하지 않는 아(我)와 법(法)의 자성(自性)을 의미하고, 그러한 금강의 성질을 실현시키는 방법을 금강승(金剛乘)이라고 한다. 금강승의 수행법인 요가는 성적 쾌락과 결부되어 있다. 진언승에서는 지혜와 방편이 중심 교의이지만, 금강승에서는 지혜는 정적인 성격이

따라 수많은 승려들이 티베트와 네팔, 남인도 등으로 망명하며 인도 불교는 거의 쇠퇴하였고, 이후 미얀마, 스리랑카, 태국, 라오스, 캄보디아 등의 남방불교권에서는 소승 18부파의 일파인 상좌부 불교가 성행하고, 대승불교는 한국과 중국, 일본, 티베트, 네팔 등 북방불교권에서 신봉되고 있다.[11]

2) 한국의 전래

불교는 중국을 통해 4세기말 고구려의 소수림왕 2년인 372년에 전진(前秦) 왕 부견(符堅)이 보낸 순도(順道)라는 승려를 통해 불상과 불경이 고구려에 도착하며 한반도에 전래되었는데, 이는 우리나라에 들어온 최초의 외래종교였다. 백제의 불교는 침류왕 원년인 384년에 동진(東晉)으로부터 인도 승려 마라난타(摩羅難陀)가 들어옴으로써 전래되었고, 신라는 5세기 눌지왕 시대에 고구려로부터 인도 승려 아도화상(阿道和尙)이 들어와서 불교를 전파하였으나 527년 이차돈(異次頓)의 순교 이후에 본격적으로 자리를 잡았다. 신라에서의 불교는 6세기 법흥왕의 공인 이후 발전하기 시작하여 통일신라 시대에 이르러 중흥기를 맞이하였으며, 고려 시대에는 피폐해진 민심을 수습하고 정치 세력의 통합을 위한 정신적 구심으로 불교를 활용한 태조 왕건 이후 권력과 결탁하여 국교에 올랐다. 그러나 권력의 남용으로 지탄을 받기 시작하였고, 현세적 기복신앙을 추구하는 샤머니즘과 결합하며 변질됨으로써 조선 시대에 이르러는 유교를 숭배하고 불교를 억압하는 "숭유억불"(崇儒抑佛) 정책의 빌미를 자초하며 탄압을 받았다.

불교는 인도를 중심으로 확장하던 초기에는 개인의 해탈을 강조하는 부파불교

므로 여성으로 비유되고, 방편은 동적이기 때문에 남성에 비유되어 이 남녀의 교합을 요가로서 나타낸다. 밀교는 대승 불교로 분류하기도 하고 별개의 종파로 보기도 하는데, 대표적인 밀교로는 중기밀교인 일본 불교의 진언종과 후기밀교인 티베트 불교가 있다.

11 티베트의 불교는 불(佛), 법(法), 승(僧)의 삼보(三寶)에 더하여 선생을 의미하는 라마(Lama)라는 지도자를 포함하기 때문에 라마교(Lamaism)라고도 불린다. 보살이나 과거의 고승(高僧)이 라마로 환생한다고 믿기 때문에 전생을 기억하는 어린아이만이 라마가 될 수 있다. 대표적인 라마로서 13대 달라이 라마의 환생으로 여겨지며 중국 정부로부터의 티베트 독립을 추구하는 제14대 달라이 라마가 있다. 역사연구모임, 『상식으로 꼭 알아야 할 세계의 종교』, 2판 (서울: 삼양미디어, 2013), 122－124.

(部派佛敎)의 모습을 보였지만, 석가모니의 사후에 그의 가르침을 종합하는 과정에서 계율의 엄격한 준수와 해탈에만 집착하던 부파불교에 반발하여, 모든 중생을 구원하자는 불교 운동으로서 대승불교가 일어났다. 특히 한국, 중국, 일본 등 동북아에서는 대승불교의 두각을 통해 대중의 요구를 만족시키고, 유교를 보완하며 통치체제를 옹호하는 종교로 자리 잡기 시작하였다.[12] 불교의 영혼 개념이 유가(儒家)의 조상숭배 의례와 부합되었고, 중생을 구제한다는 대승불교의 포용성이 다신숭배의 민속종교를 배경으로 하는 우리나라 및 중국 사회의 융합에 유용했기 때문이다. 이후 대승불교는 교종(敎宗)과 선종(禪宗)으로 분화되었는데 교종은 부처의 교설과 그것을 문자로 기록한 경전에 대한 깨달음을 강조하였고[13], 선종은 도교의 영향을 받아 좌선이나 참선을 통한 수행방법과 같은 구체적인 실천 활동을 통하여 스스로의 깨달음을 강조하여 교리나 의식을 중시하지 않았다.[14] 한편 우리나라에서 교종은 통일신라 말기에 고승들의 경전에 대한 주석을 통해 보덕의 열반종, 자장의 계율종, 원효의 법성종, 의상의 화엄종, 진표의 법상종 등 다섯 종파로 분화되었다.

---

12 부파불교는 소승불교라고도 하는데, 그 같은 명칭이 대승불교에 대비되는 상대적으로 폄하되는 의미를 내포하므로, 중립적인 의미에서 일반적으로 부파불교라고 한다. 소승불교는 "작은 수레"라는 뜻의 산스크리트어 "히나야나"(hinayana)를 어원으로 하는데, 소승불교는 사람이 해탈을 얻기가 지극히 힘들기 때문에 소수의 사람들만이 그러한 경지에 이를 수 있다고 주장하며 해탈에 이르기 위한 개인의 노력을 강조하는 보수적 종파이다.

13 중국의 교종이었던 법화경(法華經)에 기초한 천태종(天台宗)이나 화엄경(華嚴經)을 중시하는 화엄종(華嚴宗)이 교종을 대표하며, 선종을 제외한 모든 불교의 종파는 교종에 속한다.

14 선종(禪宗)이라는 이름은 산스크리트어 "디아나"(Dhyana)를 한자로 음역한 "선나"(禪那)를 선(禪)이라 줄여 부르며 붙여진 것이다. 부처가 말없이 연꽃 하나를 꺾어 제자들에게 보여주었을 때에 제자들 대부분이 스승의 그러한 행동을 보고 당황하였지만, 마하카시아파(Mahākāśyapa), 즉 염화시중(拈花示衆)만이 부처의 의도를 마음으로 알아 듣고 미소를 지었던 이야기를 선종은 그들의 시초로 본다. 이처럼 선종은 경전이 아니라, 참선과 공안, 화두 등을 통해 인간의 심연에 자리 잡은 불성(佛性)을 찾아내어 깨달음에 이르는 견성성불(見性成佛)을 목표로 삼는다.

2 경전과 교리

1) 경전

불교는 모든 종교 중에서 가장 많은 경전을 보유한 것으로 알려져 있으며[15], 다양한 종파로 나뉘어 경전이 계속해서 결집되다 보니 경전 상호간에 모순도 많은데, 현존하는 불경 중에서 가장 많은 종류를 모은 것은 1885년 일본에서 축쇄판으로 출판한 대장경으로서 총 1,926부에 8,537권이나 된다.[16] 불교의 경전은 팔만대장경(八萬大藏經)이라 할 정도로 방대한 내용을 담고 있으며, 부처의 설법을 모은 경(經), 승려들이 지켜야 할 계율을 모은 율(律), 교리의 논석(論釋)을 모은 논(論) 등 삼장(三藏)이 포함되어 있다. 경장(經藏)은 설법의 기술형식에 따라 9분교(分教) 또는 12분교로 분류하고, 내용에 따라 초기경전, 대승경전, 밀교경전 등으로 구분한다. 율장(律藏)에는 대소승 계율에 관한 가르침이 담겨 있고, 논장(論藏)에는 경전에 대한 여러 주석서와 아비달마(阿毗達磨) 철학서도 포함되어 있다.[17] 부처의 입멸 직후 제자들은 부처의 가르침을 경전 형태로 편찬하기 시작했는데, 이를 결집(結集)이라 한다. 1차 결집은 부처의 열반 직후 왕사성(王舍城, Rajagriha)에서 7개월간 이루어졌는데, 마라가섭(摩訶迦葉)을 중심으로 500여 명의 비구들이 모여 편찬회의를 연 끝에 경(經)과 율(律)의 이장(二藏)이 성립되었다. 마라가섭은 부처의 사촌이자 제자였던 아난다(Ananda)에게 부처의 가르침을 구술하게 하여 경(經)이 형성되었고, 또 다른 제자인 우팔리(Upali)에게는 부처의 가르침 중에서 승단(僧團)의 규범에 관계된 것을

---

15 불교의 경전은 너무 많아서 헤아릴 수 없을 정도이며, 실제로 3천 개 이상의 경전이 존재한다. 경전을 모은 총서를 의미하는 대장경 중에 오늘날 우리나라 불교도들에게 가장 널리 읽히는 것으로서 "지혜의 빛에 의해서 열반의 완성된 경지에 이르는 마음의 경전"이라는 의미의 반야심경(般若心經), 선종(禪宗)이 독송하는 경전인 금강경(金剛經), 대승불교 경전 중 가장 널리 알려진 법화경(法華經), 이타행(利他行)의 실천을 강조하는 화엄경(華嚴經)이 대표적이다. 이정순, 『종교학의 길잡이』 (파주: 한국학술정보, 2022), 160－161.

16 최정만, 『비교종교학 개론』, 개정증보판 (서울: 도서출판 이레서원, 2004), 405－406.

17 김용표 편저, 『경전으로 본 세계종교』, 7.

암송하게 하였는데, 이것이 율(律)이 되었다. 2차 결집은 불멸(佛滅) 후 약 100년 후에 비사리(毗舍離, Vaishali)에서 700여 비구들이 모여 행하였는데, 계율의 해석 문제로 인해 보수파와 진보파의 대립이 수면으로 드러나 상좌부와 대중부로 나뉘는 근본분열이 일어났다. 3차 결집은 불멸 후 200년이 지나 아쇼카(Ashoka)왕 18년에 왕명으로 파탈리푸트라(Pataliputra)에서 1,000여 명의 비구들이 모여 9개월간 그동안 구전되어 오던 경전을 비로소 문자화하는 한편, 논장(論藏)을 결집함으로써 불교의 삼장(三藏)이 완성되었다.

4차 결집은 개인 구제에 치우친 소승불교에 의문을 품은 카니슈카(Kanishka)왕이 후원하여 열렸는데, 이는 대승불교 최초의 결집으로서 500명의 비구들이 모여서 불교의 다양한 종파를 통합하여 불경을 편찬했지만 소승불교인 상좌부에서는 이를 인정하지 않는다. 대승불교의 문헌은 경(經), 논(論), 탄트라(Tantra)의 세 부분으로 나뉘는데, 경은 가장 권위 있는 문헌으로 간주되고, 논서(論書)는 특정 학파의 체계적인 주장을 내세우는 문헌이며, 탄트라는 비의(秘義)를 전수받는 밀교파에서만 통용되는 문헌이다. 대승경전은 불멸 후 300년에서 500년경에 편찬한 반야경(般若經), 불멸 500년경에 편찬된 본연부(本緣部)와 대집부(大集部), 불멸 600년경에 편찬된 법화경(法華經)[18], 불멸 700년경의 화엄경(華嚴經)[19] 계열의 경전들, 그리고 불멸 900년경에 성립된 밀교계 경전들이 있다. 대승경전의 모체인 반야경(般若經)은 공(空) 사상을 중심으로 대승불교의 이상적 인간상인 보살(菩薩)의 삶의 목표와 방법을 제시한다. 법화경(法華經)은 백련(白蓮)과 같은 정법(正法)이라는 의미를 지닌 대승경으로 일승(一乘) 불교를 지향하는 통일적 의미의 대승경전이다. 중기 대승경전에는 여래장경(如來藏經), 부증불감경(不增不減經), 승만경(勝鬘經), 열반경(涅槃經) 등이 있으며, 5세기 이후 성립된 유식 계열의 경전으로는 해심밀경(解深密經), 능가경(楞伽經)이 있

18 법화경은 불교 경전 중에서 가장 널리 애호된 것으로 부처가 되는 길은 누구에게나 열려 있다는 회삼귀일(會三歸一)과 부처의 수명이 한량 없고, 그의 몸은 상주불멸한다는, 즉 부처가 옛적에 깨달음을 얻었다는 구원성불(久遠成佛)을 설파한다.

19 화엄경은 부처가 깨달은 내용과 그러한 깨달음을 성취한 부처의 공덕에 대하여 설파한 경전으로서 열반(涅槃)에 이른 부처를 지칭하는 개념인 여래(如來)의 해탈 세계와 보살의 실천을 중심 내용으로 한다.

다. 후기 대승불교 시대에는 힌두교의 밀교화 경향으로 인해 불교 역시 주술신앙과 밀교적 종교로 변화했는데, 6세기 이후 편찬된 밀교계 경전으로 대일경(大日經)과 금강정경(金剛頂經)이 대표적이다.

2) 주요 교리

인도에서 유래한 불교는 석가모니의 연기론(緣起論)에 앞서서 힌두교로부터 업(業, Karma)과 윤회(輪廻), 그리고 해탈(解脫) 사상을 받아들였다. 업이란 전생의 선행 또는 악행에 의해 다음 생이 결정된다는 인과응보 사상으로서 이는 힌두교가 카스트라는 계급에 충실하게 살도록 하기 위해 만든 교리이다. 윤회는 환생이 계속되는 것이고, 해탈은 윤회에서 벗어나도록 하는 깨달음을 의미하는 것으로서, 이는 힌두교 및 불교의 궁극적 목표가 된다. 흔히 해탈과 열반을 같은 의미로 사용하는데, 명확하게 구분하자면 해탈이란 "벗어난다"는 의미를 가진 산스크리트어 "목사"(mok-sa)의 번역으로서 완전한 자유를 뜻하며, 열반(涅槃)은 "불이 꺼진 상태"를 의미하는 산스크리트어 "너바나"(nirvana)를 번역한 용어로서 완전한 행복의 상태를 의미한다. 석가가 깨달음을 얻고 가르친 초기 불교의 가르침에는 사성제(四聖諦), 삼법인(三法印) 또는 사법인(四法印), 오온(五蘊), 연기법(緣起法) 등이 있다.

석가가 결정적으로 깨달은 불교의 진리는 연기의 법칙인데, 이는 "인연생기"(因緣生起)의 준말로서 "인"(因)은 직접적 원인을 지칭하고, "연"(緣)은 간접적 원인을 가리킨다. 연기의 법칙에 의하면 우주의 어떤 존재이든 스스로 존재하거나 영원히 존재하는 것은 없으며, 모든 존재는 다른 원인에 의하여 일시적으로 존재하는 것에 불과하여 끊임없는 변화의 과정에 있는 것이다. 석가는 연기의 법칙을 우주의 근본 법칙이라고 소개하며, 인간은 색(色), 수(受), 상(想), 행(行), 식(識)의 오온(五蘊)의 작용에 의해서 생멸한다고 주장하며 불교의 인간관을 피력하였다. 색(色)은 넓게는 물질을, 좁게는 육체를 의미하고, 수(受)란 외부에 객관적으로 존재하는 여러 대상을 받아들이는 것이다. 상(想)이란 감각기관을 통해 대상을 마음속으로 떠올리거나 그리는 것이고, 행(行)은 정신적 움직임이 일정한 방향으로 간다는 뜻이며, 식(識)은 수에 의해 감수된 대상을 확실하게 식별하여 그것이 무엇인지 판단하고 사유하는 작용을 말한다. 불교에서는 물질(육체)인 색(色)과 네 개의 정신작용인 수상행식(受想行識)이 가화합(假和合)한 것을 삶이라 하고, 인연이 다하여 가화합한 오온이 흩어지는 것을 죽음이라고 하는데, 오온을 결합시키는 힘이 업(業)으로서 업보(業報)에 따라 삶과 죽음이 반복된다. 또한, 다섯 가지 가화합의 집합체는 공(空)임에도 불구하고 사람들은 그것을 자신이라고 착각하기 때문에 삶이 괴로운 것이라고 설명한다.[20] 따라서 "나"라는 존재는 어떤 정체성이나 실체를 가진 존재가 아니라 인연에 의하여 변화 속에 존재할 뿐이다. 연기설은 불교의 핵심교리인 제행무상(諸行無常), 제법무아(諸法無我), 일체개고(一切皆苦), 열반적정(涅槃寂靜)의 사법인(四法印)으로 연결되었다.[21] 제행무상(諸行無常)이란 모든 것은 변하고 영원한 것은 없다는 뜻이고, 제법무아(諸法無我)는 모든 존재와 현상은 다른 요인에 의존한다는 것이며, 일체개고(一切皆苦)는 제행무상과 제법무아의 원리를 알지 못하면 모든 것이 고통일 뿐이라는 뜻이고, 열반적정(涅槃寂靜)이란 진리를 깨우쳐서 열반의 평화에 들어간다는 의미이다.

고(苦), 집(集), 멸(滅), 도(道)의 네 가지 진리로 구성된 사성제(四聖諦)는 아함경(阿含經)에 나오는 원시 불교 가르침인데, 이는 부처가 바라나시(Varanasi)의 녹야원(鹿野園)에서 베푼 최초의 설법이다. 사성제는 생로병사(生老病死), 즉 태어나는 것, 늙는 것, 병드는 것, 죽는 것 및 싫어하는 사람과 만나는 것, 좋아하는 사람과 헤어지는 것, 바라는 것을 얻지 못하는 것 등을 포함하여 존재한다는 것 자체가 괴로움이라는 고성제(苦聖諦)[22], 괴로움의 원인은 무명(無明), 즉 알지 못함 또는 어리석음이며, 그 알지 못함이라는 괴로움은 집착에서 비롯된 것인데, 집착의 대상과 집착 자

---

20 허암, 『불교에서의 죽음 이후, 중음세계와 육도윤회』 (서울: 예문서원, 2015), 31－35.

21 일체개고(一切皆苦)를 제외한 제행무상(諸行無常), 제법무아(諸法無我), 열반적정(涅槃寂靜)만을 삼법인(三法印)이라는 기본 원리로 보기도 한다.

22 중생이 겪는 여덟 가지 괴로움을 팔고(八苦)라 하는데, 여기에는 세상에 태어나거나, 존재를 시작하여야 하는 데에서 오는 괴로움인 생고(生苦), 세월에 따라 늙거나 낡게 되는 것에서 오는 괴로움인 노고(老苦), 병드는 데에서 오는 괴로움인 병고(病苦), 죽거나 죽어서 사라지는 것에 대한 두려움에서 오는 괴로움인 사고(死苦), 사랑하는 대상과 헤어져야 하는 괴로움인 애별리고(愛別離苦), 미워하고 싫어하는 것과 함께 해야 하는 괴로움인 원증회고(怨憎會苦), 구하고 탐하여도 원하는 만큼 얻지 못하는 데에서 오는 괴로움인 구부득고(求不得苦), 색(色), 수(受), 상(想), 행(行), 식(識)의 오온(五蘊)에 집착함으로써 생기는 괴로움인 오온성고(五蘊盛苦가 있다.

체와 집착하는 주체가 모두 십이연기[23]로 인하여 발생한 것임을 알지 못한다며 괴로움의 원인에 대한 진리를 설파하는 집성제(集聖諦), 괴로움은 멸할 수 있으며 괴로움을 없앤 상태가 열반이라고 하는 멸성제(滅聖諦), 괴로움을 멸하기 위한 여덟 가지의 바른 수행방법, 즉 팔정도가 있다는 도성제(道聖諦)로 구성된다. 사성제는 불교가 인간의 문제가 신(神)과 같은 초월적인 존재와는 전혀 상관이 없다고 보며, 인간 자신의 책임과 노력에 의하여 현실의 괴로움에 대한 문제를 해결하고 해탈에 이르러야 하는 현실 중심의 종교라는 사실을 증명한다. 따라서 부처는 첫 제자가 된 다섯 사문들에게 쾌락과 금욕 사이에서 중용의 길인 팔정도(八正道)를 해탈, 즉 열반으로 이끄는 깨달음의 길로 제시하며 가르쳤다. 팔정도란 바른 견해(正見), 바른 생각(正思惟), 바른 언어(正語), 바른 행위(正業), 바른 생활(正命), 바른 노력(正精進), 바른 기억(正念), 바른 선정(正定) 등의 여덟 가지 바른 길을 의미한다. 석가는 자신이 깨달은 진리의 관점에서 인간의 가치를 평가했기 때문에 모든 사람은 해탈할 가능성을 가진 평등한 존재로 보았는데, 이는 계급 간의 평등을 비롯하여 어른과 아이, 남성과 여성의 평등성을 포함한다.[24]

불교의 기본적 윤리는 자비(慈悲)인데, 자비란 고통당하는 자들을 가엾게 여기는 것으로서 이는 선행의 근본이 된다. 동북아에서 확산된 대승불교에서 자비는 더욱 강조되었는데, 모든 중생에게는 불심(佛心)이 있으므로 모두가 부처가 될 수 있다고 주장하며 깨달음을 추구하는 자는 모두 보살이라 하였다.[25] 따라서 팔정도를 대승불교적으로 바꾼 육바라밀(六波羅蜜), 즉 보시(布施), 지계(持戒), 인욕(忍辱), 정진(精

23 부처는 괴로움의 원인인 12가지 상호의존적인 단계인 십이연기(十二緣起)를 통해 욕망의 허망함을 드러내어 욕망의 집착을 없애려 하였다. 12연기는 무명(無明), 행(行), 식별(識), 정신과 물질(名色), 눈, 귀, 코, 혀, 몸, 마음의 6가지 감각기관(六處), 접촉(觸), 느끼어 받아들이는 작용(受), 갈애(愛), 집착(取), 생존(有), 태어나는 것(生), 늙고 죽는 것(老死)으로 이루어진 윤회의 사슬인데, 12연기의 순환과정을 끊어야 윤회로부터 해탈하여 괴로움이 그치게 된다.

24 이재율, 『종교와 경제: 유교, 불교, 기독교의 경제윤리』 (서울: 탑북스, 2013), 155.

25 대승불교는 누구라도 성불의 서원을 세워 보살의 도에 정진하면 그 사람이 보살이며, 장래에 반드시 성불할 수 있다는 범부보살(凡夫菩薩)의 사상을 주장하였고, 중생의 교화와 구원을 위해서 여러 가지 모습으로 나타나는 보살들에는 미래에 출현하는 미래불로서 다음 생(生)에서 성불할 예정으로 현재 도솔천(兜率天)에 거주하는 미륵(彌勒), 실천(行)을 강조하는 보현(普賢), 지혜를 상징하는 문수(文殊), 현세의 고난을 구제하는 자비로운 관음(觀音) 등의 대보살이 있다고 가르쳤다. 한국종교 문화연구소, 『세계종교사입문』, 개정증보판 (파주: 도서출판 청년사, 2003), 187－188.

進), 선정(禪定), 반야(般若)를 행함을 통해 보살의 경지에 이르고, 부처가 될 수 있다고 주장하였다. 보시바라밀(布施波羅蜜)은 조건없이 중생에게 베푸는 것을 의미하는데, 재물이나 금전을 베푸는 재보시(財布施), 불법을 전하는 법보시(法布施), 상대방의 마음을 편안하게 하여 공포를 제거하여 주는 무외시(無畏施)의 세 가지로 구분된다. 지계바라밀(持戒波羅蜜)은 계율을 잘 지키는 것이고, 인욕바라밀(忍辱波羅蜜)은 고난을 참고 견디며 법에 복종하는 것이며, 정진바라밀(精進波羅蜜)은 순수하게 수행을 지속하는 것이다. 선정바라밀(禪定波羅蜜)은 마음을 안정시켜서 올바른 지혜가 나타나게 하는 수단인 선정(禪定)을 닦는 것이며, 반야바라밀(般若波羅蜜)은 모든 것이 공(空)임을 깨달아 아는 것으로서 앞의 다섯 가지 바라밀의 바탕이 되는데, 모든 것이 공이라는 것을 깨닫는 지혜와 자비의 실천을 통해 보살은 부처가 될 수 있기 때문이다.

불교는 힌두교의 창조신과 우주와 자연 속에 내재한 정신적 실재인 브라만을 부정하고 신성을 제거하였기 때문에 초월적인 신의 존재를 인정하지 않는다. 그러므로 불교의 관심은 철저하게 현세에서 고통당하는 인간에게 있지만 그렇다고 현세를 강조하는 것이 아니라 업보로 인한 윤회의 과정에서 이를 초월하는 해탈을 강조한다. 다시 말하면 불교는 고통으로 가득 찬 인간의 현실을 극복하고 석가모니가 도달한 해탈의 경지에 이르는 방법, 즉 불타가 되는 길을 가르치는 종교인 것이다. 따라서 염불 또한 인격적인 대상으로서의 신에게 하는 것이 아니라, 흔들리지 않는 마음을 위한 개인의 노력을 강조하는 것이다. 석가와 공자는 초월적 존재인 신에 대한 형이상학적 관심보다 현실 세계에 더 관심을 가졌다는 공통점을 보인다. 그러나 석가는 모든 인간이 겪을 수밖에 없는 생로병사(生老病死)의 운명과 내적 고통을 근본문제로 인식하고 이를 벗어나기 위한 개인적 노력을 강조했다. 반면 공자는 인간관계의 윤리와 정치에 관심을 가지고 이상사회를 건설하여 모든 백성들이 평안히 살 수 있는 길을 모색하는 데에 초점을 맞추는 공동체적 관점을 견지하였다는 점에서 대조된다.

3) 삶과 죽음의 윤리

불교는 삶 가운데 있는 생로병사(生老病死)의 네 가지 괴로움을 인간의 숙명이라고 받아들여서 생사(生死)를 벗어나 열반(涅槃)을 성취하는 것을 목표로 하는데, 이는 인간의 실상을 무아(無我)와 업보(業報)로 이해하지 못하고 자아를 실재하는 것으로 생각하는 허망한 착각을 자각하고 업보로서의 자아, 즉 무아를 깨닫는 열반에 이르는 것을 강조하는 것이다.[26] 힌두교적 윤회설을 받아들인 불교는 모든 것이 변하므로 영원한 것은 존재할 수 없다고 본다.[27] 따라서 변화의 과정 속에 있는 실재가 아닌 것을, 영원하고 진실한 존재로 아는 데서 그릇된 인생관과 세계관이 형성되고, 그로 인하여 아집과 망념 속에 괴로움을 자초하는 속세적 요소를 초월함으로써 평정을 이루는 열반의 경지에 들어가는 것이 불교의 궁극적 목표가 된다.

석가는 죽음에 대하여 생자필멸(生者必滅)을 말하면서 삶의 실상을 알고 해탈의 경지에 이르는 것이 영원히 사는 것이 된다는 논리를 펼쳤다.[28] 따라서 불교의 생사관에 의하면 죽음은 끝이 아니라 다시 태어남을 의미하는데, 죽음이란 결국 마음과 관련한 것으로서 영원한 사멸이 아니라 새로운 출생의 전 단계에 불과하다.[29] 죽음과 재생이 연속적으로 가능한 윤회는 번뇌 때문에 벌어지는 것으로서 중일아함경(대정장, 2, 738)이 나열하는 탐욕(貪慾), 성냄(瞋), 교만(驕慢), 어리석음(愚癡), 의심(疑), 소견(邪見), 현상 세계에 대한 욕심(欲世間)의 일곱 가지 번뇌가 중생으로 하여금 영구히 생사를 반복하며 괴로움의 근본도 알지 못하는 채로 어둠 속에서 떠다니게 하므로 이를 떨쳐버리고 해탈의 경지에 이르러야 한다. 그러므로 온전한 죽음이란 현세의 고통과 번뇌를 벗어나서 육신의 속박을 뿌리치는 해탈을 의미하는 것이다.

잡아함경(대정장, 2, 85)에서는 이러 저러한 중생들이 이러 저러한 종류로 사라지고, 옮기고, 몸이 무너지고, 수(壽)가 다하며, 따뜻한 기운이 떠나고, 명(命)이 소멸하여 음(陰)을 버릴 때를 죽음이라고 한다. 그러므로 불교는 삶과 죽음을 구분하지 않

26 허암, 『불교에서의 죽음 이후, 중음세계와 육도윤회』, 22.
27 배영기, 『죽음에 대한 문화적 이해』 (파주: 한국학술정보, 2006), 217.
28 안옥현, 『기독교 장례의식의 길라잡이』 (서울: CLC, 2015), 27.
29 안양규, 『불교의 생사관과 죽음교육』 (서울: 도서출판 모시는 사람들, 2015), 94.

으며, 인간의 행(幸)과 불행(不幸), 지옥과 천상은 모두 마음에서 비롯되는 것으로서 이 세상은 업의 결과이고, 업이란 마음에서 비롯되는 것이므로 모든 것은 마음에 달렸다고 본다.30 업은 크게 삼업(三業)과 십업(十業)으로 구분되는데 삼업은 업을 짓는 방식에 따라 신업(身業), 구업(口業), 의업(意業)으로 분류되며, 마음과 관계된 의업이 몸의 신업과 입으로 하는 구업의 근본이 된다. 업은 또한 선업(善業)과 악업(惡業)으로 나뉘어서 그 업의 선악에 따라 윤회의 단계가 결정된다. 신업(身業), 구업(口業), 의업(意業)으로 짓는 열 가지의 악업을 십악업(十惡業)이라 하는데, 신업 중에는 생명을 죽이는 살생(殺生), 도둑질하는 행위인 투도(偸盜), 부정한 간음행위를 하는 사음(邪淫), 구업에서 거짓말을 하는 망어(妄語), 말로 이간질하는 양설(兩舌), 욕설이나 거친말을 하는 악구(惡口), 말을 꾸며대는 기어(綺語), 그리고 의업에서 어리석은 탐욕을 부리는 마음인 탐심(貪心), 성을 내는 마음인 진심(瞋心), 어리석은 마음인 치심(癡心)이 이에 속한다. 또한, 악업의 반대가 선업이 된다.

한편 불교신앙은 한국에서는 어떠한 번뇌도 없이 평안하고 청정한 세상을 지향하는 극락정토(極樂淨土) 신앙으로 자리 잡아서 죽음의 문제에 대한 철저한 고뇌보다는 현세를 강조하며 극락을 꿈꾸는 실용주의적 경향을 보인다. 극락과 지옥이라는 개념도 불교의 윤회사상이 정토사상과 결합하여 만들어낸 것이다. 이에 따르면 죽음을 맞이한 사람은 현세에서 행한 생전의 선악에 따라 심판을 받는데, 선을 행한 자는 극락으로 가서 왕생하며, 악을 행한 자는 지옥에서 온갖 형벌을 받게 된다. 또한, 살아 생전의 선업과 악업에 기인하여 부처에 도달하지 못한 사람은 탄생과 죽음을 반복하는데 성욕(性慾), 식욕(食慾), 수면욕(睡眠慾)을 가진 생물들이 거주하는 욕계(欲界), 욕계에서와 같은 탐욕은 끊어졌으나 아직 무색계와 같이 완전히 물질을 떠나 순수한 정신적인 세계에는 도달하지 못한 세계로서 천인(天人)이 거주하는 색계(色界), 그리고 물질세계를 초월한 무색계(無色界)의 삼계(三界)에 거주한다. 불교 교리에 의하면 대부분의 사람들은 끊임없이 생사를 맞이하며, 선악(善惡)의 업인(業因)에 따라 윤회하는 육도세계(六道世界)의 한 곳에 태어난다. 지극히 선한 사람은 재판

30 이중표, 『현대와 불교사상: 불교에서 본 인간, 자연, 생명』 (광주: 전남대학교 출판부, 2010), 133.

없이 바로 천상(天上)으로 가고, 평범한 사람은 자신의 업보에 따라 49일 동안 재판을 받아 천상(天上), 인간(人間), 아수라(阿修羅), 아귀(餓鬼), 축생(畜生), 또는 지옥(地獄)으로 가며, 극악무도한 죄인은 재판을 거치지 않고 바로 지옥으로 간다.[31]

3 의례와 절기

불교계가 자력신행(自力信行)을 강조하는 전통으로 인해서 불교 의례의 전통과 영향에 대한 관심이 낮았고[32], 현대사회의 불교 의례에 대한 문제의식 및 새로운 의례를 개발하려는 의지도 부족했었다.[33] 하지만 21세기에 들어 시대적 변화에 따라 불교 의례의 형식 통일과 내용 개선 및 관련 교리의 정비에 대한 논의가 이루어지고 있다.[34] 한국 불교의 종단 중에서 가장 교세가 큰 대표적인 종단인 대한불교 조계종 포교원은 2020년 12월 재가불자들을 위한 우리말 의례집인 "불자생활의례"를 최초로 출간하는 등 불교의 의례 관련 선구자적인 역할을 수행하고 있다. 따라서 본서 역시 조계종의 의례를 중심으로 한국 불교의 의례를 조명하였다.[35] 불교의 의

31 허암, 『불교에서의 죽음 이후, 중음세계와 육도윤회』, 39, 86.

32 불교는 저마다 타고난 성품과 능력에 따라 여섯 가지의 다양한 수행법을 시행할 것을 제시하였다. 첫째, 선(禪)과 간화(看話)는 참선과 깊이 사유함을 뜻하고, 둘째, 관법(觀法)과 사마타(Samatha)는 마음을 하나의 대상에 집중하여 대상을 있는 그대로 관찰하는 수행법이며, 셋째, 염불은 입으로는 불보살의 명호를 부르고 마음으로는 불보살을 간절히 생각하고 떠올리는 것이다. 넷째, 간경(看經)은 경전을 마음의 눈으로 보고 읽는 것이고, 다섯째, 절은 신체를 움직여 존경하는 마음을 표현하는 예법이며, 여섯째, 주력(呪力)은 부처의 방대한 가르침을 응축한 진실한 말인 진언(眞言)을 외우는 수행이다. 박종수, "대한불교조계종의 연중 종교생활," 『한국 종교교단 연구 XIII: 연중 종교생활 편』 (경기: 한국학중앙연구원 출판부, 2022), 62-63.

33 이봉춘, "불교 생활의례 정립을 위한 시론," 「불교문화연구」 1 (2000), 190.

34 송현주, "현대 한국불교 의례의 과제와 제언," 「철학사상」 11 (2000), 213.

35 불자생활의례는 일생의례와 일상의례로 분류하여 설명하는데, 일생의례는 태중의 아이가 건강하게 자라도록 기원하는 안태의례, 영, 유아들이 행복한 불자가 되도록 인연을 맺어주는 영, 유아 마정의례, 백일과 첫돌을 맞아 축하하는 백일 및 첫돌의례, 가정에서 생일날 목탁을 두드리며 축하하는 생일축하의례, 성인이 되어 불자로서의 수행을 다짐하는 성년의례, 결혼을 통해 아름다운 가정을 만들겠다고 다짐하는 혼인의례, 죽음 직전에 행하는 임종의례가 있다. 일상의례에는 재가불자들이 아침과 저녁에 가정에서 수행하는 일상예경의례, 공양하기 전에 합장하고 의례문을 독송하며 음식을 먹는 공양의례, 병문안을 하는 문병의례, 신년을 맞아 가정의 화목을 기원하는 새해맞이 안택의례, 새로운 곳에 이사하는 경우 행하는 입주 안택의례, 사업을 시작하는 시점에 성공을 기원하는

례를 시간으로 구분하면 정기적 의례와 비정기적 의례로 나뉘는데, 정기적 의례에는 불교력에 따른 5대 명절과 일상 의례가 포함되고, 비정기적 의례에는 재(齋)와 독경(讀經)이 있다.

정기적 의례로서 불교력에 따르는 의례는 부처의 탄생일인 음력 4월 8일의 석가탄신일(釋迦誕辰日), 부처가 성불한 날을 기념하는 음력 12월 8일의 성도일(成道日), 부처가 열반에 든 날을 기념하는 음력 2월 15일인 열반일(涅槃日), 부처가 출가한 날인 음력 2월 8일의 출가일(出家日), 그리고 자신의 허물을 참회하고 돌아가신 부모의 영혼 천도를 기원하는 음력 7월 15일의 백중일(百中日)의 5대 명절이다.[36] 특히 석가탄신일에는 모든 사찰에서 그날을 봉축하고, 법요식과 관불의례, 연등회를 거행한다. 관불의례는 부처를 향탕수로 목욕시키는 것인데, 이는 석가모니가 탄생할 때에 아홉 마리의 용이 향기로운 물을 뿌려서 그를 목욕시켰다는 설화에 유래하며, 연등회는 당시 아자타삿투(Ajatasattu) 왕이 석가모니에게 등불을 공양한 것에서 기원한다. 백중일은 부처에게 과일과 음식 등 백 가지를 공양했던 백종(百種)에서 유래한 것으로 전해지는데, 백중일에는 조상과 부모를 천도하고 지옥에 있는 영가들을 위하여 우란분절(盂蘭盆節) 집회를 거행한다.

정기적 의례 중에 일상의례는 승가 집단인 사찰에서 주로 이루어지는데, 법당에 출입할 때에는 승려가 출입하는 중문(中門)이 아니라 측면의 문으로 다녀야 하고, 법당 안에서도 부처의 정면 역시 승려의 자리이므로 중앙을 피하여 좌우에 앉아야 한다. 기본적인 자세는 손을 교차하는 차수(叉手)이며, 법당에 들어가거나 나올 때, 절을 시작하거나 끝날 때, 경내에서 승려나 불자(佛子)들을 만날 때에 몸과 마음을 모아 예의를 표하는 합장(合掌)을 행한다. 개조(開祖)인 부처(佛), 부처의 가르침인 법(法, Dharma), 그리고 부처를 따르는 승려(僧, Sangha)의 삼보(三寶)에 대한 예의와 상대방에 대한 존경을 의미하는 절은 대개 참회나 기도의 방법으로서 108배, 1,080배,

---

사업성취 기원의례, 운전을 시작하기 전에 행하는 차량안전운행 기원의례 등이 있다. Cf. 대한불교조계종 포교원 편, 『불자생활의례』 (서울: 조계종출판사, 2020).

36 부처의 탄생일은 음력 2월 8일과 4월 8일의 두 가지 설이 있으나 한국불교는 1956년 세계불교도대회에서 부처의 탄생을 B.C. 624년 4월 8일로 정한 것을 따라서 4월 8일로 지킨다. 대한불교조계종 포교원 편, 『불교입문』 (서울: 조계종출판사, 2017), 214.

3,000배를 하는데, 큰 절은 이마, 양 팔꿈치, 양 무릎 등 신체의 다섯 군데를 땅에 닿게 하는 것으로서 불전(佛殿)에 나아가 합장한 자세에서 세 번하고, 마무리 절인 고두배를 올린다. 예불은 조석(朝夕)으로 하루 두 번 올리는데, 새벽에 행하는 아침 예불은 도량석(道場釋), 종송(鍾頌), 타사물(打四物), 예경(禮敬), 발원(發願) 또는 축원(祝願), 신중단을 향해 반야심경 1편을 동참 대중과 함께 독송하고 불보살이 모셔진 상단을 향해 반배(半拜)하고, 뒤로 돌아 큰스님들과 마주 보고 반배한 후, 다시 좌우 대중이 마주보며 반배하는 아침 인사를 나누는 단계로 진행되고, 저녁 예불은 도량석과 발원이 생략된 채로 간단히 저녁 인사로 마무리된다.

도량석(道場釋)은 새벽 예불 전에 도량을 돌면서 게송을 외우며, 기상시간인 새벽 3시를 알리고 도량을 정결케 하는 의식인데, 새벽의 목탁은 법당의 소임자인 노전(爐殿)의 소임이며, 새벽 목탁에 이어 작은 종을 울리는 종성(鐘聲)을 염불과 함께 한다. 종성이 끝나면 큰 종인 범종(梵鐘)을 33번 울리는데, 이는 하늘의 도솔천(兜率天)이 33번째 천상 세계임을 상징하는 것이다.[37] 이어서 법고(法鼓), 목어(木魚), 운판(雲板), 즉 예불(禮佛)에서 사용하는 북, 나무로 만든 물고기, 구름 모양으로 만든 청동판을 울린다.[38] 예경 또는 예불 의식은 삼보(三寶)께 아침, 점심, 저녁, 세 차례 드리는 삼시예불(三時禮佛)의 의식으로서 도량석이 끝난 후 작은 종을 다섯 번 울리면 경쇠가 울리고, 선창이 있은 후 경쇠에 맞추어 대중의 합송이 이어진다. 예불은 절하는 것으로 시작되는데, 삼보에 대한 예경을 표현하는 예불문(禮佛文)과 서원을 일으키는 발원문(發願文)이 낭독된 후 신중단(神衆壇)[39]을 향하여 반야심경을 봉독한

37 범종을 치는 횟수는 아침에 28번이고 저녁은 33번이다. 종을 치는 횟수에 대해서는 여러 설이 있으나 일반적으로 28은 불교의 우주관에서 욕계(4) 색계(18) 무색계(6)를 구성하는 28개의 하늘을 뜻하고 33은 제석천왕이 머무는 도리천을 구성하는 하늘이라고 해석한다. 김용덕, "불교의례 풍속의 의미 연구: 정기의례를 중심으로," 「비교민속학」 46 (2011), 233－234.

38 예불에서 사용되는 사물(四物)인 범종, 법고, 목어, 운판을 쳐서 소리는 내는 것을 타사물(打四物)이라 한다.

39 대승불교가 발달하면서 모든 중생에 대한 구제가 강조되어 불교는 인도 재래의 토속신뿐 아니라 불교가 전파되는 여러 지역의 토속신까지도 불교 신앙에 수용하여 불법의 수호신으로 편입하였다. 신중단은 불법승(佛法僧) 삼보를 옹호하며 선량한 사람들을 돕는 호법신(護法神)으로서 성스러운 무리라는 의미의 성중(聖衆)들을 모신 곳이다. 팔대금강신장(八大金剛神將)은 발심한 성현이고, 제석천(帝釋天), 사왕천(四王天) 등은 이 땅을 평화롭게 지키고자 하는 천상(天上)의 성중들이며, 인도의 전통적인 신들을 불교의 여덟 수호신으로 수용한 천(天), 용(龍), 야차(夜叉), 건달바(乾闥婆),

다.[40] 아침과 저녁 중간에 각 사찰에서 오전 9시부터 11시 사이인 사시(巳時)에 예불을 거행하는데, 이를 사시불공(巳時佛供)이라 하며, 부처님께 올리는 맛있는 진지라는 의미의 마지(摩旨)가 함께 올려지므로 이를 사시마지(巳時摩旨)라고도 한다. 사찰에서의 정기적 의례로서 하루 단위의 의례는 대부분의 사찰에서 동일하게 시행되지만 주간 단위의 의례는 통일되어 있지 않은데, 이는 사찰의 불교 의례가 농경 사회를 배경으로 하는 음력의 시간 단위를 사용해왔기 때문이다.[41]

재(齋)와 독경(讀經)은 사찰에서 시행되는 비정기적 의례인데, 재는 승려들에게 식사를 공양하는 의례와 그러한 의례를 중심으로 하는 법회를 가리킨다. 식사를 공양하는 승려의 수에 따라 오백승재(五百僧齋), 천승재(千僧齋), 만승재(萬僧齋) 등으로 부르며, 일반인에게 식사를 공양하는 경우에는 무차재(無遮齋)라고 한다. 불교의 대표적인 재의식에는 천도재(薦度齋)와 칠칠재(七七齋)가 있다. 천도재는 죽은 이의 명복을 빌기 위해 보살에게 재를 올리는 것인데, 이를 통해 영혼의 악업(惡業)이 소멸되어 정토(淨土)나 천계(天界)에 태어나도록 기원하는 의식이다. 49재라고도 하는 칠칠재는 사람이 죽으면 49일 동안 중유(中有)에 머물러 있다가 지은 업(業)에 의해 다시 생(生)을 받는데, 7일 간격으로 생을 받다가 일곱 번째에 확정된 생을 받아 다시 태어나므로 고인(故人)이 생을 받는 날에 재를 올려 좋은 생을 받아 다시 태어나거나 극락왕생(極樂往生)할 것을 축원하는 것이다. 독경은 부처의 말씀인 진리를 적은 경전을 읽는 것으로 독송(讀誦)이라고도 하는데, 시간이 지나며 형식에 치우치는 법회로 변질되었다.[42]

아수라(阿修羅), 가루라(迦樓羅), 긴나라(緊那羅), 마후라가(摩睺羅迦) 등의 팔부신장(八部神將)은 신부(神部)의 성중들이다.

40 아침 예불에서는 다게(茶偈)와 예경문(禮敬文), 축원문(祝願文)을 염송하고 저녁 예불에서는 종송에 이어 부처가 갖추고 있는 5종의 공덕인 계신(戒身), 정신(定身), 혜신(慧身), 해탈신(解脫身), 해탈지견신(解脫知見身)의 5분법신(五分法身)에 대비시켜 계향(戒香), 정향(定香), 혜향(慧香), 해탈향(解脫香), 해탈지견향(解脫知見香)을 분향하는 오분향례(五分香禮), 향을 올리는 진언인 헌향진언(獻香眞言) 후 예경문(禮敬文)을 염송한다.

41 김용덕, "불교의례 풍속의 의미 연구: 정기의례를 중심으로," 235.

42 박종수, "대한불교조계종의 연중 종교생활," 58.

4 21세기의 불교

한국 불교는 다양한 종파로 나뉘어 각기 저변을 확대하고자 노력하고 있지만 교리를 뒷받침하는 학문적 성과는 미미하며, 타종교와의 비교 연구 또한 기독교 진영에서 불교와 비교하는 연구가 대부분이다.[43] 그러한 와중에 불교의 교리에 기반을 둔 신흥종교인 원불교가 일어나 세력을 확장하고 있다. 우리나라의 불교계는 해방 이후 일제 강점기 시대의 기득권을 유지하려는 대처승 중심의 중앙총무원과 친일 불교를 척결하려는 비구승 중심의 조선불교총본원의 갈등으로 어지러웠기 때문에 국가 재건의 과업에 참여할 여유가 없었다.[44] 중앙총무원은 조선불교총본원을 좌파라고 규정하며 공격하였고, 미 군정이 비구승들을 좌파로 인식하고 체포함에 따라 비구승들은 투옥되거나 월북하였다. 그러나 한국전쟁 이후 중앙총무원이 이승만 반대세력인 한민당과 결탁하는 바람에 이승만 대통령은 친일 불교 숙청을 위한 정화유시를 8회나 발표하며 비구승들을 지지하였다. 결국 대통령의 지지를 얻은 소수의 비구승들은 대처승 중심의 중앙총무원을 몰아내고 1962년 비구－대처 양 지도부의 합의로 대한불교조계종(大韓佛教曹溪宗)을 세웠으며, 이를 반대하는 대처승단은 1970년 총무원을 계승한 한국불교태고종(韓國佛教太古宗)을 설립하여 이에 맞섰다.[45] 태고종이 다른 한국 불교의 종파와 다른 점은 교임(校任) 제도에 있는데, 이를 통해 여러 가지 사정으로 인해 출가할 수 없는 사람이 자신의 수행 도량을 마련하여 수행과 교화 활동을 전개할 수 있고, 개인적으로 사찰도 소유할 수 있으며, 결혼과 가족 생활 또한 영위할 수 있도록 보장한다.

정신개벽(精神開闢)을 표방하며 21세기 들어 가장 활발히 세력을 확장하고 있는

---

43 한성자, "불교와 비교종교학," 「한국불교학」 68 (2013), 845－850.

44 대처승(帶妻僧)은 일본 불교의 영향으로 승려가 결혼도 하고 자녀도 두었지만 비구승(比丘僧)은 출가하여 독신으로 불도를 닦는 데에 전념하였다. 고려 시대에 형성된 조계종은 일제강점기를 거치며 부침을 거듭하다가 1941년 조선불교조계종으로 재건되었고, 1962년 일제의 잔재인 대처승을 승단에서 정화하여 통합 종단인 대한불교조계종으로 재출발하여 오늘에 이른다.

45 최성훈, 『21세기 공공신학』 (서울: 박영사, 2023), 178.

원불교는 오늘날 3대 종교인 개신교, 불교, 가톨릭과 더불어 4대 종교로 인정받을 정도로 영향력이 두드러지며[46], 2007년 7월부로 군종 제도에도 참여하는 등 더욱 저변을 확대하고 있다.[47] 원불교는 연원을 불법에 두고 있기 때문에 근본적 진리는 서로 상통하지만 기본교리는 기존 불교의 분파적 입장이 아니라 새로운 종교의 모습을 보인다.[48] 원불교를 창시한 박중빈은 1891년 전남 영광에서 태어나 유(儒), 불(佛), 선(禪)의 3교의 경전 및 기독교 성경을 섭렵하였는데, 특히 금강경(金剛經)의 가르침이 자신이 깨달은 진리의 내용과 일치함을 깨닫고 근본적인 진리를 밝히는 데에는 불법(佛法)이 제일이라고 생각하여 불교와의 인연을 중시하였다. 그는 1916년 4월 28일 우주와 세계의 질서에 대한 깨달음을 얻어 만유가 한 체성이며, 만법이 한 근원이라고 주장하며, 40여 명의 추종자와 함께 "○"이라는 원 모양의 일원상(一圓相)의 진리를 신앙의 대상과 수행의 표본으로 삼는 원불교를 시작하였다. 원(圓)은 형이상학적으로는 언어와 명상이 끊어진 자리로 무엇이라 형용할 수 없는 것을 가리키지만, 형이하학적으로는 우주의 만유가 다 원에 포함되지 않은 것이 없기 때문에 만법의 근원인 동시에 만법의 실재를 가리킨다. 따라서 원불교는 우주의 궁극적 진리인 일원상의 진리를 깨달아 진리에 부합되는 생활을 하도록 가르치는 종교이다.

원불교의 기본경전은 정전(正典)과 대종경(大宗經)으로 편찬된 원불교 교전인데, 정전은 소태산 대종사인 박중빈의 친저로서 그의 사상과 경륜이 담겨 있고, 대종경은 소태산 대종사의 언행록으로 친수제자에게 내린 법문이 총 15품으로 구성되어 있다. 이외에 정산종사 법어, 원불교 교헌, 원불교 예전, 원불교 성가, 원불교 교사, 불조요경이 있으며, 이들을 모두 합본한 원불교 전서가 있다. 원불교의 기본교리는 물질이 개벽하니 정신을 개벽하자는 것인데, 이는 사람이 만물의 주인이고 만물은 사람의 사용물인데, 주체가 전락하고 권모술수가 횡행하는 현실 속에서 정

46 김종만, "한국종교지도자협의회의 '대표성'에 대한 비판적 고찰," 133.

47 최성훈, "군종제도의 역사와 발전, 그리고 도전: 개신교를 중심으로," 「ACTS 신학저널」 50 (2021), 406.

48 원불교는 교조가 석가모니가 아니라 소태산 대종사이고, 불교가 인도에서 발생한 데 비하여 원불교는 한국에서 발생한 신흥종교이며, 불경이 아닌 소태산의 어록을 정리한 정전(正典)과 대종경(大宗經)이라는 경전을 가지고 있으며, 교단의 구성 또한 불교의 교단하고는 판이하여 독자적인 종교의 지위를 구성하고 있다는 점에서 불교와는 차이가 있다.

신문화와 물질문명이 병진된 시대를 이루어야 평화롭고 안락한 세계가 될 것이라는 주장이다. 처처불상(處處佛象) 사사불공(事事佛供)은 이 세상 곳곳에 부처가 계시니 하는 일마다 불공의 정신으로 하자는 의미로서 신앙과 수행을 병진하는 원불교의 특색을 드러내는 교리이다. 무시선(無時禪) 무처선(無處禪)은 시간과 장소에 구애받지 않고 항상 생활 속에서 선(禪)을 수행하라는 것이며, 동정일여(動靜一如)는 일이 있을 때나(動) 일이 없을 때나(靜) 늘 한결같다는 의미로서 잠시도 도(道)를 떠나지 않는 수행을 의미한다. 영육쌍전(靈肉雙全)은 인간의 정신과 육신을 균형 있게 발전시켜야 한다는 교리로서 종교가 영혼구제에 치우치면 육신관리를 소홀히 하여 현실생활을 무시할 수 있으므로 이를 경계하고 영(靈)과 육(肉)의 균형을 도모해야 함을 설파한다. 불법시생활(佛法是生活) 생활시불법(生活是佛法)은 불법이 생활이요, 생활이 불법이니 불법으로써 생활을 빛내고 생활 속에서 불법을 닦자는 것으로서 생활과 불법을 분리하지 말고 하나로 보아서 조화를 이루어야 한다는 것이다. 이사병행(理事竝行)은 공부와 사업을 병행한다는 뜻인데, 이는 대소유무의 이치를 바르게 깨치고, 시비이해의 일을 정당하게 건설하여, 개인적으로는 이상적 인격을 이루는 동시에 사회적으로는 이상세계를 건설하자는 것이다.

원불교의 의식은 모든 사람이 평상시에 행하는 통례(通禮), 성년, 결혼, 회갑, 상장, 재(齋) 등 가정에서 행하는 가례(家禮), 교단 내에서 행하는 교례(校禮) 의식으로 나뉜다. 원불교의 기념일은 새해를 축하하고 희망을 기원하는 1월 1일의 신정절(新正節), 소태산 대종사의 대각과 원불교 개교를 경축하는 4월 28일 대각개교절(大覺開教節), 원불교의 연원불인 석가모니의 탄생을 기념하는 음력 4월 8일 석존성탄절(釋尊聖誕節), 소태산 대종사의 표준 9인의 제자가 기도로 법인성사를 나눈 것을 기념하는 8월 21일의 법인절(法認節)이 있다. 또한, 원불교의 대재(大齋)는 소태산 대종사의 열반일에 거행하는 합동 향례인 6월 1일의 육일대재(六一大齋)와 합동향례로 대종사를 비롯한 모든 성현, 부모, 생령의 전에 추원보본(追遠報本)의 정성을 올리는 12월 1일의 명절대재(名節大齋)가 있다. 원불교는 전북 익산의 중앙총부에서 교단을 총괄적으로 운영하고, 지방에 교구와 교당을 두는데, 운영기구로는 종법사(宗法師)를 중심으로 수위단회, 중앙교의회, 교정위원회, 교정원, 감찰원을 둔다. 교당에는 교무

(教務)와 교도(教徒)가 있는데, 교도는 10인을 1단으로 하는 교화단(教化團)을 조직한다. 세계를 진화시키고 인류를 문명케하는 정신에 근거하여 원광대학교, 영산원불교대학교, 원광보건전문대학, 원광고등학교 외 7개의 중, 고등학교와 선원(禪院) 3개처를 운영하고 있으며, 145개의 유아 교육기관을 두는 한편, 자선사업으로는 원광장애인 종합복지관 및 사회복지관 15개, 개별복지 시설 36개소를 운영하며, 교단 직영의 사업체로서 제약회사 및 4개의 농원, 정미소, 원예원, 종합병원, 한방병원, 보화당 한의원 등을 보유하는 등 생활의 실천을 강조하는 종교의 면모를 여실히 보이고 있다.[49]

49 김은수, 『비교종교학 개론』 (서울: 대한기독교서회, 2006), 368－369.

참고문헌

김종만. "한국종교지도자협의회의 '대표성'에 대한 비판적 고찰." 「신종교연구」 47 (2022), 115－140.

김용덕. "불교의례 풍속의 의미 연구: 정기의례를 중심으로." 「비교민속학」 46 (2011), 227－254.

김용표 편저. 『경전으로 본 세계종교』. 서울: 전통문화연구회, 2017.

김은수. 『비교종교학 개론』. 서울: 대한기독교서회, 2006.

대한불교조계종 포교원 편. 『불교입문』. 서울: 조계종출판사, 2017.

박종수. "대한불교조계종의 연중 종교생활." 『한국 종교교단 연구 XIII: 연중 종교생활편』. 49－70. 경기: 한국학중앙연구원 출판부, 2022.

배영기. 『죽음에 대한 문화적 이해』. 파주: 한국학술정보, 2006.

송현주. "현대 한국불교 의례의 과제와 제언." 「철학사상」 11 (2000), 205－249.

안양규. 『불교의 생사관과 죽음교육』. 서울: 도서출판 모시는 사람들, 2015.

안옥현. 『기독교 장례의식의 길라잡이』. 서울: CLC, 2015.

역사연구모임. 『상식으로 꼭 알아야 할 세계의 종교』. 2판. 서울: 삼양미디어, 2013.

이길용. 『이야기 세계종교』. 서울: 한국방송통신대학교출판문화원, 2015.

이봉춘. "불교 생활의례 정립을 위한 시론." 「불교문화연구」 1 (2000), 189－214.

이재율. 『종교와 경제: 유교, 불교, 기독교의 경제윤리』. 서울: 탑북스, 2013.

이정순. 『종교학의 길잡이』. 파주: 한국학술정보, 2022.

이중표. 『현대와 불교사상: 불교에서 본 인간, 자연, 생명』. 광주: 전남대학교 출판부, 2010.

이훈구. 『비교종교학』. 서울: 은혜출판사, 2005.

최성훈. 『21세기 공공신학』. 서울: 박영사, 2023.

______. "군종제도의 역사와 발전, 그리고 도전: 개신교를 중심으로," 「ACTS 신학저널」

50 (2021), 391−419.
_____. 『고령사회의 삶과 죽음의 이해』. 서울: CLC, 2018.
최정만. 『비교종교학 개론』. 개정증보판. 서울: 도서출판 이레서원, 2004.
한국종교 문화연구소. 『세계종교사입문』. 개정증보판. 파주: 도서출판 청년사, 2003.
한성자. "불교와 비교종교학." 「한국불교학」 68 (2013), 823−884.
허암. 『불교에서의 죽음 이후, 중음세계와 육도윤회』. 서울: 예문서원, 2015.

[21세기 종교학]

동아시아의 종교

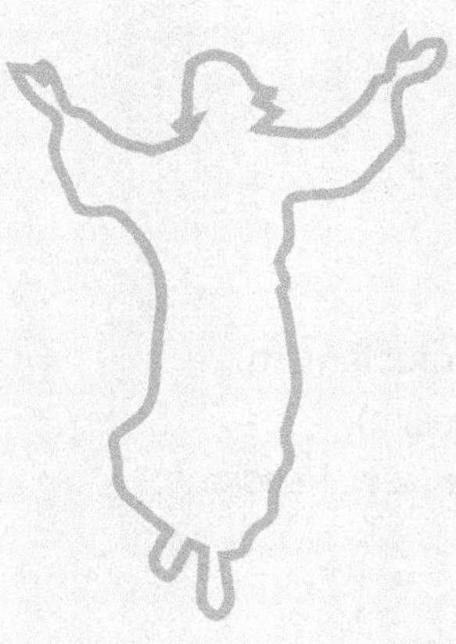

CHAPTER 13 유교(Confucianism)
CHAPTER 14 도교(Daoism)
CHAPTER 15 신흥종교(New Religions)

유대교, 기독교, 이슬람교와 같은 유일신 신앙을 가지는 종교는 인생의 궁극적 토대를 절대적인 신(神)에 두어야 함을 강조하지만, 동아시아의 종교는 절대적인 신의 개념보다는 종교 철학적 전통에 입각하여 신적 존재를 일자(一者), 선(善), 정신 등의 철학적 개념으로 표상하거나 천(天), 도(道), 이(理) 등의 다양한 이름으로 부른다. 유교와 도교는 대표적인 중국의 종교로서 유교가 오랜 기간 동안 중국을 비롯한 동북아시아의 지배적 이념으로 기능하였다면, 도교는 사람들의 일상 생활에서 영향력을 발휘하였다. 특히 도교는 죽음이라는 엄중한 현실 앞에서 죽음을 넘어서는 구체적인 방법으로서 불사약과 신선이 되는 방법을 찾는 데에 몰두하였기 때문이다. 한국과 중국, 일본의 유교와 불교는 도교, 민간신앙과 더불어 융합되어 전개된 측면이 강하고, 기독교 역시 유교, 불교 등 전통적인 지배종교의 가치관, 민간신앙 등과 합쳐져서 토착화된 모습을 보인다는 측면을 고려하여 이들을 조명해야 한다.

13

유교(Confucianism)

유교(儒教)의 유(儒)는 주대(周代) 금문(金文)에서는 교육을 담당하는 사람들이라는 의미로 설명하였고, 순자(荀子)에 이르러 비로소 유(儒)가 공자의 가르침을 전승하는 사람들이라는 명칭으로 확정되었다.[1] 유교가 공자에 의하여 개창되었음에도 불구하고 공자의 이름이 아닌, 유(儒)의 가르침(教)이라는 명칭이 사용된 이유는 결국 공자의 가르침도 유(儒)의 세계를 증진시키는 데에 궁극적인 목적을 둔다는 사실을 드러낸다. 한편 1898년 이후 중국의 공교회(孔教會) 운동을 주도했던 강유위(康有爲)는 유교를 종교로 재조직하여 국교로서 확립해야 한다고 주장했는데, 이는 그가 종교를 인도(人道)와 신도(神道) 모두를 포괄하는 것으로 이해했기 때문이다.[2] 유교의 국교화에 반대한 진독수(陳獨秀)는 신(神)과 사후 생활, 종교의식 등을 종교의 필수요

1 원래 유(儒)라는 단어는 고대 중국에서 주로 장례와 관련된 일에 종사하는 이들을 지칭하는데, 당시에는 장의사의 역할뿐만 아니라 유족을 위한 상담 및 치유의 기능까지 담당하였다. 김승혜, 『유교의 뿌리를 찾아서』 (서울: 지식의 풍경, 2001), 15－16.

2 강유위는 유교가 종교가 아니라는 주장은 종교를 신도(神道)의 관점에서만 보는 것이라고 비판하며, 이는 기독교적 편견에 치우치는 것이라고 지적하였다. 그는 신도의 교는 원시적인 상태에서만 우세할 뿐이며, 근대 문명사회에서는 귀신을 숭상하기보다는 인간을 존중하므로 인도(人道)의 교가 중시된다고 주장하며 신도의 교인 기독교보다 인도의 교인 유교가 진보적인 것이라고 주장하였다. 고건호, "유교는 종교인가." 『종교다시읽기』 (파주: 청년사, 1999), 109.

소로 규정하고, 유교는 그러한 요소들이 결여되어 있기 때문에 종교가 아니라 단지 윤리적 덕목일 뿐이라고 맞섰다.

유교가 종교가 아니라고 주장하는 이들은 유교의 신앙 대상인 하늘(天)이나 공자, 또는 조상신 등은 일반적인 종교의 신앙 대상인 초월적이고 궁극적인 존재가 아니므로 명확하지 않고, 기도와 예배와 같은 의례 등 종교성의 부족 내지는 결여를 언급하며, 인간의 질병과 고통, 더 나아가 삶과 죽음의 문제에 대한 해결책이 없다는 점을 지적한다.[3] 유교가 종교보다 사회철학이나 윤리적인 면이 강하기는 하지만, 종교를 신과 경전, 사제 계급과 의례 등의 존재로 가늠하는 전통적인 서구적 관점이 아니라 종교를 시스템으로 조명하는 현대 종교학의 관점으로 보면 유교는 종교적 가르침을 통해 세계를 조망하도록 하는 종교의 역할을 수행해 왔다고 볼 수 있다.[4] 특히 한대(漢代)와 당대(唐代)의 훈고학(訓詁學), 송대와 명대(明代)의 성리학(性理學)[5], 그리고 청대(淸代)의 고증학(考證學)이 유교의 큰 흐름을 이룬다. 따라서 유교의 정치적 이념 및 사회윤리로서의 측면과 더불어 궁극적 상태를 지향하는 종교로서의 측면을 종합적으로 조명할 필요가 있다.

1 형성과 발전[6]

1) 태동과 발전

유교는 중국에서 태동하였는데, 유교의 가르침인 유학(儒學)은 무속신앙이 성행하던 시대에 시작되어 다양한 종교의 가르침을 흡수하며 일종의 신앙처럼 중국 사회에서 자리잡기 시작하였다.[7] 고대 중국은 애니미즘으로 인하여 해, 달, 산, 강 등

3 Ibid., 108−117.
4 이길용, 『이야기 세계종교』 (서울: 한국방송통신대학교출판문화원, 2015), 236−237.
5 성리학(性理學)은 주희가 주창한 성즉리(性卽理)를 축약한 것으로서 주자학(朱子學), 정주학(程朱學), 이학(理學), 도학(道學), 신유학(新儒學) 등의 명칭으로 통용되었다.
6 본 장의 내용은 최성훈, 『고령사회의 삶과 죽음의 이해』 (서울: CLC, 2018), 38−51을 수정 및 보완한 것이다.

의 자연을 신으로 숭배하다가 자연만물과 인간, 그리고 다른 신들을 지배하는 최고신인 상제(上帝)에 대한 신앙을 형성하였다. 점차 통치자의 정당성은 상제에 의해 결정된다고 믿었기 때문에 그의 뜻을 알기 위한 방법을 연구했는데, 고대 중국인들은 갑골문에 나타나는 점복(占卜)을 통해 상제의 뜻을 알 수 있다고 믿었다.[8] 당시 중국인들은 죽은 조상들이 조상신이 되어 여전히 살아있는 사람들과 함께 깊은 관계를 갖는다고 믿어 조상신들을 만족시켜서 그 대가로 복을 받기 위하여 조상숭배를 극진히 하였다.[9] 주(周)나라 시대에 이르러는 상제의 관념이 하늘(天)의 개념으로 바뀌기 시작하였고, 하늘은 지상의 군주를 지명하여 그로 하여금 통치하도록 하는 천명(天命)을 내리며, 그러한 천명을 받는 자는 덕(德)이 있는 자라고 믿었다. B.C. 770년에서 B.C. 403년에 이르는 중국의 춘추 시대 말기와 B.C. 403년에서 B.C. 221년까지의 전국 시대는 은(殷)나라에서 주(周)나라로 이어온 봉건체제가 붕괴되며 각 나라들이 일어나 세력을 겨루던 어지러운 시기로서, 그 같이 혼란한 상황을 정리하고 인간의 삶과 사회의 평안을 담보하는 방법을 찾는 것이 시대적 과제였다.

노(魯)나라에서 태어난 공자(孔子)는 주나라가 무너지고 군웅이 할거한 춘추 시대의 상황을 바라보며, 이전 사회의 질서로 돌아감으로써 천하의 질서를 회복할 수 있다고 믿었다. 공자는 전국을 다니며 제자를 양성하고 시경(詩經), 서경(書經), 예기(禮記), 악기(樂記), 역경(易經), 춘추(春秋)의 육경(六經)을 편찬하는 데에 생애를 바치며 유교의 토대를 마련하였다. 공자는 군주가 천명을 유지하기 위해서는 제의보다는 인간의 윤리적 노력이 더욱 중요함을 강조하며 현세적 삶의 윤리에 초점을 두었다. 그는 초월적인 하늘을 완전히 부정하지는 않았지만 강조점을 인간의 윤리와 내재성에 두어 이 세상에서 이상사회를 건설하는 현세적 관심을 피력하였던 것이다. 공자 이후 유교는 전국시대 말기의 맹자(孟子)와 순자(荀子)를 거치며 사상적 내용을 풍부히 함을 통해 사회적인 영향력을 확장하였는데, 그 결과 한대(漢代)에 유교는 국교의 지위를 차지하게 되었다. 맹자는 인간 개체의 근원적 의지로 정의한 성(性)이

7 유(儒)는 문자적으로 선비, 즉 사회에 유용한 인재를 뜻하는데, 유교의 입장에서는 인간을 이상 세계로 인도하는 지도자인 군자(君子)를 지칭한다.

8 최영진, 『유교사상의 본질과 현재성』 (서울: 성균관대학교출판부, 2002), 16.

9 추 차이, 윈버거 차이, 『유가철학의 이해』, 김용섭 역 (부산: 도서출판 소강, 2011), 45.

모든 인간에게 동일하게 존재하므로 이를 회복하여 실천하면 남을 나처럼 여기게 된다는 성선설(性善說)을 주장한 반면, 공자의 뒤를 이어 전국 시대에 활동했던 순자(荀子)는 인간은 의(衣), 식(食), 주(住)를 차지하기 위하여 투쟁하는 존재라는 성악설(性惡說)을 주창하였고, 하늘을 인간사와 아무런 관계가 없는 자연 현상으로 폄하하는 무신론적 관점까지 보이는 급진적인 견해를 피력하기도 하였다.[10] 전국시대의 혼란기에는 맹자보다 순자의 사상이 더 각광을 받았기 때문에 진(秦)나라와 한(漢)나라에서는 보다 큰 영향력을 발휘하였다.

한(漢)나라 시대 초기에는 초자연적 세계에 대한 관심이 급증하여 동중서(董仲舒)는 자연재해란 인간의 부도덕성에 대한 하늘의 경고라고 주장하였다. 특히 천인합일(天人合一) 사상과 결합하여 개인과 국가의 운명을 결정하는 것이 바로 천(天)의 의지이며, 홍수나 기근과 같은 재해는 천의 인간에 대한 경고라고 생각하는 재이사상(災異思想)이 발전하며 천에 대한 제사인 제천의례(祭天儀禮)가 유교 의례의 중심을 이루었다. 한 무제(武帝) 때에는 유가의 학술이 통치 권력과 결부하며 국가 운영의 이론적 토대를 제공하면서 유학은 자연스럽게 민족문제와 역사적 정통성을 강조하며 국가의 힘으로 장려되고 강조되기 시작하였다.[11] 한대(漢代)에는 유교 경전을 훈고적으로 해석하였는데[12], 당대(唐代)에 이르러 안사의 난 등 혼란을 겪으면서 훈고적 해석에 머문 것을 반성하며 불교가 정립한 경율론(經律論)을 받아들여서 철학적 해석을 시도하였는데, 이것이 북송대(北宋代)의 성리학(性理學)과 남송(南宋) 시대의 주자학(朱子學)으로 이어졌다.

송대(宋代)에 이르러 불교와 도교의 영향으로 인하여 유학자들이 우주와 인간의 기원을 형이상학적으로 설명하려고 하였는데, 이는 상제(上帝)나 천(天)과 같은 초월적 존재가 아니라 우주와 자연 속에서 작용하는 내재적 원리를 제시하고자 한 것이다. 이때에 등장한 사조를 성리학(性理學) 또는 신유학(新儒學)이라 하는데, 이는

10 이기동 편저, 『경전으로 본 세계종교: 유교』 (서울: 전통문화연구회, 2016), 33－34.

11 박치정, 『한국 속 중국: 중국의 정치문화와 한중관계』 (서울: 도서출판 삼화, 2017), 20－21.

12 훈(訓)은 자구나 언어가 가리키는 의의를 설명한다는 뜻이고, 고(誥)는 고언(古言)을 지칭하는 회의(會意) 문자이다. 따라서 훈고학(訓詁學)은 고어(古語)를 현재의 언어 문자로 바꾸어 풀이한다는 의미를 지니는데, 진나라 때에 훼손되고 상실된 경전을 정리하고, 경전의 자구(字句)에 관해 해석을 하면서 성립되었다.

한대의 유교에서처럼 단순히 경전을 주석하여 그 의미를 해석하는 데에서 벗어나 수기치인(修己治人)이라는 이념에 입각하여 개인의 엄격한 수양과 강력한 사회적 실천을 주장하였다. 신유학의 대표적인 인물로서 주돈이, 정명도, 정이천, 주희 등이 있는데, 주돈이는 우주와 인간의 기원을 무극(無極)이면서 태극(太極)인 힘이 작용하여 음(陰)과 양(陽)을 낳고, 음양(陰陽)의 결합으로 인하여 인간과 만물이 생성된다고 주장하였다. 정명도와 정이천 형제는 만물에 내재하는 원리인 이(理)와 원료 또는 물질인 기(氣)에 작용한다고 보았는데, 주희는 이를 완성하여 "이기론"(理氣論)을 확립하였다. 이(理)란 형이상학적 존재로서 우주적 이성이고, 기(氣)는 형이하학적 존재로서 물질이며, 태극은 범신론(汎神論)적 신(神)에 해당한다. 남송(南宋) 시대의 성리학은 주희가 집대성하였다고 하여 "주자학"(朱子學)이라고 칭하기도 한다.

주자학을 이념적 토대로 삼았던 명대(明代)에는 주자학이 갖는 이기론을 중심으로 하는 신분적 차별에 반발하여 자유와 평등 의식을 바탕으로 실천을 강조하는 양명학(陽明學)이 등장하였다. 또한, 여진족이 일으킨 청(淸)나라가 중원을 차지하며, 진리의 발견에 대한 비판의식이 일어나 구체적인 증거를 강조하는 고증학(考證學)이 등장하였는데 이는 시대의 변화에 대응하는 유교의 자기혁신이었다. 한편 유교의 천명신앙은 과거 제도의 발전을 촉진함으로써 신분 상승의 기대를 유발하여 삶을 보다 진취적으로 바라보게 하였다. 이는 합격자들에게는 천명의 혜택을 받았다며 관직을 신성시하여 통치의 정당성을 부여하는 한편, 관련한 검사관의 부정과 부패 등 제도적 폐단 등으로 인하여 실패했을 경우에도 이의를 제기하지 않고 겸허한 마음으로 결과를 수용하도록 하는 압력으로 작용하였다.13

또한, 유교는 음양오행설(陰陽五行說)에서 시작한 풍수지리설과 점성술을 활용하여 백성들의 심리적 안정을 도모하였고, 대승불교의 구세사상(救世思想)을 받아들여 현세의 고통을 이겨내도록 독려하였다. 불확실성으로 가득 찬 현세에서 초자연적 도움을 얻으려는 희망과 초자연적 징벌에 대한 두려움을 통해 안정된 친족 체계에 의존하도록 함으로써 유가 사회의 기반을 다졌던 것이다. 청대(淸代)에 이르러 유

13 양경곤, 『중국 사회속의 종교』, 중국명저독회 역 (의왕: 글을읽다, 2011) 394-396.

학자들은 한나라 시대의 유학으로 돌아가자고 주장하며 경전의 고증을 바탕으로 실용적인 경향을 보이기 시작하였다.[14] 그러나 청나라 말기에 접어들며 서양의 제국주의 침략으로 인하여 국가가 위기에 처하면서 이에 대한 책임론으로 인하여 유학도 함께 위기를 맞이하게 되었다. 청말(清末)에 이르러 아편전쟁의 패배 및 전래된 서양의 선진문물은 중국 사회에 충격으로 다가왔다. 따라서 서양의 것을 배우자는 양무(洋務) 운동과 함께, 중국의 것으로 중심을 유지하며 서양의 문물을 도구적으로 받아들여서 부국강병을 이루자는 중체서용(中體西用)이 일어나 유학의 권위에 대항하는 논쟁으로 비약하였다.

2) 유교의 한국 전래

유교가 우리나라에 언제 전래되었는지는 명확히 알려져 있지 않지만 대체로 불교가 중국을 통해 전래되었으므로 불교가 전래되던 시기에 함께 전파되었을 것으로 추정한다. 백제는 285년에 왕인을 일본에 보내어 논어와 천자문을 전했고, 고구려는 소수림왕 2년인 372년에 태학(太學)이 설립되었기 때문이다.[15] 신라는 백제, 고구려보다 불교를 늦게 받아들였던 것과 같이 유교의 수용 역시 더딘 모습을 보여 신문왕 2년인 682년에야 국학(國學)을 세워 유교를 가르쳤다. 고려의 태조는 즉위 후 6년에 12목의 경학박사(經學博士)를 두어 유교를 장려하였고, 성종 11년인 992년에는 개경에 국자감(國子監)을 두어 유교 경전을 가르쳤으며, 13~14세기에 들어서 충렬왕은 국자감을 성균감(成均監)으로 바꾸고, 뒤이은 충선왕은 이를 성균관(成均館)으로 개칭하며 유교를 지원하고 장려하였다.

---

14 청나라 초기에 발생한 고증학(考證學)은 기존의 학문인 성리학과 양명학이 공리공담(空理空談)에 치우쳐 실제 정치 현장에서 도움이 되지 않는 것을 비판하면서 객관적 증거를 모아 사실을 밝히는 작업인 고증(考證)을 강조하며 고전과 경전의 복원(復原)을 통한 법고창신(法古創新) 및 온고지신(溫故知新)의 방법론을 주창하였다. 하지만 이는 학문의 방법론적 성격이 강해 사상적인 성격은 크지 않았기 때문에 고증학을 학(學)이 아니라 술(術)이라고 평가하기도 한다. 박용태, "명말청초 고증학의 경세치용과 18세기 조선 실학의 형성: 기호남인 성호학파와 노론 북학파를 중심으로,"「대동철학」 99 (2022), 120-128.

15 이훈구, 『비교종교학』 (서울: 은혜출판사, 2005), 135.

고려말 신진사대부들은 불교와 도교, 민속신앙을 신봉하는 세력을 견제하기 위하여 유교적 이념을 강조하는 통치체제 확립에 심혈을 기울였다. 따라서 고려 시대에 도입된 성리학은 조선에 이르러는 주자학으로 발전하였고, 이는 불교를 억제하며 조선의 지배 사상으로 자리잡았다. 태조 이성계가 문묘(文廟)를 설치한 것을 시작으로 세종은 집현전(集賢殿)을 설립하여 경전의 연구 및 국왕의 자문 기능을 담당케 하였다. 그러나 유교에 대한 집착은 지나친 사대주의(事大主義)와 당쟁의 원인이 되었는데, 주자학이 교조화되며 이를 전파한 중국에 대하여 사대(事大)하고, 몽골, 일본, 여진, 거란 등의 국가들에 대하여는 교린(交隣)하였다. 따라서 중국의 황제를 천자(天子)로 숭배하며 매년 네 차례에 걸쳐 사신을 보내었고, 왕이나 왕비, 왕세자를 정할 때에는 중국 황제의 책봉을 받도록 하였다. 다른 한편으로는 이웃 나라들을 오랑캐로 폄하하여 병자호란 등의 국란을 자초하였다.

16세기에 들어서 한성(서울)을 중심으로 하는 조선 개국공신들이 주축인 기호계가 훈구세력으로서 기호학파를 이루었고, 조선왕조에 들어서 사족으로 편입된 지방 토착 양반들은 영남 지방을 중심으로 사림파를 이루어 훈구파와 대결하며 네 번에 걸친 사화를 겪었다. 훈구파는 소수이고, 더 연로했기 때문에 성리학 연구에서도 신진 사림파들에게 밀리기 시작하였고, 선조 때에 이르러는 훈구가 사림으로 전향한 전향사림파가 늘어났다. 사림파가 집권하자 이번에는 사림파가 자체적으로 분열하여 영남학파와 기호학파로 나뉘어 당쟁이 치열해졌다. 영남학파는 성리학의 이기론에서 이(理), 즉 원리를 강조하는 주리론(主理論)을 주장하였는데, 이 가운데에도 이론을 강조하는 퇴계 이황과 그 추종자들은 남인을 이루었고, 실천을 강조하는 남명 조식은 북인의 세력을 형성하였다. 영남학파에 맞서는 기호학파는 기(氣)를 강조하는 주기론(主氣論)을 주장하였는데, 율곡 이이를 중심으로 하는 노론과 우계 성혼을 따르는 소론으로 나뉘었다.

17~18세기에 이르러 주자학 지상주의에 반대하여 새로운 서학사상을 수용한 것이 실학(實學)인데 소론은 양명학(陽明學)을, 노론의 소외 세력은 북학론(北學論)을, 그리고 남인은 서학(西學)을 주장하며 교조화된 주자학에 맞섰다.[16] 당쟁이 가열되며 유학은 오히려 더욱 경직되었고, 조선 말기에는 탁상공론을 일삼다가 급기야 일

제에 나라를 빼앗기는 아픔을 겪게 되었다. 그 같은 상황에서 김옥균, 박영효 등은 개화를 주장하며 갑신정변을 일으켰고, 일제의 강점을 당하며 신채호와 같은 민족주의자들은 구태의연한 유교 전통을 버려야 한다고 주장하였다. 한편 조선 시대의 당쟁에 대하여 일제 시대의 학자들은 그것이 고질적인 한 민족의 병폐라고 쏘아 붙이며, 조선인들을 일본 왕의 신민으로 편입하여 보살펴주어야 한다는 궤변을 늘어놓았다. 그러나 유학을 교조화한 것이 문제이지, 민족성 자체가 당파 싸움을 일삼은 것은 아니었다. 생각이 다른 이들이 함께 모여 정치 세력을 형성하는 것은 민주주의 발전 과정에서 자연스럽게 나타나는 현상이기 때문이다. 이와 관련하여 국사학자 이성무는 당쟁의 유산을 평가하며 고려가 삼국 시대를 정리한 『삼국사기』, 조선이 고려 시대를 정리한 『고려사』처럼 조선 시대를 정리해야 했지만, 일제의 강점으로 인하여 그러한 기회를 박탈당했고, 해방 이후 남북이 분단의 아픔을 겪으며 조선 시대의 역사와 문화를 재정리할 틈을 잃었다고 지적하였다.[17]

2 경전과 교리

1) 경전

사제 계급이나 교단 등의 조직적 측면이 미약한 유교의 교학적 권위를 유지하도록 하는 것은 사서(四書)와 오경(五經)의 경전이다.[18] 유교의 주요 경전은 논어(論語), 맹자(孟子), 대학(大學), 중용(中庸)의 사서(四書)와 시경(詩經), 서경(書經), 역경(易經)의 삼경(三經)으로 이루어진 사서삼경(四書三經)이다. 삼경에 예기(禮記)와 춘추(春秋)를 더하여 오경(五經)이라고 하고, 악기(樂記)를 포함하여 육경(六經)이라 하며, 오경

---

16 이성무, 『조선의 유교체제와 동양적 가치』 (서울: 푸른사상사, 2016), 17.

17 Ibid.

18 우리나라에서는 사서삼경을 유교의 기본적인 경전으로 인식하지만, 중국에서는 사서오경을 기본적인 경전으로 받아들인다. 한국종교 문화연구소, 『세계종교사입문』, 개정증보판 (파주: 도서출판 청년사, 2003), 264－265.

의 예서를 주례(周禮), 의례(儀禮), 예기(禮記)로 나누고, 춘추를 해석서인 좌씨전(左氏傳), 공양전(公羊傳), 곡량전(穀梁傳)으로 구분하여 구경(九經)이라 하고, 이에 논어(論語), 맹자(孟子), 효경(孝經), 이아(爾雅)를 넣어 13경이라고 한다. 이외에 제자(諸子)와 백가(百家)가 있지만 유교에서는 13경을 가장 중요한 경전으로 보는데, 이처럼 유교의 경전은 후기로 올수록 점차 범위가 확대되고 내용이 풍부해지는 모습을 보인다.

논어(論語)는 공자와 제자들 사이의 담론을 문답식으로 정리한 것인데, 주로 정치와 도덕의 문제를 다루며 인(仁)을 강조하였다. 맹자(孟子)는 B.C. 3백 년경에 맹자가 공자의 초기 가르침을 모아 체계적으로 정리한 것으로 이상적 삶과 인간의 본성을 강조하는 내용으로 구성되어 있다. 특히 춘추 시대의 공자의 사상을 토대로 전국 시대의 군주들을 직접 만나 덕치론을 피력한 내용과 당시의 철학자들을 상대로 나눈 담론들을 담은 양혜왕(梁惠王), 공손추(公孫丑), 등문공(滕文公), 이루(離婁), 만장(萬章), 고자(告子), 진심(盡心) 등 7편을 상하로 나눈 14권으로 구성된다. 대학(大學)은 대인지학(大人之學)의 준말로서 경(經) 1장과 전(傳) 10장으로 나누어 삼강령(三綱領)과 팔조목(八條目)으로 분석하였는데, 전자(前者)는 학문과 덕이 높은 군자와 같은 대인이 덕을 밝히고, 후자(後者)는 자신을 수양하고 가정과 나라를 다스리는 수신제가 치국평천하(修身齊家 治國平天下)의 원리를 제시하였다. 중용(中庸)은 원래 오경 중의 하나인 예기(禮記)에 포함된 것인데, 교육의 본질을 해명하는 부분을 발췌하여 사서의 하나로 세운 것으로서 어느 한편으로 치우치지 않고 정도에 알맞은 중(中)과 언제나 바르고 일정한 용(庸)을 강조하는 33개 장으로 구성되었다. 한편 주희(朱熹)는 사서를 대학, 논어, 맹자, 중용의 순서로 읽을 것을 주장하며 대학을 가장 앞세웠는데, 이는 대학에는 학문의 총괄로서의 삼강령(三綱領)과 그 분석인 팔조목(八條目)이 소개되기 때문에 대학을 수기치인(修己治人)이라는 유교의 이상을 깨우치는 입문서로 간주하였기 때문이다.

조선의 성균관(成均館)에서는 사서(四書)의 학업을 마치면 오경(五經)을 시경(詩經), 서경(書經), 춘추(春秋), 예기(禮記), 주역(周易), 즉 역경(易經)의 순서로 공부하게 하였다. 시경(詩經)은 중국 고대 시가집으로서 3천여 편이 전해지던 각 지방의 노래 가사들 중에서 공자가 305편을 가려서 편찬한 것이며, 풍(風), 아(雅), 송(頌), 부(賦),

비(比), 흥(興)의 육의(六義)로 편성되어 있다.[19] 서경(書經)은 상고시대 공자 이전의 5대 왕조의 역사 개설 및 제왕과 신하들의 정치적 발언과 행동을 기록한 것인데, 유교 정치의 이상형으로서 요(堯), 순(舜)을 비롯한 선왕(善王)들을 모범으로 제시하며 왕권의 근원이 천명(天命)에 있음을 교훈하였다. 춘추(春秋)는 노(魯)나라 은공 원년인 B.C. 722년부터 애공 14년인 B.C. 481년에 이르는 242년간의 왕조 역사를 기록한 것으로, 이를 통해 공자는 강상(綱常)이 무너진 춘추 시대의 혼란한 현실을 엄중히 비판하였다. 예기(禮記)는 중국 주(周)나라 말기 이후 한(漢)나라 때까지 유학자들이 각종 생활의례와 예절문화, 유교의 학설들을 기록한 것으로 주례(周禮), 의례(儀禮), 예기(禮記)의 삼례(三禮)가 있었지만 한대(漢代) 이후로 오경에서 예기를 따로 취했다. 역경(易經)은 우주의 생성 원리를 설명한 책으로서 주(周)나라 시대에 기록되었기 때문에 주역(周易)이라고도 불렀지만, 철학적인 해설이 가미되어 유교의 경전이 되면서 역경이라고 칭했다. 역(易)에 대한 해석은 점치는 방법을 위주로 하는 복서역(卜筮易), 윤리적 의미를 밝히는 의리역(義理易), 괘나 효의 형상이나 수리(數理)로 보는 상수역(象數易)이 있다.[20]

---

19 풍(風)은 백성의 희로애락(喜怒哀樂), 임금 평판, 민중 비애 등이 담긴 민속 가요이고, 아(雅)는 궁중(宮中) 음악으로서 조회용이나 황제 행차 때 연주하는 대아(大雅)와 연회(宴會), 종묘(宗廟) 제사 등에 쓰이는 소아(小雅)로 나뉘며, 송(頌)은 성군(聖君) 찬양, 덕치(德治)를 기리는 송덕가(頌德歌)이다. 흥(興)은 속내를 노래하도록 하기 위해 바람을 잡고 분위기를 조성하는 것이고, 부(賦)는 객관적 사실 그대로 읊는 것이며, 비(比)는 비유(比喩)와 은유(隱喩)의 노래로서 암시와 풍자를 통하여 민심을 표현하고 지도층을 깨우친다.

20 역의 괘는 태극(太極), 양의(兩儀), 사상(四象), 8괘, 64괘로 전개되며, 역의 전체인 64괘는 각각 6효(爻)로 이루어지므로 모두 384효가 되는데, 괘의 형상과 효의 변수에 근거하여 자연과 인간의 일에 대한 상징적 의미를 해석한다. 태극은 무극(無極)인데, 이는 태극이 나뉘어 홀수인 기수(奇數)와 짝수인 우수(偶數)가 생겨서 한 획을 그은 것이 양의인데, 이를 양(陽)과 음(陰)으로 나누어 태양(太陽), 태음(太陰), 소양(少陽), 소음(少陰)의 사상이 되며, 사상이 다시 음과 양으로 나뉘어 팔괘(八卦)를 구성하고, 팔괘와 팔괘가 모여 64괘를 이룬다. 송인창, 조기원, "朱子의 卜筮易學에 대한 研究," 「동서철학연구」 62 (2011), 35-40.

2) 주요 교리

유교 윤리의 핵심은 인(仁)으로서 이는 공자가 본 완성된 인격의 특성이다. 인(仁)은 효(孝)에서 출발하며, 인의 구체적인 실천은 예(禮)를 통해 드러난다.[21] 인간을 하늘과 땅의 중간에서 양자를 매개시키는 가장 이성적인 존엄한 존재로 여긴 유교는 인간관계를 매우 중시하였다(예기, 예운편, 6). 그러한 관계의 기본은 자녀의 부모에 대한 효(孝)이며, 효란 덕(德)과 인(仁)을 근본으로 하는 부모의 은혜와 사랑에 대한 자연스러운 감정이다. 효경(孝經)에서는 효는 덕의 근본이요, 가르침이 생겨나는 근본으로서(효경, 개종명의장 제1편) 효로써 임금을 섬기면 충(忠)이 되고, 공경하는 마음으로 윗사람을 섬기면 그것이 순(順)이 된다고 하며(효경, 사장 제5편) 효의 근본적 원리를 강조하였다.

오상(五常)과 삼강오륜(三綱五倫)은 유교 윤리를 구체적으로 표현한 것인데, 오상이란 인(仁), 의(義), 예(禮), 지(智), 신(信)의 다섯 가지 덕목이고, 삼강은 군위신강(君爲臣綱), 부위자강(父爲子綱), 부위부강(夫爲婦綱), 오륜은 부자유친(父子有親), 군신유의(君臣有義), 부부유별(夫婦有別), 장유유서(長幼有序), 붕우유신(朋友有信)을 뜻한다.[22] 이 외에도 주희가 편집하고 해석한 대학(大學)에서 강조하는 삼강령(三綱領)과 팔조목(八條目)의 윤리가 있는데, 이는 원래 예기(禮記)에 포함되어 있던 부분이지만 송대에 성리학이 확립되면서 이 가운데 제42편은 대학(大學)으로, 제31편은 중용(中庸)으로 분리되어 떨어져 나온 것이다. 삼강령(三綱領)은 명명덕(明明德), 신민(新民), 지어지선(止於至善) 등 대인(大人)이 되기 위하여 배우는 세 가지 커다란 줄기를 의미하고, 삼강령을 실천하기 위한 팔조목(八條目)은 격물(格物), 치지(致知), 성의(誠意), 정심(正心), 수신(修身), 제가(齊家), 치국(治國), 평천하(平天下)를 뜻한다.[23]

---

21 김형찬, 『논어』 (서울: 현암사, 2020), 23.

22 유교의 오륜은 불평등하거나 권위주의적인 내용을 담지 않으며, 오히려 상호 조화의 원리를 담고 있다. 하지만 한나라 시대에 유교가 국가의 이념이 된 후 오륜(五倫)의 정신보다 삼강(三綱)이 강조되며 유교의 덕목은 권위적이고 상하 주종적인 성격을 띠기 시작했다.

23 삼강령(三綱領)에서 명명덕(明明德)은 인간이 타고난 밝고 맑은 본성, 즉 선한 본성을 밝히는 것이고, 신민(新民)은 백성들이 새롭게 태어나도록 인도해야 할 의무를 수행하는 것이며, 지어지선(止於至善)이란 인간이 추구하는 가장 이상적인 세계, 즉 지극히 선한 것(至善)에 도달하는 것을 최종

유교의 인간과 자연에 대한 주요교리를 시대별 발전 단계를 중심으로 살펴보면 다음과 같다.

고대 중국인들은 천(天) 숭배 사상에 의거하여 자연이란 인간의 도덕성, 특히 군주의 도덕성에 의해 달라진다고 여겼으나, 공자 자신은 자연에 대하여 별로 언급하지 않고 인간 세계에만 관심을 보였다. 공자의 뒤를 이은 순자는 객관적으로 드러나는 현실을 합리적으로 조명하는 현대의 과학적 자연관과 흡사한 모습을 보였다. 한나라 시대에 동중서는 다시 주술적 자연관으로 돌아가서 사람의 부도덕성이 천지의 운행에 이상을 일으켜 재앙이 찾아온다고 믿었다. 뒤이은 성리학은 천지만물에 이(理)라는 질서가 내재되어 있고, 자연 세계는 기(氣)라는 질료로 이루어져 있다고 주장했다. 그러나 이기설은 우주와 인간에 대한 합리적인 설명이지만 형이상학적 개념이므로 인간이 오감을 통해 경험할 수 없기 때문에 공허하였으며, 경험론적 과학과 연결되지 못하는 한계를 드러내었다. 고대 은(殷)나라 시대에 인간은 상제의 피조물로 여겨졌으나 주(周)나라 때에 이르러는 천(天)은 절대자라기보다는 존재와 도덕의 측면에서 질서의 부여자로서 받아들여졌기 때문에 천을 섬기는 것보다 도덕적으로 사는 것이 더 중요시되었다. 한편 공자는 초월적 세계에는 별다른 관심이 없었으며 자연세계의 내재성, 인격의 완성, 그리고 도덕적 세계의 실현에만 관심이 있었다. 공자의 제자 자공은 공자가 여러 가지 가르침을 말하였으나 성(性)과 천도(天道)에 대하여 말하는 것을 들을 수 없었다고 말함으로써 공자의 인본주의적 견해를 드러내었다(논어, 제5편, 공야장 12).

유교는 성악설(性惡說)을 주장한 순자의 예를 제외하면 대체적으로 인간의 본성을 긍정적으로 보았다. 이는 단순한 성선설(性善說)이 아니라 인간 본성 가운데 있는

목표로 삼는다는 뜻이다. 팔조목(八條目)은 삼강령을 세분한 것인데, 격물(格物), 치지(致知), 성의(誠意), 정심(正心), 수신(修身)은 삼강령의 명명덕(明明德)에 해당하고, 제가(齊家)와 치국(治國)은 신민(新民)에 대한 것이며, 평천하(平天下)는 지어지선(止於至善)에 해당한다. 격물(格物)은 사물의 이치, 즉 본질을 인식하는 것이고, 치지(致知)는 인식을 완성하는 것이며, 성의(誠意)란 자신을 속이지 않고 의지를 성실하게 유지하는 것이고, 정심(正心)은 마음을 바르게 하는 것이다. 자신을 수양하는 수신(修身)과 집안을 바르고 가지런히 하는 제가(齊家)를 거쳐서 나라를 다스리는 치국(治國) 이후에 비로소 온 세상을 평안하게 만드는 평천하(平天下)가 가능하다. 따라서 세상을 안정시키는 일은 위정자(爲政者)가 덕을 쌓는 일에서 시작하는 것이다. 이기동 편저, 『경전으로 본 세계종교: 유교』, 27－32.

도덕적 본성이 수양을 위한 노력을 통해 발현됨을 뜻하는 것이다. 따라서 공자는 인(仁)이 멀리 있는 것이 아니라 인을 실천하고자 한다면 곧 다가오는 것이라고 설명하였다(논어, 제7편 술이 29). 공자는 군자가 덕을 추구하는 데 비하여 소인은 편히 머물 곳이나 배를 불릴 것만 생각한다고 양자를 구별하며 인간이 선(善)을 이루기 위해 보유한 자유의지와 도덕적 잠재력을 긍정적으로 평가한 것이다(논어, 제1편 학이 14; 논어, 제7편 술이 15). 따라서 그는 삶과 죽음은 천명(天命)에 달린 것이라며 죽음 이후의 일보다 현세의 일에 관심을 가질 것을 강조하였다. 공자의 뒤를 이은 맹자는 인간의 본성이 선하다는 것을 더욱 강조하였다. 사람은 누구나 인(仁), 의(義), 예(禮), 지(智)라는 네 가지 덕목을 보유하기 때문에 모든 사람은 노력 여부에 따라서 요임금과 순임금처럼 될 수 있다고 주장한 것이다(맹자, 등문공상 1).

인간의 이성과 양심을 강조한 맹자와 달리 순자는 인간의 본성 가운데 본능적 욕망과 이기심을 강조하였다. 그는 "만인의 만인을 위한 투쟁"을 자연상태의 인간 세계로 묘사한 영국의 철학자 토마스 홉스(Thomas Hobbs)처럼 자연 상태의 인간은 미개하며 악한 본성에 의해 좌우되므로 강압적인 교육을 통해 이를 바로잡아야 한다고 생각하였다(순자, 제23편 성악 7). 그러나 순자의 인간 이해는 전국 시대의 극도로 혼란하고 무질서했던 사회상에서 태동한 것이라는 사실을 간과해서는 안 될 것이며, 오히려 그의 사상은 유교권 내에서 이단적인 사상으로 간주되어 맹자의 사상이 이를 대신하여 정통사상으로서 후세로 전수되었다.[24]

3) 삶과 죽음의 윤리

유교는 삶과 죽음에 대하여 현세 중심의 이해를 견지한다. 유가사상의 기본 전제는 인간이 사회 질서를 조정할 책임을 지닌 존재라는 것이다. 다시 말하면 인간 스스로가 자신이 속해 있는 우주의 질서에 순응해야 화합에 이르고 행복을 얻을 수 있다는 것이다.[25] 농민들은 예측과 극복이 어려운 자연과 맞서야 하기 때문에 인간

---

24 이재율, 『종교와 경제: 유교, 불교, 기독교의 경제윤리』 (서울: 탑북스, 2013), 43.
25 양경곤, 『중국 사회속의 종교』, 371.

의 힘으로 제어할 수 없는 대자연과 관련된 기능신을 숭배하며 초자연적 요소를 긍정하고, 어민들의 경우에도 항해와 관련한 위험으로 인해 미신을 쉽게 숭배하는 경향이 있다. 그러나 사회적으로 안정된 신분을 향유하는 유학자들의 경우에는 교육의 기회 및 기득권을 확보할 수 있는 가능성으로 인하여 미신을 신봉할 확률이 현저히 저하된다. 이는 문화대혁명 시기에 미신을 타파하고 공산주의 이념을 국가의 통치 이념으로 고착시킨 현 중국의 위정자들에 대하여도 동일하게 적용되는 것으로서 인본주의적 이성이 그 중심을 차지한다.

유교적 가르침의 초석을 놓았던 공자는 죽음이라는 주제에 대하여 명확한 견해를 제시하지 않고, 삶의 문제에 중심을 두었다. 그러한 관점에서 공자는 오십 세가 되어 하늘의 뜻을 깨달았다고 말하며, 삶과 죽음의 세계를 관통하는 이치를 깨달으면 죽음을 두려워하지 않고 맞이할 수 있다고 주장하였다(논어, 제2편 위정 4).[26] 그러나 공자는 천명(天命)을 알고, 천명에 따르는 것이 군자의 도리라 주장하며 죽음 자체도 천명으로 받아들여서 사람이 어떻게 할 수 없는 영역으로 간주하였다(논어, 제18편 술이 29). 일례로 공자는 제자인 백우의 병상에 들러 그의 임종이 임박했음을 깨닫고 그의 손을 잡고 "이제 죽으니 운명이로구나. 이런 사람이 병에 걸리다니" 하고 탄식하며 죽음이란 하늘이 정한 일로서 인력(人力)으로 어찌할 수 없는 것이라는 자신의 생각을 드러내었다(논어, 제8편 옹야 10). 이처럼 유교는 삶의 충실을 목표로 제시하지만 죽음이라는 인간의 한계를 수용함을 전제로 삶의 충실성을 강조한다.[27] 공자는 덕행이 뛰어난 제자 안연이 죽자 하늘이 자신을 버렸다며 통곡하였다. 또한 제자 계로가 귀신을 섬기는 것에 대하여 묻자 사람도 섬기지 못하면서 어찌 귀신을 섬길 수 있냐고 말했고, 죽음에 대한 질문에도 삶도 알지 못하는데 어찌 죽음을 알

26 지그문트 프로이드(Sigmund Freud), 장 삐아제(Jean Piaget), 에릭 에릭슨(Erik Erikson) 등의 서구 발달심리학자들의 인간 발달단계의 이론들에 앞서서 공자가 회고한 자신의 삶의 여정은 인간 발달에 있어서 선구적인 분류에 해당한다. 공자는 자신이 15세에 학문에 뜻을 두었고(十有五而志于學), 30세에 정신적으로 자립, 즉 세계관을 확립했으며(三十而立), 40세에는 타인의 말이나 주변 상황에 의해 미혹됨이 없었고(四十而不惑), 50세에는 하늘의 뜻을 알게 되었으며(五十而知天命), 60세에는 무슨 일이든 듣는 대로 순조롭게 이해했고(六十而耳順), 70세가 되어서는 마음이 가는 대로 따라 해도 법도에 어긋남이 없었다(七十而從心所欲 不踰矩)고 말했다.

27 이용주, 『죽음의 정치학』 (서울: 도서출판 모시는 사람들, 2015), 126.

수 있겠느냐고 반문하였다(논어, 제11편 선진 11). 이는 유교의 현세 중심적 사고를 드러내는 것으로서 사람과 삶의 문제가 근본적인 것이며, 죽음과 귀신의 문제는 지엽적이라는 이해를 드러낸다. 그럼에도 불구하고 공자가 죽음 자체를 무시했다고 보는 것은 합당하지 않고, 오히려 그는 충실한 삶을 살 것을 강조한 것임을 직시해야 할 것이다.

유교는 인간을 중심으로 만물을 연관시키는데 특히 인간의 삶을 적극적으로 긍정함으로써 이 세상에 태어난 것을 행복으로 간주한다. 죽음은 삶의 반대 입장에서 다루어지는데, 따라서 생을 적극적으로 긍정하는 유교의 입장은 죽음 또한 적극적으로 긍정하지만 죽은 사람을 귀신으로 섬기는 것은 미신으로 간주하여 철저히 배척하였다. 명확히 알 수 없는 죽음보다는 현세에서의 삶을 강조한 유교의 이상적인 인간형은 성인(聖人)과 군자(君子)인데, 성인이란 인(仁)을 완성한 사람으로서 공자는 하늘의 덕을 본받았던 요 임금과 같은 이를 가리킨다고 말했다(논어, 제8편 태백 19). 성선설을 통해 인간의 가능성을 긍정한 맹자는 누구나 성인이 될 가능성이 있다고 주장했지만 이는 지극히 어려운 것이며, 따라서 성인의 도덕성에는 이르지 못하지만 평범한 사람인 소인(小人)에 비해 도덕성이 탁월한 군자는 보통 사람도 노력에 의해서 도달할 수 있는 단계라고 주장하였다. 공자는 성인을 만나볼 수 없다면 군자라도 만나고 싶다고 말함으로써 그 같은 견해를 뒷받침하였다(논어, 제7편 술이 25). 대부분의 사람에게 목표 또는 역할모델이 되는 군자란 완벽하지 않지만 끊임없이 이상적인 도덕을 실천하기 위하여 노력하는 존재로서 자신의 이익에만 전념하는 소인과 대비된다(논어, 제2편 위정 14; 제4편 리인 11; 16). 군자가 되기 위한 덕성을 함양하는 가장 기본적인 길은 유가(儒家)의 학문을 닦는 것이며, 따라서 맹자는 군자가 되기 위하여 전심으로 학문에 전념하고 타고난 선한 본성을 보존하기 위하여 노력해야 한다고 강조하였다.

삶의 중요성을 강조한 유교는 덕치라는 이상주의적 정치사상을 펼치는 데에 주안점을 두었는데 맹자는 군주보다 백성이 더욱 중요하며, 어질지 못한 포악한 군주를 몰아내기 위한 역성혁명(易姓革命)도 정당하다는, 당시로는 매우 파격적인 주장을 펼치기도 하였다(맹자, 이루 상 7). 결국 군주가 도덕성을 가지고 백성들의 마음을 얻으면 천하도 얻을 수 있다는 그의 주장은 현세 중심의 의무론적 윤리를 강조하는 유교의 특징을 드러내고 있다(맹자, 진심 하 14). 유교에서 장례와 제사를 중시하는 이유는 삶과 죽음을 다루는 데 있어서 신중히 함을 의미하는 예(禮)를 위함이다(순자, 제 13권, 제19편, 예론). 그러나 중국에서 조상숭배는 유교적 예의 의미뿐만 아니라 혈연가족을 단결시키고 안정시키는 중요한 역할을 담당하며 핵심종교와 같은 모습으로 자리를 잡았다. 그 과정에서 유교는 신비주의적 점복을 통해 미래를 예측하는 내용을 담은 역경(易經)을 경전에 포함하여 제사를 통한 조상숭배의 실천을 지지하는 한편, 윤리적으로 이를 정당화시켰다.

공자 이후 신유가(新儒家)에 이르러서는 하나의 근본 이치를 중심으로 모든 사물의 생성과 변화를 설명하려 하였는데, 특히 성리학을 집대성한 주희(朱熹)는 이기설을 통해 그러한 작업을 수행하였다. 그는 이(理)는 우주를 지배하는 모든 법칙과 생명력의 형이상학적 원천이고, 기(氣)는 변역의 기체로서 사물을 낳는 도구에 해당한다고 설명하였다. 또한, 삶이란 그 안에 죽음의 도리를 내포한다며 통합적인 관점을 견지하는 한편(주자어류, 권3, 1.2.7.3), 죽음은 기가 흩어진 것이 아니라 다한 것이라고 설명하였다(주자어류, 권3, 3.3.3.2). 이기론의 관점에서 바라볼 때에 사람이 죽는다는 것은 응취한 기가 일정 기간 존속하다가 그 기운이 다해 흩어지는 현상일 뿐이며, 그 기가 흩어진 후에 별도의 인격적 개체로서 존재하는 것은 있을 수 없는 일이다. 그러나 한국에서 전통적인 유교의 가르침은 무속 정령숭배와 불교적 내세관, 도교의 자연주의와 혼합되어 사람이 죽어서 기가 흩어져야 하는데 억울하게 죽거나 자살한 경우에는 인귀(人鬼)가 되므로 굿과 제사를 통해 인귀를 달래야 한다고 믿기도 한다.[28]

28 김학도, 『한국의 전통상제와 성경적 장례의식』 (서울: 바른신앙사, 1991), 83.

3 의례와 절기

중국인들은 이 세상을 즐거운 곳이라고 생각했기 때문에 논어에도 "즐겁다"는 표현이 빈번하게 등장한다. 따라서 현세에 밀착한 세계관을 가진 중국인들의 사상적 기반인 유교 역시 현세를 강조하며, 죽음 뒤에도 다시 현세로 돌아올 수 있다는 소망을 중시하였다. 중국인들은 인간의 영혼을 혼(魂)과 백(魄)으로 분리하여 혼과 백이 조화를 이루며 육체에 생명력을 불어넣고 육체를 유지시킬 때 인간은 살아있는 것이고, 혼과 백, 육체가 분리되면 죽는다고 믿었다.29 그래서 혼과 백을 불러 일치시키기 위하여 죽은 사람의 육체 중에 두개골을 남겨 두고, 제삿날에 두개골을 꺼내어 살아 있는 인간의 머리에 두개골을 씌우고 거기에 혼과 백이 깃들게 하기 위하여 좋은 향을 피워서 하늘의 혼을 부르고 향기 좋은 술을 땅에 뿌려서 땅의 백을 부르는 초혼 의례를 시행하였다. 이후 유교는 위패에 덮인 두개골을 탈로 바꾸고, 위패를 나무판자로 바꾸어 그 위에 성령을 비롯한 죽은 사람의 일을 글자로 표현하는 초혼 재생 의례로 발전시켰다. 그러므로 유교의 의례는 죽은 조상을 숭배하고, 조상의 영혼을 모시는 신앙을 기본으로 하는데, 제사의 주최자 자손인 현재의 가장으로서 그 역시 죽음 뒤에는 조령(祖靈)이 된다.30 조상의 제사, 부모에 대한 존경과 사랑, 자손을 낳는 세 가지의 행위가 효(孝)가 되며, 육체의 죽음 뒤에도 자손의 생명과 이어짐을 통해 계속해서 현존할 수 있다는 믿음을 바탕으로 유교는 가문의 종교로서의 성격을 지닌다.31

예(禮)는 중국 상고(上古) 시대에 하늘에 대한 제사나 조상숭배, 귀신숭배 등 종교적 의식절차와 관련한 신앙의례로서 발생한 것인데, 이후 봉건제도를 유지하는 사회질서의 규범으로 정비되며 사회제도의 측면을 포함하며 강화되었다. 공자는 예

29 국민호, "귀신신앙과 제사를 통해 살펴본 유교의 내세관,"「사회와 이론」 7 (2005), 96.

30 제사는 유교의 구원을 완성하는 가족 단위의 종교 의식으로서 가문의 영속과 영광을 희구한다. 따라서 전통적인 유교 사회에서는 삼족(三族)을 멸하는 것을 가장 큰 형벌로 여겼는데, 이는 세상에서 특정 가문을 없앤다는 뜻이므로 유교적 구원의 가능성이 끊기는 것을 뜻하기 때문이다. 그와 같은 관점에서 결혼과 가문의 후사를 잇기 위한 남아 선호사상이 확장하였다.

31 김은수, 『비교종교학 개론』 (서울: 대한기독교서회, 2006), 204.

의 개념을 인간의 행위 전반과 관련된 윤리적 개념으로 확립하였는데, 예의 형식적인 모습보다는 근본 정신인 인간의 내면적 덕성을 강조하였다. 예(禮)의 어원적 의미는 제사의례에서 찾을 수 있는데, 설문해자(說文解字)는 "예"란 땅의 귀신 "기"(祇)와 풍년 "풍"(豊)이 합쳐진 신적 존재를 의미한다고 설명하며, 풍은 제기(祭器)에 제물(祭物)을 담아 신에게 봉헌하는 제사의례를 뜻하므로 유교의 근원적 예는 종교의 일반적인 제의(祭儀)의 의미를 갖고 있다. 제사의례를 구성하는 요소는 제사를 드리는 대상인 신(神), 제사를 드리는 제단이나 사당과 같은 장소, 그리고 제사 드리는 시기와 제물, 제관(祭冠)의 종류, 제관이 입는 복식, 제사의 순서, 제사 음악 등의 조건으로 구성된다. 제사의 대상인 신은 하늘과 땅, 인간의 우주론적 영역에 따라 다르며, 제사의 명칭도 다른데 이는 하늘의 신에게 드리는 제사인 사(祠), 땅의 귀신 기(祇)에게 드리는 제사인 제(祭), 사람의 혼(魂)인 귀(鬼)에게 드리는 제사인 향(香)으로 구분한다. 제단 역시 천신(天神)이나 지기(地祇)에게 제사를 드리는 단(壇)과 인귀(人鬼)에게 제사드리는 묘(墓)가 구별된다. 제천의례는 도시의 외곽 지역인 교(郊)에서 드렸는데, 토지와 곡물의 신을 모시는 사직(社稷) 제사는 정방형의 두 단으로 이루어진 사직단(社稷壇)에서 드렸다. 인간의 조상신을 모시는 경우 왕실의 선조를 모신 종묘(宗廟), 가정의 선조를 모신 가묘(家廟), 공자를 비롯한 선현을 모신 문묘(文廟), 후세에 탁월한 공을 끼친 선현이나 영웅을 모시는 사우(祠宇)가 있다.

조선 시대 성종 때인 1474년에 완성한 국가와 왕실의 각종 행사를 유교 예법에 맞게 정리한 국조오례의(國朝五禮儀)에 의하면 오례(五禮)에는 하늘과 귀신에 대한 제사인 길례(吉禮), 혼인이나 경로의 의식인 가례(嘉禮), 손님이나 사신을 맞이하는 빈례(賓禮), 군대를 통솔하는 규범인 군례(軍禮), 장례를 지칭하는 흉례(凶禮)가 있다. 오례 가운데 길례, 즉 재례에 유교의 종교적 성격이 가장 잘 드러난다.[32] 제례의 본 절차는 청신(請神), 희공(犧供), 강복(降福), 음복(飮福)의 네 단계로 진행되는데, 이는 신과 인간의 상호관계를 전제하므로 제사를 위하여 마음을 정결하게 하는 재계(齋戒)와 제물을 마련하여 제사에 배열하는 진설(陳設)을 통해 제사를 준비한다. 신을

32 임민혁, "조선 초기 국가의례와 왕권: 국조오례의를 중심으로,"「역사와 실학」43 (2010), 58-75.

모셔오는 첫 단계 청신의 과정은 향을 피우고 강신주를 뿌려 신을 부르는 강신(降神)과 신을 맞이하는 영신(迎神)으로 구성되고, 신에게 제물을 드리는 희공은 폐백을 드리는 전폐(奠幣), 신에게 축문을 아뢰는 고축(告祝), 술잔을 올리는 헌작(獻爵), 음식을 드리는 진찬(進饌)으로 나뉜다. 신이 내려와 복을 내려주는 강복의 과정은 인간이 드린 제물을 신이 받아들이는 흠향(歆饗) 및 흠향 이후 그에 대한 응답으로서 인간에게 복을 주는 강복(降福)으로 나뉜다. 음복은 제주(祭主)가 신이 강복해주신 제물 가운데 술과 고기를 받아먹는 것이다. 제례를 마치는 과정은 신을 전송하는 송신(送神), 신에게 올리는 말씀을 적은 축문(祝文)이나 신의 호칭을 종이에 적은 지방(紙榜) 및 신에게 바친 예물인 폐백(幣帛) 등을 제장(祭場)의 서쪽에서 불살라 하늘에 올리는 망료(望燎)와 그 남은 재를 땅에 묻는 예매(瘞埋), 그리고 제사가 끝난 뒤에 참여한 모든 이들이 제물을 나누어 먹는 잔치인 분준(分餕)으로 마무리된다.[33]

4 21세기의 유교

2천년 이상 중국 지배층의 실천적인 이념으로 기능해 온 유교는 아편전쟁으로 인해 영국에 참패한 이후 중국학 자체에 대하여 강하게 비판하는 5·4 문화운동 이후 중국 내에서 영향력을 급속도로 상실하였다. 더욱이 1949년 공산주의의 승리와 1966년부터 1976년까지 이어진 문화혁명으로 인해 유교는 구(舊) 시대의 유물로 전락하였다. 하지만 유교는 여전히 중국의 문화와 사상의 기반으로서 맥락을 이어가고 있고, 중국 외의 지역에서는 화교(華僑)를 통해, 그리고 유교 사상을 받아들인 우리나라와 일본과 같은 국가에서 이념적 영향력을 발휘하고 있다. 전통적으로 형이상학적 요소가 강한 사상을 견지하던 우리나라에서는 성리학을 수용하였고, 형이하학적 요소가 강한 일본은 우리나라를 통해 성리학을 수입하였으나 이를 자신들의 사상적 특징에 부합되도록 형이하학적 성격의 유교로 변용시켰다. 따라서 일본의

33 배요한, "유교의 조상 제사관에 관한 고찰," 「장신논단」 45 (2013), 418-419.

성리학은 중국 한나라 때의 유학으로 돌아가자는 고학(古學)으로 변모하였다가 일본의 국익을 도모하는 국학(國學)으로 바뀌었다. 오늘날 현대사회는 르네상스 이후 유럽을 중심으로 발생한 모더니즘의 사조 및 과학기술의 혁명으로 인해 인간의 삶이 안락해진 반면, 정신적 삶이 경시되고 피폐됨으로써 환경문제와 각종 범죄와 전쟁의 문제로 몸살을 앓고 있다. 이에 산업사회를 포섭하면서도 정신적인 측면을 보완하는 유교의 사상, 특히 중용(中庸)과 같은 사상이 새로이 주목받고 있기 때문에 21세기의 유교의 역할이 기대되고 있다.[34]

34 이기동 편저, 『경전으로 본 세계종교: 유교』, 37–38.

참고문헌

고건호. “유교는 종교인가.” 『종교 다시 읽기』. 105-118. 한국종교연구회. 서울: 청년사, 1999.

국민호. “귀신신앙과 제사를 통해 살펴본 유교의 내세관.” 「사회와 이론」 7 (2005), 93-119.

김승혜. 『유교의 뿌리를 찾아서』. 서울: 지식의 풍경, 2001.

김은수. 『비교종교학 개론』. 서울: 대한기독교서회, 2006.

김학도. 『한국의 전통상제와 성경적 장례의식』. 서울: 바른신앙사, 1991.

김형찬. 『논어』. 서울: 현암사, 2020.

박용태. “명말청초 고증학의 경세치용과 18세기 조선 실학의 형성: 기호남인 성호학파와 노론 북학파를 중심으로.” 「대동철학」 99 (2022), 119-148.

박치정. 『한국 속 중국: 중국의 정치문화와 한중관계』. 서울: 도서출판 삼화, 2017.

배요한. “유교의 조상 제사관에 관한 고찰.” 「장신논단」 45 (2013), 405-431.

송인창, 조기원. “朱子의 卜筮易學에 대한 研究.” 「동서철학연구」 62 (2011), 33-58.

양경곤. 『중국 사회속의 종교』. 중국명저독회 역. 의왕: 글을읽다, 2011. (Original Work Published 1960).

이기동 편저. 『경전으로 본 세계종교: 유교』. 서울: 전통문화연구회, 2016.

이길용. 『이야기 세계종교』. 서울: 한국방송통신대학교출판문화원, 2015.

이성무. 『조선의 유교체제와 동양적 가치』. 서울: 푸른사상사, 2016.

이용주. 『죽음의 정치학』. 서울: 도서출판 모시는 사람들, 2015.

이재율. 『종교와 경제: 유교, 불교, 기독교의 경제윤리』. 서울: 탑북스, 2013.

이훈구. 『비교종교학』. 서울: 은혜출판사, 2005.

임민혁. “조선 초기 국가의례와 왕권: 국조오례의를 중심으로.” 「역사와 실학」 43 (2010), 45-82.

최성훈. 『고령사회의 삶과 죽음의 이해』. 서울: CLC, 2018.
최영진. 『유교사상의 본질과 현재성』. 서울: 성균관대학교출판부, 2002.
추 차이, 윈버거 차이. 『유가철학의 이해』. 김용섭 역. 부산: 도서출판 소강, 2011.
한국종교 문화연구소. 『세계종교사입문』. 개정증보판. 파주: 도서출판 청년사, 2003.

14 도교(Daoism)

도교는 중국 고유의 다양한 민간신앙을 기초로 하여 중국인들의 사상, 종교, 미신, 민중의 풍습, 관행 등의 복합체로서 서민층의 요구를 반영하는 한편, 불교의 교리, 의례, 조직의 형태를 수용하며 발전하였다. 유교가 항상 중국의 정치와 결부되어 사회적 윤리에 영향을 미쳤지만, 생로병사(生老病死)라는 실제 생활의 차원에서 민중들의 마음을 사로잡은 것은 도교였다.[1] 실용적이고 현세지향적이며 남성적 성격을 띠는 유교가 중국 대륙의 북쪽 지역에서 성행한 반면에 도교는 신비적이고 은둔적이며 소극적인 여성적 성격을 보이며 중국 남방 지역에서 확산되었다.[2] 도(道)란 우주의 형성 원리이자 영원한 질서를 의미하는데, 노자(老子)는 도덕경(道德經)을 통해 "道可道, 非常道 名可名 非常名", 즉 "도를 도라고 하면 그것은 도가 아니고, 이름을 붙일 수 있는 것은 그 이름이 아니다"라고 주장하며 도의 본체는 실재하는 것이 아니라 영원하고 초월적이면서도 실재하는 무엇에 해당한다고 설명하였다.[3]

1 이용주, "도(道)는 우리를 살리는 힘인가," 『종교읽기의 자유』, 박규태 외 (서울: 청년사, 1999), 146.

2 최정만, 『비교종교학 개론』, 개정증보판 (서울: 이레서원, 2004), 460.

3 Mircea Eliade, *The Encyclopedia of Religion* (New York, NY: Macmillan Publishing Co., 1987), 283–286.

도교에는 뚜렷한 창시자로 손꼽을 만한 인물은 없으며, 다른 종교에서 보이는 체계화된 교리로 볼만한 것이 명확하게 조직화되어 있지도 않기 때문에 고대로부터 중국에서 자연발생적으로 생겨난 원시신앙을 기초로 하여 다양한 사상들이 혼합되어 집대성된 종교인 셈이다.[4] 따라서 도교의 주축을 이루는 사상은 도가(道家)에 신선도(神仙圖)와 천사도(天師道)가 합쳐진 후, 민간신앙의 다신(多神)적 성향과 무축(巫祝)의 장초법(章醮法) 및 유교의 도덕사상과 불교의 인과응보 사상 등이 융합된 것이다.[5] 주로 질병 치료의 수단을 모색하던 도교는 점차 유교와 불교의 영향을 받아 윤리와 도덕을 강조하는 생활종교로 변모하였고, 종파를 형성하여 국가와 제왕의 진호(鎭護)와 건강을 비는 호국종교로도 발전하였다.[6] 한편, 한국 도교의 연구사에서 노장사상에 한정되는 도가와 신선 사상과 교단 도교를 포괄하는 도교의 구별 문제를 논의한 끝에, 도교라는 용어를 도가 사상을 포함한 넓은 의미로 사용하기로 합의하였다.[7]

---

4 한국종교 문화연구소, 『세계종교사 입문』, 개정증보판 (파주: 청년사, 2003), 375.

5 고대 중국의 은(殷)나라 시대에는 산, 강, 바다, 바람, 번개 등 자연현상이 신격화되어 제사의 대상이 되었다는 사실이 발굴된 갑골문자를 통해 밝혀졌다. 고대 중국인들은 자연 및 자연현상에 깃든 신적 존재를 귀신(鬼神)이라고 불렀는데, 그들에게 인간의 희망이나 기원을 전달하는 특별한 인물을 무(巫)라고 불렀다. 또한, 농업이 생활의 기반이었기 때문에 농사에 중요한 날씨를 가늠하기 위한 천문의 관측과 관련하여 점성술이 발달하였고, 춘추 전국 시대에 들어서는 공자 중심의 유가, 그들에 반대하는 도가, 병법을 논하는 병가 등의 학파가 성립하여 소위 제자백가(諸子百家) 시대를 이루었다. B.C. 3세기 중반 전국 시대가 끝날 무렵에는 신선설이 등장하였는데, 그에 따르면 신선은 여러 원시적 주술, 점을 치는 복서(卜筮), 점성술, 장생술 등을 혼합한 방술을 만들어 냈고, 그러한 방술을 행하는 이를 방사(方士)라 불렀다. B.C. 1세기에 도가의 사상은 황제 신앙과 결합하여 황제와 노자가 초인적인 존재, 즉 신선으로서 신앙의 대상이 되었다. 전한(前漢)의 무제에 의해 국가의 지도이념으로 확립된 유교는 후한 말에는 형식화되어 타락했고, 이와 더불어 신선과 방술 사상이 더욱 유행하여 빈곤과 기근, 전쟁으로 인해 고통받던 백성들이 모여들어 태평도(太平道)와 오두미도(五斗米道)라고 불리는 두 종교 집단에 몰려들었다. 이후 5세기 중엽 구겸지가 오두미도에 신선설, 도가사상, 유교, 불교의 사상을 혼합하여 신천사도(新天師道)라는 도교 교단을 조직함에 따라 도교는 확고한 조직과 체계를 갖추게 되었다. Ibid., 380-382.

6 일반적으로 도교(道教)는 노자(老子)와 왕을 교조로 삼는 종교로 간주되어, 노자와 장자(莊子)의 가르침을 중심으로 하는 사상인 도가(道家)와는 구분된다. 따라서 도교는 종교로서 논할 때에 지칭하는 개념인 반면, 도가 사상은 철학적인 분석에 있어서 사용하는 개념이다. 류상태, 『교양으로 읽는 세계종교』 개정판 (서울: 인물과 사상사, 2017), 205-209.

7 김윤경, "한국도교 연구의 경향과 전망," 「한국철학논집」 72 (2022), 255.

1 형성과 발전

고대 중국의 샤머니즘을 중심으로 이루어지던 민간신앙에 육체의 영생을 지향하는 신선 사상이 B.C. 3세기 전국시대 말기에 등장하였고, B.C. 1세기에는 황제(黃帝) 신앙과 도가 사상의 결합인 황로(黃老) 사상이 나타나며 도교가 중국 사회에서 한 축을 담당하기 시작하였다.[8] 2세기 중엽 산동성 출신으로 오행사상, 의술, 예언 등에 뛰어난 방사로 인정받던 간길(干吉)은 태평청령서(太平淸領書)라는 신서(神書)를 받은 후 이를 기본 경전으로 삼아 그 이름을 따서 중국 최초의 도교 교단인 태평도(太平道)를 조직하였다. 간길의 죽음 이후 3세기 초 장각(張角)이 태평청령서를 근거로 태평도를 재조직하였는데, 후한(後漢)의 쇠퇴기에 사회가 혼란한 틈을 타서 장각은 184년 화북지역에서 수십만에 이르는 신도를 얻어 태평도를 군대조직으로 개편하여 후한 왕조를 타도하기 위한 난을 일으켰다. 장각이 푸른 하늘은 이미 죽었고, 누런 하늘이 장차 세워지려 하는데, 그때에 천하가 크게 길하리라고 주장하며 황색의 기치와 복장으로 군대를 이끈 황건(黃巾) 또는 황건적(黃巾賊)의 난은 1년이 채 못 되어 평정됨으로써 중국 최초의 도교 집단은 사라지게 되었다.

공식적인 종교 집단으로서의 도교는 중국 역사상 가장 극심한 혼란기인 2세기 후한 시대에 장릉(張陵)에 의해 창시되었다. 오경 등 유교 경전을 읽으며 성장한 장릉은 장생도를 배우고 금단법을 터득한 후에 신비한 어린 아이로부터 도교의 경전을 얻었다. 그는 기도를 통해 만병을 고치는 치병(治病) 행위를 통해 수많은 제자들을 거느렸는데, 그의 문하에 들어오는 사람들이 모두 오두미(五斗米)를 바쳤기 때문에 오두미도(五斗米道)라고 불렸다. 오두미도를 체계화한 인물은 장릉의 손자 장로(張魯)로서 그는 병의 치료를 부탁하는 사람을 조용한 별실에 들여 과거에 행한 자신의

8 중국의 건국신화에 등장하는 황제는 삼황오제(三皇五帝) 중에서 오제에 속하는 인물로서 최초로 중국을 통일하고 문명을 전해 주었다고 전해진다. 삼황은 신농(神農), 복희(伏羲), 여와(女媧)를 일컫고, 오제는 황제(黃帝), 전욱(顓頊), 제곡(帝嚳), 요(堯), 순(舜)을 지칭한다. 이후 중국에서 유교는 사회의 지배이념으로, 불교는 지식인층 중심의 종교로, 그리고 도교는 무병장수와 영생을 추구하는 왕족과 귀족의 종교로서 세력을 확장하였다. 이길용, 『이야기 세계종교』 (서울: 한국방송통신대학교출판문화원, 2015), 255－256.

죄를 반성하게 했는데, 병자의 이름과 죄상을 기록한 자백서 세 통, 즉 삼관수서(三官手書)를 쓰게 하여 천신(天神), 지신(地神), 수신(水神)에게 바치게 하였다. 이를 모두 바친 후에는 기도와 부적을 담그거나 태운 재를 섞은 물인 부수(符水)를 마시게 함으로써 병을 치료하고 그 대가로 오두(五斗)의 쌀을 받았다. 장로는 교단의 조직을 정비하여 신도들에게 도덕경을 읽게 하고 가르치는 제주(祭酒)를 두고, 주술에 의해 병자를 치료하는 간령(姦令) 또는 귀리(鬼吏)를 두는 한편, 처음으로 신도가 된 사람을 귀졸(鬼卒)이라 하였다. 장로는 조부인 장릉을 천사(天師)라 불렀고, 아버지 장형(張衡)을 사사(嗣師), 그리고 자신을 계사(系師)라 부르며, 세 사람을 삼장(三張)으로 섬겼는데, 후세에는 이를 장릉의 이름을 따 천사도(天師道)라 불렀다. 하지만 215년 위(魏) 나라의 토벌을 받아 조조(曹操)에게 항복함으로써 종지부를 찍었다.

3세기를 전후하여 강소성의 모산(茅山)을 중심으로 위화존(魏華存)이라는 여성이 상청파(上清派)라는 도교 교단을 조직하였는데, 모산이라는 지역의 이름을 붙여 모산파라고도 한다. 위화존은 어린 시절부터 도덕경과 장자를 열심히 읽고 장생약을 복용하며 가족과 떨어져 생활하였고, 부모의 강요에 의해 결혼한 후에도 가족과 떨어져 별실에서 생활했다. 288년 12월 16일 밤에 홀연히 태극진인(太極眞人), 청동도군(青童道君), 청허진인(清虛眞人) 등 여러 신선이 강림하여 대동진경(大同眞經) 등의 도경 및 일종의 내관법(內觀法)인 존사법(存思法)을 전수해주었다. 위화존 사후에 실질적으로 상청파를 조직한 인물은 육수정(陸修靜)으로서 그는 결혼 이후에 처자를 버리고 산으로 들어가 수도 생활을 하며 도교의 수행을 지속했는데, 송나라 문제(文帝) 때에 궁중에서 도의 비밀을 강의하고, 명제(明帝) 때에는 숭허관(崇虛館)이라는 도관을 세우고 황제의 비호를 받는 등 조정과 밀접한 관계를 맺으며 발전하였다. 육수정은 도교의 경전을 통진부(洞眞部), 통현부(洞玄部), 통신부(洞神部)의 세 부분으로 나눈, 최초의 도교 경전 목록인 삼통경서목록(三洞經書目錄)을 편찬하였다. 상청파라는 명칭도 육수정이 정리한 상청경(上清經)이 근본경전으로 중시되기 때문에 붙여진 것이다. 훗날 종사(교주)가 된 왕원지(王遠知)는 당(唐) 나라의 황제가 된 이연(李淵)의 신임을 얻어 당 태조로 하여금 도교를 황실의 종교로 신봉하게 만들었다. 당대의 상청파는 이후에도 왕실과 밀접한 관계를 맺으며 호국적인 성격을 띠게 되었고, 노자가 도교의 교조라고 칭송을 받은 시기도 당대였다. 하지만 송대(宋代)에 이르러 상청파와 왕실의 관계는 소원해졌고, 원나라 때에는 조직이 크게 위축되었다.

"도교"라는 말을 최초로 사용한 인물은 북위의 구겸지인데, 그는 도교를 집대성한 사람 또는 도교의 창시자로 알려진다. 구겸지는 중국 사회에 유입된 불교가 도교적 신앙에 대하여 엄격한 비판을 가하는 상황에서 도교의 이론이 불교에 필적할 수 없었고, 신앙의 실천 면에 있어서도 치병을 중심으로 주술종교적 색채가 짙은 천사도가 불교에 대항할 수 없었기 때문에 천사도를 개혁한 신천사도(新天師道)를 조직하여 불교에 대응하였다. 그러한 개혁의 기반이 된 것은 415년 노자(老子), 즉 태상노군(太上老君)이 많은 신들을 이끌고 강림하였는데, 태상노군은 구겸지가 수행과 재능에 있어서 뛰어난 인물이었기 때문에 그를 천사(天師)로 임명하고 도경을 전해주며 경을 세상에 널리 퍼뜨려 도교를 청정(淸整)하고, 삼장(三張) 법의 잘못된 점을 고치며, 방중(房中) 의술을 없앨 것을 명하였다는 설화이다.[9] 구겸지는 치병의 대가로 곡식이나 돈을 받는 것과 유교의 윤리에서는 용납하기 어려운 남녀합기(男女合氣)의 방중술을 없애는 등 청정의 측면에서는 유교의 예(禮)를 활용하고 의례적 측면에서는 불교적 요소를 차용하여 정제된 도교 교단을 완성하였다. 그는 북위 왕조의 태무제의 신임을 얻어, 440년경에는 신천사도가 북위의 국가 종교의 지위를 차지하게 되었다.

1100년에 즉위한 북송의 8대 휘종(徽宗) 황제는 그의 측근인 임영소(林靈素)로 인해 도교에 대하여 특별한 관심을 쏟는 한편, 불교식 명칭을 도교식으로 바꾸게 하는 등 폐불을 단행하였다. 하지만 천사도와 상청파 등 종파에 따른 구별을 없애고, 신소파(神霄派)를 구축하여 왕실에 강력한 영향력을 발휘하였던 임영소의 사후에는 세력이 급격히 쇠퇴하였다. 여진족의 금(金)나라는 거란족의 요(遼)나라를 무너뜨리고 송(宋)나라를 양자강 이남으로 몰아내어 남송으로 축소시켰다. 금나라가 차지한 화북지역은 20여 년의 전쟁으로 인해 피폐하였는데, 소포진(蕭抱珍)이 하남성

9 상청파 계통의 도교 종파는 강남 지역에 근거를 두며 최고 신으로서 원시천존(元始天尊)을 섬기지만, 화북의 황하강 유역에서 발전한 신천사도는 노자를 신격화한 태상노군이 최고의 신으로 등장한다.

에서 일으킨 태일교(太一教)는 부적을 중시하고, 중도를 존중하며 음주를 삼가는 등 인륜을 중하게 여기고, 혼란한 당시 사회를 구원하려는 의도를 가졌다고 전해진다. 산동성 출신 유덕인(劉德仁)이 일으킨 진대도교(眞大道教)는 무위청정을 본지로 하여 자비심을 강조하고, 음사, 욕망, 살생, 음주를 금하고 다른 사람의 고통을 덜어줄 것을 가르쳤고, 주술적 신앙행위를 멀리하고, 신선술과 금단을 지양하는 윤리적 성향을 보였다. 유교색이 강한 진대도교는 농민을 대상으로 포교활동을 벌이며 세력을 확대하였는데, 13세기에는 원(元)나라 조정의 우대를 받고 강남 지역에도 진출하였지만, 14세기에 들어 교주의 위치를 두고 내분이 발생하며 세력이 급감하였다.

12세기에 왕중양(王重陽)이 설립한 전진교(全眞教)는 왕중양이 지은 15개 장으로 구성된 입교십오론(立教十五論)을 바탕으로 13세기에 이르러는 원나라의 비호를 얻어 강남 지역에까지 세력을 확장하였지만 명대(明代)에 이르러는 조정이 도교에 대하여 통제를 가함에 따라 활기를 잃어버렸다.[10] 전진교는 유교, 불교, 도교의 근본이 같다는 삼교합일론(三教合一論)을 주장하며, 대승불교의 선(禪) 개념을 활용하여 좌선을 수행법으로 삼았으며, 천사도에서 중시했던 주술과 금단(金丹) 중심의 양생술을 배제하였다. 정명충효도(淨明忠孝道)는 1128년 하진공(何眞公)이 천문, 지리, 오행 등에 뛰어난 지식을 갖고 있던 3세기 인물 허손(許孫)에게 전쟁에 의해 고통받는 사람들을 구제해 줄 것을 기원했는데, 허손이 그에게 강림하여 충효의 법을 기록한 정명경전(淨明經典)을 전수해 준 이후 시작되었다. 하진공은 정명경전을 근거로 인간 구제를 실천하는 활동들을 전개하였는데, 1296년 유옥(劉玉)이 잡다한 도술적 부분을 정리하여 정명충효도의 가르침으로 다듬었다. 정명충효도는 전진교와 같이 유교, 불교, 도교의 삼교조화의 사상을 견지하였는데, 특히 유교의 충효 사상을 근원으로 하여 천(天)을 받들고 도(道)를 존중하며 살아 있는 자를 구제하고 죽은 자를 제도(濟度)할 것을 촉구하였다. 한편 시해(尸解), 참언(讖言), 귀신(鬼神), 금단도인법(金

10 입교십오론은 도사는 암자에 들어가야 하고, 구름을 타고 다니며 스승을 찾아야 하며, 너무 많은 독서를 해서는 안 되며, 약에는 정통해야 하지만 집착해서는 안 되고, 외형에 사로잡히지 말고 자기를 확립할 것, 인간성을 보고 도우(道友)를 사귀어야 하지만, 도우에 너무 집착하지 말아야 하며, 좌선을 수업 방식으로 삼을 것, 마음에 동요를 일으키지 말고, 기를 조화시킬 것, 정신과 기를 일치시키고, 자타를 모두 구제할 것, 삼계를 뛰어넘고, 정신적으로 이 세상을 초월할 것을 요구한다.

丹道人法) 등을 받아들이는 신비적인 성격도 보유하였다.

2 경전과 교리

도교의 발전과 형성 과정을 통해 살펴본 바와 같이 도교의 교리와 신앙의 실천은 시대 및 종파에 따라 상당한 차이를 보이며, 경전도 방대하여 4천 권이 넘는다. 따라서 도교의 교리와 신앙 체계를 통시대적으로 정리하는 것은 불가능하므로, 주요 경전과 종파별로 일치하는 교리적 가르침을 중심으로 조명하는 것이 이해를 돕는다. 도교의 주요 경전에는 태상감응편(太上感應編), 태평경(太平經), 황정경(黃庭經), 음부경(陰符經), 도덕경(道德經) 등이 있다. 송대에 이창령이 초록을 작성하고, 진덕수가 서문을 지은 태상감응편(太上感應編)의 주된 가르침은 천상에는 사과지신(司過之神)이 있어서 수시로 모든 인간의 언행을 몰래 기록하기 때문에 결국 선악에 의해 인간의 수명과 화복이 결정된다는 것이며, 이는 선악을 구분하는 유교의 윤리를 반영하는 것이다. 10부 107권으로 구성된 태평경(太平經) 또는 태평청영서(太平清領書)는 2세기 전반에 쓰여진 것이지만 오늘날에는 57권만 남아있는데, 하늘을 받들고 도를 본받으며 음양오행(陰陽五行)에 순응할 것을 주장한다. 태평경에 의하면 인간의 몸에는 신령이 있어서 인간의 선악을 기억하기 때문에 천지음양의 도에 순응하여 수신치세(修身治世)하여 천하를 태평하게 해야 한다. 또한, 극기수선(克己修善)을 잘하면 신선이 되고, 중간 정도만 해도 장수하며, 가장 못하는 사람일지라도 병은 면할 수 있다.

중국 위(魏), 진(晉) 시대의 도가들이 양생과 수련의 원리를 기술하여 가르치는 데에 사용했던 황정경(黃庭經)의 황정(黃庭)이란 인간의 성(性)과 명(命)의 근본으로서 뇌, 심장, 비장을 뜻하는데, 명리를 탐내는 마음이 없는 상태와 무욕(無欲), 허무자연(虛無自然)에 이르기 위한 양생과 수련을 강조한다. 음부경(陰符經)의 상편은 수련성선(修練成仙)의 도, 중편은 부국안민(富國安民)의 법, 하편은 강병전승(强兵戰勝)의 기술을 소개하며, 인간의 희망과 행동이 음양오행의 변화를 통해 객관적 법칙에 부합되어야 비로소 하늘과 인간이 함께 발(發)한다는 주장을 담고 있다. 도덕경(道德經)이라는 이름은 한대(漢代)에 처음 사용되었는데, 이전에는 이의 저자로 여겨지는 노자(老子)의 이름을 따서 이 책을 "노자"라고 불렀다. 도덕경은 혼란으로 고통을 겪던 나라에 화합과 평안을 가져오기 위한 삶의 도를 제시하는데, 본질적으로 도란 모든 일이 본성대로 흘러가도록 내버려두는 무위(無爲)로 이루어져 있기 때문에 백성들에게 도의 원리를 가르치면 나라가 평온해진다고 주장한다.

도교는 민간신앙을 집대성한 것이므로 그 근간을 이루는 민간신앙의 무축(巫祝), 음양오행설(陰陽五行說), 신선설(神仙說), 참위설(讖緯說)에 더하여 도가(道家)의 사상이 교리적 기반을 이룬다. 고대 중국에서 무(巫)의 역할은 강신, 해몽, 예언, 의술, 점성술을 통해 신과 인간을 이어주는 것이었는데, 한대(漢代)에 이르러 방사(方士)라고 불리는 사람들이 그러한 역할을 수행하며 무가 방사와 동일시되어 그 계통에 속하는 이들이 도사(道士)로 발전하였다. 음양오행설은 역(易)의 원리를 이용하여 존재의 양상을 음(陰)과 양(陽)이라는 두 원리의 조화를 통해 설명하는 음양설과 전국시대 말에 모든 사물의 변화와 발전을 목(木), 화(火), 토(土), 금(金), 수(水)라는 오행에 유비시켜 설명하는 오행설을 결합시켜서 장생술의 원리적 기반으로 삼은 것이다. 도교의 목적이 복(福), 녹(祿), 수(壽)를 중심으로 하는 현세적 이익의 확보에 있으며 그중에서도 가장 중요한 것은 불로장생(不老長生)인데, 장생의 방법과 이론을 논하는 것이 B.C. 4세기경 성립된 신선설, 즉 선인(仙人)의 사상이다. 신선설이 도교에 흡수됨에 따라 도교는 다양한 방생술을 논하는데, 이에는 인간의 정신은 육체에 속박되어 있고 육체는 식물에 의존하므로 정신을 깨끗하게 보존하기 위해서는 장을 깨끗하게 해야 한다며 오곡(五穀) 대신에 약초를 먹고, 화식을 금하고 자연식을 생식하는 벽곡법(辟穀法), 정신을 평안하게 하는 호흡법으로서 복기(服氣)라고도 하는 조식(調息), 인간의 내적 조건의 변형을 통하여 신선이 될 수 있다는 믿음을 바탕으로 기를 기르고 정신을 집중하는 성선수련법인 내단(內丹), 인간 신체 밖의 선약(仙藥), 즉 단약(丹藥)을 복용함으로써 신선이 되게 하는 외단(外丹), 음기(陰氣)를 취해서 양기(陽氣)를 충만하게 하는 방중술(房中術) 등이 있다.[11]

도가의 사상은 일반적으로 종교로서의 도교와 구별되는 노장(老莊) 사상을 지칭하는 것이지만, 도교의 교리를 체계화시키기 위해 4세기 이후에 노장 사상을 끌어와서 도교의 발전을 위한 도구로 활용하였다. B.C. 5세기부터 B.C. 2세기까지 춘추전국시대라는 혼란한 시기에 유가, 묵가, 법가 등 백(百) 명 이상의 수많은 선생(子)이 가르침을 펼쳤는데 노자와 장자 역시 인위적 행위를 거부하고, 자연으로 돌아가는 것(道)이 시대의 문제와 왜곡된 인간관계를 회복할 수 있다고 주장한 사상이 바로 도가이다. 도가 사상의 시조는 철학자 노자인데[12], 그는 춘추시대가 마무리되고 전국시대로 진입하는 정치, 사회적으로 혼란한 시기에 자신을 온전케 세워서 나라를 건지고 천하를 평안케 하기 위한 "수신제가 치국평천하"(修身齊家 治國平天下) 사상을 피력한 공자와 달리 개인의 몸이나 제대로 간수하겠다는 독선적인 모습을 보였다.[13] 주(周)나라의 수도 낙양(洛陽)에서 황실문서를 관리하는 하급관리인 태사관(太史官)이었던 노자는 민심이 흉흉해지는 모습을 보며 산 속으로 들어가 숨기로 결심하여 관직을 사직하였는데, 이후 물곡관의 관령(關令) 윤희(尹喜)의 백성들을 위한 도덕의 교훈을 남겨 달라는 간청에 응하여 도덕경(道德經)을 써 주었다. 노자의 근본 사상은 자연과 합하는 것을 이상으로 삼는 무위무욕(無爲無欲)으로서, 무위와 무욕의 삶을 살아야 도(道)에 이른다고 주장하였다. 장자는 송(宋)나라 몽(蒙)에서 태어났는데, 마치 맹자가 공자의 교훈을 대중화시킨 것처럼 장자는 노자의 가르침을 대중적으로 확산시킨 인물이다. 그는 염세주의적 사상을 기반으로 생사일여(生死一如)의 태도를 보였는데, 그의 사상은 꿈에 나비가 되어 이곳 저곳을 날아다니다가 아름다운 꽃을 보면 꽃의 냄새를 맡고 진을 빨아 먹었는데, 자신(장자)이 꿈에 나비가 된 것인지, 아니면 나비가 꿈에 자신(장자)이 된 것인지 알 수 없다고 회고한 호접몽(蝴蝶夢)이라는 일화를 통해 잘 드러난다. 이후 장자는 인간의 삶은 꿈에 불과한 것이고, 죽음이야말로 꿈에서 깨어나는 것이라 하며 생사초월(生死超越)의 사상을 피력하였다.

---

11 장성수, "道敎의 內丹·外丹과 그 起源에 대하여: (老子)·(莊子)·(參同契)·(抱朴子)와 관련하여," 「동양철학연구」 6 (1985), 142–150.

12 노자(老子)는 그의 어머니가 81세에 그를 잉태하여 오얏나무 아래를 거니는 도중에 어머니의 겨드랑이로부터 세상에 나왔고, 그가 태어나면서부터 백발(白髮)로 태어났기 때문에 노자라는 이름이 붙여졌다고 전한다.

13 김은수, 『비교종교학 개론』 (서울: 대한기독교서회, 2006), 117.

3 의례와 절기

도교의 의식인 재초(齋醮)는 육조시대 이후 생긴 것으로 전해지는데, 원래 심신을 깨끗이 하고 부정한 일을 멀리하는 재계(齋戒)를 뜻하는 재(齋)와 양재기복(禳災祈福)을 바라는 제사인 초(醮)는 구별되어 있었다. 재초는 도사가 되는 의식인 결재(潔齋)에서 비롯된 것으로서 3층의 단을 쌓고 주위를 목화로 꼰 줄로 둘러치고 한편에 낸 출입문으로 들어가서 줄을 서서 양손을 뒤로 묶고 얼굴만 내놓고 신에게 자신의 죄를 고백한다. 그러한 자세를 1주일 또는 2주일을 계속하는데, 밖에 서서 절만 하는 사람은 재객(齋客)이라 한다. 원래 초는 폐백이나 음식물을 재수로 차려 놓고 향을 사르며 제문을 읽으면서 복을 비는 제사였는데, 이는 후대에 재와 혼합하여 하나의 재초 의식으로 굳어졌다. 대표적인 재초에는 천재(天災)를 물리치고 제왕을 돕기 위한 금록재(金籙齋), 백성들을 위한 옥록재(玉籙齋), 지옥에 떨어진 선조나 친지를 구제하기 위한 황록재(黃籙齋), 신선이 되기를 기원하는 상청재(上淸齋), 먼 선조를 구원하는 명진재(明眞齋), 죄를 빌고 복을 구하는 지교재(指敎齋), 죄를 용서해주기를 비는 도탄재(塗炭齋), 자신의 죄를 참회하는 삼원재(三元齋) 등이 있다.

도교가 우리나라에 전래된 것은 7세기 삼국시대로서 고구려 영류왕 7년인 624년에 당(唐)의 고조가 도덕경 및 도사를 보내 도덕경을 강론케 하며 시작되었는데, 정책적 차원에서 적극적으로 이를 수용했던 고구려에서는 성행하였지만, 도교의 종교적 신앙보다는 노자와 장자의 무위자연 사상을 받아들인 백제와 신라에서는 그렇지 못했다. 또한, 우리나라의 토착신앙인 산악 신앙과 신선 사상의 바탕 위에 중국의 도교가 수용되는 모습을 보였다. 하지만 통일신라 이후에는 당나라에서 유학을 하고 돌아온 이들의 일부는 양생보진(養生保眞)을 도모하는 수련 도교의 양상을 드러내기도 했다. 도교는 고려 시대에 가장 성행했는데, 불교가 중심적 위치를 차지하기는 했지만 귀신, 영성 산신, 무속과 더불어 앞날의 길흉에 대한 예언이 이루어진다고 믿는 도교의 교리인 도참(圖讖) 사상이 유행하여 모든 신앙의 실천이 기복 종교의 모습을 보였기 때문이다. 현세적 이익을 추구하는 양재기복의 기축(祈祝) 행사가 빈번하였고, 특히 예종(睿宗)은 복원궁이라는 도관(道觀)을 건립하는 등 도교를 중시하였다. 그러나 조선 시대에는 유교의 국교화 정책으로 도교가 쇠퇴하였지만 도교의 재초를 거행하는 관청인 소격서(昭格署)가 혁파와 복원을 거치며 명맥을 유지하다가 임진왜란 이후 선조 때에 완전히 폐지되었다. 1906년 평양 장대현교회에서 새벽 기도회를 처음 시작한 길선주 목사는 원래 선도(仙道)를 공부하던 도교 신자 출신으로 도교의 새벽 참선이 불교의 새벽 예불로 연결된 것처럼, 개신교의 예전에도 새벽 예배 또는 새벽 기도회로 이어진 것이다. 새벽 기도회가 한국교회의 교인들에게 열성적인 기도운동이자 영성훈련의 일환으로 자리 잡았다는 긍정적 측면과 더불어 새벽에 하나님께 치성을 드리며 복을 얻고자 하는 기복적인 모습은 개선해야 할 부분이다.[14]

4 21세기의 도교

오늘날 도교는 신앙보다는 심신의 수련 도구로서 받아들여지는데, 단전호흡과 같은 수련 도교의 전통이 확산되고 있다. 또한, 대중문화를 통해 사회와 관계를 맺고 있는데, 1960년대와 1970년의 군사정권 아래에서의 무협소설과 무협영화, 1980년대 신군부 체제 시기의 단(丹)류 소설과 기공(氣功)의 유행, 세기말의 불안감 확산과 더불어 1990년대 노장 사상의 서적류가 관심을 끈 것이 대표적인 사례이다. 특히 군사정권기의 사회 불안과 세기말의 혼란을 틈타 대학가를 중심으로 포교했던 증산교와 거리에서 “도를 아십니까?”라고 물으며 포교 활동을 벌인 대순진리회는 도교의 분파로서 한국 사회에 영향을 미치려 하였다. 따라서 증산교와 대순진리회를 통해 우리 사회의 저변에 잠재한 도교의 모습을 확인하는 것이 도교를 포괄적으로 이해하는 데에 도움이 될 것이다.

14 최성훈, 『성경가이드』 (서울: CLC, 2016), 344.

1) 증산교(甑山敎)

증산교는 1871년생으로 유교, 불교, 도교의 경전들과 음양설, 풍수지리설, 점복(占卜)에 대한 책을 탐독하며 동학운동에 가담했다가 실패를 예견하고 갑오농민전쟁에는 참전하지 않고 동학을 대신할 대도(大道)를 창설하겠다는 꿈을 품었던 창시자 강일순의 호 증산(甑山)을 따서 이름을 붙인 종교이다. 강일순은 1901년 6월 26일 입산수도를 결심하고 전주 모악산에 들어가 기도에 전념한 끝에 구도(求道) 9일 만에 성도(成道)하고, 자신을 세상에 내려온 구천상제(九天上帝)라고 주장하며 1902년 4월 전북 김제에서 첫 제자가 된 김형렬의 집을 근거지로 삼아 포교 활동을 전개하였다.[15] 증산교의 대표적인 사상은 음양조화의 이법에 따라 필연적으로 예정되어 있는 것이 운도(運度)이며, 운도의 법칙에 따라 선천(先天)과 후천(後天)이 교역되는데, 강일순이 상제의 권능으로 말세운에 처한 한국의 운을 뜯어 고치는 천지공사를 통해 천지를 개벽한다는 후천개벽(後天開闢) 사상이다.[16] 또한, 인간을 신명(神明)보다 높여서 인간으로 하여금 신명을 통제하고 신명이 인간에게 봉사하도록 하는 신명공사를 해 놓았다.[17] 증산교는 동학과 달리 직접적 탄압의 대상이 되지 않았는데,

---

15 천계(天界)는 구천(九天)으로서 지상에서 올라가는 아홉 단계의 하늘이 있으며, 따라서 구천은 온 우주를 통칭하는 개념이다. 그러므로 구천상제는 우주의 가장 위에 있는 황제, 즉 신(神)이라는 뜻이다.

16 증산도의 핵심 가르침(宗旨)은 후천개벽(後天開闢) 사상을 기반으로 하여 원시반본(原始返本), 해원(解寃), 상생(相生)으로 구성된다. 지구에 1년이 있듯이 우주에도 12만 9,600년을 주기로 하는 우주적 1년이 있는데, 우리가 사는 시대는 우주의 여름에서 가을로 넘어가는 시대로서 우주의 주재자이자 통치자이신 상제가 인간으로 강세하셔서 봄과 여름의 선천이 문을 닫고, 가을과 겨울의 후천이 열리는 후천개벽을 통해 천지 대환란의 심판이 임한 후 지구에는 비로소 평화가 깃들게 된다. 원시반본이란 우주의 생명이 도(道)의 근원인 무극(無極)의 통일 상태, 즉 낙원의 상태로 돌아가는 것을 의미한다. 선천은 상극의 원리가 지배하여 모든 인사(人事)가 도의에 어그러져 원한이 쌓여서 마침내 살기(殺氣)가 터져 나와 세상에 모든 참혹한 재앙을 유발하는데, 원한이 맺힌 만고의 원신(寃神)들의 원을 풀어 주어 원한으로 막히게 된 천지의 기운을 풀어 세상이 화평을 누리도록 하는 것이 바로 해원이다. 인간의 마음이 조화롭지 못한 것은 분열, 성장하는 선천의 상극 때문인데, 후천 개벽하면 세상과 인간은 상생의 원리를 따라 조화를 이루게 된다. 또한, 증산교는 3시대론을 펼치는데, 이는 하늘(天), 땅(地), 인간(人間)의 삼신(三神)을 받드는 신교(神敎)의 시대인 천존(天尊) 시대, 예수, 석가, 공자와 같은 고등 종교의 창시자들이 분열과 성장의 원리에 따라 신교의 진리를 다양하게 성장시킨 시대인 지존(地尊)시대, 그리고 본래 우주의 본체신이 화생한 지상신인 인간이 후천개벽 이후 천상신이 되는 시대인 인존(人尊) 시대로 나뉜다.

17 증산교는 우주의 본체요, 원리가 바로 신(神)이라는 도교의 신관(神觀)을 답습하여, 도교처럼 천지

이는 모든 것이 운도를 따르는 것이라는 신념 때문에 현실 참여를 거부했기 때문이다.

증산교의 경전인 대순전경(大巡典經)은 1929년 이상호, 이정립 형제가 증산교 교주인 강일순의 행적과 가르침을 수집하고 정리하여 편찬한 것이다. 강일순은 자신이 행하는 일을 천지공사(天地公事)라 하였는데, 대순전경의 천지공사 장(章)은 이를 신정정리공사(神政整理公事), 세운공사(世運公事), 교운공사(敎運公事)로 분류하였다. 신정정리공사는 다시 해원공사(解冤公事), 신단통일공사(神團統一公事), 기령발수통일공사(氣靈拔收統一公事)로 구분되는데, 해원공사는 천지공사의 시작으로서 원한(冤恨)에 찬 만고신명들을 해원시켜 인류의 원한의 역사를 푸는 것이고, 신단통일공사는 지방신들의 혼란으로 인한 인간 세계의 혼란을 정리하기 위해 세계 지방신들을 집결시켜 강일순의 대연력으로 통일신단을 조직한 것이며, 기령발수통일공사는 대지에 존재하는 모든 물질에 포함되어 있는 기운에 의하여 만물이 존재하게 되는 힘인 기령을 신단과 연관 짓는 작업을 했다는 것이다. 세운공사는 강일순이 인류의 미래에 다가올 변천 과정과 발전 양상을 미리 설계하여 한반도를 신세대운의 발상 기점이 되도록 짜놓은 3단계의 공사로서 유럽의 유린으로부터 동아(東亞), 특히 한국을 구출하는 1단계 공사, 조선의 지방신을 서양으로 보내 열강의 내분을 일으켜서 약소민족이 갱생할 수 있게 하는 2단계 공사, 일본이 패망하게 하여 조선을 구출하며, 한반도의 분단과 한국전쟁, 미군의 철수까지 이어지는 우리나라의 운도를 밝힌 3단계 공사로 이루어져 있다. 교운공사는 강일순의 사상과 가르침에 의한 신생 종단의 탄생 도수를 정한 것인데, 강일순은 먼저 난법(亂法)을 낸 뒤에 진법(眞法)을 내리겠다며 27년의 난법도수를 정했다.[18]

증산교의 진리를 공부하는 기본적인 방법은 상제관, 우주관, 인간관, 신관과 수행관, 세계관, 구원관, 종통관, 일꾼관의 팔관법(八觀法)을 따르는데, 이는 증산교

신명(天地神明)을 부르고 그들에게 고사를 지낸다. 비인격적 우주의 본체를 신격화하는 것은 힌두교의 브라만, 불교의 법신불(法身佛) 개념과 동일하다.

18 27년의 난법은 교운공사의 1단계에 해당하는 것으로서 1909년 4월부터 1936년 3월까지 27년간 증산교 내부의 혼란과 일제의 강압을 뜻하는 것이다. 2단계는 진법의 출현을 위한 작업을 진행하는 시기이며, 3단계는 1936년에 난법도수를 거둔 후 10년간 교단의 어려움이 심화되는 것을 뜻한다. 4단계는 최후의 의통으로서 세계의 대겁액을 극복하고 진법도수가 나오게 한 것이다.

의 기본교리를 드러낸다.[19] 증산교 신앙의 대상은 원래 하늘나라를 다스리던 옥황상제였지만 삼계(三界)[20]의 혼란으로 천도(天道)와 인사(人事)가 도수(都數)를 어기자 중국에서 선교하던 이탈리아 신부 이마두(利瑪竇, 마테오 리치) 및 불타와 보살들의 호소에 응하여 서천서역대법국천계탑(西天西域大法國千階塔)으로 내려와 삼계를 둘러보고 천하를 대순(大巡)하다가 동토(東土), 즉 한국에 내려와 1871년 인간의 몸으로 태어난 강일순이다. 그는 스스로를 세상을 구원하기 위해 내려온 미륵불(彌勒佛)이라고 자처하였다. 증산교에서 거론하는 신의 이름은 115종에 달하는데, 이들 대부분은 인간이 죽어서 된 신이다. 인간의 신체로부터 분리된 영체의 작용은 원한을 풀지 못하고 죽어서 원귀가 되는 원력(寃力), 대원대망(大願大望)을 이루지 못한 채 죽을 때 그 열정으로 인해 정신이 결정된 채 신체에서 분리되어 존속하는 영체인 명신(明神)이 되는 원력(願力), 그리고 수련 정신에 의해 정신이 통일되어 광적(光的) 작용과 역적(力的) 작용을 일으켜 응결됨에 따라 정신체가 신체로부터 분리되어 타(他)에의 이식과 괴력의 운용이 가능한 고급 영체가 되는 연력(練力)의 세 가지로 구분된다. 증산교는 인간을 위대한 존재로 보는데, 인간이 스스로 인격을 비하하면 금수(禽獸)와 같아지고, 반대로 인격을 발달시키면 천(天)이나 신(神)이 된다고 믿기 때문이다.

2) 대순진리회

1909년 6월 24일 강일순이 37세의 나이로 세상을 떠남에 따라 증산교는 사분오열의 위기를 맞았다. 당시 가장 큰 교단을 이끌었던 보천교(普天敎)의 차경석은 자

19 이는 우주의 모든 변화를 다스리는 도(道)인 이법(理法)을 주관하는 상제로서 이 땅에 인간의 몸을 입고 강림한 강일순의 삶을 생각하고 이를 체험해야 새로운 생명으로 태어난다는 상제관, 우주의 모든 변화는 개벽을 통해 전개되며, 특히 후천개벽의 이법을 깨달아야 한다는 우주관, 사람은 후천개벽의 정신인 원시반본을 실현해야 한다는 인간관, 신의 세계를 체험하고 신과 하나되는 방법의 수행을 피력한 신관과 수행관, 상제님이 이 땅에 오신 목적인 천지공사의 원리를 설명하는 세계관, 후천개벽을 통해 의통성업을 하는 구원관, 인류 역사 속에서 여성의 차별 문제를 타파하며 여성문화를 개벽함으로써 종통을 이어야 한다는 종통관, 상제님의 뜻을 성취하기 위해 일꾼이 되고, 일하는 방법을 논한 일꾼관으로 구성된다. 김은수, 『비교종교학 개론』, 374−377.

20 이는 불교의 용어에서 따온 것으로, 불교에서 말하는 욕계(欲界), 색계(色界), 무색계(無色界)를 의미하는 것이다. 강일순은 삼계에 대하여 분명하게 언급하지는 않고, 천상, 지하, 지상이 있다고만 언급하였다.

신이 후세주인(後世主人)임을 자처하며 죽은 강일순을 대신하여 이상사회를 건설할 것이라고 주장하다가 신임을 잃었고, 강일순의 종통을 이어받은 조철제가 1923년 전북 정읍에서 무극대도교(無極大道敎)를 창시하였으나 1941년 일제의 "종교단체 해산령"에 따라 강제 해산되었다. 조철제는 8·15 광복 이후 1948년 부산에서 다시 종단을 일으키고 이름을 태극도(無極道)로 바꾸었으나, 1958년 조철제의 사망 이후 조철제의 유언에 따라 2대 도주, 즉 도전(都典)이 된 박한경과 조철제의 아들 조영래 사이에 주도권을 놓고 불화가 생겨 박한경이 1969년 지지자들을 이끌고 교단을 나와 서울 성동구에 터전을 잡고 대순진리회를 창립하였다. 대순진리회는 오늘날 50여 개의 교단이 난립된 증산교 계열의 종파 중에서 가장 규모가 큰 종단으로서[21], 삼계대순 개벽공사에서 딴 대순, 즉 천하를 어루만진다는 뜻을 담은 대순을 인용하여 이름을 붙인 것이다.[22]

대순진리회를 창립한 박한경은 1917년 11월 충북 괴산에서 태어났는데, 8·15 해방 후 조철제의 태극도에 입도하고 포교 활동에 주력함으로써 조철제의 두터운 신임을 얻어 조철제 사망 후에 태극도의 2대 도전이 되었다. 하지만 조철제의 아들 조영래와 그를 따르는 신도들로부터 계속된 고소와 이어지는 불화로 인하여 1968년 도전직을 사임하고 자신을 추종하는 300여 가구의 신도들과 함께 상경하여 1969년 대순진리회를 창립하였다. 이후 비약적인 발전을 거듭한 대순진리회는 1972년부터 종단의 3대 기본사업을 포덕, 교화, 수도로 정하고 주요사업으로 구호자선, 사회복지, 교육사업 등을 전개하였다. 특히 교육사업을 활발하게 펼쳐서 1984년에 학교법인 대진학원을 설립하여 대진고등학교를 세우고, 1988년에는 대진여자고등학교, 1992년에는 대진대학교를 개교하였다. 1994년 분당 대진고등학교와 일

---

21 주요 종파들에는 일제 시대부터 계속되어온 보천교, 증산교본, 법종교, 삼덕교, 태극도를 비롯하여, 근래에 창립된 증산진법회, 대순진리회, 증산도장 등이 있다.

22 대순(代巡)이란 큰 대(大)와 "돌다"라는 의미의 순(巡)의 합성어로서 크게 도는 둥근 것, 즉 걸리는 데가 없고, 막히는 데가 없는 원(圓)이요, 무극(無極)이자, 태극(太極)을 의미한다. 전 우주의 모든 진리가 대순이고, 무극의 진리이므로, 무궁무진한 진리를 가르치는 곳이 바로 대순진리회라는 의미에서 그러한 이름을 붙인 것이다. 대순진리회의 중심인 여주본부도장 홈페이지(http://www.daesoon.org)에서는 대순이란 "상제께서 혼란에 빠진 천·지·인 삼계를 둘러보시고 이를 바로 잡기 위하여 행하신 개벽공사(開闢公事)를 뜻한다"고 기술하고 있다.

산 대진고등학교, 1995년 대진전자공예고등학교, 1996년에는 부산 대진전자고등학교를 개설하였다. 또한, 1992년에는 의료법인 대진의료재단을 설립하여 1998년 분당 제생병원, 2023년에는 동두천 제생병원을 건립하였다. 1999년 대순진리회에서 갈라져 나온 대순성주회 역시 중원대학교를 운영하고 있으며, 2018년 대한예수교장로회(대신)에 속한 기독교 사학인 안양대학교 이사회의 과반을 차지하여 주목을 받았다.

대순진리회의 신앙과 포교원리를 담은 경전은 전경(典經)으로서 내용의 대부분은 강일순의 생활을 기록한 것인데, 강일순의 일대기를 담은 행록, 강일순의 교훈인 공사, 조철제의 생애를 담은 교운, 강일순의 예언인 권지, 치유법을 담은 제생, 미래의 일을 담은 예시로 구성되어 있다. 전경에 의하면 강일순은 신적 존재인 상제로서 인간의 모습을 빌려 이 땅에 내려와서 천하만사를 바로잡고 다시 구천으로 돌아간 구천상제로서 만인을 살리는 능력을 보유한 권능자요, 미래에 발생할 일을 꿰뚫어 보는 예지자요, 천지신명들의 호소에 응하여 진멸에 빠진 이 세상을 구할 것을 약속한 약속자이며, 비겁에 쌓인 인간뿐만 아니라 모든 신명들을 구원하는 천하광구자(天下匡救者)이다. 대순진리회가 말하는 신명(神明)이란 천지에 가득 차 있는 존재로서 각 지역과 가문의 독립적인 신이지만 상제보다 낮은 단계에 있으며, 그 아래에는 신장(神將)이 있다. 전경의 광구관은 강일순이 종교인이든 아니든 천지와 인간들의 배후에서 천지공신의 개벽을 통해 조화를 이루어 천하 만인을 광구하는 만인구원이요, 만세구원이다. 전경의 해원사상 역시 증산교와 같이 후천을 맞이할 백성들로 하여금 화해의 길로 인도하여 선경(仙境)을 건설하게 하려는 것이다. 상생의 윤리를 통해 부패한 현실을 바로잡고, 도심(道心)을 통한 신인합일의 인간 완성을 추구한다. 대순진리회의 조직은 최고직책인 도전(都典) 산하에 중앙종의회가 있고, 주요 부서로는 육영사업부, 수강원, 감사원, 종무원, 정원, 포정원 등이 있다. 대순진리회 측에서는 현재 신도수가 꾸준히 증가하고 있다고 주장하지만 매 10년마다 실시하는 인구주택총조사의 종교통계에 있어서 대순진리회는 1995년에야 정식 항목으로 포함되었고, 2015년부터 종교통계가 전수조사에서 표본조사로 바뀌었기 때문에 정확한 신도 규모의 파악은 어렵다.

참고문헌

김은수. 『비교종교학 개론』. 서울: 대한기독교서회, 2006.

김윤경. “한국도교 연구의 경향과 전망.” 「한국철학논집」 72 (2022), 249–271.

류상태. 『교양으로 읽는 세계종교』. 개정판. 서울: 인물과 사상사, 2017.

이길용. 『이야기 세계종교』. 서울: 한국방송통신대학교출판문화원, 2015.

이용주. “도(道)는 우리를 살리는 힘인가.” 『종교읽기의 자유』. 141–153. 박규태 외. 서울: 청년사, 1999.

장성수. “道教의 內丹·外丹과 그 起源에 대하여: (老子)·(莊子)·(參同契)·(抱朴子)와 관련하여.” 「동양철학연구」 6 (1985), 139–168.

최성훈. 『성경가이드』. 서울: CLC, 2016.

최정만. 『비교종교학 개론』. 개정증보판. 서울: 이레서원, 2004.

한국종교 문화연구소. 『세계종교사 입문』. 개정증보판. 파주: 청년사, 2003.

Eliade, Mircea. *The Encyclopedia of Religion*. New York, NY: Macmillan Publishing Co., 1987.

15 신흥종교(New Religions)

신흥종교란 근현대에 새로 제창된 종교들을 의미하는데, 새로운 교주가 교설을 베풀며 조직한 단체를 성립종교라 하고, 그중에서 기성종교에 속하지 않은 것들을 신흥종교라 한다.[1] 오늘날 세계의 3대 보편종교인 기독교, 이슬람교, 불교도 창립 초창기에는 신흥종교였다. 신흥종교는 기성종교에 비해 사회적 기반이 부실하고 교단이 안정되지 않았으며 교리가 형성되는 중이기 때문에 분파가 많은 편이다. 조직과 교리의 정비 과정을 거쳐서 안정화를 이루면 기성종교에 편입되지만, 그렇지 않으면 분열을 거듭하다가 세력이 약화되어 사라져버리거나 사이비 종교로 변질되는 경우가 많다. 일반적으로 우리나라의 신종교는 근대 이후 창시된 종교를 가리키며, 1860년 최제우가 일으킨 동학에서 파생된 천도교가 시초이다.[2] 구한말과 일제

1 신종교라는 용어는 신흥종교, 민족종교, 보국종교, 유사종교, 민중종교 등과 혼용하여 쓰이는 개념으로서, 1980년대 이후 종교학계에서는 중립적인 의미의 신종교라는 용어를 선호하지만 본서에서는 보편적 차원에서 새로이 발흥하였다는 의미의 신흥종교라는 용어를 통해 대종교와 천도교와 같은 민족종교 및 일본의 신도와 SGI 창가학회 등 신종교 개념을 포괄하여 사용하였다. 에드워드 아이런, 이경원, "현대사회에서 유사종교적인 현상과 새로운 영성," 「신종교연구」 46 (2022), 52.

2 김홍철은 한국의 신종교들을 수운계, 일부계, 증산계, 단군계, 불교계, 유교계, 선도계, 기독교계, 봉남계, 각세도계, 무속계, 외래계, 계통불명의 13개의 계통으로 분류하여 기술하였다. 본서에서 도교(14장, 증산계), 불교(12장), 유교(13장), 기독교(8장), 무속(4장, 샤머니즘)에 대하여는 이미 다루거나 관련한 내용을 기술한 바 있으며, 서양의 신종교에 해당하는 뉴에이지 역시 힌두교(10장)

강점기에는 한국 고유의 민족의식을 고취하며 민족종교가 세력을 확장했지만, 해방 후에는 교세가 급속히 위축되었다.[3]

반면 해방과 한국전쟁을 전후로 혼란한 시기에는 미군정 및 군사정권과 결탁한 기독교가 우위를 점하면서 기독교계 신흥종교가 많아져서 종종 사회적 물의를 일으키고 있다.[4] 해방 이후 우리나라의 종교는 강한 종교다원주의에서 약한 종교다원주의로 변모하는 모습을 보이는데, 해방의 해 1945년부터 한국전쟁이 종료되는 1953년까지 불교, 유교, 개신교, 가톨릭, 대종교, 천도교가 6대 종교를 이루었고, 이후 유교, 대종교, 천도교가 탈락하여 오늘날에는 개신교, 불교, 가톨릭의 3대 종교가 주류를 이룬다.[5] 따라서 본장은 과거 한국사회에서 우세했던 신흥종교이자 민족종교인 대종교와 천도교[6] 및 가까운 이웃으로서 야스쿠니 신사 등의 참배를 통해 외교적인 분쟁을 유발하는 일본의 신도(神道)와 오늘날 불교의 분파로서 세력을 견고하게 유지하고 있는 창가학회에 대하여 조명하였다.

를 조명하며 소개하였기 때문에 본장에서는 단군계 대종교와 수운계 천도교만을 포함한다. Cf. 김홍철 편저, 『한국신종교대사전』 (서울: 모시는 사람들, 2016).

3 민족종교는 19세기 중엽 이후 자생적으로 생겨난 우리나라 고유의 영성적 전통과 개방적 종교사상을 기반으로 하는 종교를 지칭한다. 민족종교는 동학의 창도를 시점으로 대종교, 증산교, 원불교 등의 창교로 이어졌으며, 일제 강점기에 태평양전쟁을 앞두고 조선총독부에 의해 강제 해산되며 급격히 위축되었다. 김종만, "한국종교지도자협의회의 '대표성'에 대한 비판적 고찰," 「신종교연구」 47 (2022), 130.

4 일제 강점의 어려움을 겪었던 구한말, 한국 전쟁 전후, IMF 경제위기 등의 시기에 이단들이 활발히 활동하였는데, 이는 정치적 불안, 경제적 파탄, 사회적 혼란, 가치관의 몰락, 사상의 분열, 기성종교의 무력, 교주의 광신적 영웅주의, 민중의 무지, 신앙 자유의 남용 등을 틈타서 혹세무민하는 것이다. 한편, 최근 한국 사회에서 이단이 득세하는 중요한 원인은 교회 내적인 문제 때문임을 부정할 수 없다. 왜냐하면 교회가 생명력을 잃고, 사랑이 식으며, 선교적 사명을 다하지 못할 때 실망하는 사람들이 증가하고, 교회의 분쟁과 분열, 담임목사의 교주화 및 독재, 세습, 교회의 계층화, 신학적 빈곤, 불투명한 운영과 부정부패, 극단적 자유주의와 근본주의 신학의 대립, 교회의 세속화 등에 실망한 사람들이 교회를 떠나 이단과 사이비에 마음을 빼앗기는 경우가 늘고 있기 때문이다. 최성훈, 『성경으로 본 이단이야기』, 개정 2쇄 (서울: CLC, 2022), 35.

5 강인철, 『한국의 종교, 정치, 국가』 (오산: 한신대학교출판부, 2013), 77..

6 민족종교는 최제우의 동학을 거쳐 증산교, 원불교로 이어지며 호남 지역을 중심으로 민족주의적 개벽관을 설파한 종교와 대종교, 한얼교와 같이 민족의 주체의식을 고취하는 단군계 종교로 나뉜다. 양자의 공통점은 다가올 이상사회의 주역이 한민족이라는 신념에 있다. 김종만, "한국종교지도자협의회의 '대표성'에 대한 비판적 고찰," 133–134.

1 대종교(大倧敎)

1) 형성과 발전

민족종교는 대개 민족의 위기 상황에서 일어나는데, 대종교 역시 일제 강점이라는 민족적 환란을 앞둔 1909년 나철, 오기호 등이 단군신앙을 발전시켜서 세운 것이다. 대종(大倧)이란 천신(天神)이라는 뜻인데, 이는 "크다"는 의미의 우리말 "한" 또는 하늘을 의미하는 대(大)와 신인(神人)을 가리키는 개념으로서 우리말로는 "검" 또는 "얼"로 표기할 수 있는 종(倧)이 합쳐진 표현이다. 이는 큰 신인 한얼님이 이 세상을 널리 구제하기 위하여 인간이 되어 이 땅에 내려오셨다는 것을 의미한다. 대종교의 역사는 우리나라 민족의 기원을 다룬 신화에서 비롯된 것인데, 상원갑자년(上元甲子年) 상달, 상날인 10월 3일에 하늘님이 홍익인간(弘益人間)과 이화세계(理化世界)의 큰 뜻을 지상에 실현하고자 천부삼인(天符三印)[7]을 가지고 인간의 몸으로 화신하여 백두산에 강림한 개천일이 인간의 혜안이 열린 대종교의 개교일이다.[8] 대종교의 맥은 부여의 영고(迎鼓), 예맥의 무천(舞天), 삼한의 계음(鷄音), 고구려의 동맹(東盟), 백제의 교천(交天), 신라와 고려의 팔관회(八關會)와 같은 제천행사를 통해 이어져 오다가 조선시대에 들어서는 고삿날이라는 민속화된 형태를 유지하다가 대종교 창립을 통해 중광(重光)하였다.[9] 일제 강점기 때에 신도수 50만 명을 넘기기도 했지만 일제의 탄압으로 인해 만주에서 활동하다가 해방 이후에 다시 본부를 서울로 옮겼다.

나철은 1905년 서울역 근처에서 백전(佰佺)이라는 노인으로부터 대종교의 경전이 된 삼일신고(三一神誥)와 신사기(神事記)를 받고, 1908년 일본 동경에서 두일백(杜

7 천부삼인은 인류의 원래 모습(本, 율려)을 상징하는 청동으로 만든 검, 거울, 방울 등 세 개의 무구(巫具)로서 이는 고대 사회에서 지배 계층의 권위를 상징하는 신물(神物)이기도 하다. 청동 거울의 빛은 머릿속의 의식 회복(天)을 상징하고, 청동 방울의 소리는 가슴 속 마음의 회복(人)을 나타내며 청동 검의 움직임은 몸의 힘을 회복(地)하는 것을 상징한다.

8 김은수, 『비교종교학 개론』 (서울: 대한기독교서회, 2006), 312.

9 중광이란 나철이 대종교를 처음으로 창립한 것이 아니라 면면히 내려오던 민족 신앙을 다시 밝혔다는 의미에서 붙인 표현이다.

一白)이라는 노인에게 단군포교명서(檀君敎佈明書)를 전해 받았다. 귀국한 나철은 뜻을 함께하는 이들을 모아 서울 재동에서 단군대황조신위(檀君大皇祖神位)를 모시고 제천의식을 거행한 뒤에 단군의 개국(開國)과 입도(立道)를 구분하여 B.C. 2333년에 124년을 더해 2457년을 천신강세기원(天神降世紀元)이라 하여 단군교라 이름하는 종교의 원년으로 삼았다.[10] 하지만 1910년 8월, 단군교의 이름을 빙자한 친일파들의 행각으로 인해 대종교로 이름을 바꾸었다. 이후 나철은 대종교를 중심으로 종교적 구국 운동을 벌였는데. 일제는 1915년 10월 총독부령 제83호 종교통제안을 만들어 대종교를 종교단체로 가장한 항일독립운동 단체로 규정하며 불법화시켰다. 이에 대한 충격으로 사망한 나철의 뒤를 이은 김교헌은 일제의 박해로 인해 총본사를 1917년 만주 화룡현으로 옮겼고, 항일무장투쟁을 위해 교주직을 사임한 서일은 김좌진과 함께 1911년 3월 북간도에서 중광단(重光團)이라는 대종교 신도 중심의 독립운동단체를 만드는 한편, 3·1 운동 이후 1919년에는 북로군정서(北路軍政署)라는 독립군 부대를 편성하여 1920년 청산리 전투에서 대승을 거두었다.[11] 3대 교주가 된 윤세복은 1934년 발해의 고도(古都)인 닝안현 등징으로 옮겨 대종학원을 세우고, 하얼빈에 대종교 선도회를 세우는 등 포교 활동에 매진하였다. 하지만 1942년 일제에 의해 만주와 조선에서 윤세복을 포함한 21명의 간부들이 검거되어 투옥되었는데, 윤세복은 8·15 해방과 함께 출옥하여 1946년 대종교 총본사를 서울 중구 저동으로 옮기고, 제1대 총전교에 취임하였다. 이후 대종교는 대종교의 모든 교정을 통솔하는 최고기관인 대일각(大一閣), 자문을 담당하는 원로원, 교리를 연구하는 삼일원(三一園), 종문의 중추행정기관인 종무원(宗務院)으로 구성되는 총본사(總本司)라는 종문의 중앙기구를 두고, 산하에 도본사(道本司), 시교당(施敎堂) 및 수도원(修道院)을 두어 조직을 정비하였다.

---

10 개천(開天)의 본래의 뜻을 엄밀히 따지는 대부분의 단군 단체에서는 개천절이란 단군조선의 건국일을 뜻하기보다 124년을 소급하여 천신(天神)인 환인의 뜻을 받아 환웅이 처음으로 하늘을 열고 백두산 신단수 아래에 내려와 신시(神市)를 열어 홍익인간(弘益人間), 이화세계(理化世界)의 대업을 시작한 날인 상원 갑자년(上元甲子年) 음력 10월 3일을 뜻한다고 본다.

11 김교헌은 1918년 11월 김규식, 박은식, 김동삼, 이승만, 이시영, 김좌진, 이동휘, 신채호, 안창호 등 독립운동 대표 39명의 동의를 얻어 대종교 총본사에서 무오 대한독립선언서를 작성하여 발의하였는데, 이는 1919년 2·8 독립선언서와 3·1 기미독립선언서의 기폭제가 되었다.

2) 경전과 교리 및 의례

대종교의 경전은 초인간의 계시에 해당하는 계시경전(啓示經典)과 인간의 작품인 도통경전(道統經典)으로 나뉘는데, 계시경전인 삼일신고(三一神誥)는 대종교의 기본 경전으로서 환웅의 가르침을 새겨 전한 것이며, 한인(桓因) 천제(天帝)의 가르침으로서 배달나라 시조 한웅(桓雄) 천왕(天王)에게 전수된 것이 다시 단군조선 시조 단군왕검에게 전수되었고, 이후 구한말 대종교의 경전으로 전해진 것이다. 삼일신고는 천훈(天訓), 신훈(神訓), 천궁훈(天宮訓), 세계훈(世界訓), 진리훈(眞理訓)의 5훈으로 구성된 하느님의 말씀을 주로 하며, 서문과 5훈에 대한 찬문 등이 수록되어 있다. 또 다른 계시경전인 천부경(天符經)은 1909년 대종교가 창립될 때에는 알려지지 않았던 것인데, 1916년 묘향산에서 수도하던 계연수가 암벽에 새겨진 천부경을 발견한 후 이를 탁본하여 전한 것으로서 1975년 대종교 교무회의 결정으로 경전에 편입되었다.

천부경은 일(一)에서 삼(三)으로, 그리고 삼(三)에서 일(一)로 가는 원리를 기본으로 하는데, 이는 대종교의 기본교리인 환인, 환웅, 환검의 삼신일체(三神一體)와 성(性), 명(命), 정(精)의 삼진귀일(三眞歸一)을 기반으로 하는 것이다.[12] 대종교 교리의 근본은 조화사상인데, 이는 우주와 인간, 만물을 지배하는 조화신인 환인, 인간 세상을 널리 구제하기 위해 운사, 우사, 풍백, 뇌공을 거느리고 백두산으로 내려온 교화신 환웅, 그리고 B.C. 2333년 10월 3일에 백성들의 추대로 배달나라를 최초로 세운 치화신인 환검의 삼신일체 또는 “세검한몸”을 의미한다. 천부경은 하나란 우주의 근본으로서 만물이 비롯되는 수이며, 이를 나누면 한울(하늘)과 땅, 사람의 삼극(三極)이 되지만 그 근본은 다함이 없다며 삼신일체를 설명하였다. 대종교의 신앙 대상은 환인, 환웅, 환검이지만 이들은 세 신이 아니라, 하나의 신이 세 가지의 작용으로 나타난 삼신일체의 한얼님, 즉 하늘의 님인 하느님이다.

---

12 삼진귀일(三眞歸一)이란 인간은 나면서부터 조화신으로부터 성품(性), 목숨(命), 정기(精)의 삼진(三眞), 즉 세 가지 착함을 부여받았지만 세상에서 마음(心), 김(氣), 몸(身)의 세 가지 탈, 즉 삼망(三忘)으로 인해 욕심이 생기고, 병이 나며, 죄를 짓는데, 이를 지감(止感)하고, 조식(調息)하며, 금촉(禁觸)의 삼법인(三法印) 수행을 통해 삼진을 회복함으로써 다시 사람의 본바탕으로 돌아가게 된다는 것이다.

인간의 작품인 도통경전에는 나철이 지은 신리대전(神理大典), 서일의 회삼경(會三經), 윤세복이 대종교의 수행방법을 기록한 삼법회통(三法會通)이 있다. 신리대전은 근본 계시경전인 삼일신고를 주해한 것으로서 한얼님의 위격을 밝힌 신위(神位), 한얼님의 도를 설명한 신도(神道), 한얼님의 도가 인간세계에서 한얼사람에 의해 실현됨을 밝히는 신인(神人), 한얼님의 이치가 삼일사상으로 표현됨을 설명하는 신교(神敎)의 네 장으로 구성되어 있다. 이외에도 김교헌이 단군사적과 고유신교의 자취를 통해 대종교의 역사적 연원을 밝힌 신단실기(神檀實記)가 있다.

대종교의 전통적 의식은 선의식(禪儀式)이라고 하는 제천의식인데, 해마다 4경절로서 나철이 대종교를 창립한 날을 기념하는 음력 1월 15일의 중광절(重光節), 하느님이 교화와 치화를 마치고 하늘에 오른 음력 3월 15일 어천절(御天節), 추석 고유의 명절인 가경절(嘉慶節), 그리고 1949년부터 양력 10월 3일로 변경하여 지켜온 개천절(開天節)의 아침 6시에 단군성상을 모신 천진전(天眞殿)에서 거행된다. 일반적인 종교의식은 이른 아침 6시와 저녁에 천전에 참배하는 조배식(早拜式)과 야경식(夜敬式) 및 일요일과 경일(敬日) 낮에 전체 신도가 모여 행하는 경배식(敬拜式)이 있다. 대종교 신도가 반드시 지켜야 할 종문계율인 5대 종지는 공경으로 한얼님을 받드는 경봉천신(敬奉天神), 인생의 본심을 찾기 위해 정성으로 성품을 수양하는 성수영성(誠修靈性), 인간세계의 평화를 얻기 위해 사랑으로 겨레를 합하는 애합종족(愛合種族), 인간의 자유를 누리기 위해 고요함으로 행복을 추구하는 정구리복(靜求利福), 인류의 문명 확장을 위해 부지런하게 살림에 힘쓰는 근무산업(勤務産業)이다. 또한, 대종교인의 5대 의무는 교규를 지키는 교규준행(敎規遵行), 교리를 공부해야 하는 교리연수(敎理硏修), 교인을 널리 천거하는 교인광천(敎人廣薦), 경일을 정성껏 지키는 경일준수(敬日遵守), 천곡 또는 성금을 정성으로 올리는 천곡헌납(天穀獻納)이다.[13]

13 조흥윤, "민족종교의 평신도 운동," 「종교와 문화」 3 (1997), 27–28.

3) 21세기 대종교

민족종교인 대종교는 우리나라 교육계에 미친 영향도 큰데, 일례로 초대 문교부 장관을 지낸 안호상 전 장관이 대종교 신자였다. 또한, 홍익대학교, 경희대학교, 단국대학교 등 종합대학들의 설립에 관여하여 민족의 인재 양성에 기여하였다. 해방 후 중국에서 돌아온 대종교 인사들은 1947년 재단법인 홍익학원과 홍익대학관을 설립한 후, 1946년 설립 이후 운영난에 빠져있던 홍문대학관을 인수해 교명을 홍익대학교로 변경하고 당시 대종교 본부였던 서울 중구 저동 덕우사에서 첫 수업을 시작했다. 하지만 한국전쟁을 거치며 홍익대 지도층을 이루고 있던 대다수 대종교 인사들이 납북되었고, 군사정권과의 갈등으로 인해 재단이 교체되며 대종교와의 인연이 끊어졌다. 경희대의 전신은 일제 강점기 독립군의 산실인 신흥무관학교였는데, 대종교의 원로원장, 사교, 도형 등을 거쳤던 초대 부통령 이시영이 해방 이후 만주에 있던 신흥무관학교를 이어받아 서울에 신흥초급대학을 세웠다. 신흥초급대학은 재정문제와 한국전쟁으로 인해 어려움을 겪다가 1951년 조영식에게 인수되었고, 1960년 경희궁의 이름을 딴 경희대학교로 교명을 변경하였다. 단국대학교는 "단군"의 박달나무 단(檀)자와 나라 국(國)자를 썼는데, 이는 설립자인 독립운동가 범정 장형 선생이 1914년 대종교에 입교해 원로원 참의를 지낸 원로급 인사였기 때문이며, 학교의 상징 동물인 "검은 곰" 역시 단군신화에서 비롯된 것이다. 하지만 대종교 종단 차원의 후원이 있었던 것은 아니었고, 단순히 설립자의 종교적 배경이 영향을 끼친 것이다. 통계청(www.kostat.go.kr)의 2015년 인구주택총조사 자료에 의하면 대종교 신도수는 3,766명으로 우리나라 종교 인구의 0.01%에도 미치지 못한다. 하지만 어려운 시기에 민족성을 고취하며 항일운동을 일으킨 정신만은 높이 평가해야 할 것이다.

2 천도교(天道敎)

1) 형성과 발전

천도교는 조선왕조 후기에 당쟁의 격화 및 지방관리와 양반 토호들의 수탈로 인하여 일반 백성들이 지배계급에 대하여 항거한 사회적 상황 및 종교적 차원에서도 조선의 배불정책으로 인하여 불교가 쇠퇴하고 유교가 타락함에 따라 종교적 신앙이 온전히 백성들의 마음 중심을 잡아주지 못하는 상황에서 대두하였다. 이웃 청나라 역시 1860년 영국과 프랑스 연합군에 의해 북경이 함락되어 서양 세력에 굴복하였기 때문에 위기 의식이 한층 증대된 조선에서 몰락한 양반의 서자로서 박탈감을 느끼며 40세가 될 때까지 방랑하던 최제우는 1860년 4월 강신체험을 하고, 이를 통해 한울님의 존재를 인정하고 한울님을 성심껏 모시는 것이 바로 도를 깨우치는 것임을 깨달았다. 이후 서양에서 전래된 천주교를 가리키는 서학(西學)에 대비하여 자신이 깨달은 도를 동학(東學)이라고 명명하고, 백성들에게 전파하기 위해 이를 정립하는 일에 매진하여 동경대전(東經大全)을 쓰고, 일반 백성들을 위해서는 한글 가사체로 된 용담유사(龍潭遺詞)를 썼다.

동학교도들이 늘어나자 최제우는 그들을 관리할 필요성을 느끼고 각 지역의 동학교도들을 통솔할 책임자로서 접주(接主)들을 임명하고, 그들이 관리하는 지역을 접소(接所)라 하였는데, 조선의 조정은 동학을 위험한 세력으로 간주하여 최제우를 혹세무민의 죄로 처형했다. 최제우에 의해 도통(道統)을 이어받은 2대 교주 최시형은 최제우의 억울한 죽음을 풀려는 신원운동을 벌이며 최제우가 펼친 동학은 조선을 위협하는 서학과 다른 것이므로 당당한 종교활동을 보장해 달라고 탄원하였으나 조선 조정은 미온적인 반응을 보였다. 이에 남접의 동학교도들은 부패한 조정을 타도해야 한다는 강경론을 펼쳤으나 최시형을 중심으로 하는 북접에서는 우선 지속적인 교세 확장으로 세력을 키워야 한다는 온건론을 전개하며 맞섰다. 이후 삼정(三政)의 문란[14]으로 대표되는 조선 말기의 부패상이 극으로 치닫는 상황에서 1894년 전라북도 고부에서 일어난 농민봉기가 기점이 되어 남접을 중심으로 전국적인 농민항쟁, 즉 갑오농민전쟁이 일어났고, 동학교도들에 대한 조정의 무자비한 공격으로 인해 북접 역시 힘을 합쳤으나 청나라와 일본의 지원을 받은 정부군에 패배하였고 최시형도 한양으로 압송되어 교수형에 처해졌다.[15] 이후 동학은 잔존한 북접을 중심으로 3대 교주 손병희가 조직을 정비하였는데, 1904년 정치적인 뜻을 함께 했던 일진회가 친일 단체화하자 일진회를 따르는 이들을 제명하고, 1905년 2월 1일 이름을 천도교로 개칭하였다.[16] 따라서 동학의 3대 교주인 손병희를 천도교의 창시자로 추

---

14 삼정의 문란이란 전정(田政), 군정(軍政), 환곡(還穀)의 비정상적인 운영으로 인한 파탄 상태를 지칭한다. 전정은 세종 24년인 1444년에 제정된 공법(貢法)에 따라 전품육등제(田品六等制)와 연분구등제(年分九等制)에 준거한 전세(田稅)의 부과 징수를 근간으로 하는 수취행정으로서 어지럽게 흩어져있던 각종 세금을 토지에 결부시켜서 부과한 것이지만 조선 후기에 이르러 토지 소유주가 아닌 소작농에게 세금이 전가되어 문제가 되었고, 황폐하여 사용할 수 없는 땅과 존재하지 않는 땅에 세금을 부과하는 작태가 발생하였다. 군정은 군복무를 면제하는 대신에 군포를 징수했는데, 군역의 대상이 아닌 어린 아이에게 군포를 징수한 황구첨정(黃口簽丁), 이미 사망하여 백골이 되었는데도 군역 명단에 그대로 두어 군포를 징수하는 백골징포(白骨徵布), 군정의 문란으로 수많은 사람들이 도망하여 화전민이 되거나 떠도는 유민이 되었는데, 그 같이 결원이 생긴 경우 친족에게 연좌제를 걸어 군포를 징수한 족징(族徵)과 친족이 없으면 이웃이 대신 군포를 납부하도록 하는 인징(隣徵)이 성행하였다. 환곡은 본래 빈민의 구제의 목적을 가지고 가난한 농민에게 정부의 미곡을 꾸어 주었다가 추수기에 이식(利息)을 붙여 회수하는 것인데, 허위 문서를 작성하고 그 양곡에 대하여 쌀 1섬마다 동전 1냥씩을 징수하여 착복하는 번작(反作), 조창의 양곡을 횡령하고 장부상에는 있는 것처럼 꾸며서 다음 관리에게 넘기는 허류(虛留), 6개월 만에 50%의 고리대를 받는 장리(長利)로 인해 민심이 흉흉하였다.

15 당시 조선 왕조와 조정의 무능함은 동학이 주도한 갑오농민전쟁을 통해 여실히 드러났다. 1894년 동학군이 봉기 후 북상하자 관군은 토벌군을 보냈지만 패배하자 고종은 청나라에 파병을 요청했는데, 1885년 청나라와 일본 중 한 나라가 조선에 파병하면 다른 나라도 파병한다는 내용으로 체결한 텐진 조약에 의해 일본군도 제물포에 상륙하여 경복궁을 점령하며 청일전쟁(1894년 7월~1895년 4월)이 발발했다. 청일전쟁에서 조선 조정이 보낸 중앙군 장위영군(壯衛營軍)은 일본군과 연합하였고, 당시 평양 감사가 이끌던 평양 주둔군(지방군) 위수병(偉戍兵)은 청군과 연합하여 조선 군대끼리 전투를 벌였다. 전라도 지역의 지방군은 동학군과 연합하여 경복궁을 점령한 일본군을 치기 위해 북상했는데, 이를 막기 위해 파견된 군대는 일본군과 연합한 경리청군(經理廳軍), 장위영군(壯衛營軍), 통위영군(統衛營軍) 및 일본식으로 훈련된 교도중대(教導中隊) 등 조선 정부의 최정예 부대들이었다. 경복궁 전투에서 조선군이 어렵게 마련했던 최신 무기인 기관총 개틀링건 8정과 소총 3천 정, 야포 20문을 일본군에게 빼앗긴 후 1894년 11월 공주 우금치 전투에서 조선관군 3,200명과 조선으로부터 빼앗은 신무기를 활용한 일본군 200명에게 동학 농민군 2만 명이 무참하게 패배하였다. 이후 일본의 영향력이 강화되자, 고종 황제와 명성황후는 러시아에 접근하여 친러 정책을 전개하였는데, 1895년 명성황후 시해(을미사변) 사건이 발생하자 고종은 1896년 2월부터 1897년 2월까지 러시아 공관으로 도망한 아관파천을 통해 러시아의 힘을 빌어 친일 내각을 무너뜨리고 개화파 지식인들을 숙청하였다. 최성훈, 『21세기 공공신학』 (서울: 박영사, 2023), 175.

16 이후 일진회는 명칭을 시천교(侍天教)로 바꾸고 활동을 지속하였으나, 3·1 운동 이후 대중들의 외

앙하는 한편, 최제우는 대신사(大神師), 최시형은 신사(神師)로 추대하여 천도교가 동학의 연장선에 있음을 천명하였다.

2) 경전과 교리 및 의례

최제우가 쓴 동경대전(東經大全)은 최시형이 1880년 강원도 인제에 경전간행소를 설치하여 완간한 것으로 포덕문(布德門), 논학문(論學文), 수덕문(修德文), 불연기연(不然期然)의 네 편이 중심을 이룬다. 포덕문은 최제우가 당시 백성들이 천명을 돌보지 않고 천리에 순종하지 않음을 개탄하며 천주교의 서학에 대항하여 동학을 선포하는 보국안민(輔國安民)과 광제창생(廣濟蒼生)의 정신과 도를 전파하는 내용을 담고 있고, 논학문은 천지조화의 무궁한 운수와 천도의 무극한 이치 등 동학의 교리를 체계적으로 서술하며, 수덕문은 하늘 조화의 참된 마음을 공경하고 믿을 것을 명하며 동학 교도들이 수덕에 힘쓸 것을 당부한 글이며, 불연기연은 교도들의 수행 생활에 필요한 지침을 나열하였다. 최제우가 서민, 부녀자들을 대상으로 교리 대중화를 위해 1881년에 쓴 용담유사(龍潭遺詞)는 서양 세력이 몰려오는 데에 대한 깊은 우려를 드러내며, 이에 맞서기 위하여 동학의 정신을 내세우는 내용으로 구성되어 있다.

천도교를 창시한 손병희는 최제우의 시천주(侍天主) 사상과 최시형의 사인여천(事人如天) 사상을 계승하여 인내천(人乃天), 즉 사람이 곧 하늘이라는 개념을 종지(宗旨)로 삼았다. 인내천 사상이 지칭하는 하늘에 해당하는 하늘님, 즉 하느님은 동학의 개념에서 더욱 추상화되고 내재화된 것으로서 우주 자체를 지칭하는데, 이는 변화하고 발전하는 생명체로 인식되는 범신론적 형태를 띤다.[17] 천도교 신앙의 대상은 오래 전부터 우리 민족이 하늘 또는 신(神)을 지칭하던 한울님인데, 시천주 사상은 한울님이라는 우주적 존재가 특별한 초월적 공간에 존재하는 것이 아니라 인간 내면에 모셔져 있다는 것으로서, 이는 사람이 곧 하늘, 즉 한울이라는 인내천 사상

면을 받자 일제도 이용가치가 없다고 판단하여 이들을 외면하였다. 8·15 광복 이후에도 침체를 극복하지 못하다가 잔존세력이 1982년 12월 25일 천도교에 통합되었다.

17 김은수, 『비교종교학 개론』, 399.

으로 연결된다. 따라서 시천주 사상은 반상(班常)의 구분이 엄격한 조선 사회에서 모든 인간이 본원적으로 평등하다는 만인평등주의를 내세우는 획기적 사상으로서 어필하였다. 한편, 천도교는 대신사의 창도로 인하여 인간의 존엄성을 바탕으로 새로운 역사를 열었다고 주장하며, 이를 개벽(開闢)으로 표현하며, 창도 이전의 시대인 선천(先天)과 구별하여 창도 후의 새로운 시대를 후천(後天)이라고 설명하였다.

최제우는 천인합일이 되면 사후에 성령이 이 세상에서 가족과 후학들의 심령에 융합되는 영적 장생, 수도를 생활화하여 천리와 천명대로 살면 심화기화(心化氣化)가 되는 육적 장생, 그리고 정의롭게 살아 덕업을 쌓으면 그 자취가 없어지지 않는다는 덕업 장생을 주장하였다. 따라서 천도교는 인간에게 내재된 한울님의 기운을 바르게 하는 수심정기(守心正氣)를 위하여 정성, 공경, 믿음의 세 가지를 도덕의 기본 덕목으로 제시한다. 천도교 교도들은 대신사인 최제우가 득도 후에 첫 번째 조목으로 가르쳐 준 도법으로서 한울님을 높고 먼 데서 찾는 것이 아니라 내 몸에 모시는 세 가지 심고(心告), 즉 식사 때마다 드리는 식고(食告), 출입과 기거, 자고, 깨고, 가고, 오고, 일하는 등의 행사 전후에 한울님에게 감사한 마음으로 고하고 발원하는 통상심고(通常心告), 그리고 도가의 모든 의식에서 행하는 의식심고(儀式心告)를 수행해야 한다. 또한, 한울님의 덕을 천하에 펴는 기도문인 주문(呪文), 정화를 위하여 모든 의식 전에 깨끗한 물을 떠서 모시는 청수(淸水), 한자리에 모여 한울님과 스승님을 모시고 함께 기도하며 감화를 받는 시일(侍日), 천덕사은(天德師恩)에 감사하는 마음으로 물질적 정성을 바치는 성미(誠米), 신앙생활의 기본인 기도(祈禱)의 오관(五款)을 반드시 실행해야 한다.

3) 21세기 천도교

천도교는 동학 당시에는 접주를 중심으로 하는 포접제(包接制)를 활용했지만, 오늘날에는 전도인(傳道人)과 수도인(修道人)의 인맥관계로 조직된 연원(淵源) 조직과 지역 단위로 조직된 교구(敎區) 조직을 중심으로 운영하고 있다. 천도교의 신(神) 개념이 유교의 상제(上帝) 개념과 불교, 도교, 샤머니즘, 기독교의 신 개념을 융합한 우주 만물을 포괄하는 존재로서 내재적이고 범신론적이기는 하지만, 한울님을 섬기는 시천주 사상은 기독교의 하나님 섬김과 유사하고, 인내천 사상의 인간 존중과 평등의 신념은 하나님의 형상으로 창조된 인간의 잠재력을 높이 평가하고 복음 앞에 만민이 평등함을 선포하는 기독교 교리와 일맥상통한다.[18] 하지만 오늘날 천도교 교도들은 주로 노년층에 집약되어 있기 때문에, 상대적으로 청년 세대에 대한 소구력은 떨어지며, 젊은이들과 소통하는 데에도 약점을 드러내고 있다.

3 신도(神道)

1) 형성과 발전

신도는 일본인 특유의 생활습관과 관념에 따라 발전된 것으로서 조직된 종교로서의 특성을 드러내지 않고, 교리를 설명하지도 않으며, 행위의 규약을 정리하여 제시하지도 않는다.[19] 신도는 중국어 "센 따오"(神道)에서 차용한 명칭으로 "신(神)의 길"이라는 뜻인데, 일본 역사에서 6세기 이전까지는 불교와 구별되는 특별한 종교적 의미는 없었다.[20] 일본서기 제31대 요메이(用明) 천황(天皇)[21]의 즉위 전기에서 "천황이 불교를 믿고 신도를 존승했다"(天皇信佛法尊神道)라는 구절에서 처음 등장한 신도라는 명칭은 불법에 대비되는 표현으로 기술되었는데, 이는 중국에서 도교가 자칭 신도라는 표현을 쓴 것을 차용한 것으로 보인다.[22] 당시 신도는 삶의 주위에 있는 사물에 대한 경외심과 숭배의 심리적 표현으로서 원시종교의 성격을 띠고 있

---

18 최정만, 『비교종교학 개론』, 개정증보판 (서울: 이레서원, 2004), 522, 546-547.

19 Clark B. Offner, *The World's Religions* (Grand Rapids, MI: Eerdmans, 1976), 190.

20 최정만, 『비교종교학 개론』, 492.

21 우리나라의 언론에서는 이를 일왕(日王)으로 표기하지만, 외교적 차원에서는 일본 고유의 표현을 존중하는 의미에서 천황이라고 부른다. 일본인들이 자신의 왕을 태양신의 후손으로 강조하며 국명 역시 "태양으로부터 기원되다"라는 의미에서 일본(日本)으로 지칭하는 것을 존중하는 의미에서 본서 역시 천황이라는 용어로 표기하지만 이는 일본의 왕이 각 나라 위의 황제라는 의미는 전혀 아니다.

22 김은수, 『비교종교학 개론』, 164.

었는데, 특히 죽은 조상들과 자연의 영들을 숭배하는 정령숭배의 모습을 보였다. 이후 신도는 일본인들이 혈연을 기반으로 가장(家長), 씨족장(氏族長) 등에 대한 존경심을 그들의 사후에 승화시켜서 "카미"(Kami, 神)로 신격화하여 신앙의 대상으로 숭배하는 풍속에 더하여 외래종교인 유교, 불교, 도교적 요소들을 반영한 국민적 신앙이자, 그에 기초한 문화현상을 포함하는 종교와 윤리의 융합체계이다. 따라서 신도는 특별한 창시자나 교리가 존재하지 않는 일본의 민족종교인 셈이다.

벼농사와 관련한 봄의 축제와 가을의 수확제 등 집단적 제사와 더불어 자연과 동물 등의 영에 대한 제의 등을 거치며 5세기 말에서 6세기에 이르는 시기에 고대 신도가 발달하였다. 고대 일본의 국가 지배자는 각 지역의 지배자 위에 있는 왕이라는 의미에서 대왕이라고 불렀는데, 대왕은 하늘에 있는 세상을 주관하는 태양의 여신인 아마테라스 오미카미(天照大神)의 자손이라고 주장하며 7세기 초부터는 천황(天皇)이라고 불렀다.[23] 천황은 정치와 군사의 지배자인 동시에 나라의 제사를 주관하는 최고의 제사장이므로 정치와 제의가 일체가 되어 이 둘을 정사(政事)를 행한다는 의미의 마츠리고도(祭り事)라 불렀다.[24] 645년 등극한 고도꾸(孝德) 천황이 불교를 숭상하고 신도를 배척하는 정책을 펼쳤고, 이후 800년에서 1700년에 이르는 시기 동안에 신도는 다른 종교들과 융합되는 모습을 보이며 쇠퇴하였다.[25] 1700년경 일본 고문헌에 대한 연구가 활발해지는 과정에서 히라타 아츠타네(平田篤胤)라는 학자가 신도는 일본이 신들에 의해 창조된 나라이고, 일본인들이 신들의 후손이라는 두 가지 신조를 가지며, 따라서 일본인들은 근본적으로 세계의 다른 어떤 민족과도 구별되는 특별한 민족이라고 주장하며 신도가 부활하였다.

23 아마테라스 오미카미는 황조신(皇祖神) 또는 천조대신(天照大神)으로 추앙된다. Ninian Smart, *The Religious Experience of Mankind* (New York, NY: Scribner Sons, 1969), 192.

24 일본어로 축제를 뜻하는 단어인 마츠리(祭)는 "제사를 지낸다"는 의미의 동사 마츠루(祭る)가 명사화하여 "신에게 봉헌하고 제사하다"는 종교적 행위를 뜻하는 개념으로 의미가 넓어진 것이다. 본래 의미는 "제사"를 뜻하며, 실제로 전통적인 마츠리의 상당수가 일본 신토의 신사와 관련이 있는 제사에 해당한다. 그러나 현대에 이르러서 기념, 축하, 선전 등을 목적으로 개최하는 집단적 행사를 가리키기도 한다. 일례로 "ㅇㅇ상점가 마츠리"라고 하면 그 ㅇㅇ지역 상점가가 특정 시기에 행하는 할인행사를 지칭하는 것이다.

25 이 시기의 신도의 특징은 주로 불교와 연합하는 모습을 보인 것인데, 동시에 불교 및 유교와 합쳐진 료부(兩部) 신도도 발전하였다.

메이지(明治) 천황은 신도를 일본의 국교로 제정하였는데, 1868년 막부 체제를 해체하고 왕정 복고를 통해 권력을 천황에게 집중시키는 과정에서 불교를 억압하고 신도를 국가 종교로서 상승시켰다. 메이지는 1870년 "지금은 천운이 순환하는 유신의 때이니 통치의 교를 밝히고 가미나가라(惟神)의 대도를 선양하며 새로이 선교사를 명하여 천하에 포교케 한다"는 내용의 대교선포(大教宣布)의 칙령을 발하였고, 1872년에는 신도 포교의 근본방침으로서 경신애국의 취지 실현, 천리인도를 밝힘, 천황을 섬기고 조정의 뜻을 준수할 것 등 삼조의 교칙을 선포하였다. 이후 1882년 애국과 단합, 천황에 대한 충성을 강조하는 국가 신도가 수립되었고, 1890년 교육칙어에 의해 신도가 교육의 기본이 되는 한편, 1891년 소학교에서의 교육칙어 봉독과 천황의 사진인 어진영에 대한 참배가 제도화됨으로써 천황을 절대화하는 국가 신도의 교의가 완성되었다. 하지만 2차 세계대전에서 일본이 패배한 이후 국가의 관리를 받아오던 신사(神社)들을 점차 민간단체들이 관장하게 되었고, 오늘날에는 완전히 민간인들의 수하로 넘어가서 국가 신도는 사라지게 되었다.

신도는 그 내용에 따라 신사 신도, 교파 신도, 궁정 신도, 학파 신도 등으로 분류된다. 신사 신도는 전국의 신사를 중심으로 제사의례를 포함한 신앙의 조직으로서 국가의 보장과 지원을 받으며, 교파 신도는 메이지 시대(明治時代) 이후 교리와 교법을 세워 교단을 조직한 신도의 교파로서 종교로 취급된다.[26] 궁정 신도는 일본 왕실의 조상 아마테라스 오미카미(天照大神)를 봉안한 가시코도코로(賢所), 신덴(神殿), 고레이덴(皇靈殿) 및 능과 묘에 대한 왕실의 제사를 지칭하며, 학파 신도는 신도이론과 신도신학을 수립한 교학을 중심으로 하는 신도를 지칭한다. 일본인들이 신봉하는 대표적인 두 가지 형태의 신도는 신사 신도와 교파 신도의 형태이지만, 대부분의 일본인들은 신조나 교리 등에 구애받지 않고 일본 도처에 설립된 신사에 가서 자유롭게 참배한다.

---

26 교파 신도는 약 140여 개가 있는데, 그 가운데 가장 활동적인 종파는 천리교(天理教)이다. 천리교는 1838년 나카야마 미키(中山美伎)라는 여성이 41세에 계시를 받아서 자신이 신의 생신당(生神堂)이 되었다고 주장하며 창립한 것이다. 천리교는 신적 이성의 신인 텐리 오노미꼬도(天理王命)를 믿고 이성의 길을 따름으로써 전세(前世)로부터 물려받은 실패와 불완전한 인간의 탐욕과 분노 등과 같은 영혼의 먼지를 떨어버리는 것을 목적으로 한다.

2) 경전과 교리 및 의례

신도에는 창시자를 통해 주어진 계시나 기록된 경전이 없기 때문에 체계적인 교리가 발달하지 못했다. 또한, 수세기에 걸친 시간 동안 다양한 사상들과 지역적 관습들이 신도에 동화되었기 때문에 질서정연한 정리는 불가능하다. 그러나 8세기 초에 기록된 가장 오래된 역사책인 고사기(古事記)와 니혼기(日本記)라는 두 권의 책에 담긴 내용이 일본인을 창조한 신들과 하늘의 존재, 천황의 계보 등에 대하여 소개하는 신화와 전설을 담고 있기 때문에 중요시된다. 많은 신들이 나타났다가 사라지기를 반복한 끝에 남신 이자나기(伊邪那岐命)와 그의 여동생인 여신 이자나미(伊邪那美)가 남았는데, 이자나기가 보옥창으로 바닷물을 휘젓자 창 끝에 맺힌 물방울들이 떨어져 아와지(淡路島)라는 섬이 되었다. 그들은 함께 그 섬으로 내려가 일본인들의 시조가 되었는데, 둘 사이에서 근친혼으로 태어난 딸이 바로 태양신 아마테라스 오미카미이다. 아마테라스는 국가의 최고신으로서 조정의 엄숙한 제사를 받으며, 8백만 카미들을 지배하는 여신이다.[27] 일본인들은 자신들이 아마테라스의 5대손으로서 첫 번째 천황인 지무(神武)의 자손이라고 믿으며, 아마테라스의 영향력이 왕족의 혈통 속에서 계속 존재한다고 생각한다.

온갖 지진과 자연재해가 항시 삶을 위협하는 섬나라의 환경 속에서 형성된 불안감이 8백만 개 이상의 잡신들을 섬기며 복을 추구하는 기복신앙의 기반을 형성하였다.[28] 따라서 일본인들은 아마테라스를 최고의 신으로 섬기기는 하지만, 초기부터 씨족사회를 중심으로 형성되어 가문의 조상을 위해 신사를 세우고 참배하는 한편, 모든 삶의 영역에 존재하는 신들을 섬기며 풍요와 보호를 확보하기를 원한다. 그러므로 아침에 일어나 세면 후에 태양에 절을 하거나 집안에 모셔놓은 작은 제물상인 카미다나(神棚)에 절을 하고, 저녁에도 목욕 후 카미다나에 등불을 밝힌 후 먼

---

27 신도에서 카미의 개념은 생물과 무생물에 깃든 신성한 힘을 가리키기 때문에 일반적으로 종교에서 의미하는 신의 개념과는 다르다. 일본에서는 신들의 수효가 매우 많아서 “8백만의 수많은 신들”이라는 의미의 야오요 로즈노 카미(八百万の神)라는 용어와 함께 약 8백만 개 이상의 카미들을 경배의 대상으로 삼는다. 김영환, “기독교와 일본 신도교의 비교,” 「광신논단」 8 (1997), 163.

28 일상생활에서 주로 섬기는 가마의 수는 약 2,500 종류이다. 최현민, 『일본 종교를 알아야 일본이 보인다』 (서울: 자유문고, 2020), 46.

저 신에게 밥을 올린 후 잘 먹겠다는 인사와 함께 식사를 하는 등 일상생활 전부가 다양한 신들을 모시는 제사의 형식을 취한다. 일본인들은 주로 축제, 새해, 결혼이나 위기 상황에서 신사를 찾는데, 신사에는 커다란 두 개의 기둥을 두 개의 나무로 가로질러서 과거에 닭을 신의 사자로 여기던 시대에 그 닭이 앉아있던 자리를 토대로 하늘 천(天) 자를 형상화한 도리이(鳥居)를 지나 하이덴(拜殿)에서 약식으로 참배하고, 혼덴(本殿) 앞에 도착하여 나무로 만든 시주함에 돈을 던져 넣고 신의 환심을 사기 위해 종을 친다. 이후에 두 번 손뼉을 치고, 한 번 절을 한 후에 묵상기도를 신에게 드리며 보호와 행운을 빈다. 매년 정초에 일본 전국의 신사는 8천만 명 이상의 인파가 몰려 시주돈을 던지고 합장 배례하며 행운을 비는데, 특히 일본 동경(東京)으로부터 남쪽으로 약 320km 떨어진 이세(伊勢)에 있는 황실사원인 이세신궁(伊勢神宮)에는 매년 6월말과 12월말 일본인들이 모여 국가의 평안을 기원하는 즈키나미사이(月次祭)를 드린다.[29] 8백만 이상의 모든 카미들을 예배할 수는 없지만 태양의 여신 아마테라스만큼은 신도 신자들로부터 절대적 예배의 대상으로 추앙받고 있는 것이다.

3) 21세기 신도

오늘날 일본에 있는 10만여 개의 신사 중에서 일반인에게 가장 사랑받는 신사들에는 붉은색 도리이와 여우상이 있는 농경신인 이나리 신을 모시는 신사 3만 2천여 개, 가마쿠라 막부를 창시한 미나모토노 요리토모(源賴朝)를 막부의 수호신으로 격상시킨 하치만 신을 모시는 신사 2만 8천여 개, 이세 신, 즉 아마테라스를 모시는 1만 8천여 개의 신사, 그리고 매년 입시철에 스가와라노 미치자네(菅原道真)를 학문의 신이자 텐진(天神)으로 모시는 텐만(天滿) 신사 약 1만여 개가 대표적이다.[30] 일본

29 내궁(內宮)인 황대신궁(皇大神宮)은 아마테라스를 받드는 곳으로서 신도 사제들과 정부 관료들만 출입이 가능하며, 외궁(外宮)인 도요우케 대신궁(豊受大神宮)에만 일반인들이 출입할 수 있다.

30 미치자네는 헤이안 시대(平安時代) 전기에 학문의 명가에서 태어나 뛰어난 재능을 보여서 천황에게 두터운 신임을 받으며 우대신의 지위에 올랐지만, 좌대신 후지와라 노도키히라(藤原時平)의 책략에 의하여 좌천되어 불행한 죽음을 맞이하였다. 그의 사후에 쿄토에 심상치 않은 낙뢰가 떨어지고 후지와라 가문에서 의문의 변사가 이어져서 사람들은 이를 미치자네의 원령 때문이라고 생각하

에서 이세의 대신궁 다음으로 중요시되는 제2의 신사는 동경의 구단산(九段山) 위에 있는 야스쿠니 신사(靖國神社)인데, 신도가 일본 국민들에게 천황에게 생명을 바치는 모든 이들은 카미(神)가 되어 야스쿠니 신사에 거주하며 영원히 존경을 받는다고 가르쳤기 때문에 수많은 전범(戰犯)들이 안치되어 있다. 제3의 신사는 메이지신궁(明治神宮)으로서 메이지 천황과 그의 배우자가 거처하는 곳으로서 추앙받는다.

일본인은 한 사람이 몇 가지 종교를 가지고 있는 다종교적 신앙의 태도를 보이는데, 따라서 신생아는 신도 사원의 축복을 받게 하고, 결혼 택일은 불교 승려로부터 받는 한편, 결혼식은 교회나 호텔에서 기독교식으로 진행하며, 장례와 제사는 반드시 절에서 치른다. 한편, 신도의 가장 중요한 신인 아마테라스가 여신이라는 사실은 매우 특이한데, 절대적인 신이 남신이 아니라 여신인 경우는 신도 외에 세계 어느 지역의 어떤 종교에서도 찾아볼 수 없기 때문이다. 또한, 신도는 일본인들 외 다른 나라, 다른 민족으로부터는 환영받지 못하는데, 이는 신도가 일본에서 기원된 것만을 높이 평가하고 나머지는 모두 무시하는 배타적인 성격을 띠고 있기 때문이다.[31] 오늘날 신도는 급속한 현대화의 물결 속에서 현대 일본인들의 삶과 조화를 이루어야 하는 과제를 안고 있으며, 국가에 대한 충성만을 강요하기 때문에 든든한 윤리적 기반이 부재하다는 점도 약점으로 작용한다. 이는 이자나기와 이자나미의 근친혼을 통해 생성된 일본 열도의 특징으로 인해 성행위를 신성시하며, 전통적으로 신사에서 봉사하고 접대하는 하급 신관의 역할을 담당했던 유곽의 유녀들이 매춘의 대가로 받는 화대 역시 신에게 봉납된 예물로 보는 견해 및 신 앞에서의 성관계가 신의 기분을 좋게 하여 오곡을 풍성하게 하고 가문의 번영을 가져온다는 그릇된 신념으로 드러난다. 신을 참배하기 전에 정결케 하는 의식 역시 단순히 신 앞에 겸비하여 결국에는 개인적인 이익을 얻어내기 위한 목적에서 시행되는 것으로서, 이는 신도의 비인격적 종교성과 이기적인 인본주의의 단면을 반영한다.

여 그 원령을 위로하는 텐진 신앙이 생기기 시작했다.

31 이훈구, 『비교종교학』 (서울: 은혜출판사, 2005), 328.

4 창가학회(創價學會)

1) 형성과 발전

창가학회는 일본인 승려 니치렌 쇼슈(日蓮正宗)가 주장한 불법을 신앙의 근간으로 하는 불교계열의 신흥종교로서 그의 여섯 명의 수제자들 중 한 명인 니코(日興)가 1279년에 후지산에 위치한 대석사(大石寺)를 거점으로 세운 일련정종(日蓮正宗)이라는 종파를 기원으로 한다. 가마쿠라 막부(鎌倉幕府)가 의리와 충성, 용맹이라는 이상을 기반으로 무사계급을 중시하던 13세기에 활동한 일본 불교의 개혁가 니치렌 쇼슈는 한국 불교에서는 흔히 법화경(法華經)이라고 줄여서 부르는 묘법연화경(妙法蓮華經)을 모든 진리와 사물들의 기초이자 구원에 이르는 참된 길을 제시하는 불교의 유일한 경전으로 높이며, 자신을 연화경을 전하고 가르치도록 부처의 보냄을 받은 선지자로 자처하였다.

창가학회라는 명칭은 "가치를 창조하는 교육협회"라는 문자적 의미를 갖고 있는데, 니치렌 쇼슈를 진정한 부처이자 마지막 시대에 나타날 유일한 구세주라고 믿었던 동경의 초등학교 교장이었던 마키구치 쓰네사부로(牧口常三郎)가 1937년에 이를 설립하여 초대회장으로서 공식적인 활동을 시작하였다.[32] 마키구치는 당시 일본을 장악한 절대주의와 권위주의에서 일본을 구하려는 의도를 가지고 니치렌 쇼슈의 불교 이론과 자신의 교육 이론을 결합시켜서 창가학회를 설립했는데, 당시 신도를 기반으로 이세신궁에서 제공하는 부적을 받는 것을 거부하여 투옥되었다가 1년 반 만에 옥사하였다.[33] 이후 도다 조세이(戶田城聖)가 2대 회장이 되어 자신의 생명과 경애를 나은 쪽으로 변혁하여 인간으로서 성장하는 인간혁명을 지향하는 가치창조 이론을 정립하고 조직을 정비하며 발전하였고, 3대 회장 이케다 다이사쿠(池田大作)

---

32 창가학회의 영문 표기는 SGI(Soka Gakkai International)로서 "SGI"라는 약자를 통해 창가학회를 지칭하는 경우도 많다.

33 김학유, "창가학회 성장 연구: 기독교 선교에 주는 도전(1)," 「신학정론」, 40 (2003), 231–232.

가 1964년 11월 17일 공명당(公明党)을 창당하고, 1971년 소카대학(創価大學)을 설립하며 영향력을 확장하였다.[34] 당시 이케다는 일본이 일련정종을 국교로 하고 다른 종교는 다 사교로 박멸하고 전(全) 아시아를 일본이 통일할 때 미국과 소련 양대 진영도 누르고 왕불명합(王佛冥合)의 불교정치를 전 세계에 펼칠 수 있을 것이라고 주장하며, 사람들에게 올바른 불법을 가르쳐 행복하게 한다는 의미의 광선유포(廣宣流布)를 기치로 공격적인 포교 활동을 장려하였다.

2) 경전과 교리 및 의례

창가학회의 주요 경전은 법화경으로서 이는 부처를 로고스 내지는 영원한 부다(Buddha)로 부르는 한편, 강압적이고 공격적인 전도를 요구한다. 니체렌 쇼슈는 불교의 모든 교리를 단순화시켜서 "남묘호렌게쿄"(南無妙法蓮華經)를 반복적으로 암송함으로써 궁극적인 진리에 도달할 수 있다고 주장하였다.[35] 하지만 창가학회의 이론적 근거는 마키구치가 고안해낸 가치창조론을 근간으로 하는데, 이는 플라톤 철학의 진(眞,) 선(善), 미(美) 중에서 진리를 리(利)로 대체한 것으로서 리(利), 선(善), 미(美)를 세 가지 핵심가치로 삼는다. 가치창조론에 의하면 진리란 창조될 수 있는 것이 아니라 발견될 수만 있는 것이지만, 가치는 창조될 수도 있고 발견될 수도 있는 것이므로 참과 거짓은 인간의 삶과 아무런 관계가 없으며 가치만 관계가 있다. 미(美)는 인간의 감각에서 나오는 것이고, 리(利)는 사회 발전에 기여하는 것들과 인간 관계에서 기인하는 것이며, 선(善)은 공공의 유익을 위한 것이다. 따라서 선과 악의 판단기준이 미리 존재하지 않고, 한 사회의 구성원들이 정하는 기준에 따라 선악이 결정된다는 상대주의적 관점을 견지한다. 하지만 이는 창가학회만이 유일한

---

34 오늘날 공명당은 일본의 여당인 자민당(自民黨)과 연립 여당을 구성하는 정당으로 자리매김하였다.

35 한국 창가학회(www.ksgi.or.k)에 따르면 남묘호렌게쿄의 "남"(나무, 南無)은 고대 인도어인 산스크리트어(범어)의 "나마스"(namas) 또는 "나모"(namo)를 음역(音譯)한 것으로 "귀의(歸依)한다", "귀명(歸命)한다"는 뜻이다. 즉, 남묘호렌게쿄는 "묘호렌게쿄"(妙法蓮華經)에 귀명한다는 의미인데, "묘호렌게쿄"는 단지 법화경이라는 경전의 이름을 의미하는 것이 아니라, 모든 경전에서 명쾌하게 설명하고자 했던 "생명의 법"의 표현이다. 따라서 "남묘호렌게쿄"에는 "우주를 꿰뚫는 자비의 생명을 근본으로 삼아 자신의 생활과 인생에 발현시킨다"는 의미가 내포되어 있다.

종교라고 강조하면서도 종교와 윤리의 상대성을 주장한다는 자기모순을 드러내는 견해이다.

창가학회는 인간 삶은 행복을 발견하고 차지하는 것을 궁극적인 목적으로 하는데, 대부분의 인간들은 카르마의 법칙을 미신적으로 오해하는 그릇된 신앙으로 인해 행복을 얻는 데 실패했다고 지적하며, 니치렌이 1280년 10월 12일 먹물에 혼(魂)을 적셔 남목(楠木) 널빤지에 "남무묘법연화경"(南無妙法蓮華經)이라 쓴 것으로 이 세상에 존재하는 유일한 만달라(Mandala)로 인정하는 "고혼존"(本尊)의 내용을 믿으면 행복에 이르는 동시에 궁극적인 구원을 얻을 수 있다고 주장한다.[36] 카르마의 굴레를 깨뜨려야 구원을 얻으며, 이를 위해서는 법화경에 기록된 진리를 실천해야 한다는 창가학회의 구원관은 불교나 힌두교의 구원관을 답습하는 것이다. 창가학회는 구별된 사제나 전문사역자가 존재하지 않기 때문에 지도자로부터 말단의 신도에 이르는 모든 구성원이 평신도이며, 입시와 경쟁으로 인해 좌절감을 경험한 청년층을 주된 포교대상으로 삼는데, 일단 신도가 되면 학력과 신분과 상관 없이 노력 여하에 따라 창가학회 내의 지위를 부여함으로써 사회적 만족감과 성취감을 제공한다.

또한, 가족과 친지를 개종시키거나, 강제로 다른 사람들을 개종시켜서 얻는 덕을 쌓는 시간만큼 죽음의 날이 연기되며, 현세에서 재정적 책임과 채무를 다할 때까지, 그리고 죽음 이후 부처의 육체적 모습을 닮을 수 있을 만큼 부처의 마음을 충분히 가질 때까지 죽음이 연기된다고 주장하며 죽음의 공포를 연기하거나 극복할 수 있는 방법을 제시하는 등 현세적 구원에 초점을 맞춘다.[37] 이는 2대 회장인 도다가 참 부처가 된다는 것은 즐거운 가정을 이루고, 안정적이고 활력 넘치는 정신과 사업을 갖는 것이라고 주장한 데에 기인하며, 이를 위하여 니치렌이 만든 성화를 바라보며 그 앞에서 "남묘호렌게쿄"의 주문을 반복하는 "다이모쿠"(題目)라는 예배 행위를 통해 병을 고치고, 부를 창조하며, 세계 평화를 이루려 한다. 창가학회에 있어서 짧은 주문을 반복하는 다이모쿠 의식은 법화경 전체보다 중요하며, 따라서 만

36 "만달라"(Mandala)라고도 불리는 성화(聖畫)란 불교나 힌두교에서 사용하는 도해로서 우주의 신비한 법칙과 원리를 기하학적인 형태로 그려 넣은 그림을 의미한다.

37 김학유, "창가학회 성장 연구: 기독교 선교에 주는 도전(1)," 237-239.

일 이를 소홀히 하면 반드시 삶에 불행이 찾아온다고 강조한다.[38] 우시토라 공교(丑寅勤行)라는 700년된 의식은 자정부터 새벽 1시 30분 사이에 다이세키 사원(大石寺)에서 진행되는 것으로서 창가학회 신도들이 함께 모여 다이모쿠 의식을 행하는 예배로서, 신도들에게 강력한 유대감과 일체감, 그리고 신비한 영적 체험을 제공한다. 우시토라 의식의 참여는 창가학회의 총본산인 다이세키 사원에서 위대한 경배의 대상인 고혼존을 예배하기 위한 성지순례로서 매우 강조된다.

3) 21세기 창가학회

오늘날 창가학회는 1,700만 명 이상의 신도를 보유하여 일본의 신흥종교 중에 가장 큰 규모를 자랑하고 있으며, 다이뱌쿠렌게(大白蓮華)라는 월간지와 세이쿄(聖教) 신문을 발행하며 왕성하게 활동하고 있다.[39] 케네스 데일(Kenneth J. Dale)은 2차 대전 이후 일본에서 신흥종교가 급속하게 성장한 배경으로서 전통적 권위주의가 해체되어 종교적 제한이 사라진 것과 심각한 경제, 사회, 도덕, 영적 파산상태를 주된 원인으로 지적하였다.[40] 우리나라 역시 일제강점기를 경험하고, 한국전쟁을 겪으며 극심한 경제적 곤란과 사회적 혼란을 경험하였다. 하지만 한국전쟁의 군수기지가 되어 패전의 아픔을 지우며 경제적 성장을 이룬 일본과 일본에서 성공한 재일한국인은 동경의 대상이 되었으며, 그렇게 혼란한 한국사회의 현실 속에서 일본에서 건너온 창가학회는 아침, 저녁으로 본존을 향해 남묘호렌게쿄라는 단순한 주문을 외우는 수련 활동인 창제(唱題)를 하기만 하면 가난과 질병이라는 어려운 현실을 극복

---

38 창가학회의 전신인 일련정종은 니치렌에 의해 불법의 궁극으로서 제시된 만다라 본존(本門의 本尊=大細本尊)을 안치하는 장소인 계단(本門의 階段), 불법의 구극인 나무묘법연화경을 창하는 다이모쿠(本門의 題目)의 세 가지가 말법시대에 불교신앙의 핵심이라고 하는 소위 "삼대비법"을 주장하였다. 삼대비법은 우주의 생명의 근원인 대어본존(大細本尊), 즉 대만다라로서, 다이모쿠를 창할 때에 우주의 리듬과 인간 개인의 리듬이 조화하여 우주의 대생명이 인간의 생명과 이어진다고 본다. 박규태, "창가학회(創價學會)에 대한 일고찰: 불교혁신운동의 측면을 중심으로,"「종교학 연구」 20 (2001), 77-80.

39 유기남, 『일본선교』, 58.

40 Kenneth J. Dale, *Circle of Harmony: A Case Study in Popular Japanese Buddhism with Implications for Christian Mission* (South Pasadena, CA: William Carey Library, 1975), 16.

할 수 있다는 주장을 통해 우리나라에서 기반을 형성할 수 있었다.[41]

우리나라에서 창가학회는 1960년대 초부터 재일교포 창가학회 회원들이 자발적으로 국내에 있는 친척들에게 포교하며 시작되었고,[42] 우리나라가 경제 성장을 이루었던 1970년대에 일본 창가학회에서 다카하시 고준(高橋公純)을 비롯한 지도부를 한국에 파견하여 포교함에 따라 1974년 "한국일련정종불교회"라는 통합 조직이 설립되었다.[43] 한국SGI(Korea Soka Gakkai International)로 불리는 한국 창가학회는 과거 신종교의 영역에서 연구되며 한국 사회를 어지럽히는 왜색(倭色) 종교로 비판을 받기도 했지만, 1990년대 이후 국토대청결운동과 같은 사회봉사활동을 통해 지방자치정부로부터 표창을 받는 등 사회적 인식이 개선되었고, 1991년 창가학회와 일련정종이 분리됨에 따라 "SGI한국불교회"를 거쳐 2000년에는 "한국SGI"로서 재단법인 등록이 승인되어 국가로부터 공신력을 인정받았다. 한국SGI 조직은 이사장 1인, 부이사장 5~6인, 상임이사 및 장년부, 부인부, 남자부(청년), 여자부(청년)의 4부 대표가 이사로서 참여하는 본부를 중심으로 방면－권－지역－지부－지구(150세대 이상)－반(50세대 이상)－조(10세대 이상)로 이어지는 지역 조직으로 구성되어 있다.[44] 한국SGI는 2022년 기준으로 49개 방면(方面), 146개 권(圈), 그리고 신도들의 종교활동과 지역 사회에서 다양한 행사를 할 수 있는 장소인 문화회관 127개를 보유하며, 159만 5천여 명의 신도수를 보유하고 있다.[45] 하지만 남녀 차별의 인식에 근거한 남성과 여성의 부서 구분과 전범의 상징인 욱일(旭日)이라는 이름을 붙인 문화회관

41 당시 일제강점기를 경험한 중·장년층의 경우에는 일본어에 익숙하였기 때문에 창가학회에 대한 거부감도 크지 않았다. 김현석, "한국SGI 성장의 차원에서 본 부산의 포교와 발전: SGI 전개와 문화회관의 형성을 중심으로," 「신종교연구」 47 (2022), 299.

42 재일교포 이순자의 포교로 이정순이 입회하였고, 이정순이 운영하던 결혼상담소를 거점으로 포교활동을 전개하여 소위 "정릉파"가 결성되었다. 한편, 법화종 승려였던 박소암이 창가학회 관련 서적을 접하고 입회하여 그를 중심으로 "창신동파"가 결성되었으며, 1963년에는 "한국일련정종학회"가 조직되었다.

43 이토 타카오, "한국SGI 조직의 과거, 현재, 미래: 인간혁명의 종교, 광선유포(廣宣流布)를 위한 조직," 「신종교연구」 41 (2019), 45－53.

44 Ibid., 53－64.

45 이는 신도의 숫자를 기준으로 비교하면 한국 자생 불교계 교단인 원불교의 123만여 명보다 많은 것이고, 실제 불교종단으로 편입하여도 대한불교 천태종에 이어 네 번째 규모에 해당한다. 김종만, "한국종교지도자협의회의 '대표성'에 대한 비판적 고찰,", 129.

의 명칭 등은 가부장적이고 왜색 편향의 현세적 종교로서, 단순한 주문만 외우면 신비한 신적 힘을 통제할 수 있다고 믿으며 개인의 유익을 위해 신성(Deity)을 이용하는 물활론적이고 무속적인 부분은 참다운 종교에 합당하지 않다는 비판을 받는다.[46]

46 김학유, "창가학회 성장 연구: 기독교 선교에 주는 도전(2)," 「신학정론」, 41 (2003), 555–559.

참고문헌

강인철. 『한국의 종교, 정치, 국가』. 오산: 한신대학교출판부, 2013.

김영환. "기독교와 일본 신도교의 비교." 「광신논단」 8 (1997), 153–175.

김은수. 『비교종교학 개론』. 서울: 대한기독교서회, 2006.

김종만. "한국종교지도자협의회의 '대표성'에 대한 비판적 고찰." 「신종교연구」 47 (2022), 115–140.

김학유. "창가학회 성장 연구: 기독교 선교에 주는 도전(1)." 「신학정론」, 40 (2003), 227–247.

_____. "창가학회 성장 연구: 기독교 선교에 주는 도전(2)." 「신학정론」, 41 (2003), 547–573.

김현석. "한국SGI 성장의 차원에서 본 부산의 포교와 발전: SGI 전개와 문화회관의 형성을 중심으로." 「신종교연구」 47 (2022), 297–337.

에드워드 아이런, 이경원. "현대사회에서 유사종교적인 현상과 새로운 영성." 「신종교연구」 46 (2022), 51–88.

이토 타카오. "한국SGI 조직의 과거, 현재, 미래: 인간혁명의 종교, 광선유포(廣宣流布)를 위한 조직." 「신종교연구」 41 (2019), 41–68.

이훈구. 『비교종교학』. 서울: 은혜출판사, 2005.

유기남. 『일본선교』. 개정판. 서울: IVP, 2010.

박규태. "창가학회(創價學會)에 대한 일고찰: 불교혁신운동의 측면을 중심으로." 「종교학 연구」 20 (2001), 69–86.

조흥윤. "민족종교의 평신도 운동." 「종교와 문화」 3 (1997), 26–29.

최성훈. 『21세기 공공신학』. 서울: 박영사, 2023.

_____. 『성경으로 본 이단이야기』. 개정 2쇄. 서울: CLC, 2022.

최정만. 『비교종교학 개론』. 개정증보판. 서울: 이레서원, 2004.

최현민. 『일본 종교를 알아야 일본이 보인다』. 서울: 자유문고, 2020.

Dale, Kenneth J. *Circle of Harmony: A Case Study in Popular Japanese Buddhism with Implications for Christian Mission*. South Pasadena, CA: William Carey Library, 1975.

Offner, Clark B. *The World's Religions*. Grand Rapids, MI: Eerdmans, 1976.

Smart, Ninian. *The Religious Experience of Mankind*. New York, NY: Scribner Sons, 1969.

저자 약력

최성훈 교수

성경의 가르침(The Text)과 삶의 현장(The Context) 그리고 신학(Theology)과 목회(Ministry) 간의 균형과 통합을 지향하는 신학자요 목회자이다.

서강대학교 경제학과(B.A.), 미네소타 대학교(University of Minnesota) 비즈니스 스쿨(Carlson School of Management, M.B.A.), 한세대학교 신학대학원(M. Div.), 시카고 대학교(University of Chicago) 종교학 석사(M.A., in Religious Studies)를 거쳐 트리니티복음주의신학대학원(Trinity Evangelical Divinity School)에서 실천신학 철학 박사(Ph.D., in Educational Studies) 학위를 받았고, 현재 한세대학교 신학부 및 신학대학원의 공공신학/실천신학 교수로 섬기고 있다.

21세기 종교학

초판발행 2024년 9월 1일

지은이 최성훈
펴낸이 노 현

편 집 소다인
기획/마케팅 허승훈
표지디자인 이영경
제 작 고철민·김원표

펴낸곳 ㈜ 피와이메이트
서울특별시 금천구 가산디지털2로 53, 210호(가산동, 한라시그마밸리)
등록 2014. 2. 12. 제2018-000080호
전 화 02)733-6771
f a x 02)736-4818
e-mail pys@pybook.co.kr
homepage www.pybook.co.kr
ISBN 979-11-6519-943-2 93230

정 가 24,000원

박영스토리는 박영사와 함께하는 브랜드입니다.